たったひとりのクレオール

聴覚障害児教育における言語論と障害認識

著◎上農正剛

目次

第2章

学習論

第3章

障害認識論

第4章

リテラシー論

終章

序章

たったひとりのクレオール

はじまりの問い

●書き下ろし／二〇〇三年三月

クレオール（creole）ということばを御存知でしょうか。言語に関するある現象を表すことばなのですが、それがどんな現象なのかということを理解してもらうためには、その前の段階にあるピジン（pidgin）という現象から説明しなければなりません（図1参照）。

共通言語を持たない二つの人間集団が接触した場合、限定的な意思疎通手段として、そこに新しいことばが生まれます。その「接触言語」（contact language）をピジンと言います。例えば、日本から南米に移民として移り住んだ人たちは外国語の中で暮らすことになります。彼らの母語は日本語ですが、仕事や生活の必要から、少しずつ現地のことばを覚えていかざるを得ません。そのうち、日本語の中に現地語の単語や文法要素が混交するようになります。そうして出来たことばがピジンです。ことばとしての安定性、語彙の多寡、文法構造の複雑度に関しては様々な情況がありますが、ピジンは全般的に「簡略化・合理化」が起きる傾向を持っていると言われています。

そして、ピジンを話す親のもとに次世代の子どもたちが生まれてきます。その子どもたちの言語獲得はどうなるでしょうか。当然、そのピジンを聞いて育ちます。彼らが最初に接触するのはこの簡略化、合理化された、ある意味で不完全な「接触言語」であるピジンだということになります。つまり、彼らにとっての母語はピジンなのです。ところが、そこから不思議な現象が起き始めます。子どもたちはその簡略で不完全だったピジンを、徐々に整備して、独自の安定した語彙や文法構造を持ったことばへと組み上げていくのです。言うならば、間に合わせのことばだったピジンを元手（材料）にして、それをきちんとしたことばへ徐々に編成し直していくわけです。この変化をクレオール化（creolization）と言い、そうして出来たことばをクレオールと呼びます。クレオールはピジンに比べ、語彙や文法構造の安定度が高く、自然言語としての複雑度と体系性を備えていると言われています。

中途半端であったことばを独立した言語に編成し直していくという子ども

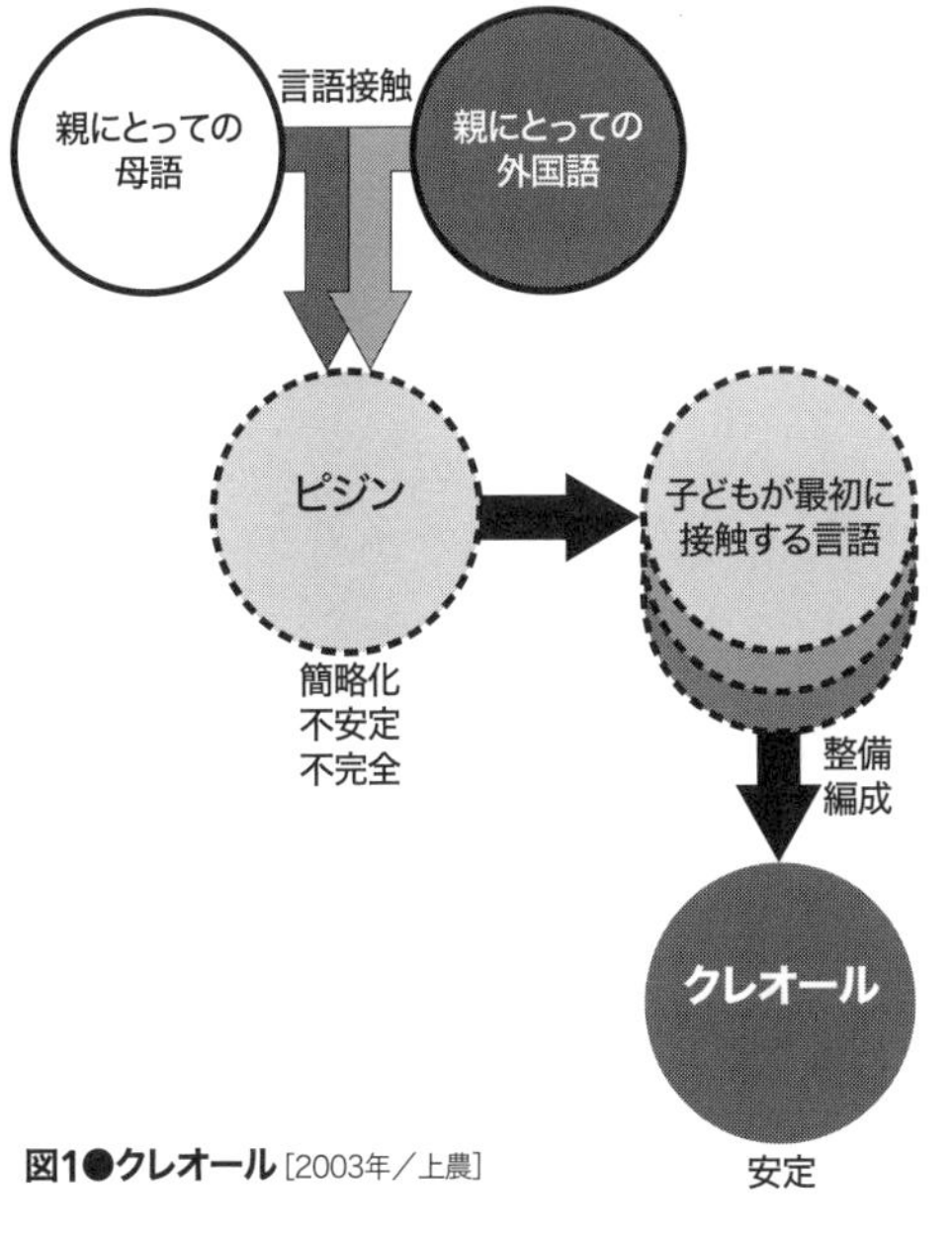

図1●クレオール [2003年／上農]

たちが持っているこの不思議な力（言語能力）に注目したのが言語学者ビッカートン[1]でした。与えられた材料がたとえどのように不完全なことばであっても、それを元手にして、それを完全な言語に変化させていくだけの能力が子どもたち（人間）には「生得的」にあるのではないかというのがビッカートンが提示した仮説でした。

そして、このビッカートンの考えを聴覚障害児にも当てはめて検討したのが言語学者ピンカー[2]でした。ピンカーは南米ニカラグワの聾児に観察された手話におけるクレオール化現象を題材にして次のような問題提起をしています。最初に見て覚えたのが（多くは聴者の親や教員が表出した）文法的、語彙的に不完全、不正確な手話であっても、聾児たちはそれを出発点にして、その手話を徐々に修正していき、最終的には自然言語として何ら遜色のない語彙と文法構造を備えた独自の手話言語に構築していったのではなかったか。

このクレオールという言語現象、あるいは、子どもたちがそのような言語能力を生得的に持っているという考え方は、特に聴覚障害児教育に携る者には多くの示唆を与えます。実際、近年、手話言語に関する関心が高まりつつある情況の中で、このクレオールという概念が時々取り上げられることがあるので、そのような文脈の中でこのことばを目にした方もいらっしゃるのではないでしょうか。

クレオールという言語現象の基本的説明と、それが聴覚障害児教育にも浅からぬ関係があるということが少しはおわかりいただけたかと思います。しかし、実は、ここまでは前置きです。私が本当に話したいと思っていることは、これから始まります。

私は言語と思考の関係に関心を持ち、仕事を続けてきました。聴覚障害児の教育に携わってきたのもそのためですし、手話もそのような観点から勉強を続けています。そして、今、説明したクレオールという現象も言語と思考に関する重要な問題の一つとして関心を持ってきました。しかし、ある時、そのような観点とは少し違う角度から、このクレオールという問題を考えざるを得ない出来ごとと遭遇しました。そして、それは私の中で思いのほか大きな問いかけとなって意味を持ち始めたのです。

＊

私の知り合いにある女性の成人聴覚障害者がいます。生育歴にまつわるいろいろな話を聞かせてもらったり、聴覚障害児教育について議論をしたりしてきた友人です。彼女は子ども時代、口話法の教育を受けたので、十代後半まで、音声言語を使用して生活していました。しかし、現在では手話だけで暮しており、通常の生活で彼女が声を出すことはありません。聴者との意思疎通は簡単な身ぶりか筆談で対処しています。ただし、日本語の文章力に関しては聴者と何ら変わらないレベルの能力を持っている人ですから、ＦＡＸや電子メールでの交信には何の問題もありません。

彼女は口話教育を受け入れて日々を生きていかざるを得なかった十代の間、どれほどの混乱と苦痛、不全感、屈辱と辛さがあったか、そして、それを周囲はいかに理解してくれなかったかという

◆1……Derek Bickerton　ハワイ大学言語学科教授。クレオール理論の代表的研究者。著書『言語のルーツ』大修館書店（一九八五）。
◆2……Steven Pinker　マサチューセッツ工科大学教授。著書『言語を生みだす本能』上・下ＮＨＫブックス（一九九五）。

ことをさり気ない会話の中で繰り返し語りました。「もう絶対、声は出したくない。声を出すのはイヤです」と何回かはっきり（もちろん手話で）言ったことがありました。ところが、そんな彼女が唯一、声を出すときがありました。それは自分の母親と話すときです。彼女のお母さんは聞こえる人です。そのお母さんと話すときだけ、彼女は声を出して話していました。その時の彼女の声はくぐもった、やや調子はずれの小さなしわがれ声でしたが、注意をして聞けば、辛うじて何割かは聞き取れるレベルの発音でした。

聴覚障害者の「発音」に関しては次のような根源的問題が潜在しています。相手にはある程度聞き取れる声であっても、それは静かな部屋の中で一対一の場合に限られることや、多少の発音が出来るからと言って、それが「聞き取り」が出来ることとは必ずしも結びつかないこと。つまり、中途半端な発音能力は「発音できるなら、聞こえてもいるだろう」という周囲の誤解を生み、聴覚障害者にとっての「聞こえなさ」をきちんと理解してもらえない大きな原因になります。それらの現実的問題について彼女とは繰り返し話し合っていましたから、そんな彼女がお母さんとの会話の時だけは声を出すのが不思議でした。私は彼女と彼女のお母さんの三人で食事をしたとき、率直に尋ねてみました（以下は私の拙い手話で彼女と交わした会話です）。

「声を出してるね」と言った私のことばに、彼女は最初少しびっくりして、「本当、声が出ていますか」と困惑したように言いました。そして、「私の声、何を言っているか、聞き取れますか？」と尋ねてきました。だいたいわかると伝えると、「ふーん、わかるんですか？　不思議ですね、今まで他の人には伝わらないことがほとんどだったのに。まあ、いいんですけど」と彼女は軽く苦笑していましたが、その表情には、ちょっと納得いかないような、と同時に少し寂しげな、複雑な思いが混じっているように見えました。

「使える情況のときだけでも声を使おうという気はないの」という私の問いかけに、「今はもうそんな気持ちはありません。手話だけで十分です。後は書けば、大抵のことは解決できますから」と彼女は答え、「どうしてそんなこと聞くんですか」と不思議そうに逆に尋ねてきました。

「いやあ、君は声を出すのをとても嫌がっているのに、お母さんと話すときだけは声を出して話しているから、不思議だなあと思って」と私は説明しました。他にも誰か声を出して話す人がいるか尋ねてみると、彼女はしばらく考えて、「母だけですね」と言い、次のような話をしてくれました。

「本当に不思議なんですけど、小さいときから母とだけは声で話してもちゃんと通じたんです。母の口話も私には理解できました。他の人たちとは結局きちんと通じませんでしたけど。父も口話で話しかけてはくれたんですが、ほとんど何を言っているかわからなかったから、ごく簡単なやり取り以外は徐々に話さなくなってしまいました。今では時々筆談するくらいですね。確かに、母と話すときは知らないうちに口話で話していますね。喧嘩するときも気づくと口話でやりあっていますし。今、言われるまで、意識しませんでしたけど。」

「お母さんは手話があまり上手じゃないから、仕方なく口話で話しているってこと?」

「もちろん、それもあります。母は簡単な手話しか出来ないですから。でも、それだけではないような気もします。うーん、そうですね、何て言うのか、つまり、こうして私と母が口話で話す、この方法が小さい時から、母と私のことばでした。他の人には通じなかったけれど、母とだけは通じ合うことの出来る方法だったということでしょうか。いいとか悪いとかではなく、これが私と母のことばだったわけです。母と話すとき、私にはこのことばしかなかったのです。このことばを通して、母は私にいろいろなことを教えてくれましたし、私もそれでいろいろなことを教わって育ってきたのは事実ですから。」

「声を出すの嫌じゃなかったの?」

「確かに、『だから他の人とも声で話してみたら』と言い出すときの母には本当に困るし、ときどき頭に来て大喧嘩になることもありますが、それはそれで、また別の話です。母と私のコミュニケーションについては、うーん、嫌とか嫌じゃないとか、そういう問題ではなくて…だって、私にとって母親はこの人以外にはいなかったし、私は生まれた時から母とは声で話すしかなかったのですから、仕方がないですね」と言って、彼女は隣の母親を笑いながら突ついてみせました。

しばらく沈黙が続いた後、彼女がふたたび話し始めました。

「でも、そんなことより、実は私にとってもっと大事なことがあります。どんなことかわかりますか? あまり人には言いませんけど、とても気になっていることがあるんです。私と母は喧嘩もしますが、それでも互いに何とかわかり合おうとして、今まで生きてきました。だから、二人の間には通じることばが少しは出来たのではないでしょうか。不思議なんですけど、二人の間でだけ通じることばです。私は母の言うことだけは何とかわかります。母も私の声をわかってくれます。たった二人の間にだけ成立することばです。でも、母もだんだん歳をとってきました。もし母がこの世からいなくなったら、この私たちのことばはどうなるのでしょうか。この世界で唯一私の声を理解してくれるその母がいなくなれば、私の声を聞いてわかる人はもう誰もいません。その時、私の声のことばは誰にも通じない、私ひとりだけのことばになるでしょう。母との間にあったことばはこの世から消えてなくなるということではないでしょうか。私の中から一つのことばが消えてなくなってしまうのです。」

彼女は自分の気持ちを確認するように、ゆっくり頷き、しばらく黙っていましたが、「やはり、それはさびしいですね」と呟きました。

母と子を繋いだことば。と同時に、そのことばは、たった二人だけの間にしか成立しないことばでした。「二人きり」という小さな小さな共同体の中で生まれ、育まれた不思議なことばです。[3] そして、片方の相手がいなくなれば、もう話が通じ合う人はこの地球上には誰もいない、そんなことばです。そして、そのことばによってのみ母と繋がっていたわけですから、そのことばを分かち合った相手を失うということは、子どもからすれば、母にまつわる記憶（歴史）の支えを失うこと、あるいは場合によっては、母そのものを失うことと等しいのではないでしょうか。彼女にとって、母の記憶を、母と交わしたことば（声）で誰かに語りたいと思った時、彼女のその声のことばを理解できる「誰か」は一体どこにいるのでしょうか。聞いてくれる「誰か」を持った記憶は生き続け

◆3……聴児の場合も原則として乳幼児期は多くの時間を母親と「二人きり」で過ごし、その中で言語獲得のプロセスをたどっていくことに変わりはない。しかし、その状況の中であっても、母親以外の大人（父親や祖父母）の言語情報（音声言語の刺激）が徐々にもたらされるし、同年代の幼児同士の言語接触も生じる。つまり、かなり早い時期から母親以外の音声言語の言語共同体へ同時に「開かれて」いく。しかし、聴覚障害児の場合、その母親以外の大人や同年代の幼児同士から与えられる音声言語の刺激は極めて希薄であるか、与えられたとしても、ほとんど「聞き取れない」。この点が聴児の場合と決定的に異なる。つまり、音声言語の獲得を求められつつ、母親との細道以外は、その言語共同体への扉は事実上「閉じられて」いるのである。

られますが、聞いてくれる相手を持ち得ない記憶は「忘却の穴」[4]の中で徐々に消えていくしかありません。

私はこのとき彼女と交わした会話が忘れられませんでした。彼女の話には何かとても重要な示唆が含まれているような気がして、その後もずっと気になっていました。

＊

別なある日、私は手話言語学[5]を専門に研究している知人と話をしていました。駅の地下街を歩きながらの話だったことをよく覚えています。話題は手話のクレオール化の問題でした。その時、私がその知人と議論していたのは、聞こえない子どもにとって手話をもたらしてくれる言語集団が極端に小さい場合はどうなるのかということについてでした。知人の意見は「理論上は、そこに何らかの手話が提示されさえすれば、その子ども集団がたとえ二、三人でもクレオール化は起きると言えるかもしれない。ただし、場合によっては、そこに生まれる手話は日本手話とはまた別種のクレオールになることもあるかもしれない」ということでした。私は知人の説明を聞きながら、その理論上のクレオール化状況を想像していました。そして、「たったひとりのクレオールということですね」ということばが思わず口をついて出てきました。もちろん先の彼女との会話が甦ってきたことは言うまでもありません。知人は「なるほど、そう、『たったひとりのクレオール』ですね」と笑っていました。その人は口話法教育の問題性についてもよく知っている人でしたから、このことばの中にある皮肉な意味合いを瞬時に理解したのだろうと思います。それ以来、「たったひとりのクレオール」というフレーズは私の中である本質的な問題を象徴する呪文のようなことばになりました。

＊

人間にはことばを形成していく生得的な能力があります。たとえ、最初に出会う（接触する）ことばが不足や不備のある不完全なものであっても、それを元手に、徐々にきちんとした言語に組み上げていく能力です。これがクレオール化という現象の背景にありました。しかし、そこには非常に重要な事柄が付随しています。そのようにクレオール化が起きて、間に合わせの接触言語から自然言語としての整備されたクレオール言語に変化していくのは、そのことばが多くの人（仲間）によって使われる、つまり、その言語によることばのやり取り（コミュニケーション情況）がそこにあるからです。クレオールは多くの人が実際にそれによって意思疎通をはかり合う「関係性」の中から生まれる言語であり、その中で躍動的に生き続けている言語です。たくさんの仲間（言語共同

◆4……「忘却の穴」とは政治哲学者ハンナ・アーレントHannah Arendtが主著『全体主義の起源』みすず書房（一九八一）第三巻第三章に記したことばである。ユダヤ人の絶滅が意図されたホロコーストのような状況では、せめてもの抵抗は、生き残った者が死者に関する記憶を保持し、証言することなのだが、全体主義的支配はその「記憶」さえ「忘却の穴」深く消し去ろうとする徹底した苛酷さ（暴力性）を持っていたことをアーレントは指摘している。「記憶」を語る（証言する）ことばを抹殺することで、その事実さえなかったことにしようとする極限の抑圧がここにある。私たちはことばを奪われることで愛する者と共に過ごしたかけがえのない時間に関する記憶を奪われる。それは生きた証を奪われるということに他ならないのではないだろうか。そして、これはホロコーストの問題に限ったことではないだろう。「ことばを奪われる」ということの辛さは、正に聴覚障害児たちが医療や教育の中でこうむった問題でもある。本書終章「障害認識論とヒルバーグ的立場」参照。

◆5……手話を言語学的に研究する分野。手話言語の音韻、形態、統語、ならびに意味論、語用論、言語獲得を研究する。日本においては専門研究組織として「日本手話学会」がある。本書第2章5「聞こえない子どもたちは何のために勉強するのか」注2（189頁）参照。

体）の中でこそ初めて生み出され、形成されていく言語だということです。

一人の母と一人の子どもが出会い、互いに何とかわかり合いたい、心を伝え合いたいと切望しました。たとえ、それが聴覚障害児にとっては非常にわかりづらい音声言語というコミュニケーション手段ではあったとしても、子どもは母親が発することばを必死になってわかろうとしたため（そうせざるを得なかったため）、他の者には誰も理解できなくても、母と子どもの二人だけには何とか辛うじて、あるいは微かに通じる不思議な伝達回路が生まれたのかもしれません。母と子だけの擬似クレオールです。そして、少なくともこのことだけははっきり言えるのは、その擬似クレオール的ことばだけが、唯一、その聴覚障害児が母親と繋がっておくことができた細道だったということです。聞こえない子どもは、この細道にすがって生きていくしかなかったということです。

しかし、それはどこからどう見ても、仲間（言語集団）を持たない、母親一人としか繋がれないきわめて特殊なことばです。母親がいなくなれば、あるいは、母親がいない所では、他の人には通じない「たったひとり」だけのためのことばです。

クレオール化という現象は、おそらく人間の精神が「仲間を求める」からこそ生じる現象ではないでしょうか。また、「言語」と言った瞬間、そこにはある一定数以上の仲間集団（言語共同体）が前提されており、それだからこそ、「意味」のやり取りという言語にとって最も本質的な行為が成立するわけです。ことばは誰かと出会い、互いに理解し合うことで、仲間になるための道具とも言えます。その意味からも、「たったひとり」だけのためのことばなど本来は意味をなしません。ですから、本当は「たったひとりのクレオール」ということば自体、明らかに矛盾しています。それがクレオールであるなら、「たったひとり」だけのためであり得ようはずはないのです。

しかし、聴覚障害児教育の世界では、この「矛盾」が矛盾として意識されることはほとんどありませんでした。むしろ、その根本的「矛盾」の方向へと子どもたちを積極的に導いてきたと言わざるを得ない面があります。母親と辛うじて通じ合うだけのことば、仲間と出会うことの決して出来ないことば[6]、そのような「声」の

◆6……図2参照。聴者と聴者はもちろん音声言語で通じ合う。(手話言語を母語とする)聾者と聾者も手話言語で通じ合う。しかし、(手話を使用せず、音声言語だけで育てられた)難聴者同士にとって互いの不鮮明な音声は最も聞き取りにくく、理解し合うことは困難になる。発音明瞭度が低い難聴者の発音が、それでも何とか聞き取れるのは相手が聴者の場合のみである。また、難聴者にとって聞き取りやすいように「ゆっくり喋る」、「はっきり口をあけて明瞭に発音する」ことが出来るのは聴者だからである。つまり、聴覚障害児に音声言語の習得を目指させる場合、最初から聴者とコミュニケーションする状況しか念頭においていないということを意味する。しかし、難聴者が自分を支えるためには、同じ思いや体験を共有している、自分と同じ難聴者の仲間とのコミュニケーション(情報交換や励まし合い)が不可欠になる(あなたは落ち込んだとき誰と会いたくなるだろうか)。ただし、難聴者と難聴者が互いに音声言語でわかり合うことは極めて困難である。難聴者同士の組み合わせが最もことばが通じない。難聴者にとっては仲間であるはずの同じ難聴者が一番理解困難な遥かな遠い存在となる。音声言語のみで教育を受けた多くの難聴者が成人後、手話を学び始める理由のひとつがここにある。

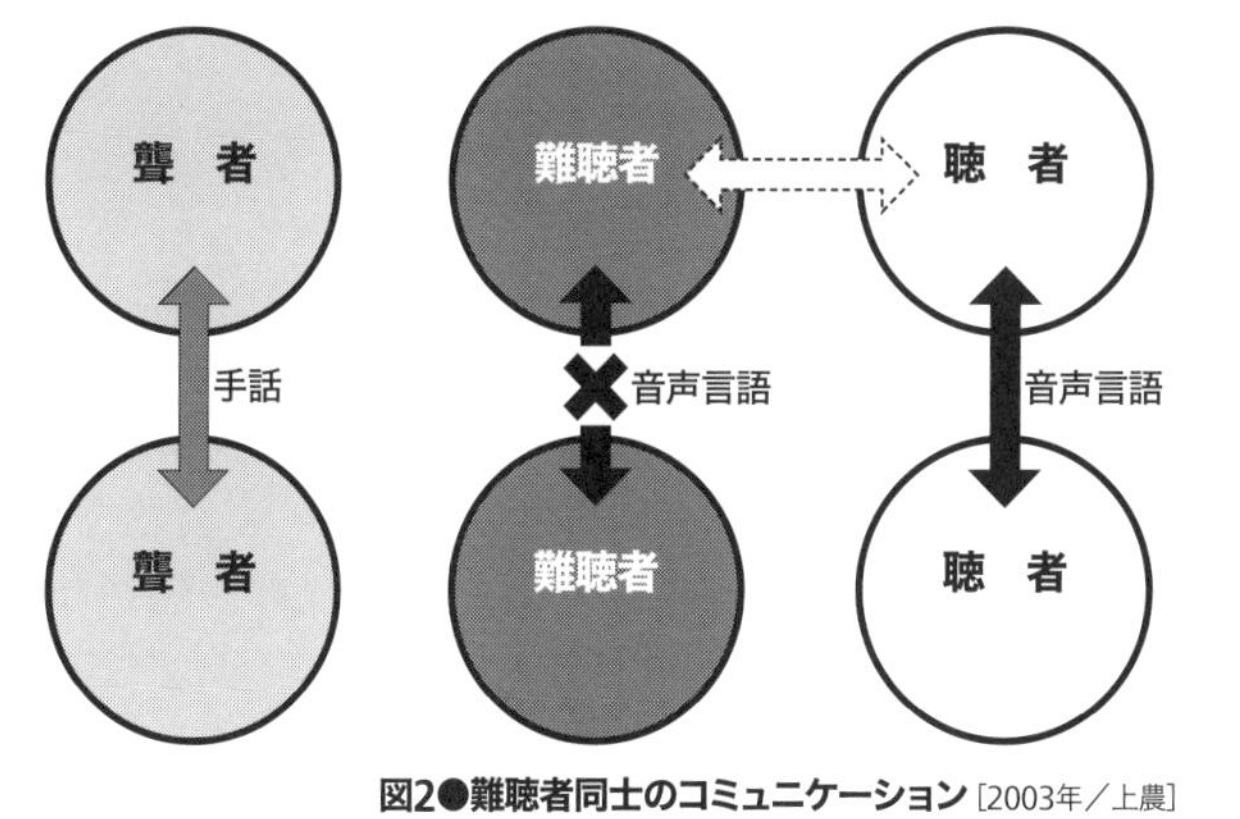

図2●難聴者同士のコミュニケーション［2003年／上農］

ことば（音声言語）だけに、どうして私たちは強固にこだわってきたのでしょうか。

　音声言語のみを絶対化した言語教育を受けてきた聴覚障害児たちは、その結果、多くの精神的負担やコミュニケーション上で大きな不全感を背負い込まざるを得ませんでした。決してきちんとは「聞こえていない」にもかかわらず、「聞こえているはず」という視線の中で生きていかざるを得ない子どもたちの苦しみを私たちは本気で考えたことがあったのでしょうか。なぜ私たちはそのような不適切な取り組みを繰り返してきたのでしょうか。どのような理由によって、そのような対応を正当化してきたのでしょうか。

　前述した成人聴覚障害者女性と母親の話は、決して特別な例ではありません。私自身、似たような状況にある人を他にも知っていますし、聴覚障害者の世界に接したことのある方なら、同様の事例を見てこられているのではないでしょうか。そして、さらに付け加えるならば、親と辛うじて通じ合えるようなクレオールさえ十分に持ち得なかった子どもたちもいます。「聞こえる自分の親とは仕方なく口話で話すが、一番話が通じない」と語る成人聴覚障害者は少なくありません。[7]結局、彼らは親とは必要最低限のことしか話さなくなります。これは成人してからの話ですが、それならば、子ども時代はどうだったのでしょうか。小さいときだけは話は十分に通じ合っていたのでしょうか。残念ながら、そうではありません。彼らは、音声言語だけを与えられ、文字通り「たったひとり」でそれを自分の中で必死でクレオール化させようと試みましたが、その努力をもってしても、結局、音声言語は不完全で曖昧なコミュニケーション手段にしかならなかったというのが偽らざる実情です。それは誰ともきちんと繋がることの出来ないことばでしかありませんでした。その中途半端な声のことばでは親とさえ十分には意思疎通ができなかったというのが現実です。ここにも、またもう一つの「たったひとりのクレオール」という状況があります。
私たちが選択して、聞こえない子どもたちに与えた音声言語という「ことば」は一体、何をもたらしてきたのでしょうか。それは聞こえない子どもたちが誰と繋がることを目指して手渡されたことばだったのでしょうか。

＊

「たったひとりのクレオール」という奇妙な矛盾した概念は、私に根源的な問いを投げかけてきます。それは聴覚障害児教育の世界にあるさまざまな問題に不可避に関連する問いであり、と同時に、それらの根底にあって、すべてを決定している私たちの障害観という本質問題に向けて真っ直ぐに差し出された問いかけでもあるように思われます。本書はこの問いに対する私なりの応答の試みです。

◆7……なぜ、親が一番口話が伝わりにくい相手になるのだろうか。もし、相手が初対面の聴者であり、少なくとも意思疎通を図りたいと思ってくれている場合、ゆっくり喋ったり、口形をはっきりさせるというような配慮をしてくれる可能性はある。しかし、親はそういう態度はとらない。子どもが小さい時からそうしてきたように、普通に（あるいは早口に）喋るし、子どもの発音が不明瞭で聞き取れなくても、勝手に「わかった」つもりになって解釈する。つまり、「ある程度は聞こえているはず」だから「それでいい」という「間に合わせ」の理解枠から往々にして一歩も出ようとしないままなのである。成人ともなれば親子間で話し合わなければならない事柄も当然、複雑化するが、親の側にこのお仕着せの理解枠しかない以上、話せども話せども、「通じない」「伝わらない」親との溝は深まるばかりである。「通じている」という親の変わらない「思い込み」、あるいは曖昧なコミュニケーションから一歩も変化しない状況に、成人した子どもの方は、疲れ果て、失望、絶望して真のコミュニケーションに対する取り組みを遮断してしまうのである。一番きちんと理解してもらいたい人に一番伝わらないとは、このような意味である。

第1章

インテグレーション再考

1

インテグレーション[1]の現状と課題

●講演日時／一九九七年三月三〇日
主催／全国難聴児を持つ親の会・代表者会議
●初出／『べる』(全国難聴児を持つ親の会会報九八号・一九九七年、九九号・一九九八年)
●加筆修正／二〇〇三年四月

人間の思考のなかで重要なのは、彼らが考えたことよりも、むしろ彼らによって考えられなかったことのほうなのである。[2]
――ミッシェル・フーコー[3](傍点邦訳書)

はじめに

今年（一九九七年）三月二九日、三〇日、東京（早稲田戸塚サンライズ）において「全国難聴児を持つ親の会」[4]の代表者会議が開かれました。私は二日目の午前中に講演をすることになっていましたが、全国各地域の親の会の実状を知りたいと思い、夜の交流会も含め、出席者の皆さんと一緒に一日目のプログラムから出席させていただきました。

二日間にわたる会議中、全国から参集された役員に対して様々な情報が提供されました。特に今回、集中的に紹介されたのは文字放送に関する情報でした。放送事業に直接関わられている実務担当者や、電子技術の開発に従事されている技術者の方々から、最新の現状報告がありました。このような新しい情報に接する機会が比較的少ない地域の参加者には、刺激的で有意義な内容だったことと思います。

また、今回の会議では、日本は聴覚障害教育の先進国としてもっと積極的に関連の国際会議に出席し、しかるべき役割を果たすべきではないかという提案もありました。難聴児を持つ親の会からも国際会議に出席者を出すべきであるという具体的な要請を伴った強い具申として出席者の記憶に

◆1……integration　統合教育。障害児を通常学校に「統合」し、非障害児と一緒に教育を受けさせる教育方法。聴覚障害児の場合は、聾学校に行くのではなく、聴児たちの通う通常学級で学ばせることを意味する。segregation（分離・隔離教育）に対する対立概念。日本においては、一九六一年、戦後初の難聴学級が岡山県内山下小学校に設置されたことをきっかけに、インテグレーション教育は徐々に全国に広がり、主流化していった。

◆2……ミッシェル・フーコー『臨床医学の誕生』一六頁、みすず書房（一九六九）。

◆3……Michel Foucault（一九二六〜一九八四）フランスの哲学者、思想史家。精神医学の臨床制度の研究から出発し、人間の思考システム（医療・刑罰制度・性の心性史）を独自の認識論的分析手法で解明した。主著に『知の考古学』河出書房新社（一九八一）、『言葉と物』新潮社（一九七七）、『狂気の歴史』新潮社（一九七五）、『監獄の誕生』新潮社（一九七七）、『性の歴史』新潮社（一九八六）がある。

◆4……難聴児を持つ親の全国組織。一九六一年、前身組織「難聴学級設置促進会」（代表・荒木泰子）発足。一九六五年、「促進会」が発展解散し、「難聴児を持つ親の会」（会長・日野一良）に改編され、新たに発足。一九九九年、「全国難聴児を持つ親の会」に改称。現在、会長・稲田利光（二〇〇〇年より）。全国三五の地域親の会が所属。全国八ブロック制。会報『べる』を発行。

残りました。

文字放送に関する講義からは、技術面においても、制度面においても、まだまだ改善しなければならない具体的問題が多々あることを再確認させられましたが、同時に、技術畑の方々が聞こえない子どもたちのために現実的で実行力を伴った粘り強い取り組みを続けてくださっていることがわかり、改めて心強く感じた次第です。

周知のように、文字・字幕放送という情報保障の整備は多くの聴覚障害児・者が強く熱望している問題です。事実、テレビ、映画、ビデオ等の視覚メディアにおいて、文字放送の情報保障システムが整備されていないため、聴者に比べ、聴覚障害者は情報入手面で大きな不平等と実質的損失を甘受しなければならないのが現状です（例えば、今夏上映された宮崎駿◆[5]のアニメーション作品「もののけ姫◆[6]」は大変すぐれた作品なので、聞こえない子どもたちにも是非見てもらいたいのですが、既にそこに問題が生じています。聞こえない子どもたちには映画館内に流れる声優の声は正確に聞き取れませんし、アニメの点や線で描かれた口形は読み取れません。従って、内容をしっかり理解した上で、作品を楽しむためには、字幕版が出来るまで待つしかありません。聞こえる子どもたちは二学期そうそう、久しぶりに会った級友たちと夏休みの思い出として、「もののけ姫」について、早速おしゃべりを始めるでしょう。しかし、聞こえない子どもたちは、その仲間に入ることが出来ません。このような情報面での格差、不平等が常にあります◆[7]）。

また、国際会議への出席を通し、聴覚障害という共通の問題に関わる者として、特に発展途上にある他国の状況に何らかの支援協力ができ得るならば、それは間違いなく意義のあることです。何より、私たちはそのような他者との交流体験の中からこそ、自分たちの問題を考え直すための視点を発見できるからです。この意味からも、今回の国際交流を促す提案は、傾聴に値するアピールでした。

このように、私も文字放送の話からも国際交流の話からも多くのことを学びました。今回提示された報告や提案はどれも皆どこから考えても、間違いなく、聞こえない子どもたちが抱えている現実問題と密接に結びついているものばかりでした。そのことは十分に理解し、認めた上で、しかしながら、私には一方である種の大きな違和感があったのも事実でした。

何に対する違和感だったのか。それは、常に足下を見つめざるを得ない者が、何か急に頭のはるか上の方で起こっている話を聞かされたような、どこか遠い別の国の話を聞いているような空虚感

◆5……宮崎駿（みやざき・はやお）（一九四一〜）東京都出身。日本を代表するアニメーション映画監督。主な作品「風の谷のナウシカ」「天空の城ラピュタ」「紅の豚」「となりのトトロ」「魔女の宅急便」「千と千尋の神隠し」など。

◆6……原作・脚本・監督／宮崎駿（一九九七年）。犬神への供物として親に捨てられた少女サンと部族の命運を担って放浪の旅に出た少年アシタカの愛と戦いの物語。自然破壊に不可避に繋がらざるを得ない製鉄技術の発達と、それと密接に連動する権力闘争、労働と女性の地位、被差別民や障害者という弱者（マイノリティ）の自立問題等のテーマが表層の物語の下に埋め込まれている。何より、誰よりも人間を憎み、それとの戦いに命を賭けながら、しかし、決して犬神にもなりきれず苦しむ主人公サンの存在自体、どの帰属集団にも属しきれない「境界人」の姿を象徴的に表わしている。そして、その意味において、この物語は、聾者にもなりきれず、かと言って、聴者になりきることも困難な難聴児の不安定なアイデンティティという問題を考えるとき、極めて示唆的な意味を持つだろう。サンはなぜラストシーンでアシタカからの「共生」の申し出を拒んだのか？（本書第1章2「難聴児の自己形成方略——インテグレーションの「成功例」とは何だったのか」ならびに第3章11「彼らのいる場所——難聴児と読書」参照）。

◆7……「もののけ姫」に関しては、名古屋のボランティア団体の支援活動のおかげで、一般公開数カ月後という比較的早い時期に字幕つき上映が実施された。

でした。私の目には、足下を踏み固めた後でなければ言っても仕方のない事柄が次から次に熱心に語られているように見えて仕方がありませんでした。足下にある切実な現実の問題は一体どうなっているのだろうか。何か議論する順番が根本的に違うのではないだろうか。このような複雑な思いが最後まで消えませんでした。

一言で言えば、インテグレーションの現状を直視している者には、現実から、かなり距離のある所の話であり、真に考えなければならない問題の優先順位からすると、取り組む問題の順番が何か基本的にズレているのではないかと感じられる風景でした。それとも、インテグレーションの現状に対する認識について、私だけが何か誤ったイメージを持っているということなのでしょうか。皆さんは、インテグレーションの現状についいては既に足下は十分踏み固められているとの判断の上で、さらなる「余剰」問題を議論されていたのでしょうか。

先に書いたように、その必要性と意義は十分認めた上で、それでも文字放送の改善運動の話だけを聞いていると、次のような光景が頭の中で去来しました。それは、改善の結果、より豊富な文字情報が画面に映し出される風景と、しかし、その文字で表された日本語の文章自体の意味がきちんと理解できないで、テレビの前で呆然としている聞こえない子どもたちの姿です。いくら文字放送の現実的システムを整備したところで、その日本語文で表された発信内容を受け手の聞こえない子どもたちが言語的に理解できなければ、文字はただブラウン管に浮かんだシミでしかありません。

また、聴覚障害教育の先進国として発展途上国に支援協力すべきという提案についても、その精神には基本的にまったく同感なのですが、現実的にはやはり何か違和感を感じざるを得ませんでした。本当に日本は聴覚障害児教育の「先進国」なのでしょうか。もちろん、補聴器の普及率や就学率、高等教育への進学状況等の実際面を比べれば、いわゆる「先進国」と「発展途上国」の間にはおのずと格差はあるでしょう。しかし、日本において、インテグレートした子どもたちが現実の中で深刻な行きづまり現象を起こしているのも厳然とした事実である以上、とても「先進国」などとは言えないのではないかというのが私の実感です。

単独の話として聞けば、文字放送の話も国際交流の話も、それ自体は有意義な内容でありながら、それを聞いて私が感じた根本的な違和感は次のような譬え話として表すことが出来ます。

＊

インテグレーションという一本の道があって、この道を歩いていけば、どの聞こえない子どもも、聞こえる子どもと同じ場所にたどり着くことが出来ると言われています。

そして、現在、この道の「地図」を眺めながら、大人たちの間で、次のような問題がさかんに議論されています。

「この道の途中には危険な箇所がいくつかあって、そこには是非、信号機をつけたい。最初はなんとか手動式の信号機を設置したけれど、現在、それを機械式のものに取り替えようと努力している。出来れば、将来はより高性能のコンピュータ制御のものに換えるべきである。また、他の国にも同じようなインテグレーションの道があるが、国が貧しいため十分に整備されていない。私たちには余裕があるのだから、出向いて行って、助けてあげるべきではないか。私たちには、その義務がある。」

ところが、子どもたちが実際歩いているインテグレーションというその道の本当の状況は、どうなっているのでしょうか。

最初しばらくは、誰にとっても歩きやすいただの平坦な道に見えますが、そのうち道は徐々にでこぼこの悪路となり、足腰の弱い子どもは転び始めます。何度か転び続けるうち、立ち上がる元気も失い、座り込んでしまう子どもも出てきます。たとえ、そのでこぼこ道を乗り切ったとしても、その先は、今度はどろんこのぬかるみ道になっていて、多くの子どもたちは足をとられ、その泥沼の中で歩みを進めることが困難になります。少数の体力のある子どもたちだけが、泥沼の中を喘ぎながら、自力で何とか這い進み続けることが出来ますが、その子どもたちも実際はほとんど疲労困憊状態になっています。

多くの人たちが気軽に信じた「この道を進めば、誰もが約束の場所にたどり着ける」という触れ込みは一体何だったのでしょうか。現実はまったく別で、この道はそれなりの足腰の鍛錬を積んだ、体力のある者だけが進んでいける険しい道だったのではないでしょうか。

＊

現実をきちんと認識するならば、今、最も必要で最優先の課題は何なのかということが見えてくるはずです。少なくとも、それがどのような信号機を設置するかということや、他の国の道の整備を手伝うことなどではないことは即座に理解されるでしょう。

子どもたちのために急務なのは、このでこぼこ道を平坦にならし、ぬかるんだ道は排水し、どの子どもたちもが、一人一人の自分に合った歩調で進んでいける、歩きやすい舗装道路に整備することではないでしょうか。

現場をではなく、「地図」を見て問題を云々している人の目には、インテグレーションという道の現状は決して何も見えてきません。子どもたちが実際歩いているインテグレーションというでこぼこ道を自分自身の足で歩いてみて、その歩きにくさを実感した人、あるいは、子どもたちが足を取られてもがいている、そのぬかるみ道に自らも足を入れてみたことのある人だけが、インテグレーションの問題を本当に考え始めるのだろうと思います。そして、真に意味のある議論が始まるのは、おそらく、そのような場所からだけではないでしょうか。

インテグレーションの現実の中で、実際に何が起きているのかを正確に知ること。どのような考え方に立つにせよ、インテグレーションの問題を考える以上、まず、この現実認識をきちんと持つことが最初の手続き（前提）にならなければならないはずです。しかし、この出発点における基本的な手続き自体がきちんと行われないまま、つまり事実から目をそらしたまま、インテグレーションという問題は、長い間、根本的批判も受けず、多くの人たちに支持され続けて来ました。そして、その線上で、現在も表面的な議論が重ねられています。

インテグレーションという問題を考えようとする際、まず最初に実践されなければならない事実に基づいた現状認識という手続きが、なぜきちんとなされていないのか。なぜ、出発点において、私たちの目は既に曇ってしまっているのでしょうか。何が私たちの目を曇らせているのでしょうか。

私たちの足下にある、この最も基本的で、根本的問題について、以下に私の意見を述べてみようと思います。この問題を考えることは、現状の中にある本当の課題をはっきり照らしだし、その改善のための具体的な手がかりを模索することに真っ直ぐ繋がると考えるからです。

1 インテグレーションの現状

1・1 聞こえていない子どもたち

インテグレーションの現状について検討する際、まず、その前提をはっきりさせておかなければなりません。つまり、インテグレーションはどのようなものとして受け入れられたものだったのか。その「条件」と、結果として保障されたはずの「成果」とは具体的に何だったのか。

端的に言えば、それは次のようになるはずです。「補聴器の適切な活用を通し、残存聴力を活かしさえすれば、後は特別な対応をせずとも、普通学級の中で、聞こえる子どもたちと一緒に、自然に交流し、共に学習し、生活していくことが出来る。」

つまり、この考えの底には、「それは可能なのだ」という見越し（保障）があったはずです。そして、当然、その見越しに対する責任も付随してあったはずです。この「条件」と「成果への保障」、そしてそれに対する「責任」がインテグレーションの基点としてあったという事実は常に明確にしておく必要があります。

このように言うと、インテグレーション支持者の中からは、次のような反論が出るかもしれません。「補聴器だけで十分だとは思っていない。他の補助対応も必要であることは認めている」と。しかし、この種の反論は、多くの場合、結局はその場しのぎの帳尻合わせ的言い訳に終わります。なぜなら、その言葉通りの補助的対応がインテグレーションの現場で実際、十分に実践されることはほとんどないからです。◆8

また、別の反論もあり得るかもしれません。つまり、「特別な対応をしない訳ではない。むしろ、聴能訓練、発音訓練の徹底的な実践と学力面を含めた個別指導は絶対必要だ」という意見です。しかし、このような意見は、後に述べるように、それ自体、実際的には少数意見でしかない以上、説得力のあるものではありません。

結局、どのような言葉で補足したとしても、インテグレーションという実践が、補聴器の活用ということを頼み（前提）にしている事実は動かせないでしょう。

さて、このようなインテグレーションの理念を踏まえた上で、その現状を眺めてみると、どうなっているでしょうか。残念ながら、結果は保障されたはずのものとはかなり違う状況になっています。

問題をはっきりさせるために、現実の状態を一言で言えば、インテグレートした多くの子どもたちは、学校の教室という現場で、先生や級友たちの声がきちんと十分に聞き取れていません。また、

◆8……この点についてはおそらく様々な意見が存在するだろう。「補助手段」として、板書の増加、口頭による個別指示確認、事前・事後の資料文書配布等が当初は熱心に試みられたりするが、ほとんどの場合、これらの対応は忙しさや他の理由（個別対応により授業に遅滞が生じ、それに対し他の父兄から批判が出る等）により、徐々に減少していき、いつしかほとんど忘れられていくことが多い。あるいは、「障害児だからと言って甘やかすべきではない」という考えから、座席の前方配置への配慮等も「不要な特別扱い」とされて認められないような場合すらある。

これは同時に、家庭でも実は母親や父親、兄弟の声はちゃんと聞き取れていないということです。そして、「聞こえていない」その度合いは、通常、「聞こえているはず」と思いたがっている人たちの想像よりはるかに大きいというのが現実です。

今まで多くの人たちは、この最も単純で、かつ基本的、そして何より本質的な事実からずっと目をそらし続けてきました。インテグレーションに関しておこなわれてきた多くの議論も、この端的な事実を常に回避、迂回した所で繰り返されてきたものがほとんどです。

しかし、現在、インテグレーションが抱えている様々な現実的問題は、実は、この「決してきちんとは聞こえていない」という単純で基本的な足下の事実からこそ生じています。

例えば、インテグレートした聞こえない子どもたちに対して、実際に関係を持った人たち（教師、級友）が抱く印象があります。

・集中力がない（「長いお話はイヤ」「少しでも面倒くさい話はイヤ」）。
・持続力がない（何事もすぐに飽きて続かない）。
・わがままで自己中心的行動を平然とする。
・それを注意されても、なぜいけないのかが本当には理解できない。
・従って、同じ過ちを繰り返し、周囲から不可解に思われ、疎んじられる。
・その結果、教室や友人関係という共同体の中で孤立する。
・目先の欲望・感情のみで行動し、その結果を事前に想定した判断が出来ない。

・他人の助言を正確に理解し、役立てることが出来ない（激しい思い込みと固執）。
・学力が普通児の平均とくらべても極端に低い（テストの質問文の意味自体が日本語として理解出来ない、何を訊かれているのかがわからない）。
・本が読めない（言葉が難しすぎて意味を細やかに理解することができない）。

遠慮や気兼ねから、このような観察印象を持っていても周囲はそれをはっきり口に出すことはありませんが、関係者の多くが皆、共通に感じてきた特徴として、よく語られる事柄です。多くのインテグレートした子どもたちが結果的に立ち至ってしまう、このような状況はなぜ起きるのでしょうか。聞こえない子どもたちには何か特有の生得的能力問題や精神的傾向があるのでしょうか。

しかし、本当はこの問いは次のような問題に言い換えて問い返されるべき問題だと私は思います。「きちんと聞こえない状況にいることで、聞こえない子どもたちはどのような行動をとらざるを得なくなるのか」と。そして、「その結果、どのような人格形成をせざるを得なくなっているのか」と。

1・2　現状を伝える小さな声

しかし、このようなインテグレーションの現状の問題性について、必ずしも皆が目をそらしていたわけではありません。小さな声ですが、今までにも、いくつかの場所で、インテグレーションの再検討、改善を促す意見は提示されてきました。

何より、まず、この数年、成人したインテグレーション経験者たち本人が、教育を受けた当事者としての感想を私たちに直接語ってくれるようになりました。そこには、苦しみを伴った大きな不満や疑念、場合によっては痛烈な批判、非難も含まれています。

また、今年（一九九七年）七月に、「ろう教育の明日を考える連絡協議会」から統合教育に関する「聴覚障害児者統合教育一九九六年アンケート調査報告」[9]という資料が出されました。この調査アンケートは「東京都難聴児を持つ親の会」を含めた関係諸団体の協力で実施されたもので、調査の規模は小さいのですが、インテグレーションを自ら体験した本人たちと、その親たちの様々な感想と率直で赤裸々な意見が集められていて、インテグレーションの問題を考える際、非常に参考になる資料です。ここからも実にいろいろな「本音」が聞こえてきます。

こうした声はインテグレーションを推進した親や教師・専門家にはある意味で聞きづらい意見かもしれませんが、教育実践の結果を当の聞こえない子どもたち自身がどう受け止めたのか、どのように評価したのかをきちんと確認し、再検討するのはやはり教育環境を決定し、支援した親、教師、専門家の責務ではないでしょうか。そして、このことは同時に、子どもたちの批判に対し親側として異議がある場合はくぐもった感情的反発や冷笑的無視ではなく、きちんとした再批判として提示した上で、子どもたちと再度、誠実に話し合うべき責務をも含んでいるはずだろうと思います。[10]

また、インテグレーションの現状については最近、専門家・研究者の間でもまだ少数ですが、かなり現実に即した考察が見られるようになってきました。例えば、昨年（一九九六年）『聴覚障害児の教育』[11]という本が刊行されました。インテグレーションの現状を含め、聴覚障害児教育の実態の全体像を把握するには現時点で最もよく整理された文献の一つです。この本の中で、何箇所かにわたり、難聴学級・通級指導教室について触れてあり、部分的には遠回しながら、その指導現状の問題点、不足面、改善面への指摘があります。◆12

このような言及は通常、公の形では明確にされないことがほとんどでした。やはり、インテグレーションの現状については根本的な再検討と、その上での改善が必要であることが研究者にも認識され始めたということの現れだろうと思います。

頭の中だけにしか存在しないインテグレーションの理念を現実の中でどこまでも無自覚に推し進めていくスタイルは、たとえそれがまだ主流をなす対応ではあっても、現実的には確実に行きづまり始めていることは間違いありません。

◆9……「ろう教育の明日を考える連絡協議会」書籍部発行。

◆10……例えば民間最大の聴覚障害児教育機関「聴覚障害児と共に歩む会・トライアングル」には「本人部会」が設置されており、公開シンポジウム等を通し、成人した聴覚障害児たちの声を親や専門家が直接聞く試みが実施されている。本書第1章2「難聴児の自己形成方略――インテグレーションの「成功例」とは何だったのか」中「第三の世界」の項参照。

◆11……『聴覚障害児の教育』中野善達・斎藤佐和編　福村出版（一九九六）。

◆12……例えば同書には次のような指摘がある。「本来は聾学校や難聴特殊学級で個に応じた手厚い指導を必要とする児童生徒が、通級指導を受けられるからといって安易に普通学級にインテグレーションする事態の発生が懸念される」（三七頁・根本匡文）、「世界的に障害児の教育はインテグレーション（統合教育）を志向しているが、聴覚障害児の教育は、聾学校や難聴学級といった特別な教育の場が必要なことを認めているように思われる。わが国の場合、政策としてインテグレーションがとられているわけではなく、なんら制度的保障もなく、インテグレーションの実践だけが急速に進展してきている。しかも、難聴学級なり通常の学級でどれだけ子どものニーズに応じた教育が保障できるかの確認が不十分なまま、インテグレーションの実態だけが展開していっている。こうしたことの反省期にいまさしかかってきており、こうした反省と慎重な対応が要請されている。なによりも大切なのは、当該児にとってもっとも適切な教育とは何か、それはどこで満たされるべきなのか、といった視点であろう。」（二〇〇頁・中野善達）

1・3 現状認識を阻んでいるもの

しかしながら、やはり、このような現状に対する謙虚な見直しの声はまだまだ小さな声でしかないのも事実です。小さな声であるゆえに、その声は多くの人の心と頭にはまだ十分に届いてはいません。

私たちは、なぜインテグレーションの足下にある事実をしっかり見つめ直し、そこから再度、真に堅実な歩みを始められないのでしょうか。それはおそらく現状認識を阻む状況（ある意味では現状の事実を認めようとしない積極的で強固な理由）が私たち自身の中にあるからだろうと思います。そのことをまずはっきり自覚しなければ、実際に現状を改善するという具体的な段階へはいつまでたっても移ることが出来ません。

私たちはインテグレーションの現状をどのように見ているでしょうか。否、どのように「見たがっている」のでしょうか。[13]

1・3・1 難聴学級・通級指導教室の先生方の意識

まず、インテグレーションの現場で、聞こえない子どもたちに関与をする専門的立場の難聴学級・通級指導教室[14]の先生方は、子どもたちの実状をどう見ていらっしゃるでしょうか。インテグレーションという前提に立っている以上、当然、その基本的認識は（先にも触れた）補聴器の活用という立場（聴覚口話法[15]）ということになります。つまり、この立場の先生方の根底には、「補聴器の管理調整（フィッティング）さえ適切におこなえば、子どもは残存聴力を活用し、後は聴児と同じ環境の中で「自然」に言語を獲得していくことが出来る」という基本的考えがあります。

ですから、補聴器の管理調整をした以上、後は「ちゃんと聞こえるはずだ」という理解が基本にあります。もし、それでも子どもが学校の生活の中で「聞こえない」と訴えたとします。すると、どのような答が返ってくるでしょうか。それは次のような「助言」でしょう。「そんなはずはない。補聴器はちゃんとフィッティングしてあるのだから、本当は聞こえるはずだよ。もっと、ちゃんと聞いてごらん。」

しかし、それでも、「聞こえない」状況は変わりません。すると補聴器の再調整が始まります。しかし、事態が抜本的に変わることはほとんどありません。粘り強く何度も調整を繰り返してくださる先生の口から、とうとう最後には次のような言葉が発せられます。「本当は聞こえているはず

◆13……本論冒頭に掲げたフーコーのことばは、私たちがインテグレーションに何を期待しているのか、つまり、そこに何を「見たがっていないのか」、そして、それは何故なのかという根本的な問題設定の必要性を端的に示唆している。
◆14……難聴学級=難聴児童生徒のために聴能訓練、言語指導、教科指導その他の指導支援をおこなう特別学級。難聴学級には通常学級に在籍しながら、特定の時間だけ（「取り出し授業」として）難聴学級に通う「通級式」と、難聴学級でほとんどの学習活動をおこない、一部の授業や活動だけ通級学級に参加する「固定式」がある。通級式の場合、通常学級の方を母学級、原学級と呼んだりもする。また、自校内に難聴学級がなく、近隣（場合によっては遠隔地）の他校の難聴学級に通う「校外通級」という形態もある。その場合、通級に要する往復時間が他の授業にまで食い込む等の問題や（多くは親の）送迎の責任負担等が問題になることもある。通級指導教室=一九九三年に学校教育法施行規則が一部改正され、それに伴い「通級による指導」が積極的に推進され、全国的にも通級式学級が主流化している。ただし、関西地域のように固定式学級を保持する地域もある。
◆15……auditory-oral method　補聴器の装用により残存聴力を活用させ、それを前提として、聴覚障害児に音声言語の能力（聞き取りと発音）を獲得させることを目指す言語指導法。「単感覚法（acoupedic）、聴覚口話法（aural-oral）、聴覚アプローチ法（auditory-approach）、単感覚―聴覚法（unisensory-auditory）、聴覚グローバル法（auditory-global）とも呼ばれる。」（『聾・聴覚障害百科事典』明石書店）。

なのに、この子にはきちんと聞こうとする姿勢が出来ていないので、聞き取ることが出来ないのです。お母さん、家でちゃんと聞くように躾けてください。」

真面目な母親であればあるほど、その注意を誠実に受け入れ、家で何かにつけ「ほら、ちゃんと聞きなさい」、「あなたがきちんと聞いていないから、わからないんでしょ」、「本当は聞こえているはずよ」という言葉を繰り返します。

しかし、どうなのでしょうか。本当に子どもは「実際は聞こえているのに、ちゃんと聞こうとしていない」のでしょうか。目の前で喋っているのは仲のよい友達であり、級友たち皆が聞き入っている先生の大事な話です。それを聞こえない子どもだけが「ちゃんと聞こうとしていない」のでしょうか。聞こえない子どもは、聞こうと思えば聞こえるのに、「聞こえない」と嘘を言っているのでしょうか。もしそうだとすれば、一体、何のために、そんな手の込んだことを聞こえない子どもたちがしているというのでしょうか?

「聞こえているはず」というこの強固で絶対的な〈はず〉論により、「聞こえない」という子どもにとっての事実（現実）の訴えは、常に「否定」「無視」という土中に深く埋められてしまい、きちんと受け止められることは決してありません。

先生の中には、「本当は少ししか聞こえていない」「まだらにしか聞こえていない」ということを認めてくださる方もいるかもしれません。しかし、この場合も、結局、「でも、全然聞こえない〈より〉はましでしょう」、「だから、やっぱり補聴器を活用す〈べき〉だよ」という〈より〉論、〈べき〉論に回帰されてしまうことが多いのが実情です。

ここで言われる「聞こえているはずだ」という確信の根拠は何でしょうか。それは、おそらく聴力検査をした結果、オージオグラム[◆16]上に現れた聴力状態やその他の検査結果を踏まえた判断でしょう。ただし、聞こえない子どもたちが実際に生活し、学習活動をおこなう学校の教室という場所の音環境は、聴力検査をおこなう検査室の音環境（条件）とはかなり違います。しかし、実際のインテグレーションの現場では、この強固な「聞こえている」〈はず〉論の前で、子どもの「聞こえていない」という訴えは認められることなく、悄然とたち消えていくというのがまぎれもない現実です。

問題はさらに続きます。この「聞こえているはず」という認識は、そこから次のような理解とそれに基づく具体的対応を必然的に生み出します。つまり、それは、「補聴器の適切な活用の結果、聞こえているのだから、言語獲得面についても、また学力面についても、聞こえない子ども固有の特別な手だてや努力は必要ない」という考え方です。この考えに立てば、必然的に、具体的な対応としての発音訓練、聴能訓練を含めた厳密な言語訓練、ならびに学力形成のための特別な対応は、それが意図的、関与的、指示的であるこ

◆16……オージオメーター（audiometer 聴力計）で測定した聴力データを図示した用紙。図1参照。縦軸に聞こえの程度（聴力損失）をデシベル（dB）という単位で示し、横軸に周波数をヘルツ（Hz）という単位で示す。縦軸は下にいくに従い音の強さのレベルが大きくなること、横軸は右にいくに従い音の高さが大きくなることを示している。右耳は○印で、左耳は×印で記入する。

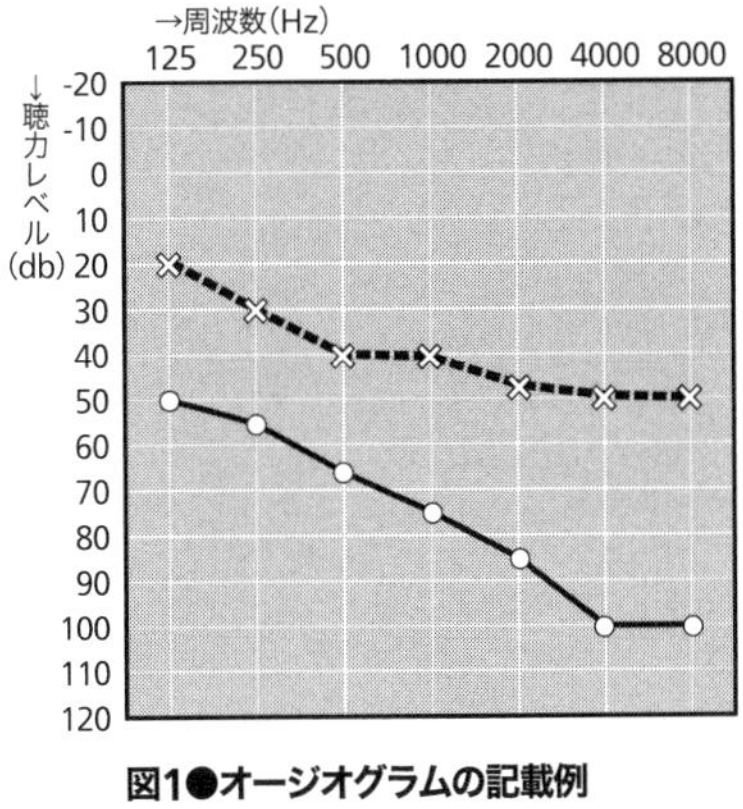

図1●オージオグラムの記載例

とを理由に否定、排除されがちになります。

むしろ、聞こえない子どもの場合、必要なのは、子ども本人の自主性を尊重した、自由で、拘束のない、遊戯療法的「心のケア」「癒し」だということになります。もちろん、教科学習への具体的支援については、「親からの希望があった場合は、それに応じる」（つまり、難聴学級・通級指導教室としての独自の積極的、計画的教科指導プログラムはない）といった消極的なものでしかありません。中には、教科指導は原則としてしないという立場をとる難聴学級もあります。[17]

1・3・2 親の意識

このようなインテグレーションの実状を、聞こえない子どもの親はどのような気持ちで見ているのでしょうか。

まず、第一に言えることは、気持ちの底に常に「聞こえていて欲しい」という願望が潜在しているということがあります。ですから、現実をこの願望を通して「希望的」に見てしまいがちです。事実を事実として見るのではなく、事実を「見たいような形にしか見ない」ということです（このような願望は、自分自身の中にある「聞こえない」という障害＝身体状況に対する無意識の嫌悪感情、蔑視、差別意識から生まれ出ているということは、拙論『聴覚障害児の理解のために第二三集――障害認識をめぐるお母さんとの対話[18]』で論じました。また、「聞こえないこと」をありのままに認め、大事にすることは、しっかりした深い障害認識がなければ出来ない対応であることも同書の中で併せて論じました）。

たとえ当初は、つらさや落胆を伴ったとしても、冷静に事実を見つめる姿勢があるなら、目の前の自分の子どもが「本当にきちんと聞こえているかどうか」は、最も身近にいる親が一番正確に観察、理解できるはずです。しかし、実際は、他人から見ていると（つまり、最も現実的で客観的、公正かつ厳正な「社会の目」で観察すると）、とてもきちんと聞き取れているとは思えない場合でも、「聞こえている」と言い張る親がいます。

私は、子どもに本当に伝わる話し方（発音や話す速度だけでなく、言葉の選び方、くだき方、話の構成）を工夫してもらうために、まず、親子の会話をテープに録音してもらい、それを親自身に起こしてもらう（文字に書き取ってもらう）ことがあります。自分がどのような会話をし、子どもがどのように「聞いている」かを自覚してもらうための作業です。

すると、どのようなことが起きるでしょうか。書き取られた会話は例えば次のようなものです。

母「…は…だったでしょう」
子ども「うん」
母「…は…だったよね」
子ども「うん」
母「でも、…は…じゃなかったかな」

◆17……本論の講演をおこなった時点（一九九七年）では、関東地域においてはこのような対応を実施している難聴学級が実在していたし、当時、地方に講演に行った際も、筆者は同種の状況があることを少なからず耳にした。
◆18……「全国難聴児を持つ親の会」発行（一九九六）。

子ども「うん」
母「そして、…は…になったでしょう」
子ども「うん」
母「だから…ということよ、わかった?」
子ども「うん」
母「じゃあ、…はなぜ…したのかな、わかる?」
子ども「うん」
母親「なぜだと思う」
子ども「うん」
母親「だから、『うん』じゃなくて、どうして」
子ども「うん。うーん…?」
母親「わかんないの? 今までのお話、本当にわかった?」
子ども「うん」
母親「……」

多くの場合、親が言う「話はちゃんと聞こえている」という状況はこのようなものでありがちです。自ら記録を取ってみて、初めて、親も「うん」だけが並んでいることに気づきます。このような会話は一体何を物語っているのでしょうか。

聞こえない子どもは話の「内容」をではなく、母親の「顔の表情」やまだらに聞こえる「声の強弱」などを手がかりに、ただ適当に、あるいは一生懸命、相槌を打っていたのです。つまり、母親の声を「ことば」として聞き、その内容を「理解」していたわけではないのです。インテグレーションの世界では、このような情況が小学校の高学年で見られたりすることが決して珍しくありません。つまり、このような会話を十年近く平気で続けてきたということであり、それを親は「聞こえている」と思い込んできたということです。

例えば、「カレーライスは好きですか」という形のYES／NO疑問文なら、「はい」か「いいえ」で答えることが出来ます。つまり、本当には聞こえていなくても、単純な内容の話であれば、当てずっぽうで適当に返事しても、それはほとんど露呈しません（さらに言うと、「うん」という肯定と、「ううん」という否定の発音は、それ自体不鮮明ですし、さらに、どちらとも判別しがたい微妙な縦方向と横方向の首振りの曖昧な動作の中に反応は埋没してしまいます）。

一方、「何を食べましたか」というようなWH疑問文（5W1H疑問文）を提示すれば、相手が本当に話の内容を聞き取って理解しているかどうかはすぐに判明します。WH疑問文はYES／NO疑問文のようなごまかしが通用しないからです。

しかし、親は知らないうちに聞こえない子どもに対しYES／NO疑問文だけの会話をするようになってしまっています。なぜなのでしょうか。つまり、「聞こえている」と主張したがる親は、無意識のうちに、子どもが「聞こえている」素振りをしやすいような話し方をしている場合が多いということです。つまり、WH疑問文を織り込んだ会話をすれば、自分の子どもが実はきちんと

「聞こえていない」という事実に直面せざるを得なくなります。「聞こえていて欲しい」と願っている親にとって、それは避けたい事態です。気づきたくない、認めたくない事実については、それを認めなくて済むように「事実」の方をごまかすしかありません。「うちの子は聞こえている」という言い募りはこうして生まれます。

発音についても、一般の人間には何と言っているか決して聞き取れない状態であるにもかかわらず、「私には何と言っているかわかる」とあくまで言い張る親がいます。親は自分自身がインテグレーションを選択した責任上、それがうまくいっていないことを示す状況は認めたくありません。この親の心理も、「聞こえない」という事実を直視することを妨げている原因の一つです。

このように言うと、おそらく、「そこまで、過酷な指摘をしなくてもいいではないか」という反発が起きるかもしれません。しかし、そのような「思いやり」や「憐れみ」のあるやさしい「理解」が、結果として、聞こえない子どもたちのために実質的で有効な成果を本当に何かもたらしてきたでしょうか。「聞こえない」という子どもたちの訴えにきちんと耳を傾けず、それを強固に否定し続けてきた一方的対応があるわけですが、それを正当化してきた根拠こそ（大変皮肉なことですが）、この「思いやり」や「憐れみ」という「善意」に他ならなかったのではないでしょうか。

聞こえない子どもたちの教育環境を改善するためにまず必要なことは、一時的で表面的でしかない「思いやり」や「憐れみ」などではなく、事実を直視する所から始まる、ごまかしのない現状認識であるはずです。

親たちが事実に基づいた現状認識を持てないでいる第二の理由として、次のような事情があります。それは子どもを人質にとられているという思いです。つまり、「聞こえない子どもを預かってもらっているだけでもありがたいのに、そこにさらに注文や要望など出せるわけがない」という極めて消極的で後ろ向きの「遠慮」意識です。あるいは、もし、「聞こえていないのではないか」という事実を訴え、そのための特別の対応を求めたら、「そこまでの手厚い対応を求めるのであれば、聾学校へ行ってください」という返答（勧告）が返ってくるのではないかという、現実的な不安（恐れ）があります。従って、たとえインテグレーションの現状について不満があり、改善の必要性は感じていても、とてもそれを口に出すことは出来ないというのが、親が置かれている実状です。

このような現実的状況から、結果として、親は親で「きちんとは聞こえていない」という事実を直視することが出来なくなっています。

1・3・3　聴覚障害児本人の意識

それならば、聞こえない子どもたち本人に直接、インテグレーションの現状の問題点（困っている点）を尋ねてみれば良いではないかという意見が出てきそうです。しかし、この方法にも実は根本的な問題があります。つまり、インテグレートした聞こえない子どもたちが他者に向かって「聞こえない」という事実をきちんと説明することは、実は予想外に非常に困難なことなのです。込み入ったこの特殊な事情については、おそらく多くの人たちがあまりよく理解できていないのではないでしょうか。

インテグレーションという「聞こえているはず」の世界、「聞こえない」ことが認められない世界にいるうちに、聞こえない子どもは、たとえ実際は「聞こえていなくても」、聞こえたふりをするようになります。この無意識の心理は小学校高学年にもなると、「だいたい聞こえる」、「聞こえる時もある」という陰影にとんだ、微妙な苦肉のことばで表されるようになります。

しかし、そのようなごまかし、自己韜晦が日常の身を処す不可欠のスタイルになっていく中で（そうしなければ、聞こえない子どもたちはインテグレーションの日常を生きていくことは出来ません）、聞こえない子どもは「本当に聞こえているか、いないか」、「話の内容を本当に理解しているかどうか」を判断する意欲、感覚を徐々に失っていきます。それは情報を正確に受け取り、その情報に対する自分の意見（思考）を明確なものに組み立てる態度（能力）を失っていくことと同義です。そして、その状態は、話の中身をきちんと理解しようとすることへの疲労、怠慢、放棄となっていきます（考えることは「面倒くさい」「どうでもいい」という感覚の日常化）。そのような難聴児と本当につきあったことのある人なら、彼らの物事に対する独特の無関心、無感覚、無責任、いい加減さがどのようなものであるかは御存知でしょう。[◆19] 聞こえない子どもたちはコミュニケーション面で不十分な教育環境（言語環境）しか与えられないという現実の中で、自分たちの置かれている状況を自ら理解し、その問題点を自分から訴えるための能力をあらかじめ剥奪されているわけです。自分で異議申し立てが出来るような言語力などどこにも持っていませんから、当然、自分たちの窮状を訴えることもできないわけです。このような環境の中で、聞こえない子どもたちは、「聞こえていない」ことがもたらす意味（そのマイナスが将来の自分にとってどれほど大きなものになるか）にさえ、気づきようもありません。

ですから、子ども自身の訴えからもインテグレーションの現状を正確に把握する手がかりはなかなか得られないのです（成人したインテグレーション経験者が自らの切実な実体験を訴えるようになったことについて先に記しました。ただし、注意してほしいのは、それは子どもであった「その時」に発せられたことばではないということです。つまり、成人してから後、過去を振り返った人たちの声です。彼らはなぜ成人した後でなければ声をあげることが出来なかったのでしょうか。重要な問題はこの点にあります。それは、多くの場合、十代半ばで手話と出会ったからです。つまり、手話という、聞こえない人間にも「わかった」か「わからない」かをはっきり確かめ、表明することの出来る言語的コミュニケーション手段を獲得したからです。生まれて初めて、そのような明瞭な言語環境に身を置いたからこそ、それと比較して、過去の状況が本当はいかに「わかっていなかった」か、「聞こえていなかった」かということが認識できるようになったということです。このことを逆に言うと、「まだらな言語環境」にいる限り、それがどの程度「まだら」なのかということを自分で理解することは出来ないということです。比較するための「はっきりわかる状況」がそこにはないからです。成人した難聴児たちは過去を振り返ってよく次のような感想を漏らします。

◆19……無論、この難聴児に共通してよく見られる（ように私たちが感じる）精神面の傾向は、多くの場合、生得的な資質から来るものではない。むしろ不全感のある極めて不自然な言語環境（コミュニケーション環境）に置かれ続けた結果、必然的、不可避に生じた防衛規制的「第二の性格」である。しかし、そのような事情を理解した上で社会が適切な判断をしてくれることはほとんどない。例えば、ある意味でそのような「事情」を最も体験的によく知っているはずの専門家と呼ばれている人々（教師、研究者、手話通訳者）でさえ、時に確信的に難聴者「特有の性格」について単純に批判的に語る場合がある。まず第一に、置かれていた言語環境が不適切なものであったことを理解してもらえず、その結果生じた精神状況に事情があることも理解してもらえない。難聴児たちはこのような二段階の誤解の中で生きていかざるを得ない。

「小学校や中学の時は、それ（「まだら」にしか聞こえない状況）が当たり前なのかなぁと思っていた」、「他のみんな（聴児）も、同じなんだ（同じように「まだら」に聞こえているんだろう）と思っていた」。これらの感想は、聞こえない子どもたちが、その時点では、自分の置かれていた環境がどのようなものであったかを自覚することがいかに困難であったかという事情を如実に物語っているのではないでしょうか）。

1・3・4　普通学級（親学級）担任の意識

おそらく、インテグレーションの現状を現実に即して最も客観的に観察、理解しているのは、聞こえない子どもが在籍している普通学級（親学級、母学級）の担任の先生方ではないでしょうか。教科指導という厳密な言語コミュニケーションを必要とする具体的対応を通し、あるいは、教室という共同体内で展開される子ども同士の利害調整や意思確認、感情共有という、これまた言語コミュニケーション行為の観察を通し、聞こえない子どもが実際はいかに「聞こえていない」かを誰よりも実感しているのはクラス担任の先生方ではないかと思います。

しかし、担任の先生方がその正確な現状認識を表明することはなかなかありません。なぜなら、もし、現状に対する意見を正直に表明すれば、それはある意味でインテグレーションの不適切さを指摘することになるからです。場合によっては、障害児が普通学級に在籍することを疑問視する「非人道的差別」として受け取られかねないからです。「聞こえている」と思い込みたい親や専門家はこうした現場の先生方の正直な報告を果たして素直に聞き入れるでしょうか。とてもそうは思えません。事実を目の当たりにしていらっしゃる先生方がやむを得ず口をつぐまざるを得ないこうした状況があります。この点もインテグレーションの現状を正確に認識した上で、それを改善していくという作業を阻む一つの障壁となっています。◆20

1・4 最終的なしわ寄せはどこに来ているか

難聴学級の先生方は聴覚口話法の理念を踏まえた「聞こえているはず」論を堅持され、親は「聞こえていて欲しい」という虚栄的願望と、お世話になっている先生方には逆らえないという「人質」論に拘束され、親学級の担任の先生方は差別的発言だと誤解される心配から口をつぐまれます。

このような事情により、インテグレーションの実状を直視することは現在までずっと不問に付されて来ました。しかし、その最終的なしわ寄せは一体どこに及んでいるでしょうか。結果的に最も割を食った（実質的な損害をこうむった）のは誰だったでしょうか。それは、とりもなおさず、きわめて不適切な情報環境に置かれたままの聞こえない子ども本人たちでした。私たち大人は、自分

◆20……昨年（二〇〇二年）、筆者は九州のある地域で開かれた研修会に招聘され、障害認識に関する講演をした。それは聾学校と通級指導教室の先生方が互いの情報交換を目的として合同で運営されている研修会だった。講演前に通級指導教室の先生方がインテグレーションの現状についてどのような問題意識を持っていらっしゃるのかを確認するため、何人かの先生にお尋ねした際、次のようなお話を伺った。「インテグレーションをした子どもたちが小学部の高学年で行きづまったり、問題を抱える状況を見てきた。通級指導教室にいると、その実情がよく見えてくると同時に、行きづまった子どもの親に対し、進路変更の助言をするのも、立場上、通級指導教室の担任の仕事になることが多い。しかし、親はなかなか助言に耳を傾けない。結局、問題は先送りされ、その結果、子どもたちは深く傷ついていくことになる。自分たちとしては、不適応状態になったら、聾学校に帰ったほうがいいと思うのだが。どうしたら、親たちは状況を正しく受け止めてくれるのだろうか。」インテグレーションの実情を認識していらっしゃる通級指導教室の先生方もいらっしゃるようである。

たちの都合や体面、身の処し方ばかりに気を取られていて、本来は最優先させなければならなかったはずの聞こえない子どもたちへの配慮自体をその実、最も軽んじて来たのではないでしょうか。

2 インテグレーションの課題

では、このようなインテグレーションの現状にある根本問題を現実的に改善していくためには、具体的に、どのような基本的条件の整備が必要でしょうか。

2・1 親の意識の改善

聞こえない子どもを持つ親の意識のあり方について、少なくとも、二つの再考すべき問題があります。

一つは、「人質」論という考えにとらわれている問題です。本当に聞こえない子どもは「人質」なのでしょうか。「障害のある手間のかかる子どもを預かってもらっているだけでもありがたいのだから、とてもそれ以上のお願いは出来ない」、「何か特別の対応を要望することで、学校側に負担をかけたら、嫌がられ、関係が気まずくなる」。しかし、本当にそうなのでしょうか。現実を無視した青臭い理想論を言うつもりは毛頭ありません。そうではまったくなく、むしろ、その現実に立って考えるからこそ、このような親の現状理解、受け取り方が本当に適切で有効なものなのか、今一度よく検討してみる必要があるのではないかということを言いたいのです。

「人質」論という親の考え方の底にはいくつかの本質的問題が含まれています。「公教育とは何か」という基本的なことをもう一度よく考えてみてください。これは、私たち納税者が自分たちの子どもに適切な教育を与えたいために、その教育サービスを学校という制度に依頼し、その費用として税金を支払っているということです。私たち依頼者（クライアント）は支払った費用の代償として、それが正当な依頼内容なら、その実施を遠慮せず求めることが出来るはずです。

また、その依頼内容が正当なものか否か、支払った費用（税金）に見合ったものか否かが問題になるようであれば、依頼者と教育を請け負った側との間できちんとした確認作業をおこない、相互に納得できるように解決しなければなりません。少なくとも、この確認作業を求める権利は依頼者にもあるということです。

なぜ、依頼者側の親にはこのような権利があるのでしょうか。それは、この権利を活用して、子どもたちにより適切で良質の教育的利益をもたらすためです。つまり、親は、直接自らの権利、利益を保守することの出来ない子ども（特にコミュニケーション面で不利益をこうむり、誤解されることが多い聴覚障害児）になりかわって、その利益を守る代行依頼者なのです。そして、何より大事な点は、子どもたちから「僕の権利をお父さんとお母さんに預けるから、それがちゃんと守られるようにガード（保護）してね」と、仕事を委ねられているということです。つまり、その意味において、親は聞こえない子どもたちが本来持っている適切な教育を受ける権利（学習権）に対して大きな保護管理責任があるということです。

にもかかわらず、親が基本的に、最初から「人質」論というきわめて消極的な考えにとらわれていたら、代行依頼者としての責務をきちんと果たすことが出来るでしょうか。

さらに、この「人質」論を受容することは、現実的な結果として「障害者が健常者と同じ場所で生活するときは、基本的に自分の権利の主張は差し控えるべきだ、その方がうまくやっていける」、「たとえ、不満があっても、我慢して、何も言わない方がいい」という考え方の容認になります。親自身のそのような消極的で卑屈な姿を見て育った聞こえない子どもは、一体どのような障害者観を身につけるでしょうか。実はこの点が「人質」論のもたらす目に見えない最も大きな問題だろうと私は思います。

また、親が抱く自主規制的「人質」論の弊害は次のような問題にも繋がっています。現場の先生方の中には、親との誠実な話し合いを通し、その要望を謙虚に受け止め、出来る限りそれに応えようと最大の努力を傾けようとしている先生方もいます。[◆21]「どうせ、要望を出しても、嫌がられて、関係が気まずくなるだけだから」という親側の判断は、先生方に対する失望と諦めが前提になっていますが、少なくとも、それは、親の要望に本気で耳を傾け、現実的な努力を積み上げている誠実な先生方に対しては、大変失礼な「一方的な判断」、「勝手な諦め」になるのではないでしょうか。

「人質」論をわけ知り顔で、早急に受け入れてしまうことは、一見、現実的な「大人の態度」のように見えますが、実は現場の先生方との本質的な信頼関係づくりの手がかりを早々と自ら捨て去ることに等しいのです。つまり、それは最も至近距離から具体的な支援を子どもにもたらしていただけるはずの先生との意思疎通の通路を失うということです。「人質」論にとらわれるのではなく、やはり、親は子どものために要望すべきことは怯まず、きちんと要望しなければなりません。

しかし、そのためにはその要望が適切なものであることが何より大事な前提になります。それなら、その要望の適切さ、正しさを支えるものは何でしょうか。これが、親が再考する必要のある二つ目の問題です。

私は先ほど、子どもの教育を依頼している者として親は学校に要望を求める権利があると言いました。しかし、それはその権利をただ闇雲に主張すればよいということでは決してありません。ましてや、障害児であることを特権的に振り回し、現場の先生方と対立することの勧めでも、もちろんありません。必要な要望を出し、それを先生方に理解、納得していただき、その上で、具体的な支援の助力を実践してもらうためには、親の側にも整えておかなければならない条件があります。

言語力育成にかかわる問題であれ、学力にかかわる問題であれ、それなりの特別な対応を要望する場合、まず何より、その根拠がしっかり考え抜かれたものでなければなりません。「なぜ、聞こえない子どもに言語力が必要なのか」、「求めている言語力とは具体的に一体どのようなことを指しているのか」、「なぜ、聞こえない子どもに勉強が必要なのか」。これらの根拠を親は自分の言葉で

◆21……かつても、今も、そして、これからも、地域の片隅で、毎日こつこつ良質な教育実践に全力で取り組んでおられる難聴学級の先生方が必ずいらっしゃるはずである。私自身、初めて訪ねた講演先の地方で、偶然に、方法論的にも非常に優れた教育実践をしていらっしゃる難聴学級の先生にお会いしたことが何度かあり、今でも忘れ難い印象を持っている。優れた教育技術をお持ちの先生は、例外なく、同時に、子どもたちの理解を育むためなら、どこまでも自分の頭で現実的に考え抜く「工夫の人」であり、「考える人」であったような気がする。そして、その意味で、表れ方は様々であっても、やはり強い「情熱」を内に秘めている方々であった。例えば、京都市立二条中学校の難聴学級（固定式）で長年指導にあたってこられた高井小織先生の地道で粘り強い実践は難聴学級の本質的あり方と意味を考える上で、これからの時代に向けて一つの方向を示すものだろう。二条中学難聴学級における教育実践の具体的状況は高井先生自らが報告されている『聴覚障害』二〇〇三年四月号掲載論文「難聴学級生徒を核とした新しい集団とネットワークづくりの試み」を参照。

きちんと説明できなければなりません。その要望が単に親の虚栄的で自己中心的な感情から出ているものでしかないなら、当然、それは先生方には受け入れてもらえないでしょう。

また、要望を出すのはいいのですが、物事の順番からいって、そのはるか手前にある躾や言語力、学力の基礎部分がきちんと積み上げられていない場合は、その要望は単なる「高望み」「身のほど知らず」として、やはり受け入れてはもらえないことになります。

インテグレーションの現状の中では残念ながら、この種の準備不足状態にある、つまり、正当な要望を出しづらくなってしまっている家庭は少なくありません。ですから、このような家庭は、「要望を出せるだけの努力はしてこなかったし、その結果、子どもの能力も実際低いので、不満もあるが、現状のままでも仕方がない」という後ろ向きの現実容認になりがちです。この種の諦めと自らの怠慢に対する消極的自己肯定が、ねじれながら「人質」論という考え（言い訳）に繋がってもいます。

親は自分自身の意識をもう一度根本からしっかり整え直す必要があります。インテグレーションの状況をいつも冷静に見つめ、そこに改善の必要があれば、要望として、現場の先生方に臆せずきちんと伝え、協力を仰ぐべきではないでしょうか。だからこそ、そのためにも、自分たちの要望の適切さを裏付ける根拠はしっかりしたものにしておきましょう。そして、障害にまつわる諸問題（聴力、言語力、学力とはそれぞれに一体何を意味しているのか、それは相互にどのように関係しているのか。そして自分は「障害」をどのように価値づけているのかという障害認識の問題）に関する勉強を、親自身が常に深める努力をしてください。

何より、正当な要望を出すための権利を失わないためにも、家庭で準備しておくべき基礎的諸条件（躾、精神的安定、基礎的言語力、基礎的学力）については、たとえそれが手間暇のかかる面倒な作業ではあっても、言い訳をしたりしないで、適切な方法を通して、自分たちなりのリズムとペースで、こつこつ丁寧に積み上げていかなければなりません。

聞こえない子どもたちが成長していく途上で、それをしっかり支援していくためには当然、様々な改善、調整、軌道修正、異議申し立ての作業が必要不可欠になってきます。その状況の中で正当な要望を出す権利を失う（自ら放棄する）ということは計り知れない大きな損失です。このことをくれぐれも忘れないでください。

たとえ、その要望が当然なものであっても、少数者の要望はやはり簡単には聞き入れてもらえないときもあります。正当な主張であっても、まったく理解してもらえないこともあります。残念ですが、それが現実です。この現実の地点から、それでも諦めず、粘り強く要望を提示していくためには、少数者（本人も家族も）こそ、揺るぎない深い力（思考力と実践力）を持っておく必要があります。

その深い力をもたらしてくれるのは、一日一日の平凡で地道な努力の積み重ねだけです。それ以外に頼りになるものは何もありません。やはり、黙って、自分たちなりの日々の基礎工事をこつこつ続けることが、すべての前提です。

2・2 親の会の役割の再検討

次に、インテグレーションの現状にある問題を改善するための条件整備の一つとして、親の会の役割の再検討があります。

現在、各地域で親の会の活動を実質的に支えておられる役員の方々は、どのような聞こえない子どもの親御さん（だった）でしょうか。そのほとんどは、インテグレーションに成功した家庭、つまり、学歴の上でも、就職の上でも、大きな躓きもなく、それなりのレベルに達することが出来た、いわゆる「インテグレーションのエリート」と言われる親子である場合が非常に多いのではないでしょうか。

つまり、言語力の獲得面においても、また、学力の形成面においても、自分たちでしっかり自助努力をしてきた人たちです。あるいは、学校や家庭以外の場所でも、良質の指導（例えば塾や家庭教師）を受けることが出来た人たちです（中には、さらに、子どもの聴力が軽かったという状況の方もいらっしゃるかもしれません）。同時に、このような方たちの多くは、難聴学級や通級指導教室の先生方とも大変友好的に上手におつき合いをされて来た方たちでもあります。

このような方たちの意識の中では、インテグレーションはどのようなものとして考えられているでしょうか。かつて、私はそのような方の一人から次のような話を聞いたことがありました。「ことばや学校の勉強は本来、家庭でしっかりやるべきものです。難聴学級は気分転換に行く場所であって、何かをきちんと教えてもらうことを期待する方が甘いのではありませんか」。あるいは、「難聴学級には最初からいっさい期待しなかった。すべて自分たちだけで努力してきた」とはっきり言われたお母さんもいらっしゃいました。

これが、インテグレーションに「成功」した親の偽らざる本音なのかもしれません。しかし、そのように言える親には、自分の家庭にはそのような取り組みができるだけの条件（経済力、知的能力、家族の理解協力、具体的な人的支援力、適切な指導者とめぐり会えた幸運等）が整っていたからこそ、たまたまそのような実践が可能だったのだということについての自覚が至って希薄です。つまり、そのような条件を整えることが出来ない家庭もある（むしろ、その方が圧倒的に多い）という現実が十分に理解されていません。個人の話としてなら、それはそれで構わないかもしれませんが、親の会という組織の役員である場合、このような意識のままであることは会の活動方向に微妙な影響を与えているのではないでしょうか。

「困っていらっしゃることはよくわかりますが、お母さんや家庭自体にやる気がない以上、そのような家庭まで何とかしてあげる力は自分たちにはありません」という言葉も親の会の役員の方から聞いたことがあります。確かにもっともな話ですが、しかし、そのような「やる気のない」お母さんや家庭には、そうでしかあれない事情がある場合もあります。そして、そのような環境にいる聞こえない子どもたちは明らかにその環境的マイナスを被っています。親の会のような支援組織の助力を最も必要としているのは、実はこのような家庭なのではないでしょうか。

たとえ、努力不足という問題を抱えている親子であっても、それでも、そこを訪れることが出来る、親の会がそのような場所になることは可能ですし、そこから粘り強い支援を始めていくことも出来るのではないでしょうか。ご自分たちの子どもが言語面や学力面で決定的に行きづまったという経験が希薄なので、エリートの親である役員の方たちには、現実に「うまくいっていない子どもたち」の困窮状態やその親の悩みの深さ、苦しみの重さに対する実感的理解や共感が（本音の部分では）乏しいように見受けられます。

また、これは別のもう一つの大きな問題なのではないかと思いますが、多くの役員の方々の子どもさんたちは十代後半か、あるいは既に成人されている社会人である場合が多いのではないでしょうか。つまり、子育ての実際の日常から離れて数年、あるいは十数年がたっているということです。それなりにあった苦労や悩みの記憶でさえ「喉もと過ぎれば」で、かなり薄れてしまっているという現実があるかもしれません。そこに、さらに時代状況の違いという要素も重なってきて、インテグレーションの現状認識について、かなり大きなズレが生じているのではないかという危惧もあります。[◆22]

私も以前から、いろいろな機会を通し、親の会の役員の方にインテグレーションの実状と改善の必要を訴えてきましたが、あまり切実な問題として受け止めていただけなかったとみえ、積極的な反応はほとんどありませんでした。

「難聴児を持つ親の会」の役割とは何なのでしょうか。それは、インテグレートしている聞こえない子どもたちの生活・教育環境を整備するための支援協力と、親同士の相互援助ということではないでしょうか。

現在、インテグレーションの現状には学校という制度上に生じている問題、つまり、親学級と難聴学級・通級指導教室に関連する問題があります。これは個々の家庭が個人的に対応しても、どうすることも出来ない面を含んだ難しい問題です。また、問題の性質上からも、親が個人的に対応することには大きな制限があります。この抜本的な問題の改善にこそ、親の会の力を貸していただけないものでしょうか。

親の会の役員の方の一部には、今までの難聴学級・通級指導教室の先生方との友好関係を大事にしたいとのお考えから、たとえどのような要望であれ、先生方に意見提示することに抵抗を示される方がいらっしゃいます。「頭を下げて作ってもらった難聴学級なので、注文をつけるわけにはいかない」とおっしゃった役員の方もいらっしゃいました。

しかし、私が敢えてこういうことを言うのは、先に「親の意識の改善」の所で述べたように、難聴学級・通級指導教室の先生方の中には親と一緒に考えながら、現状を改善していくことに理解を示してくださる先生は必ずいらっしゃると信じているからです。もし、そのような先生方がいてくださらないということであるならば、現にインテグレートしている聞こえない子どもたちの今後は一体どうなるのでしょうか。

家庭で各自がきちんと基礎的自助努力をすることはもちろん不可欠の前提条件ですが、聞こえない子どもたちが身につけた、その子なりの基礎力を順当に伸ばしていくためには、そこで生活し、学習活動する学校という環境が常により適切で良質な場所であることも絶対不可欠の条件です。こ

◆22……どの地域の親の会も共通した課題を抱えている。それは若い層の親の会会員が減少しているという問題である。一方、この数年、各地で、フリースクールを自ら立ち上げ、地域の聴覚障害者と連携しながら、手話や聾文化の学習に積極的に取り組んでいる聴覚障害児を持つ若い親たちが出現しているし、また、そのような若い親たちはインターネットのメーリングリスト上での活発な情報交換により、相互に見識を深めている。この新旧の二つの現象は何を物語っているのだろうか。

れは私たちにとって最も足下にある現実の問題であり、インテグレーションの中心課題です。そして、親の会の本来の役割は何かということを考えるならば、この問題は十分に取り組むべき必要性と価値のあるテーマなのではないでしょうか。

2・3　難聴学級・通級指導教室の課題

インテグレーション教育を実質的に支援、補完してきた難聴学級、通級指導教室にはどのような責務や具体的課題があるのでしょうか。重要な点だけにしぼって、それを以下に整理してみます。

2・3・1　難聴学級・通級指導教室の持つ影響力の大きさ

就学後、インテグレートした場合、通常は同時に小学校の難聴学級・通級指導教室に通うことになります。もちろん個々のケースによって違いはありますが、平均的な通級状況を考えると、週一回通い、一回の時間が一から三単位時間くらいが平均になります。月平均四回として、実質的な年間回数が約一〇カ月で、年間計四〇回、小学校六年間での全回数は二四〇回になります。むろん、普通学級の指導時間数に比べれば、圧倒的に少ないわけですが、現実としてほとんどの場合、一対一の個人指導であること、聴覚障害児教育の「専門家」である難聴学級・通級指導教室の先生が対応されることを考えると、この六年間という時間は聞こえない子どもにとってやはり極めて大きな意味を持っていることは間違いありません。その時間を使って何が手渡されるのか。指導、対応の違いによって、その六年後の結果も大きく違ったものになるはずです。

また、この六年間は聞こえない子どもの親もその難聴学級・通級指導教室の先生とおつき合いしていくわけですから、当然、聞こえない子どもに対する考え方（児童観、障害観、言語観、学力観、コミュニケーション観）を形成する上でもそこから深い影響を受けます。

本論の冒頭で、インテグレートした聞こえない子どもは親学級の中で実際は先生や級友たちの声が「きちんと聞こえてはいない」という実状を述べました。この状況に対する配慮として、親学級の先生方はＦＭ補聴器の活用や板書をふやす等の努力をしてくださっていますが、その対応には自ずと限界があるのが現実です。この点を考えても、専門的な支援、補助の場所としての難聴学級・通級指導教室の役割が想像以上に大きいということは理解していただけると思います。

本来は、インテグレーションの環境の中で子どもたちが「聞こえなかった（聞き取ることが出来なかった）」内容（情報）については、インテグレーションの環境の中のどこかに、それをしっかり補ってもらえる（保障してもらえる）場所がなければならないはずです。もし、そうでなければ、聞こえない子どもたちは一体どこで学習内容をきちんと理解すればよいのでしょうか。

難聴学級・通級指導教室が聞こえない子どものための専門的な支援の場所としてある以上、インテグレーションの現状を検討する場合、この難聴学級・通級指導教室の問題を抜きにして考えることは事実上、不可能です。

2・3・2　自然主義的対応と教科指導

実際、小学校の難聴学級・通級指導教室では、どのような指導、対応がおこなわれているでしょうか。

2・3・2・1　自然主義的対応

このタイプの学級は明確な教育理念を持っています。それは、子ども本人の「自主性」「自由意志」「創造性」「自然さ」をすべてに優先させて、それを絶対的に尊重するという考え方です。ですから、その理念に反する「指示」「禁止命令」「注意」「強制」「主導的説明」「計画的指導」等の対応は、そこに指導者（大人側）の勝手な意志、意図が反映されていることを理由に批判、否定、排除されます。同様に、母親も子どもへの対応において、子どもの「自主性」尊重の接し方をするよう厳重に指導、注意されます。

自然主義的対応の具体的な指導場面は、例えば次のようになります。

今日は何をするかという活動（「学習」という言い方も回避されます）テーマも子ども自身が「自主的」に決めます。そして、先生はその決定に従います。そこで選択されるのは、具体的には、ゲームや遊具を使った遊び、室内スポーツ、マンガ、お絵かきの類です。

何を、どのようにしてもいいわけですから、子どもは楽しくないはずがありません。王様状態となり、嬉々として自分だけの欲望世界に没入します。その好き勝手に遊ぶ姿が真に「自然」で「子どもらしい姿」であり、「創造的」「自主的」であると評価されます。その際、子どもは先生に対し、時折、楽しそうに、あるいは自分の思い通りに事を進めたいため、何か手伝わせようとして声をかけたりします。その状態を指して、「自然」な「コミュニケーション」が出来ていると見なされます。

一方で、ただ黙々と自分のやりたいゲーム等に打ち込む子どももいますが、それはそれで、「自主的」な姿として認められ、先生はそれを黙って「観察」します。時折、先生から声がかけられ、子どもが返事をして、コミュニケーションが「成立」しますが、もちろん、子どもはその先生の声かけをきちんと聞いているわけではありません。適当に返事をしているだけです。

このような状況で、子どもがコミュニケーションを本気で求めるのは自分の要求を一方的に相手に認めさせたい時か、願望成就のためには他に助け手が必要で、その作業を相手に手伝ってもらいたい時だけです（そして、自然主義的対応においては、それは「自主性」の尊重として常に聞き入れられます）。

もちろん、教科指導が行われることはありません。なぜなら、何をやるかの主導権（決定権）を子ども本人が握っている以上、子どもが自分から「自主的」に教科の勉強をやろうなどと提案することは普通はまずあり得ないからです。

このような対応をされた結果、その子どもはどのようにこの日常世界を理解するようになるでしょうか。少なくとも、その子どもが強く求めるのは、いつでも、何でも、自分の思い通りにすることが許される世界、決して何かを強要されたり、我慢を求められたりすることのない快楽肯定のみの自己中心的世界、つまり、ルールのない世界です。

同時に、それは、自分の欲望だけで世界が成り立っているという意味で「自分だけの孤立した世界」、つまり「〈他者〉のいない世界」ということです。何もかも自分の欲望を認めてくれる相手は、子どもにとって都合のいい「家来」や「奴隷」ではあっても、決してコミュニケーションの相手となる〈他者〉ではありません。

しかし、親学級の方はそれとはまったく異なった世界として成り立っています。聞こえる子どもたちは、親学級という世界で、互いの欲望や利害のぶつかり合いの中から、「譲り／譲られ」という調整の仕方を覚え、「我慢のし合い」「約束を守り合う」という共同体の共通ルールを学びます。そして、そのルールを通し、その中で自分を表現していく技術を身につけていきます。学年があがるにつれ、このルールは複雑化していき、それに合わせ、子どもたちの自己表現も少しずつ陰影にとんだものとなり、その変化を通し、徐々に成長（社会化）していきます。

この聞こえる子どもたちの世界（親学級）に、先の自分だけの特殊な〈王様ルール〉に染まった聞こえない子どもが入っていけば、どうなるでしょうか。身につけたルールの違いから必然的にトラブルが生じます。自己中心的「王様ルール」で行動しようとする聞こえない子どもは、他の子どもたちと協調することが出来ません。その結果、皆に疎んじられ、孤立します。聞こえない子どもからすれば、そこは自分の王様ルールが通用しない、理解し難い極めて住み心地の悪い世界ということになります。

親学級で孤立した、その「かわいそうな」聞こえない子どもの姿を見て、難聴学級の「やさしい」先生は、「だから、聞こえない子どもたちには、難聴学級・通級指導教室にいる時だけでも、自由に好きなことをさせてあげて、自主性を伸ばしてやりたい」と考えます。こうして自然主義的対応の堂々巡りが延々と続きます。

さらに、最近は「聞こえない子どもたちは自分が本当に言いたいことを周りにわかってもらえないことが多いため、ストレスがたまっている。だから、心を〈癒し〉てあげる必要がある」という「癒し」論を唱えられる先生も増えています。ここでも、「なぜ、その子の言いたいことは周りにわかってもらえないのか」という肝心の根本原因についての検討は不問のまま、「かわいそうだ」という憐れみを根底にした対症療法がおこなわれるだけです。

2・3・2・2　暗中模索型の対応

このタイプの難聴学級の対応は、自然主義的対応型ほど確信的ではありませんが、だからと言って確固とした指導理念と実践技術があるわけでもありません。ある時、急に黄粉を吹かせて発音練習をしたかと思うと、それは二回目の指導でぱったり止みます。そして、今度は絵本の「感情読み」が始まります。しかし、それも数回で立ち消えたかと思うと、突然、運動場に出て、草花の観察が始まったりします。要するに、先生が思いついたことを無計画に、行きあたりばったりで試みているだけなのでしょう。ですから、このタイプの指導対応は自然主義的対応になだれ込む可能性も十分温存しています。ただ、このタイプの学級・教室は場合によっては親が望めば、教科指導にも応じてくれる学級・教室でもあります（ただし、親の要望どおりのことをそのまま実施するという意味では、指導者としての専門性、自主性、責任という点において、やはり問題は残ったままです）。

2・3・2・3　きちんとした教科指導のある対応

授業コマ数に時間的制限があるので、すべての教科に対応できるわけではありませんが、子どもの状況と必要性に合わせ、主に主要科目（国語と算数）がきちんと指導される学級・教室です。もちろん、各生徒用の個人指導計画が立てられていて、学期ごとに本人の理解進度が確認され、それに基づき指導技術がチェック、調整されます。親にも、その結果が伝えられます。必要な場合は宿題の提示もあり、家での家庭学習法の助言指導もおこなわれます。

このタイプの教室では、中学への進学という現実を踏まえ、各児童に合わせた指導計画にそって、基礎学力についての責任のある指導が目指されます。

実際は、暗中模索型の学級・教室がなし崩し的状態として最も多く、一方、自然主義的タイプの学級・教室運営方針を積極的に支持される先生も増えつつあります。この傾向は最近、親学級で不適応を起こす聞こえない子どもが多くなってきたことにも関係があるかもしれません。基盤である家庭での対応が年々無自覚化（放任化）している結果、現実的に自然主義的に対応（わがままを容認）するしか、対応のしようがないという実際の状況もあるでしょう。その意味からも自然主義的対応は、むしろ、今後さらに増加する可能性もあります。

しっかりした指導方針と計画性、指導技術のある学級・教室は少数であり、固定制から通級制への移行、週休二日制実施による親学級の授業日数の減少、指導力のある教員の異動・退職等の状況を考えると、その維持は残念ながらますます困難になっていくのではないでしょうか。

私は、どの子どもにも一律に在籍学年対応の教科指導をするべきだと言っているのではありません。子どもそれぞれの実状と必要性に合わせた指導がおこなわれるべきことは言うまでもありません。言語力の育成が遅れている子どもの場合は、就学前の段階（例えば、絵本の読み聞かせ等）に戻り、そこから指導を粘り強く積み上げ直していく必要があります。また、年齢相応の力がついている子どもの場合は、学年対応の教科内容へのきちんとした補助・補強の支援指導をおこなうべきでしょう。さらに余裕のある子どもであれば、読書や日記・作文の指導を通し、より豊かな言語力の育成と、それを通したより深い障害認識へと導くことが出来ます。

しかし、どの場合も重要な点は、それが前言語的な身体的コミュニケーションや遊戯療法的アプローチではなく、言語コミュニケーションの力を育成することを目指した支援指導であるということです（身体的コミュニケーションは、その中に言語的コミュニケーションへの移行的要素がしっかり意図されていない限り、どこまで行ってもただの身体的コミュニケーションのレベルに終始するしかありません。そのレベルからステップアップ出来なかった聞こえない子どもたちは、小学校高学年や中学生になっても、「むずがる」「ふてくされる」「あばれる」「だだをこねる」「暴力をふるう」「黙り込む」「引きこもる」「諦める」「考えなくなる」という身体的コミュニケーションでしか自分を表現できない状況に停滞せざるを得なくなります）。

また、自然主義的対応の根本的問題は、小学校入学以降の聞こえない子どもたちに対し、果たして本当に遊戯療法的対応が必要なのかということです。遊戯療法的対応を採用実施される難聴学級・通級指導教室の先生方がその必要性の根拠としてあげられる基本的説明に、「聞こえない子どもたちはいろいろなストレスで心が疲労しているから、それを癒す場所が必要である」ということと、「ことばがその子どもの中から出てくるためには、その前に、心が良い状態になっている必要がある。私たちは、その心のケアをしているのです」ということがあります。

しかし、もし、これが本当であるならば、前者の説明からは、インテグレートしている子どもたちにとってインテグレーションという環境自体がストレスを受けるような環境であるということになります。また、後者の説明からは、インテグレートしている子どもたちというのは遊戯療法のような特別の「心のケア」が常時必要である、そんな子どもたちだということになります。遊戯療法という取り組みは心理療法の一部門として理論づけられていることを併せ考えると、そのような心理療法の支えなしにはインテグレーションという教育は維持できないということなのでしょうか。

もし、そうだとすれば、前者の説明、後者の説明、そのいずれの帰結からも受け取れるのは、むしろ、結局、インテグレーションという実践自体に根本的な無理があるという結論になります。自然主義的対応はそのような現状に対する本質的批判を引き出すためのものとして自覚的に実践されているというわけでしょうか。しかし、どこから考えても、とてもそのようには思えません。

また、「いじめ」のような現実的問題に対する対応場面においても、自然主義的対応はその責任を十分に果たしているようには見えません。ここでとられる対応は、例えば、「親学級でいやな思いをしているのだから、難聴学級でさらに何か質問したり、注意したりするのは止めましょう。出来るだけそのことには触れないで、自分で自主的に対応できる力が出てくるまで待ちましょう」というような待機型の対応です。要するに、具体的で積極的な支援は何もしてもらえないという場合があります。◆23

そして、自然主義的対応は本人の「自主性」尊重を絶対的前提にしていますから、その最終的結果についても、結局、本人の責任（能力）問題として差し戻されます。つまり、「本人が自主的に選んでこうなったのだから、仕方がないでしょう」ということです。専門家としての責任は一体どこにあるのかという議論は置くとしても、少なくとも、親は、自然主義的対応がもたらす目先の楽な状況だけでなく、その結果がどのようなものになるかという現実的帰結についても、しっかり認識しておく必要があるでしょう。

自然主義的対応については、以上見て来たように、いくつもの点に関し、根本的な再検討が必要なのではないでしょうか。

2・3・3　小学校と中学校の難聴学級における教科指導対応の違い

最近、中学校の難聴学級では教科指導をきちんとするところが増えて来ました。なぜ、中学になると教科指導に応じるようになるのでしょうか。それにはいくつかの理由があります。

まず、第一の理由として考えられるのは、中学という時期は数年後に高校進学という現実の課題を控えているということがあります。つまり、今までの教育的関与の成果が社会的なレベルで明確に問われるときが迫って来る時期だということです。他の聞こえる子どもたちは一応、高校進学を前提にした教科学習に日々取り組んでいます。さすがに、この時期に及んでも、まだ聴覚障害児だけにはそれとは異なる特別の対応をするということは対外的にも具合が悪い（説得力を持ち得ない）という実質的事情もあるでしょう。また、公教育、あるいは義務教育である以上、本人と親の進学への希望には応えなくてはならないという職務上の責任も顕在化してきます。

―◆23……本書第2章7「難聴児の学力について――その前提認識」中「自然主義的対応の問題」の項（286頁）参照。

第二の理由はより現実的な事情です。中学の段階で、日々の教科指導についていけなくなる（勉強が極端にわからなくなる）と、そのことは子どもの精神面、生活面にもさまざまな直接的影響を及ぼし始めます。「勉強は出来なくても、友だちがいればいい」、「毎日、元気で学校に通ってくれさえすれば十分」という、小学校までは通用していた親の言い分も現実的に成り立たなくなってくる、中学とはそのような段階です。

このような事情から、難聴学級の先生方は何とか少しでもきちんとした教科学習の補習指導をしようと努力されています。

しかし、その結果はどうなっているでしょうか。先生方が願われる学習レベルまでは、子どもたちの力はなかなか達しないというのが実状です。なぜでしょうか。理由ははっきりしています。小学校時代の基礎学力がきちんと身についていないからです。同時に自立的学習に必要な最低限の勉強する姿勢（集中力と持続力）自体も身についていない場合が少なくありません。本人の希望通り、何とか高校へ進学させようとして先生が指導に熱を入れられても、三年間という限られた時間でそれまでの遅れを取り戻すことは現実的に非常に困難です。「先のことは一応考えず、やれることを、やれる範囲でやっていくしかない」というのが大方の中学校難聴学級の現状ではないでしょうか。つまり、現実対応という視点に立って取り組み始めるのが、あまりに遅すぎるということです。致し方なく対応せざるを得ない「追いつめられた状況」になってから、やっと本気になるのでは、現実的には、とうてい間に合いません。

小学校時代というのは、たとえ聞こえない子どもが教科学習の内容をきちんと理解できていなくても、誰も本気でそれを問題にはしません。難聴学級でも教科の理解という点について重要課題として真剣に取り組んでいるとはとても言えないのが現実です。つまり、根本的な問題を積み残している情況であるにもかかわらず、中学の普通学級への進学（インテグレーションの継続）は、皆が当然のことのように希望し、そして実際に進学していきます。

なぜ、教科学習について、小学校と中学校の難聴学級ではこうも対応に違いがあるのでしょうか。なぜ、そこに対応上の違い、分断、分裂があるのでしょうか。教科学習の内容は情報としてそれぞれ積み上げ構造になっており、相互に密接に結びついています。中学の勉強は中学から始まるわけではありません。小学校からの連続体として成立しています。しかし、小学校の難聴学級では教科学習に対して至って消極的で曖昧な対応しかなされていません。中学段階になって起きる（露呈する）致命的基礎学力の行きづまりは、その前の小学段階で徐々に堆積していた問題にその原因があります。多くの聴覚障害児が陥る学力に関するこの根本的な問題はやはり非常に大きな問題ではないでしょうか。改善のための抜本的再検討が必要です。

2・3・4 固定制と通級制の問題

代表者会議で私が講演した際、自然主義的対応の問題について触れました。しかし、その実状を御存知ない地域の役員の方から、「それは一体、どこの話だ」、「自分たちの地域の難聴学級・通級指導教室はもっとちゃんとしている」という不満の声が挙がりました。そして、私は一部の役員の方から固定制◆24と通級制◆25の違いを知らないで話をしているのではないかという批判を受けました。

もちろん、固定制と通級制の制度的違いは承知した上で話しましたし、御批判をいただいた役員の方たちが在住されている地域が多く固定制を維持している所であり、そこではおっしゃるようなきちんとした指導がおこなわれているであろうことも想定していました。また、私も固定制できちんとした教科指導をされている先生がいらっしゃる地域が実際あることは個人的に知っています。

しかし、私が敢えて自然主義的対応の問題を出したのは次のような理由からです。

十数年前、私が知っていたいくつかの難聴学級はすべて固定制でしたが、既に自然主義的対応の指導が積極的におこなわれていました。つまり、言語力や学力に対する責任のあるきちんとした指導はほとんどおこなわれていなかったということです。

また、周知のように、一九九三年から「通級による指導」が文部省によって法制化されました。固定制か通級制かの別はまだ各自治体により不統一ですが、教育制度のスリム化（統廃合や再編◆[26]）、障害児の地域交流推進等を含めた諸般の事情◆[27]を考えると、流れは固定制から通級制へと間違いなく移行し、結果的に主流化、一本化されていく可能性が強いのではないでしょうか。そうなれば、難聴学級・通級指導教室としての持ち時間数は結果的に一定の枠内に減少します。そして、その「時間数が少ない」ことを理由に、「教科指導は出来ない」という説明がふたたび正当化され、当然のこととして容認されるようになるでしょう。同時に、それに伴い、ある意味で必然的な結果として、自然主義的対応を肯定せざるを得ない状況も現実に出てくるかもしれません。

私は、ある地域の難聴学級・通級指導教室が固定制であり、そこではしっかりした指導がおこなわれているのかどうかというような個別的観点から話をしたわけではありません。あくまで、「全国難聴児を持つ親の会」の代表者会議であることを念頭に置いて話をさせていただきました。一部の成功例を取り上げて、全体の問題状況への指摘に対する反論、疑義にされる対応は根本的な考え違いではないでしょうか。もし、きちんとした指導がおこなわれている状況が実際あるのであれば、「それはそれで良かった。引き続きそのような良質の指導状況を維持していってください」と願うだけのことです。

私たちが考えなければならないのは、そして親の会の役員の方々に検討していただきたいのは、全体的状況にある現実の問題についてです。全国的活動を統括されるトップの役員の方々には今一度、私の趣旨をよくご理解いただきたいと願います。

◆24……主要科目を中心にした多くの科目を難聴学級での個別指導でおこない、特定少数の授業活動（例えば、給食等）だけを通常学級に参加しておこなう方式。

◆25……通常学級（親学級・母学級）に在籍して、ほとんどの授業を聴児と共に受けるが、学習に困難を伴うと思われる特定の少数科目（例えば、国語、音楽等）だけは取り出して、通級指導教室に「通級」して個別学習する方式。中には授業はすべて通常学級で受け、放課後に言語指導や精神面のケアのため通級指導教室に通う場合もある。

◆26……聾学校の統廃合が進んでいる。例えば東京都では一九九九年に発表された「東京都聴覚障害教育推進構想」に基づき、二〇〇二年三月に都立足立ろう学校と都立綾瀬ろう学校の廃校が実施され、新たに都立葛飾ろう学校に統合された。聾学校の在籍生徒数の激減に伴い、今後も全国各地で統廃合が実施されることが予想される。本書第1章4「混迷と転換の季節の中で――変わることと変わらないこと」参照。

◆27……「特別支援学校」の全国レベルでの実施構想が徐々に現実化しつつある。この新しい制度導入により、盲・聾・養護各学校の教育的「専門性」の意味（存在価値）も変化を余儀なくされるのではないだろうか。「特別支援学校」について詳しくは本書第1章4「混迷と転換の季節の中で――変わることと変わらないこと」中、特に「聾学校の統廃合」の項（171頁）参照。

2・3・5　他の障害児や重複障害児との混在問題

現在の難聴学級・通級指導教室の現状には聴覚障害以外の障害児や重複障害児との混在状況という問題もあります。障害児・者の社会参加がひろく認知されて来たことにより、障害児たちが一般の普通学級に在籍するようになってきました。それに伴い、難聴学級・通級指導教室も「聞こえの教室」「ことばの教室」等という名称で呼ばれるようになり、言語学級等との併設状況の中に位置づけられるようになっています。

その結果、そこには難聴児だけでなく、ＬＤ（Learing Disabilities　学習障害児）、自閉症児、ＡＤＨＤ（Attention Deficit Hyperactivity Disorder　注意欠陥多動性障害）等の多様な障害状況にある子どもたちも混在するようになりました。また、他の障害と聴覚障害が重複した子どもたちも混じっています。これらの多様な障害を持った子どもたちは果して本当に難聴・言語教室で、それぞれのニーズに合った適切で専門性のある指導を受けられているでしょうか。

本来はそれぞれの障害状況に合わせた個別の専門的指導プログラムに従い、適切な対応がおこなわれるべきですが、現実は限られた時間の中、少数の先生方が異なる状況の障害児をかけ持ちで指導されているのが偽らざる現状です。混在した結果、かえって誰もが皆、専門性のある対応を受け◆[28]られなくなっているのではないでしょうか。

難聴児にとって、この状況が問題なのは次のようなことが起きるからです。難聴児にとっての言語獲得の意味とＬＤ児にとっての言語獲得の意味、自閉症児にとっての言語獲得の意味は自ずとそれぞれ違います。決して同一に扱える問題ではありません。重複障害児の場合はさらに深い配慮に基づいた言語的、コミュニケーション的指導対応が必要になります。

このような専門的な識別、配慮が曖昧になると、言語的には至って内実の希薄なコミュニケーション状態が統一的な対応基準になってしまいます。その結果、難聴児であれば、それ相応の言語的レベルに指導目標を設定して然るべきであるにもかかわらず、言語的にはきわめて低いレベルの状態のままで「良し」とされてしまう状況が生じてきます。

しかし、他の障害児や重複児との混在という問題を取り上げると、場合によっては、「差別内差別」的考えと受け取られかねないため、聞こえない子どもを持った親たちは気にしながら、それをはっきり口に出せないで来ました。

他の障害や重複の子どもたちをも含めた一人一人の障害児たちが適切な支援対応を受けるためには、現在なし崩し的に生じているこの混在問題は、きちんと再検討されるべき事柄ではないでしょうか。

2・3・6　インフォームド・コンセント的対応の必要性

聞こえない子どもの親の中には難聴学級・通級指導教室の先生とのつき合い方にとまどったり、過度に緊張している人たちがいます。あるいは、理解してもらいたいことがあるにもかかわらず、それが言えないで内心困惑している人や、要望を聞き入れてもらえないことを不満に感じている人

◆28……教員の異動・配置の実態から考えても（障害児教育の経験のまったくない先生が配置転換で突然、通級指導教室の担当者になることも珍しくない）、現場の先生方がこれらの多種多様な障害児に、専門性を踏まえた適切な対応をするということは事実上きわめて困難であろう。多くの場合、「致し方なく帳尻あわせ的対応で何とか凌いでいる」というのが現実ではないだろうか。

もいます。[29] 最も身近にいて、信頼し合い、専門的な力添えをしてもらわなくてはならない難聴学級・通級指導教室の先生とこのような関係でいることは互いにとって本当に不幸なことです。なぜ、このような風通しの悪い状況になるのでしょうか。それは、先生と親の間に意思疎通をはかる双方向の通路（システム）がきちんと出来ていないからではないかと思われます。

現在、医療の現場ではインフォームド・コンセント（Informed Consent）という考え方について議論がおこなわれています。インフォームド・コンセントは日本語では「説明と同意」と訳されています。これは、医者は患者に対しその病状をきちんと説明し、どういう処置をするかについて、その目的と効果を明確に伝え、患者の同意を得た上で、それから初めて治療を開始すべきであるという考え方を示したことばです。この概念が成立してきた欧米の歴史的背景や事情、また日本の医療制度との現実的対応問題など、前提として考慮しなければならない事柄はいくつかありますが、それは置くとして、この考え方の基本理念は私たちの世界にも有効な示唆を与えています。

難聴学級・通級指導教室の先生方が親に向けて何らかの指導、指示、意見提示をされる時、もし、このインフォームド・コンセント的手続きをきちんと踏んでくだされば、親はその提示された指示や情報の価値を何倍にも大きく活かすことが出来ます。

例えば、指導を開始する際、従来の一般的状況は、一番最初の面談で簡単な指導方針の説明があり、あとは、いきなり指導が始まり、その後は、時折、学期末等に恣意的に経過報告的雑談が親と口頭で交わされるというような情況ではないでしょうか。[30] しかし、このような対応では、親はその指導の意味（なぜ、その指導法、指導内容でなければならないのかという必然性）を十分に理解、納得することは出来ません。また、その理解、納得を踏まえた上で、それを家庭での対応と連動させて活かすことも出来ませんし、疑問に思う点があったとしても、それをきちんと質問する手がかりもありません。

聴覚障害児教育の現場における、あるべきインフォームド・コンセント的対応とは、例えば次のような具体的手続きのことです。

まず最初に、事前確認として、生育歴と今まで受けてきた指導に関する聞き取り調査（ヒアリング）が丁寧に徹底的におこなわれる必要があります。生育歴の確認には、各時期の親の選択・判断の根底にあった考え（価値観）の確認も含まれます。同時に、現在までの子どもの顕在化している能力の確認がおこなわれます。これは、具体的には、それまでの聴力検査に関する資料や、学力面の資料（各種テストの結果）、本人の書いた文書資料（絵日記、日記、作文等）の精査作業になります。

次に、その先生自身の本人に対する確認作業があります。聴力面、言語面、学力面、精神状態等の諸点に関し、先生自身が自分の見方（評価）を固める作業です。ここまでが事前確認（リサーチ）

◆29……聴覚障害児を持つ親のための情報交換のホームページ「聞こえない子を持つ親のページ」（http://www.d-b.ne.jp/d-angels/）内の情報交換コーナー「掲示板」には、通常学級の担任や言語の指導担当者とのコミュニケーションに苦慮しているインテグレートした母親の切実な声が書きこまれている。

◆30……聾教育関係の研究会で現場の先生方と意見交換する際、親に対する情報開示について議論することがある。インフォームド・コンセント的発想が希薄ではないのかという私の指摘に対し、「いや、それなりにきちんとやっている」という反論が出る場合もあるが、具体的に確認してみると、確かに、指導開始時には親に対し簡単な指導目標は文書で示されることはあるようだが、本論で提案したような文書による「事後の丁寧な確認・情況説明・反省作業」ということになると、きちんと実施されているケースは稀なようである。

の手続きです。

次に、この確認作業に基づいた評価から、実際の指導案が策定されます。しかし、指導プランの実施までには、具体的に次のような細かな段階をしっかり踏み固めることが必要です。

まず、指導法と指導内容についての説明があります。ただ、この時、その先生が選択された指導法だけではなく、他の代表的な指導法も一緒に提示、紹介説明されます。そして、その一つ一つにつき、プラス面（効用や利点）とマイナス面（限界や欠点）が解説され、次に、なぜその中から一つの指導法が選ばれたのか、その先生の考えが説明されます。その説明は、同時に指導する子どもを観察した結果の分析報告を含んでいますから、そこから親はその先生が自分の子どもをどのように理解し、問題（課題）がどこにあると考えたかを知ることが出来ます。

すべて、ごまかしのないはっきりしたことばでおこなわれる説明なので、質問も遠慮なく単刀直入にすることが出来ます。先生は確かに専門家ですが、明快なことばで相互にやりとり（ディスカッション）しながら意思伝達をおこなうという意味では、教師と親の間には聞こえない子どもを支援する者同士としての対等な関係が形作られます。その関係の中で、互いに情報を確認し、共有していくのが基本姿勢です。

この説明とそれに対する親からの質問が終わった後で、長期（年間）と短期（学期）それぞれの指導計画の提示があり、そこには具体的な指導内容（実践課題と達成目標）が設定、明示されています。そして、その内容について、親にも確認と同意が求められます。指導計画は文書化され、親にも手渡されます。文書化されれば、家庭で父親も聞こえない自分の子どもの教育状況を確認することが出来るし、子育てにきちんと参加することで父親としての責任と自覚を持つことが出来ます。この意味からも、難聴学級・通級指導教室の指導内容は文書化されて開示されることが必要です。開始時の説明はこうして終わり、指導が始まります。そして、一学期間の終了時ごとに綿密な親とのミーティングがおこなわれます。そこでは、設定されていた指導目標が達成されたかどうかの確認がおこなわれます（これも文書化され、「評価記録」として提示されます）。もし、達成できなかった事項がある時は、その原因が検討されます。指導方法に問題があった場合は、各要素（内容、進度、コミュニケーション等）についてのチェックがおこなわれ、再調整して、次学期の指導計画に反映されます。

もし、本人や家庭側に何らかの問題があると考えられる場合はそれが親に向けて率直かつ明確に伝達、指摘されます。親はそれに対する事情説明を十分におこない（場合によっては、誤解の修正を求めることもあるでしょう）、その上で、対応策の検討が相談しながら納得のいく状況でおこなわれます。

このインフォームド・コンセント的対応には重要な副次的利点が二つあります。このような対応をしてもらう結果、親は次のような対応をすることになります。

（一）相手（先生）のかなり長い説明をしっかり集中して聞き続けなければなりません。

（二）自分の説明や質問もしっかり考えて、論理的に組み立てて、提示するよう気をつけなければなりません。

（三）教示された資料や文献も、自分なりに読んで、考える努力をしなければなりません。

そして、難聴学級・通級指導教室の先生に導かれて、そうした作業を続けていくうちに、結果として、親には次のような能力が少しずつ自然に身についてきます。

（一）相手の話を集中しながら、どこまでも粘り強く聞き続ける能力。

（二）問題にぶつかった時、それを自分のことばを使って、一つの「質問」という形に論理的に組み立て「説明」できる能力。

（三）ある問題を考えるとき、それに必要な基本的情報を集めるための具体的手続きが自分ひとりで出来る能力（情報収集能力）。

親が身につけるこれらの能力は、聞こえない子どもを支援していく上で、大きな力となり、必ず役に立ちます。聞こえない子どもにとって、自分の親が借り物ではない自分のことばで物ごとをきちんと考えることの出来る人間であることは、何より最大の支えです。

つまり、インフォームド・コンセント的対応を受ける親は、その親自身、聞こえない子どもの親として深く成長していけるということです。

インフォームド・コンセント的対応がもたらす副次的利点の二つ目は、この対応を通し、先生（専門家）の方も、親や本人が抱えている赤裸々な現実と、それと対面している親子の裸の姿にきちんと出会うことができるという点です。綺麗ごとではない実際の現実から何ごとかをきちんと学んでいこうと考えるなら、専門家にとっても、このインフォームド・コンセント的対応は不可欠の条件です。

しかし、残念ながら、実際の情況は、手間を惜しむために細やかな説明を省略する先生や、あるいは一方的指示を高圧的に伝える先生だったり、自分の頭で粘り強く考えるのが面倒なため、先生から言われた指示や注意をただ表面的にだけ鵜呑みにして済まそうとするやる気のない親だったりするという状態が多いのではないでしょうか。

本来は、例えばもし、その難聴学級で教科についてのきちんとした指導をしないという状況があるのであれば、その「しない」理由について、納得のいく明確なインフォーム（説明）が親に対して提示されなければなりません。あるいは、「しない」のではなく、したいと思っても「出来ない」という事情があるかもしれません。その場合も、その「出来ない」事情が何なのかをはっきり説明してもらう必要があります。[31]「出来ない」理由が明瞭になれば、それを改善していく具体策も見えてきます。

例えば、もし本当に「指導時間が足りない」のであれば、その時間を増やしてもらうことが出来るような制度（システム）に変える具体的努力を親は先生方と協力しておこなうべきではないで

◆31……一つには成績評価という現実の問題がある。通級指導教室で取り出しで国語の教科指導をしているとしよう。その際、学期末の成績評価は誰がおこなうのか。例えば、中学校の場合、教科別に専門の担当教員が指導する。しかし、通級指導教室の担当者が国語科担当の教員であるとは限らない。国語科の教員資格がない以上、その教員には正式な成績評価が出来ない。致し方なく、指導状況を通常学級の担任に報告し、実際の成績評価はその通常学級の教科担当教員の手でおこなわれる場合がある。現実には一切直接教えていない教師が評価するという奇妙な事態が生じる。通級指導教室の中には別途に独自の成績評価（通知表）を出す場合もあるが、二重になった通常学級の成績評価は一体何を表わしているのかという問題は依然として残るだろう。このように込み入った問題があるため、通常学級の担任の中には、通級指導教室が通常学級とは異なる独自の教科指導をすることに抵抗を示す教員も出てくる。あるいは逆に、通級指導教室に対し、通常学級と足並みを揃えた補助的指導が要望される場合もある。また、時には、聴覚障害児に対し、教科指導をするだけの専門的技術がないという単純な事情のため、教科指導が出来ないという状況もある。その場合も、やはり、通級指導教室で費やした時間に対する成績評価はどのようにしておこなうのかという問題が残る。

しょうか。

難聴学級における先生方の働きかけがより有効な支援となるためには、その根底に、どのような場合も、常に明確な「説明」が提示されるインフォームド・コンセント的対応が必要だろうと思います。聞こえない子どもたちに真の利益誘導をするためには、教育に直接関与する先生方が指示、相談、議論をされる際、常にごまかしのない、誰にも納得のいく「説明」をきちんとした上で指導対応にあたってくださることが何より大事な基本的条件だろうと思います。

3　根本問題——コミュニケーション・言語力・学力

最後に、インテグレーションの現状の中にある三つの根本的問題、つまり、今まで本質的に議論されることが避けられてきた問題について考えてみます。

3・1　コミュニケーションと言語に関する基本的考え方

聴覚障害児教育の世界では、よく次のようなことが当たり前のこととして口にされてきました。

「一言目には言語、言語と言うけれど、ことばとは何なのか。大事なことは、その子が何かを感じることであり、それを誰かに伝えたいと思う気持ちだろう。それがコミュニケーションの基本だ。ほら、この子はこんなに嬉しそうに笑っているじゃないか。どうして、お母さんはまずそれを受け止めてあげないのだろうか。この子には十分コミュニケーションの能力はあるから大丈夫。何をそんなに心配ばかりしているの」

ここでは一体、何が言われているのでしょうか。言語（ことば）とは何か。言語学や認知科学の難しい議論をするつもりなら話は別ですが、基本的な概念定義なら、どの言語学の入門書にも書いてあります。例えば、こうです。

「「ことば」とは、私たちが、考え・感情・意思などを表明するために用いる記号の体系である」◆32

言語学の基礎知識のある人なら、言語とは、「記号を材料にして、論理的規則（ルール、文法規則、コード）に従いながら、組み立てる構造体（システム）であり、それを通して、人間は自分の意志や感情、思考を外部に表し、同時に外部からの発信を理解する」という風にまず普通に理解しているはずです。また、手話学や記号論の知識のある人なら、音声だけでなく、言語の記号素材として、そこに手話も含めるでしょう。どちらにせよ、言語というレベルにはその論理性に一定の複雑性、規則性、システム性があります。子どもの示す笑顔という表情（身体記号）が持つ情報は、コミュニケーション・システムとしての階梯（レベル）が言語とはまた別のものです。

言語学の初歩的認識からすれば、先の聴覚障害児教育の世界で普通に支持されているような考え方は、出発点から既にもう無茶苦茶な話です。しかし、このような言語（ことば）に対する奇妙な考えがインテグレーションの世界ではむしろ何か「人道主義的」言語観ででもあるかのように平然と通用しています。

―◆32……『言語学』（二頁）風間喜代三、上野善道、松村一登、町田健著　東京大学出版会（一九九三）。

同時に、聴覚障害児教育の世界においては「コミュニケーション」ということば（概念）の使い方も、きわめて恣意的です。少なくとも、記号論や言語学、コミュニケーション理論、言語哲学等の領域ではコミュニケーションという概念はもっときちんと識別して使われているのではないでしょうか。

コミュニケーションに対する基本的な考え方は次のようなものです。まず広義の理解として、何らかの記号素材を使用して、意思伝達（通信行為）をおこなう状況の全体を指してコミュニケーション行為と呼びます。と同時に、当然、そこには様々な状況（レベル）があるわけです。

少女がうつむいたまま、無言で涙を流すのも、〈悲しみ〉というメッセージを伝えるコミュニケーション行為ですし、その子に、「どうしたの」と声をかけるのも〈心配している〉というメッセージを伝えるコミュニケーション行為です。そのやさしい彼の頭の上を蜂がブーンと飛んでいったとしましょう。それはそれで、動物行動学的には蜂の仲間に対するコミュニケーション行為の一部分ということになります。

つまり、コミュニケーション行為といっても、様々な状況とレベルがあるということです。最初の〈うつむき〉と〈涙〉は身体的コミュニケーション行為ですし、「どうしたの」という〈声かけ〉は音声言語コミュニケーションです。また、蜂の〈飛翔〉はよく知られているように蜂社会における方位座標コミュニケーションである場合があります◆[33]。

そして、身体的コミュニケーションと音声言語コミュニケーションとは、そこに働く約束事（規則、ルール、コード）の内容もまったく異なるし、その複雑さのレベルも比べものにならないほど違います（もちろん、蜂の方位座標コミュニケーションも、まったく独立別種のものです）。

　このような記号論、コミュニケーション論の基礎的な考え方をなぜわざわざなぞったかというと、先程の聴覚障害児教育で流通する「ことば」についての奇妙な考えの問題性を指摘したかったからです。

　聞こえる人間の表現行為は、乳幼児期の手、足、頭、口、等の身体部位の不規則な動作という身体的コミュニケーションから準備段階が始まります。つぎに、クーイングという単純な音出しを経て、バブリング、喃語という音声言語コミュニケーションの前段階が訪れ、そして本当の音声言語コミュニケーションへと移行していきます。その音声言語コミュニケーションは年齢とともにその規則性（文法性）を徐々に複雑化させていき、より高度で豊かな言語表現力として形成されていきます。

　つまり、身体的コミュニケーション能力は、幼児期のある段階までに、ある程度完成されます。しかし、言語的コミュニケーション能力の形成には、その文法性の複雑さのため、はるかに時間と条件が必要になります。それでも、耳の聞こえる子どもは聞こえるがゆえに音声言語を「自然」獲得していきます。しかし、これは聞こえる子どもの話です。

　聞こえない子どもが音声言語を習得することには本質的な困難が伴います。[34] しかし、聴覚口話法

◆33……ミツバチの中でも働き蜂は蜜源となる花を見つけると、独特のダンスによって蜜源の位置を仲間の働き蜂に知らせる。円を描きながら不規則にぐるぐる飛翔する場合と、規則正しく八の字を描きながら飛翔する場合がある。飛翔の種類や回数、垂直線に対する角度で、蜜源までの距離と方向を仲間に伝えると言われている。詳しくは、カール・フォン・フリッシュ著『ミツバチの生活から』ちくま学芸文庫（一九九七年）参照。
◆34……本書第4章13「聴覚障害児教育における言語観と学力問題」中「音韻論という考え方」の項（455頁）参照。

とは補聴器を活用することで、その聞こえない子どもに音声言語を習得させようとする試みだったのではなかったでしょうか。そして、難聴学級・通級指導教室は、その聴覚口話法を前提としたインテグレーションを支援する専門的な場所として設置された教育制度でした。

音声言語の獲得は聞こえない子どもにとって困難な作業だからこそ、その言語習得の負担を少しでも軽減し、方法論的に有効な習得環境を提供するのが、難聴学級・通級指導教室の役目であるはずです。しかし、一部の難聴学級・通級指導教室はむしろその言語コミュニケーションを伸ばすための対応には至って無自覚であったり、あるいは消極的であるか、場合によっては、「無理な努力は強いるべきではない」という自然主義的対応への固執を通し、言語「学習」には批判的な立場をとっています。実際には、逆に、既に大方は身につけてしまっているであろう身体的コミュニケーション能力を「自然だ」「子どもらしい」「自主的表出」として積極的に評価し、それのみをさらに強化、伸張させる方向に指導対応の基本方針を設定しています。

聞こえない子どもたちが身体的コミュニケーションの方をより頻繁に使用するのはなぜでしょうか。何のことはありません、その子どもたちは、ただ、言語コミュニケーションの能力が十分習得できていないので、手持ちの身体的コミュニケーション行為に頼るしかないからです。言語的コミュニケーションで自分の意思や感情を他者に向かって表すことができないのです。年齢相応の言語力を持っていない（厳密に言えば、そのようなレベルの音声言語しか習得していない）のです。小学校の高学年でこのような状態であることが、インテグレーションの現状では決して珍しくありません。

要するに、難聴学級・通級指導教室の一部では、言語に関する学問領域からは誰も認めがたいような奇妙な思い込み的言語観（言語への軽視的態度）を聞こえない子どもたちに当てはめて来たということです。そして、この対応の根底には、どう言い訳しようと、実質的には「聞こえない子どもたちには身体的コミュニケーションのレベルで十分なのだ。それ以上のことを望んでも所詮無理だし、そのような無理をさせる必要もない。それより、子どもらしく、自然に、のびのび生きていくことの方が大事だ」という、きわめて勝手な決めつけと無責任で差別的な意識（価値観）が潜在していたと言えます。

このように言うと、おそらく直ちに反論が出るでしょうが、先に述べた「はず」論、「より」論、「べき」論の根底にある意味を、現実の状況に照らして本当に厳密に考えてみれば、その論理的帰結として、そこには明らかに差別的構造が内包されていることに誰もが気づくはずです。なぜ、聞こえない子どもたちは、「聞こえない」という理由により、言語的に低いレベルのままであっても「仕方がない」のでしょうか。どうして、「まだらではあっても、まったく聞こえないよりはましでしょう」というような言語レベルに甘んじなければならないのでしょうか。

インテグレーションの現状が生み出した、言語力や学力が極端に低い子どもたちの問題の直接的原因は、多くの人たちに無自覚に、あるいは積極的に受け入れられて来た、このインテグレーションに特有の奇妙な「自然主義的コミュニケーション観と言語観」にその一因があったのではないかと私は思います。

この種の考えに基づき対応している先生方は、身体的コミュニケーション面（笑顔、元気な風情、輝く瞳、等々）での表出を「子どもらしさ」や「コミュニケーション能力」の重点的な指標にし、それを重視します。つまり、音声言語以外の身体的表出を、さもそれがコミュニケーションの本質であるかのように特化させて評価するわけです。その態度は、一見、聞こえない子どもにとって、無理やりにでも声を出させようとする聴覚口話法とはまた別の良心的配慮のようにも見えます。

しかし、決してそうではありません。聞こえる子どもが、音声情報を耳で聞いて、そこから文法構造を「自然」獲得していくのに比べ、聞こえない子どもが音声言語という言語コミュニケーションを習得する際には、複雑な文法規則を「意識的」に学んでいかなければなりません。当然、そこには、ある種の負担（不自由・拘束・不全・抵抗、つまり「不自然さ」）が不可避に生じます。

自然主義的考え方に立つ先生方が言語コミュニケーションを重視することへの抵抗を示されるのは、聞こえない子どもが音声言語コミュニケーションを習得することには、必然的にこの学習上の負担があるからであり、それを乗り越えるためには、それなりの指導上の意識的・意図的な対応と子ども本人の意識的取り組み（努力）が要るからです。聞こえない子どもが音声言語を習得する作業は、理屈から考えても決して「自然」におこなえることではありません。「子どもはいつでものびのびと自由にしているべきである」という自然主義的感覚からすると、音声言語を習得させ、さらに、それを踏まえた教科学習の理解を目指せば、そこには受け入れ難い「指導」や「訓練」「強制」「押しつけ」「我慢」「努力」という不自然な要素が生じるため、その点にどうしても抵抗を感じざるを得ないということになります。

このタイプの先生方は、一方で、補聴器の活用には熱心です。なぜなら、それはフィッティングさえ適切にすれば、後は「自然」に言語の獲得はできるので、子どもには負担がかからないと思っていらっしゃるからです。そして、補聴器を重用して聴覚口話法を実践しようとする以上、論理的な帰結として、手話の導入には消極的、あるいは否定的です（最近は、インテグレーションの世界でも、表面的には手話を「容認」するような態度をとる専門家も出てきました。しかし、それがどこまで本質的な言語学的理解に基づいた認知、評価であるのかは疑問です。「聴覚口話法」と「自然主義的対応」と「手話」は互いに決定的な矛盾を抱え込んだ「三竦み」関係[35]にあり、決して同時に成立し得るようなものではありません。この関係の問題がきちんと検討されないままの状況で、いくら「手話も必要だ」と言ってみせたところで、それはただ時流に合わせた表面的なポーズでし

35……「三竦み」とは「［ヘビはナメクジを、ナメクジはカエルを、カエルはヘビをと互いに恐れる所から］三つのものが互いに牽制し合って、積極的に行動出来ないこと」（新明解国語辞典第五版）。聴覚障害児教育の世界においては、次のような複雑に矛盾した問題状況のことである。聴覚口話法は、その言語獲得に対する指導原理の本質を考えれば、必然的に意図的（意識的）な学習環境作り（学習条件の整備）が必要条件とならざるを得ず、その意味で「自然」主義的な対応とは根本的に相容れない。と同時に、それが音声言語の獲得を目指す以上、手話との連携も、手話が独立した自然言語であることを認めれば認めるほど困難な側面が強まる。そこで、一部の人たちは、音声言語から、手話を基幹言語とするバイリンガル・バイカルチュラル教育への方向転換を試みる。確かに、視覚言語である手話言語であれば、聴覚障害児にとっては「自然」獲得が可能になる。しかし、やはり、ここでも、手話言語を独自の文法構造を持った自然言語であると認めれば認めるほど、それとは異なった文法構造を持つ日本語の獲得問題、（音声言語へのこだわりは解除するにしても）特に書記日本語の習得をどのようにするかという副次問題が不可避に生じてくる。手話言語を母語として獲得していればしているほど、その場合は、書記日本語は第二言語、つまり外国語学習としての意味合いが強くなってくる。外国語学習である以上、ここでも、「自然」習得というわけにはいかなくなる。聴覚障害児の言語教育を真に考える以上、どのみち、私たちは意図的（つまり、方法論に基づいた）学習法という技術論の問題にぶつからざるを得ないのである。「自然主義」的対応を無責任に主張できるのは、あくまで音声言語を無自覚に押し付けていこうとする口話主義か、手話だけの獲得でよしとする手話モノリンガル（単一言語）主義の立場のいずれかだけだろう。

かないでしょう。手話は言語コミュニケーションであって、単なる身体的コミュニケーションではないという本質的理解がどこまで浸透しているのか。もし、この考えが正確に理解、認知されているのであれば、その地点からもインテグレーションへの抜本的な再検討は必然的に始めざるを得なくなるはずです）。

今後、インテグレーションの問題を議論する際、「コミュニケーション」ということばをどうしても使うのであれば、「コミュニケーション」とだけ単独で使用するのは止めて、必ず「身体的コミュニケーション」「音声言語コミュニケーション」「手話言語コミュニケーション」と、そのレベル、種別をはっきりさせて使うことを提案しておきます。無責任な自然主義的教育対応やそれに基づく無為な議論を止めるためにも、そのことが必要です。

なぜ、インテグレーションの世界では、聞こえない子どもを見る際の基本的観点が、身体的コミュニケーションに傾き、さらに、奇妙で甚だしく偏向した言語（軽視）観、コミュニケーション観が流通したのでしょうか。なぜ、本来、きちんと取り組むべきであった言語コミュニケーションの指導から体をそらすようなことになったのでしょうか。

もし、そのような自然主義的対応や言語観に対する本当の支持理由が、実は、聞こえない子どもに言語コミュニケーションの指導をするための適切な専門的技術力と、それを実践するための熱意が不足していたという至って単純な理由であったとしたら、私たちは今まで本当に長い間、非常に空虚で、不幸な時間を過ごして来たということになります。

3・2　言語力

奇妙で強固な自然主義的コミュニケーション観の流通は、同時に、インテグレーションの問題を考える際、その根底で絶対必要であった「言語力」についてのきちんとした議論をも阻んで来ました。つまり、「聞こえない子どもにとって〈言語力〉とは何か」という根本問題の検討を巧妙に回避させ、その問い自体を隠蔽し続けて来たということです。

つまり、インテグレートした子どもたちの多くがきちんとした言語力を持てていないという現状を、自然主義的な言い募りを押し通すことで、皆の目から見えなくさせて来たわけです。しかし、最近、その覆いの破れ目から、子どもたちの貧しい言語力の実状が徐々に透けて見えるようになってきました。

インテグレーションにおける言語力の実状については、二つの基本的問題があります。

一つは、書記日本語についての問題です。聾教育では、昔から聾児に日本語の助詞（テニヲハ）の習得をさせることが最大の課題の一つと言われてきました。インテグレーションにおいても事情は変わりません。日本語における言語力の根幹とは、結局、日本語の基礎的文法規則を理解習得し、それを運用して自分の思考や感情を文という単位に整える（構造化する）実践的能力のことです。

聞こえない子どもの場合、その習得練習を音声だけでおこなうことは非常に困難です。習得練習をより効率的、かつ実践的で正確なものにするためには、それを書記日本語として独立に取り扱い、きちんとした方法論にのっとり徹底的に指導する必要があります。

しかし、インテグレーションの現状では、書記日本語力に対する意識的な育成指導はほとんど実践されていないのではないでしょうか。ここにも、また、「意図的な指導関与はすべきではない」という自然主義的対応が顔を出して足を引っ張っています。

個々人の条件の違いも無論ありますが、せめて、小学校六年間で、助詞、接続詞、基礎的語彙（六年間の国語教科書の全語彙の六、七割）、使役表現、受け身表現については、読み（読解）、書き（作文）の両面から、実践的にきちんと運用が出来る力を標準レベルにするべきだというのが私の考えです（私自身の個人指導もそれを目指してやってきました）。

実際問題、最低でもそれくらいの書記日本語力がないと、中学へインテグレーションを継続した場合、教科学習についていくのは実質的に困難になります（事実、言語的に力不足のまま中学にインテグレートした結果、友人とのコミュニケーションや教科理解の面で完全な「お手上げ状態」になっている難聴児がかなりいるのではないでしょうか）。

言語力についての二つ目の問題は、より根本的で、最も本質的な部分についての話です。前にインテグレーションという環境の中で子どもたちはきちんとは「聞こえていない」ということを言いました。そして、先生や親は「聞こえているはず」と思いたがるということも指摘しました。その場合、私たちは何をもって「聞こえる」とか「聞こえない」と言っているのでしょうか。

聴覚口話法の立場に立って考えた場合、補聴器で相手の声を聞くということになっています。音としての声は、確かに補聴器を通して聞こえます。確かに何か音は聞こえてきます。そして、その音は、「聞こえる時もある」し、「聞こえない時もある」という状態の音です。かすれたり、くぐもったり、まだらだったりする音です。しかし、音としては聞こえても、まだらである以上、それは言語としてはきちんと、完全には聞き取れません。つまり、文というレベルの意味（思考）内容を担った情報としては、その子どもの頭の中で成立することが出来ないということです（難しく言えば「音韻の弁別」という問題です）。

問題なのは音として「聞こえる」か「聞こえない」かではなく、言語としてその音が「聞こえる」、つまり意味として理解できる（認知できる）かどうかなのです。なぜなら、もし、それが言語として聞こえないなら、それを使って知的精神活動をすることは出来ないからです。言語として「聞こえない」のであれば、現実場面では、実用には耐え得ません。

インテグレーションの最大の問題、最も根本的な問題がここにあります。つまり、聞こえない子どもにとって、教室という日常の現場で交わされる先生や級友たちの音声が、言語としてきちんと聞き取れているのか、理解できているのかという問題です。

例えば、小学校で起きる難聴児に対するいじめ問題も、障害ということ自体を理由にいじめられたわけではなく、言語コミュニケーションの不成立が原因で誤解が生じ、それがこじれてトラブルとなるケースがしばしばあります。つまり、聞こえる子どもと聞こえない子どもの間で相互に「何を言っているのか」がきちんと理解できない、「話が通じない」という状況があり、それが相互に苛立ちや誤解を生むのです。

また、ある成人した難聴者が次のように言うのを聞いたことがあります。

「補聴器をつけていると、たとえまだらな音であっても、聞こえてくるので、一生懸命聞こうとしてしまう。しかし、ことばとしてはちゃんと理解できない。意味はわからない。いくら一生懸命聞いても、ことばとしては理解できないのに、聞こうとしてしまう自分が時々憎くなり、同時に惨めで嫌になる。仕方がないので、わかったふりをして、何とかごまかそうとする。しかし、それが相手にばれてしまい、『どうして、聞こえるふりをするの』となじられ、死ぬほどばつの悪い思いをしたことが幾度もある。補聴器をしているから、こんな思いをするのだから、いっそこんなものはずしてしまいたいと思うことがある。」

無論、個々人の条件の違いもありますから、インテグレートした子どもの中には、補聴器の活用がうまく出来、音を言語として聞き取ることが出来る子どももいるでしょう。しかし、同じ聞こえない子どもでも、そのようにうまく適応できない子どもたちも現実にはかなりいます。そして、今日も、そのような子どもたちは、教室や運動場の隅で、まだらに聞こえてくる先生や級友たちの声を聞きつつ、困惑した表情を浮かべ、悄然と佇んでいます。

3・3 学力

これまで、インテグレーションの世界では「学力」という問題はどのように考えられてきたでしょうか。インテグレートした子どもたちの学力が低いということは、以前からよく指摘されてきました。しかし、一方で、「学力と言語力は関係ない、別のものだ」という主張もしばしば口にされてきました。そこには、明らかに矛盾した認識がありました。

「言語力と学力とは別物だ」という意見の中には、次のような考えが含まれているように思われます。「言語力はあっても、それが必ずしも学力という形で現れるとは限らない」、「本当に大事なものは表面的で一時的な学力などではなく、本当の言語力、つまりコミュニケーションの力であり、人を思いやることの出来る人間らしい優しさだ」。

このような考えの根底には学力のみを評価・判断の基準にする現在の学校教育＝受験体制への無意識の批判と反発があるのかもしれません。この批判と反発が全面的に不適切であるというつもりはありません。しかし、このような学力に対する現実対応回避の考え方こそが、聞こえない子どもたちに堅実な基礎学力を習得させることを阻害してきた根本原因の一つであったことも事実です。先に述べた奇妙なコミュニケーション観が、本質的な「言語力」への適切な理解と対応を滞らせ、さらにその停滞が「学力」という問題を厳密に考える姿勢にまで連鎖的に影響を与えています。

問題の立て方が当初から根本的に間違っていたのではないでしょうか。大事なことはむしろ次のような問いだったはずです。聞こえない子どもにとっての「学力」とは具体的に何なのか。そして、聞こえない子どもがその「学力」を身につけると、どんな良いこと（利益）があるのか。それは彼らにとって何の役に立つのだろうか。つまり、聞こえない子どもにとっての「学力」の定義と目的と効用の明確化です。[36] 今までの聴覚障害児教育やインテグレーションの世界には「学力」という問題に対するこのような議論の仕方がほとんどなかったのではないでしょうか。

インテグレートした聞こえない子どもたちは勉強の目的も、その真の効用も理解せぬまま、今日もまた普通学級の椅子に座り、「お客様」として時折窓の外をぼんやり眺めながら勉強しています。そして、家に帰り、学校での勉強に遅れずについていくため、必死で、あるいは親から叱られながら、暗記型の詰め込み式自主学習に明け暮れています。

―◆36……本書第2章5「聞こえない子どもたちは何のために勉強するのか」参照。

しかし、このような表面的な勉強のやり方では結果的に「学力」が本当にその聞こえない子どもの役に立つことは望めないでしょう。学力不振、低学力という問題の本質的原因は、インテグレートした聞こえない子どもたちが情報保障面でまだら状態の学習環境の中で学習を強いられていること、そして、それに対する支援対応が適切に機能していないことにあります。このことは、誰の目から見てもはっきりしていることではないでしょうか。聞こえない子どもたちは情報保障が十分なされていない環境でどうやってきちんと学習していけばいいのでしょうか。

聞こえない子どもたちには、聞こえない子どもたち専用の、真に役に立つ勉強の仕方（学習環境）と、それを根底で支えるしっかりした「学力」観が用意されなければなりません。そのためにも、まず各自が自分の頭で、インテグレーションにおける従来の「学力」に関する考え方と指導の実態を根底から考え直す作業が必要です。

最後に、次のことを言い添えておきます。学力や言語力の問題について、時折、難聴学級や通級指導教室の先生方からこんな意見が出ることがあります。「本当に、そんなに難聴児たちは勉強面や言語面で困った状態になっているのでしょうか。私の教えた子どもたちの中には、中学や高校に進んでも、時々訪ねて来てくれる子どもたちがいて、皆、元気で何とかやっているようですけど。」

このような鷹揚な感想を聞かされると、私は返す言葉を失います。かつてお世話になった難聴学級に「里帰り」するのはインテグレーションがそれなりにうまく継続できた子どもだけです。彼らが古巣を訪ねるのは、彼らには胸を張って報告できる好成績、部活動での活躍、上級学校への進学等の土産話があるからです。

就学後、様々な現実的問題を抱え、インテグレーションの泥沼の中で先に進むことが出来なくなった子どもたちは決して二度とその難聴学級の先生の前に姿を現すことはありません。そのような子どもたちはいつしか風景の中から消え去っていき、その存在すら忘れられてしまいます。インテグレーション関連の講演会やイベントの表舞台には決して出てこない、しかし、どこかでひっそり生きている、そのようなサイレントマジョリティ（口をつぐんだ多数派）の子どもたちや家庭のことを、先の先生方はどう考えておられるのでしょうか。

「多少うまくいっていなくても、親も子もそれなりにたくましく生きているではないか」という楽観論を口にする人もいます。そのような人は「泣くが嫌さに笑うて候」という言葉に込められた複雑な思いを噛みしめたことが一度もない人でしょう。元気そうに見える笑顔の下には、様々な屈折した思いが隠され続けています。

インテグレーションの世界では「うまくいった子どもたち」の話は今まで再三繰り返し語られてきました。しかし、「うまくいかなかった子どもたち」の話はほとんど報告されることはありません。一部の成功例だけを見て、それが全体であるかのように考える人の目には、いつまでも見えてこないかもしれませんが、現実を真っ直ぐに見つめようとする人の目には、困惑と落胆と失望の面もちで佇んでいる、多くの沈黙した子どもと親たちの姿が見えるはずです。

インテグレーションの世界で本当に議論し、考えなければならないのは、この沈黙した子どもと親たちが抱え込んだ問題なのではないのでしょうか。

4 補遺

4・1 厳密な実態調査の必要性

インテグレーションの現状を改善するためには、その前提として、厳密な実態調査が絶対必要です。確かに今までも、各機関や個人の研究者による実態調査研究はありましたが、厳密性、徹底性、網羅性という点からはまだまだ不十分なものです。例えば、難聴児が在籍している普通学級の学校長や担任に調査票を郵送し、必要事項を記入してもらい、そのアンケート用紙を回収して、集計分析する。そのような程度の「調査」では本当のリアルな実態など決して把握できません。

実態を厳密に反映した調査であるためには、少なくとも次のような条件が満たされることが必要です。

(一) 実態を最もよく知っているのは母親です。その母親が、難聴学級・通級指導教室の先生方の顔色を気にすることなく、自由に本音が出せる形態であること(守秘保障)。
(二) 同じく、親学級(普通学級)の担任が、自由に本音を出せる形態であること。
(三) インテグレートしている難聴児に対し、言語力面と学力面、それぞれに関する調査を徹底的にすること。調査テスト様式は最も厳密なものを複数、重複使用し、データをより豊富に収集すること。その際、非言語面への理解能力も調査項目に入れること。

（四）個人としての聴力の変化（時期、原因、変化値）も調査項目に入れること。
（五）数値化できる調査項目と数値化できない調査項目を識別して立て、後者には自由記述形式で、可能な限り心理面の訴えを表現できるような形式にすること。
（六）調査対象児の年齢幅は出来るだけ大きくとること。小学校、中学校、高校、専門学校、短大、大学、全課程をカバーすること。
（七）個人の変化データ（進級、進学、成績評価、就職先、転職状況）が継続的に記録されていること。
（八）数年後に重複追跡調査を実施すること。
（九）聾教育との比較検討を念頭に置き、調査形式、分析形態は厳密、かつ柔軟なものにしておくこと。聾教育側の関係者や研究者とも事前協議が出来れば、なお良い。

これらの条件は、ある意味ではどれも困難なものかもしれません。しかし、これらのデータが明瞭に整理できれば、インテグレーションの真実の現状が誰の目にもはっきり見えるようになり、現実を踏まえていない従来の曖昧な議論も一掃されます。そのことで、本当に必要な改善への方策も見出せます。

確かに困難な作業かもしれませんが、だからこそ、全国組織である難聴児を持つ親の会に向けて提案、具申させていただきました。他の関連団体とも協力して、何とか実施にこぎつけることは出来ないものでしょうか。何より聞こえない子どもたちの教育環境整備のためにこそ御検討を切にお願いします。

4・2 聾教育の最近の動向

私は、代表者会議での講演で、聾教育の最近の動向についても触れました。聾教育の世界では従来の聴覚口話法から、近年、TC（トータル・コミュニケーション）的対応が徐々に評価されるようになってきました。さらに、昨今はバイリンガル・バイカルチュラルアプローチという最新の考えが議論の対象になっています。[◆37] この変遷は手話をどう評価するか（聞こえない子どもたちの「言語」としてどう位置づけるか）という根源的問題を正面から検討した所から不可避に生まれてきたものです。

私がこの聾教育の最近の動向について話をしたのは次の点を聞き取っていただいて、インテグレーションの現状を再検討する際の参考にして欲しかったからです。

TCといい、バイ・バイアプローチといい、個人によってその内容理解に微妙な違いがあるため、評価をめぐる議論はいつも複雑に込み入ってしまうのが実状です。しかし、その混乱した議論の中から、最近、誰からも共通の重要事項として意識されるようになってきた事柄があります。それは正確な書記日本語の力を具体的にどうやって子どもたちに育成していくかという問題です。聾教育の研究分野ではこの問題が真剣に、謙虚に議論されています。手話を「言語」として認知したことにより、第二言語（あるいは第一外国語）としての書記日本語の現実的重要性が改めて意識されるようになってきたということです。また、基盤である手話言語力をどのように活用して、日本語の力と結びつけるかという技術的取り組みもおこなわれています。[38]音声言語ばかりに目が向かいがちなインテグレーションの現状において、書記日本語力の育成問題が現実的には極めてないがしろにされていることを考えると、これは非常に示唆的な現象ではないでしょうか。

また、乳幼児期における手話の導入は日本語の習得にとっては阻害要因となるという従来の通説に対しても、奈良県立ろう学校や三重県立ろう学校の幼稚部[39]ではバイ・バイ的アプローチを実践しながら、実証的な再検討作業が始められています。

このように、最近の聾教育の動向からも学ぶべき点は多々あります。学ぶべき点は謙虚に学び、それをも活かした上でインテグレーションの現状をしっかり改善していくべきではないかと考え、私は講演で聾教育の動向についても情報提供をしました。

ただ、手話の話題が入っていたためでしょうか、講演を聴いてくださった役員の中には、何か私がインテグレーションを否定し、聾教育の方を賛美、評価しているかのように受け取られ、反発された方たちがいらしたようです。インテグレーションの世界には聾教育や手話のことを話題に出す

◆37……TC、およびバイリンガル・バイカルチュラルアプローチについては第2章5「聞こえない子どもたちは何のために勉強するのか」注4（191頁）、注12（193頁）参照。

◆38……本書第4章12「リテラシー問題を議論する際の前提条件」、13「聴覚障害児教育における言語観と学力問題」参照。

◆39……奈良県立ろう学校幼稚部は独自の実践経緯を各研究会で報告し続けている。三重県立ろう学校幼稚部は手話導入に熱心だった担当教員の異動（転勤）もあり、指導法の抜本的な再検討の方向へ向かっているようである。その後、広島県立広島ろう学校小学部も手話を導入した教科指導の実践を開始している。その模様はＮＨＫ教育テレビ『聴覚障害者のみなさんへ』二〇〇一年五月二七日放送「手話で学ぶ広島ろう学校」、同『にんげんゆうゆう』二〇〇一年一一月一三日放送「自信を育む広島ろう学校」、同『聴覚障害者のみなさんへ』二〇〇二年四月二一日放送「瀬戸内の海に生きる大室隆さん一家」で継続的に紹介され、注目を集めている。

だけで、感情的反発や嫌悪が条件反射的に生じる空気があることを改めて強く感じました。[40]インテグレーション自体の適切な存続を考える上からも、これは非常に残念なことです。一部役員の方々には切に御再考をお願いしておきます。

聴覚口話法であれ、手話法であれ、あるいはインテグレーションであれ、TCであれ、バイ・バイ教育であれ、どれが一番優れているのかというような単純な比較競争（モード論争）をする時代は終わりました。これからの時代はそれぞれのアプローチの実状を厳密に踏まえた上で、「どうすれば、一人一人の聞こえない子どもの状況に最も適合した教育ができるのか」が切実に問われるのではないでしょうか。そして、どのような議論であれ、実践であれ、その一点において厳しく吟味されなければならないでしょう。

おわりに

ここ十数年、現代思想の領域では一つの事柄が重要なテーマとして議論されています。それは例えば、ハーバーマス[41]（社会学／コミュニケーション論）、アーレント[42]（政治哲学／ユダヤ人問題）、ロールズ[43]（倫理学／正義論）といった人たちの思考を発火点にして展開されている「公共性」という問題です。[44]

「公共性」、それはつまり共同体のメンバーひとりひとりにとって、納得の出来る本当の「公正さ」「平等性」「正義」とは何かという根本的な問題です。問題の性質から、この問いかけは、当然、「民族論」「少数民族問題」「国家と法」「政治的正義」「産業構造」「環境倫理」「言語とコミュニケーション」「福祉と医療」等の関連問題に波及していきます。

しかし、私はこの「公共性」という問いかけの波は本当は意外な、しかし、当然といえばこれほど当然な場所はない、ある人々の足下に最も強くうち寄せていくのではないかと思っています。それは、「障害」という状況の中で生きていく人々、あるいは「障害」という問題にかかわっている

◆40……この時の「空気」はその後、現在の稲田利光会長に変わってからかなり変化したようである。二〇〇二年一二月発行の会報『べる』一一九号には他誌に発表された稲田会長の文章がまとめて再録してあるが、そこには「聴覚口話法の欠点をみつめる」「親の意識の変化」「手話に対する抵抗感も薄れてきた」「子どもに負担をかけすぎているという認識の不足」等のことばが記されている（二二～二七頁）。このようなことが親の会を代表する責任者の公的意見として明示されることは本論発表時には決して考えられなかった。

◆41……Jürgen Habermas（一九二九～）ドイツの社会哲学者、コミュニケーションの理論家。代表的著作『公共性の構造転換——市民社会の一カテゴリーについての探究』未来社（復刊・一九九四）、『コミュニケイション的行為の理論』未来社（一九八五）。

◆42……Hannah Arendt（一九〇六～一九七五）ドイツ生まれ、戦後アメリカで活躍した政治思想家。哲学者ハイデガーやヤスパースらに学んだ後、ナチスの迫害を避けアメリカに亡命。代表的著作『全体主義の起源』みすず書房（一九八一）、『イェルサレムのアイヒマン』みすず書房（一九六九）、『革命について』ちくま学芸文庫（一九九五）、『人間の条件』ちくま学芸文庫（一九九四）。

◆43……John Rawls（一九二一～）アメリカの倫理学者。社会契約説とカント的義務論を組み合わせた正義論の構想を通し、正義にかなう秩序ある社会の実現を考えた。代表的著作『正義論』紀伊国屋書店（一九七九）、『公正としての正義』木鐸社（一九八四）。

◆44……本論を発表した際、「公共性」という問題を考える上で、本当は是非列記したかったが、一般には知名度が低いと思い割愛した人名があった。インド出身の経済学者アマルティア・センAmartya Sen（一九三三～）の名前である。センは少年時代にベンガル大飢饉を実見し、飢餓における貧富の差がもたらす「不平等」の問題を強く記憶に留めた。後に厚生経済学と社会的選択理論において示した革新的な業績も、その少年時代の「記憶」を淵源にしているといわれている。筆者が本論のもとになった講演をした翌年（一九九八年）、センはアジア人としては初めてノーベル経済学賞を受賞し、その名前が新聞紙上をしばしにぎわせた。

人たちの足下にです。

聞こえないという身体状況でこの世界にやってきた子どもたちが、聞こえない人として大切にされ、きちんとした教育を受け、この世界の成り立ちをしっかり認識し、愛する者と出会い、立派な聞こえない人として、堂々と、そして、静かに生きていける――そのような状況が可能になるためには、一体何が必要なのでしょうか。そのためには何が保障されなければならないのでしょうか。

インテグレーションという理念は、聞こえない子どもたちが幸せに生きていくための一つの方法として考えられ、実践されて来ました。しかし、その実践も時間の経過の中で、輪郭がかなりぼやけだして来ています。

聞こえない子どもたちが本当に「平等」に、「公正」に遇されるとは具体的にどういうことを言うのでしょうか。それを再度、きちんと確認するためにも、インテグレーションはその現状を徹底的に見直されるべき時期に来ていると思います。

2

難聴児の自己形成方略

インテグレーションの「成功例」とは何だったのか

●初出／『九州保健福祉大学研究紀要』第三号（二〇〇二年三月）
●加筆修正／二〇〇三年五月

1　インテグレーションの「成功例」

聴覚障害児教育の世界では、この十数年、聴覚口話法による指導が主流であった。聴覚口話法とは、補聴器の使用により残存聴力を活用して、聞こえない子どもに音声言語を習得させようという試みである。具体的には、幼少時より聴能（聞き取り）訓練と発音訓練といった言語訓練を徹底させ、それにより音声日本語（つまり日本語の文法構造）を獲得させようとしてきた。言語環境として子どもの言語獲得に最も大きな影響力を持つ母子間の日常生活場面においては、「できるだけ多くの語りかけを」という母親指導が力説され、「ことばのお風呂（プール）に子どもを漬けなさい」という助言が繰り返された。母親たちは聞こえない子どもに向かって必死になって声（音声）で語りかけ続けた。同時に就学前の言語指導にあたった専門家たち（ST、聾学校幼稚部教員等）の多くも音声言語で指導を実施しつつ、聞こえない子どもに対し「声を出すこと」と「声を聞くこと」を求め続けてきた。さらに、就学後は教科学習をも、やはり音声言語を介して教えようと邁進してきたわけである。

さて、その結果はどのようなものであっただろうか。親や専門家、教育者の熱心な取り組み、そして何より聴覚障害児たちの苦痛を伴った多大な我慢と努力にもかかわらず、残念ながら標榜されたほどの成果（保障されたはずの結果）が達成されたとはとても言い難い。そして、結果が達成されなかったのみならず、むしろ、そこには極めて深刻な状況を不可避に生じさせてしまったという新たな責任問題もある。その点に関する詳細な考察は別稿にゆずるが[1]、いずれにせよ、聴覚口話法は問題を孕みながら主流化し続けてきたし、その根底にある「聞こえない子どもたちに音声言語を習得させることは〈善き〉ことである」（つまり、「聞こえない子どもたちは聞こえるようになった方が幸せだ」）という医療（治療）観、教育観は、人工内耳の普及推進という最近の新たな現象とも相俟って、いまだ根強く支持されている[2]。

この聴覚口話法による教育が実践された状況の中で、その取り組みがいかに有意義で、どれほどの成果をあげたかということを「実証」する材料として語られてきたのがいわゆる「インテグレーションの成功例」（難聴児のエリート）と呼ばれる事例であった。それはどのような聴覚障害児たちであったのか。端的に言えば、次のような「成果」を達成した（ということになっている）子ど

◆1……本書第1章1「インテグレーションの現状と課題」で基本的問題点を分析整理し、具体的改善案、対応案も提示した。

もたちである。音声言語を習得し（話せて、聞くことができる）、そしてインテグレーション（統合教育）環境の中で、聴児と対等あるいはそれ以上の卓越した言語力と学力を獲得、提示できた聴覚障害児である。これは、さらに次のような象徴的な条件達成を通し認知されてきた。

（一）有名大学への進学（高学歴）
（二）有名企業への就職（社会的地位）
（三）聴者との結婚（聴者社会への参入と共生）

つまり、聴者と同等（もしくは、それ以上）の能力を身につけていることが「立証」できた（ということになっている）聞こえない子どもたちということである。これらの成功例は、聞こえない自分の子どもをこれから育てなければならない若い母親たちには羨望と憧れの的（理想型）であり、ロールモデルとして目指すべき目標であった。また、専門家や教師にとっては、聴覚口話法の有効性を実証する恰好の「成果」であった。事実、成功した当事者（あるいは、その子を育てた「立派な」母親）の体験談が講演や記録を通し、くりかえし喧伝されることで、聴覚口話法への期待と評価は肥大し、その必要性が多くの人たちに支持、確信されていったわけである。

2 〈聞こえなさ〉の中の自己形成方略

ある意味で聴覚口話法の有効性を積極的に証明し、啓蒙の一翼を担う結果となった「成功例」の子どもたちは、しかし、本当に「成功」したのだろうか。「成功」という評価は一体どのような観点から見た場合の話なのか。何より、この「成功」した（と周囲から言われている）子どもたちは、本当に幸せであったのか。子ども本人の自分に対する自己評価は果たしてどのようなものだったのか。この点に光をあてて問題を分析すると、おそらく事態は一変するだろう。むしろ、そこには非常に複雑で根源的な問題が内包されている。

「成功例」と呼ばれるようなインテグレーション教育を受けた難聴児たちが、表面上の優秀さ、つつがなさとは裏腹に、その内面において、どのような困難な問題を抱えつつ、自己認識（アイデンティティ）のプロセスを経ていかざるを得なかったかという問題はあまり知られていない。その問題の「意味」を正確に把握するためには、まず、インテグレーション教育を受けている子どもたちが実はどのような言語的（コミュニケーション的）「理解」環境に置かれているかという前提状況から説明する必要があるだろう。

幼児期に音声言語を習得する言語訓練を受けた聴覚障害児の多くは、その音声言語の能力を頼り

◆2……人によっては、この「聞こえない子どもたちは聞こえるようになった方が幸せだ」という考え方はまったく自明の、疑う余地のない、当然のことに思えるかもしれない。しかし、実際は、ここには二重の難しい問題が内包されている。第一の問題は、「聞こえるようになるのであれば」という「付帯条件」の問題である。確かに「本当に聞こえるようになるのであれば」、それは「幸せだ」と言えるかもしれない。しかし、実際、本当に聞こえるようになるのか。何より肝心なこの現実面に関する検討がないがしろにされたまま、ある意味で、誰もが認めざるを得ない（しかし、「願望」でしかない）「聞こえ（るようになる）」という理念だけが、いつも一人歩きしている。第二の問題は、多くの人には理解しがたいだろうが、「聞こえる」ことだけが「幸せ」に繋がる唯一の道ではないということである。「聞こえるようになる」と考える人たちは、一体どのような情況を「聞こえる」と考えているのだろうか。つまり、聞こえなくても手話という言語は獲得することが出来るということである。むしろ、聞こえない子どもたちが言語の獲得に苦労したり、失敗するのは、聞こえないからではない。不適切な方法や環境で、元来、習得に多大な困難と負担の伴う音声言語を第一言語（基盤言語）として獲得せよと強いられることが言語獲得を阻む大きな原因である。

にインテグレーション（統合）教育の環境に入る。つまり、聴児の通う普通学級へ通うことになる。小学一年生の時期は基本的に学校生活に慣れることを主眼にした対応がなされるため、意思伝達のコミュニケーション内容も全体的に単純で、実際、子どもたちはジェスチャー等の身体的、視覚的やりとりを交えた緩やかな発信・受信を交し合っている。教科学習面に関しても文字学習や数詞運用等の基礎段階の緩慢な内容である。したがって、聴覚障害児にとってもまだまだ視覚的な情報面に助けられ何とか（あるいは、何事もなく）ついて行ける場合が多い（少なくとも表面的には何とか適応しているように見えやすい）。周囲も「無事、インテグレーションの軌道に乗ることができた」と安堵する時期でもある。

しかし、状況は徐々に変化し始める。まず、学習面においては、一年次の後半から二年次にかけて、内容的に文形式の書記情報が急増する。助詞、接続語、新出の抽象名詞等が頻出し、それを踏まえた口頭（音声言語）による説明や議論が日常茶飯事となってくる。つまり、目まぐるしい早さで、多量の音声情報を先生や友達が「喋り」、それを「聞き取る」ことが当然という世界に一変するわけである。世界は「声」「声」「声」で進んで行く。このコミュニケーション環境の変化は聴覚障害児にとって非常に辛いものである。かなり聴能（聞き取る力）レベルの高い子どもでさえ、聞き違い、聞き漏れのトラブルが頻発する。

聴覚障害児をインテグレートさせることが推奨されたのはなぜだったのか。それは補聴器（あるいは人工内耳）を活用した言語訓練により音声言語の理解・運用が可能な状態になる、少なくとも、その能力状態でインテグレーションは「可能」であるという「保障」があったためではないだろうか。しかし、それはあくまで静寂な検査室で聴力検査をおこなった結果の「聴力」に基づいた判断であり、訓練室における（多くの場合、指導者との一対一の）言語訓練という仮想的な状況に基づいた評価だったのではないだろうか。しかし、聴覚障害児がインテグレーション教育の中で過ごす教室という現実の空間は音響的に検査室とはまったく異なった条件で構成されている。そこは多方向から音声が飛び交い、場合によっては教師は黒板を向いたまま喋り続け、同時に子どもたちが椅子をガタガタさせる雑音が断続的に響き渡っている、そんな音空間である。

このような音環境の中で難聴児は実質的な〈聞こえなさ〉の壁にぶつかる。まったく聞こえないわけではないが、聞こえない部分があり、その部分に情報全体を判断理解するための最重要な情報がある場合、当然、判断理解は困難になる。まだらに聞こえること自体が聴覚障害児を苦しめるわけである。しかし、この事情は周囲の人にはなかなかわかってもらえない。周囲は「少し聞こえている」面を見て、全面的に聞こえていると判断するからである。この「わかってもらえなさ」が二重に聴覚障害児を苦しめる。[3]

さて、当然、音声による情報を正確に聞き取ることが出来ないわけだから、学習内容に関しても、

3……音声が発せられているのは聞いてわかるが、それが「言語」としてどのような意味なのかは理解できないという状態がある。「音が聞こえる」ことと、それを「言語として理解する」ことの間には大きな開き（本質的相違）がある。聴力を検査する際、純音検査に対して「語音検査」という手続きがあるが、たとえ、「語音」を聞かせたとしても、認知言語学的に考えれば、単語と文に対する情報処理過程には連続している面と、処理の複雑さにおいて異なるレベルがある以上、そこから聞こえない子どもの語文を聞いて理解する力を単純に評価することは出来ないのではないだろうか。「聞こえているから、理解できるはず」と思う人たちの言い分と、「実際、ことばとしては理解できない」聞こえない子どもたちの現実という永遠に相容れない矛盾した二つの情況がある。聴覚障害児教育が抱え込んでいる問題の根本がここにある。

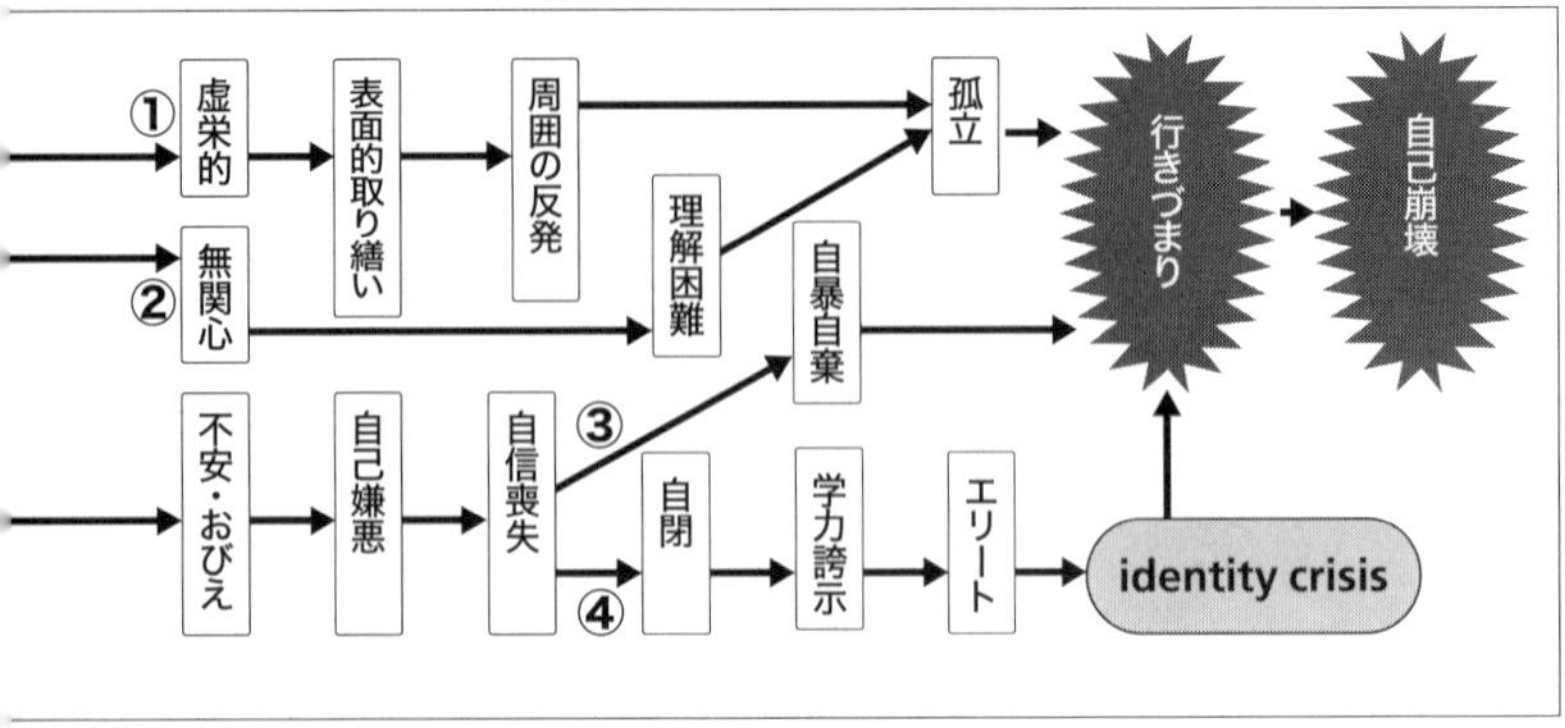

友達との交友関係（コミュニケーション）においても「理解できない」事態が発生する。聴覚障害児たちはそれでも一生懸命、相手の声を聞こうとするし、何度も何度も言い直して意思を伝えようと努力を重ねる。それでもやはり聞き取れないし、発音は相手に通じない。当然、聴覚障害児たちの精神は疲労し始める。そして、聴覚障害児たちは、落胆と羞恥の思いを抱えながら、事態の困難さを親しい人間に訴える。聞こえない子どものことであるから、必ずしも口頭で事情をきちんと説明する形で訴えるとは限らない。その訴えは、学校に行く時の元気のない寂しげな後姿や帰宅してからのしょんぼりした表情、あやふやな返事等という形でひっそりと発信されることが多い。しかし、それでも子どもなりの方法で音声言語のコミュニケーションが「理解できない」という窮状を確かに訴えているのである。

しかし、その訴えに対し、親や教師・専門家はどのような反応を示しているだろうか。多くの場合、その訴えに対しては次のような「励まし」の言葉が投げかけられるのが常であった。「頑張れば何とかなるよ」、「努力がまだ足りないん

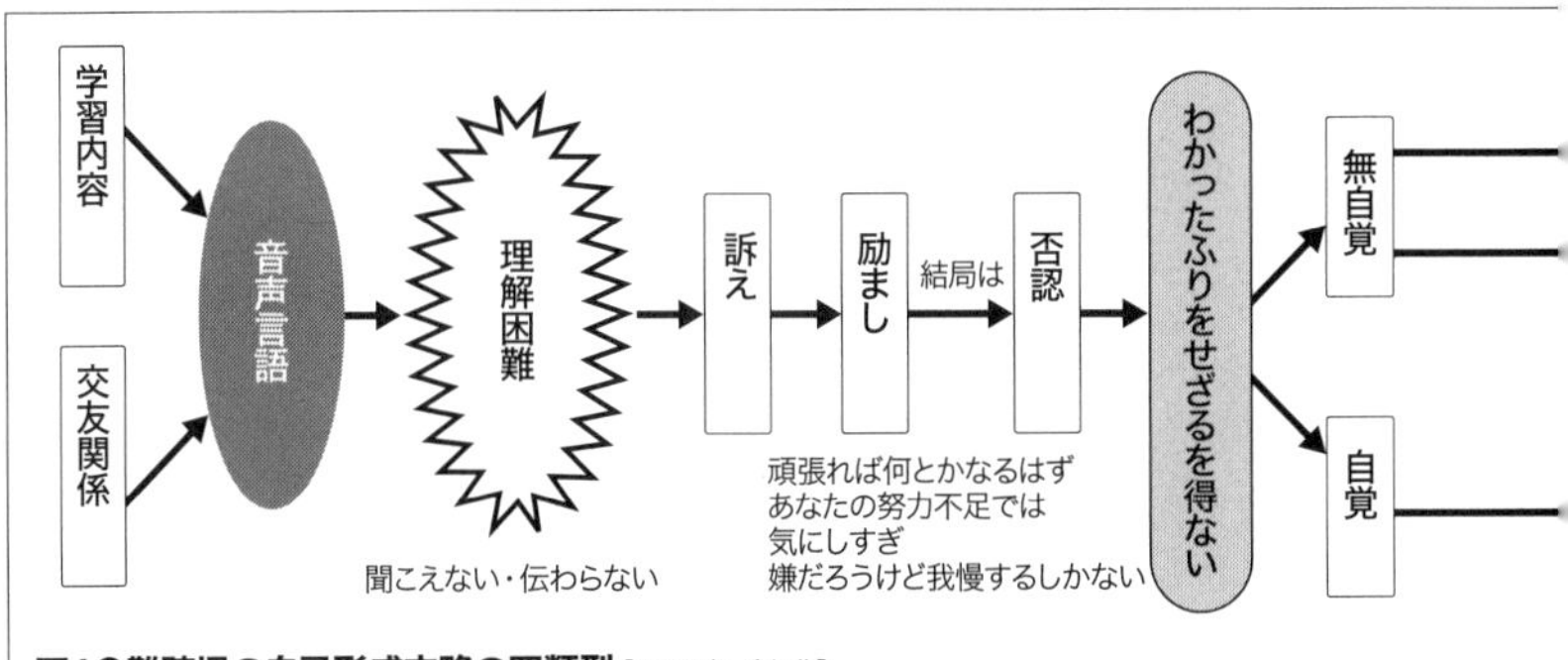

図1●難聴児の自己形成方略の四類型［2000年／上農］

じゃない」、「あなたの思い込みよ。ちゃんと聞こえているから大丈夫。気にしないで頑張って」、「嫌だろうけど、小さな事は我慢しなさい」等々。励ましの言葉を並べ立てながら、しかし、結局、子どもの訴えをきちんと聞こうとはせず、実際は終始それを「否認」しているわけである。この「励まし」の中には、「聞こえなさ」という問題解決に向けての積極的返答はいっさい含まれていない。つまり、窮状を訴えた子どもにしてみれば、問題解決へ向けての信頼に足る支援的返答は何も返ってこないということになる。むしろ、「我慢して、耐え忍べ」という受容と克服をすすめる指示が返ってくるだけという結果になっている。聴覚口話法を信奉している人間に向かって、いくら「聞こえない」事態を訴えても、「そんなはずはない。聞き取れないのはあなたの努力が足りないからだ」という反論が投げ返されるだけなのである。

　このような状況に追い込まれた子どもたちは、どのような態度をとるようになるだろうか（とらざるを得なくなるだろうか）。コミュニケーション上の窮状を訴えても、結局、聞きいれてはもらえないし、事態は本質的には何ら改善されない。つまり、聞こえないまま、理解できないままでやっていかなければならないということである。と同時に、そのような状況の学校に通い続けなければならない。この二つの条件の前で、難聴児たちは実際は「聞こえていない」にもかかわらず、「聞こえているようなふり」をして凌いでいくしか他に方法がなくなる。理解できていないにもかかわらず、あたかも理解できているかのような態度（行動）を演じることで、何とか自分の「聞こえなさ」「わからなさ」を隠すという苦肉の方略を選択するしかないということである◆[4]（この「わかったふり」をうまく演じてきた苦い体験談は多くの成人した聴覚障害者が共通して語る話である）。

この「わかったふり」という方略を選択する場合、その難聴児の資質、能力、性格により、その態度（ふるまい方）の形態を四つの型に分類することができる（図1参照）。「わかったふり」をして何とか日々を凌いでいくわけだが、そのような演技をしている当人にとっては、目の前の現実的トラブル（聞き取れていないことから生じる誤解、誤動作、誤作動、周囲から受ける嘲笑・非難、教師からの叱責）を何とか回避することがすべての目的である以上、結果としてそのトラブルを回避できさえすれば目的は達成されるわけで、その過程に「わかったふり」、つまりごまかし（嘘の演技）があるかどうかはそれほど重要な問題ではなくなっていく。つまり、自分が嘘の演技をしていることから目を逸らそうとする傾向が生じる。本人にとって切実なことは嘘を演じているということより、いかにして失態を回避するかということの方なのである。

これは一種の心理的防衛規制だが、問題はここから生じ始める。嘘（ごまかし）から目を逸らし続けているうち（それが日常化するに従い）、自分が事実に基づいた正直な反応を表出しているのか、嘘の反応を演技として表出しているのか、自分自身で判断がつかなくなるという状況に徐々に陥っていく。さらに、この無自覚な状態は二つの型に枝分かれする。

①無自覚・虚栄型

このタイプの子どもは自らの「演技」には無自覚なのだが、強度の虚栄心を持っているため、演

◆4……数年前、東北地方のある町で講演した際、筆者は次のような体験をした。講演後の質疑応答で一人の難聴児を持つお母さんが「少なくとも自分の子どもはちゃんと聞こえているので、講演で指摘されたような〈聞こえているふり〉などは決してしていない。それは一部少数の特殊例ではないか」と猛然と反発された。その日はその後、個人相談が長引いたため、日帰りの予定を変更して、その町に宿泊した。翌朝、面会希望者がロビーにいるという連絡があり、行ってみると、昨日、反発されたお母さんが待っておられた。あれでもまだ私への鬱憤が晴れなかったのかなと思ったが、そうではなかった。その方のお話は次のようなものだった。「あまりに悔しく、不愉快だったので、あれから家に帰って、子どもに『こんな変なことを言う先生だった』と講演の話を伝えました。そして、一応『○○ちゃんは聞こえているふりなんかしたりしてないよね』と尋ねました。子どもは『うん』と返事をしたのですが、その時の曖昧な表情がふと気になって、まさかと思い、しつこく確認しました。なかなかはっきり言おうとしなかったのですが、『大事なことだから、頼むから本当のことを言ってちょうだい』と言うと、『本当に怒らない？』と念を押した後、次のように話しました。『本当は聞こえていないし、先生の話や友だちとのやり取りもわからないときがある。でも仕方ないので、わかったふりをしている。講演で話をしたその先生の言っていることは、その通りだよ』。私は愕然としました。苛立ちもありました。ですから、つい『なぜ今まで黙っていたの』と声を荒げました。すると子どもは『前にも聞こえていないってことは言ったよ。どうしていいかわからなくて、とても困ったから。でも、お母さんは全然聞いてくれなかったでしょう。ただ、頑張れって言うだけで。だから、もう言わないことにした』と反論してきました。私は以前にそのような訴えがあったことすら覚えていませんでした。それから、一晩眠れませんでした。今までのことをずっと考え続けました。どうしていいか、すぐにはわかりませんが、もう一度、根本から考え直してみようと思います。このことがあったものですから、それをお伝えしようと思って来ました。」

筆者はわざわざ再度会いに来てくださったことに感謝した後、何しろ、子どもさんとよく話し合って、情況を正確に把握することを勧めると同時に、子どもさんが本当のことを言えなかったのはなぜだったのか、そのような情況がその子の精神生活にどのような重圧と孤独を強いていたかをよく考えて欲しいとお願いした。このように「黙って我慢している」子どもは決してこの子一人ではないだろう。

技であろうが何であろうが構わないので、何とかして他者から注目評価されることに固執する。そのため、表出は積極的で過剰表現になる。学習面に関しても、例えば人より先に挙手して正解を発言し、教師から誉められることに躍起になるような行動をとりたがる傾向を示したりする。他者の評価、賞賛のみを気にかけるため、学習態度も勢い表層的な理解や丸暗記に傾く。しかし、教師や親によっては、その状態を「積極的」「元気」「明るい」「利発」等、肯定的に評価する向きもあるので、問題の本質が正しく理解されない場合も多い。この方略を選択する子どもの場合、さらに別面の問題もある。目立ちたがり屋で、いつも教師や級友に気に入られようと躍起になるその虚栄的な態度は、一部の教師からは評価されても、子ども同士の仲間集団の中では間違いなく顰蹙《ひんしゅく》をかい、孤立する行動様式である。ときによっては、その過度の虚栄的態度（うそ臭さ）が周囲の反感を買い、強い排除（無視、いじめ）の対象になる場合もある。学習面についても、表層的に取り繕った学力が、それでも何とか通用するのはせいぜい小学校までで、中学校に進学すると、途端にその空虚な内容が露呈し、行きづまり状態に立ち至ることが多い。友人関係も希薄となり、精神的にも孤立する。

②無自覚・無関心型

①に比べ、このタイプは無自覚であることは同じなのだが、目立ちたいという積極的な願望もとりたてなく、従って学習面においても、ときに「わかったふり」をするが、それも稚拙な表出を介してのものであり、本人も、別にその稚拙さを隠そうとして躍起になるということはない。その

場かぎり、最低限の受け答えができればいいというような消極的な身繕いである。周囲からは注目もされないかわりに、①のように攻撃されたり、排除されることもない。気弱な微笑を浮かべながら教室の片隅でじっと座っているような子どもである。ただし、学習内容や言語的理解能力に問題を残していることには変わりがないので、①同様、進級進学に従い、問題は必ず顕在化してくるし、人間関係の上でも同じく孤立していく。

一方、インテグレーションの教育環境下にあって、やむなく「聞こえるふり」をしているが、そのことに自覚的な子どもたちもいる。自分自身が実は「聞こえていない」のに、さも「聞こえている」ような嘘の演技をしていることに自覚的な子どもたちである。自分をごまかせない、ある意味で正直で誠実な、そして本当の意味で思慮深いタイプの子どもたちである（親や教師、専門家の中には、このようなタイプの子どもを「消極的」「覇気がない」「暗い」等と否定的に評価する人たちが時折いるが、むしろ評価する側の単純さをこそ是正するべきであろう）。この子どもたちは、その思慮深さゆえ、自分の嘘の「わかったふり」がいつ露見しはしないかと、いつも怯えている。そして同時に（やむを得ない事情があってのこととはいえ）、嘘を演じている自分にも深い自己嫌悪の念を抱いていたりする。そして、どのようにうまく嘘を演じてみても、実際の日常生活では、その嘘は繰り返しほころび、一生忘れられないようなばつの悪い失態を演じなければならないし、周囲の冷たい視線（冷笑、蔑視）にさらされなければならない。このような辛い経験を重ねるうち、徐々に気力は萎え、自分の中のどこを捜しても頼みとするものが見出せなくなってしまう状態に陥っていく。そうなると、自分を最後に支えてくれていた家族や親しい者との絆さえも、もはや信頼に値するものには見えなくなってくる。このような根源的な自信喪失に立ち至った場合の聞こえない子どもの身の処し方も二つに枝分かれする。

③自覚・自暴自棄型

このタイプの子どもたちは、ある意味で、すべての望み、希望、可能性が絶たれたかのようにしか思えない絶望的状態に置かれる結果、破壊的、暴力的、自虐的、刹那的な行動をとることで、目の前の「今」だけでも何とかやり過ごして生きていこうとする。難聴児や聾児が特に思春期に周囲からはまったく理解のできないような極度の問題行動をとる場合があるが、その根底には、幼時より堆積したこの誰にも理解してもらえなかった「聞こえなさ」「わからなさ」という深い苦痛と辛酸があり、「問題行動」とは、それが堰を切って一気に爆発した現象である（しかし、その時になっても、まだ周囲はそのことの意味に気づかないことが多い。そのような「問題児」に対し、まだ音声言語で説諭を試みようとするような親や教師、専門家が後をたたないのが現状である）。

④自覚・自閉型（学力志向型）

自信喪失のどん底に陥ってはいるが、しかし、だからと言って自暴自棄に走ることも出来ない子どもの場合、それでも何とかして最後の「自負」をどこかに残したいという切なる方略が試みられる。音声言語を「聞こう」、そしてそれを「理解しよう」とするから自分が苦しみ、無理に「わかったふり」をせざるを得なくなる。ならば、最初から、音声言語を「聞く」こと自体を止めればいいのではないか。しかし、そうすれば他者との双方向のコミュニケーションは不可能になる。それでも構わない。もうこれ以上、恥をかき、傷つくのは御免だ。自分の中に閉じこもろう。他者から発せられた情報（「声」）を受信する（「聞く」）ことはやめよう。あえて無視しよう。寂しいけれど、その方が楽になれる。そして、その寂しさは読書で補っていこう。しかし、勉強だけは聞こえる友達に絶対負けないように頑張ろう。学力で見返してやろう。いい成績をとることで自分の存在価値を自他ともに向かって示そう。これが、自覚自閉型（学力志向型）の子どもたちの自己形成方略である。そして、結果としてインテグレーション教育の「成功例」（難聴児のエリート）になってきたのはこのタイプの子どもたちだった。

これらの四類型は必ずしも一つ一つが独立して存在しているとは限らない。一人の子どもの中にいくつかの類型が重なり混在して一つの人格（方略）を形成していることも多々ある。そして、それぞれの類型の混ざり具合の比重がケースによって異なっている。

以下に筆者が経験した二つの事例を通して具体的な情況を考察してみたい。

2・1　母子密着がもたらすアイデンティティの混乱

Ａ（仮名）は両耳聴力九〇dB以上の先天性の感音性難聴児。本人以外の家族は全員聴者。幼時より音声言語獲得を目指した言語訓練を受け、地域の普通小学校にインテグレートする。非常に利発な子どもで、かつ母親も教育熱心だったため、学習面では特に困ることはなかった。音声言語のコミュニケーション面では、発音に関しては会話中に聞き返さなければならない箇所があり、聞き取りに関してはやはり一度で間違いなく正確に理解することは困難で、確認も含め頻繁に聞き返す状態であった。しかし、素直でもあり、かつ学力優秀児であったため、周囲からは常に賞賛を浴びて育った。

地域の公立中学校に進学。学業は変わらず優秀。学年でも上位の成績を維持。ただし、学校でのコミュニケーション面では、この頃より意思疎通の不全により徐々に問題が起きていた。自負心の強さも手伝い、級友と小競り合いが生じ始める。一時期、持続的にイジメを受けていたことが後に発覚した。この深刻な事態の意味に学級担任は本質的なレベルではあまり気づいていなかったようである。周囲の無理解や差別を跳ね返す意味でも、有名高校への進学を目指し受験勉強に励む。

Aの高校進学に対しては、教科学習の個人指導にあたっていた筆者には、弱者やマイノリティを差別するような人間関係からの離脱と、彼の学力に対する自尊心がやや傲慢なものになりかけていたので、より高い学力レベル環境でそれを再度謙虚なものに向上させたいという思いがあった。

結果、地元の進学校に合格。本人も当初は嬉々として通学する。進学先が優秀校だったため誇らしげであった。しかし、学業は中学時代と異なり、いくら頑張っても中位からなかなか上昇しなかった。同級生は皆、平均的学力レベルはらくらくと越えていたからである。と同時に、この高校には質実剛健、文武両道の校風があり、多くの生徒は学業と同時にスポーツや文化部のクラブ活動に打ち込んでおり、その余裕の中で勉学もこなすのが普通であり、いわゆる「ガリ勉」タイプは少ない学校であった。誰もが勉強以外に何か得意なものや熱中しているものを持って学校生活を送っていた。

この情況をAは気にしており、何とか自分も独自の「看板」を持ちたいと模索した。それまでは、

「聞こえない」けれども「勉強ができる」ことが唯一、自分を支えるアイデンティティだったし、周囲の評価賞賛もその一点に集中していた。しかし、皮肉なことに、意識レベルの高い進学校では、「聞こえない」ことをイジメの対象にするような低次元の反応はないと同時に、それを特別扱いしたり、美化したり、憐れんだりする者もいなかったのである。つまり、「聞こえない」ことはその人を評価する際、何の関係も無い、どうでもいいことなのである。そして、さらに、「勉強ができる」ことはこの高校では当たり前のことで、何も珍しいことではなかった。そのことで目立とうとしたり、周囲の評価を得ようとしても意味がなかった。

今までのように何とかして目立ちたい、周囲の評価を得たいと思ったAは、最初、派手なファッションを装うという方略を選んだ。しかし、そのような表層的なことで周囲の評価が生じるわけもなかった。次にピアスの装用という、その高校ではある程度目立つ行為を試みたが、やはり、これも抜本的な変化を起こすには至らなかった。結局、勉学面でも、他の面でも、今まで周囲の賞賛と評価を得ていた方法はまったく通用しなくなり、「目立たない」ただの存在に甘んじなければならなくなったわけである。

この頃よりAの行動に顕著な変化が見られ始めた。物言いや仕草が目立って女性的になってきたのである。それは確かに「目立つ」行動であった。時にふざけて、時に本気で、時に自暴自棄なほど偽悪的にAは女性的な仕草や物言いを繰り返した。周囲は訝りつつ、困惑した。筆者にはAのふるまいが意図的な「演技」であることはわかっていたし、それは同性愛者に対しても失礼な行動になるから止めるよう注意したが、Aは耳を貸そうとはしなかった。

Aが自分の自負心を何とか支えるためにこのような奇妙な苦肉の方略を選択したことの背景には、少し複雑な事情がある。先にも述べたようにAは幼時より音声言語の訓練を受けてきた。口話法の言語訓練はその多くの時間を母親が文字通り口移しで一つ一つの言葉を子どもに「聞かせ」、そしてそれを「発音させ」て、粘り強く丁寧に教えていく。母親の言葉を真似しつつ、子どもは音声言語を一つずつ母親から正に「口移し」されて習得していく。気の遠くなるような根気のいる作業であり、深い愛情なしには、たとえ母親といえども、誰もが簡単に出来る対応では決してない。

そして、この言語指導を熱心に実行した親子であればあるほど、結果的に、そして必然的に母子密着にならざるを得ない。発音の仕方のみならず、口の開き方、声音、表情、視線の動かし方の癖、ことばの選び方、使い方、果ては考え方までが過度の母子密着関係の中で刻印されるように母から子へという形で模倣され、伝播していくことになる。男児であっても、場合によっては、結果的にきわめて「女性らしい」話し方をするようになることがあるのは、この独特な言語獲得情況と密接な関係がある[5]（多くの場合、たった一人で必死に育児に当たった女親は、このことにいつまでも気づかないことがある）。Aにもこの「女性らしい」話し方、身ぶりという「不自然さ」は明らかに付着していた。そして、この奇妙な不自然さという徴を彼が身に帯びていたことは、中学時代に受けたいじめ問題と決して無関係ではなかったはずである。それは成績優秀という能力と相俟って、周囲の攻撃性を誘発したのではないだろうか[6]。

聴覚口話法の中で、一生懸命ことばを覚えようと努力した結果、予想もしなかったような側面をも「習得」してしまったわけだが、無論、このことはAの責任ではない。しかし、それは特異な表象としてAを周囲から「浮いた」奇妙な存在にさせる要因として機能してしまっていたのである。そして、アイデンティティの危機に陥ったとき、Aは今まで自分を苦しめてきたその「目立つ」負の表象をむしろ逆手にとって、偽悪的、積極的に活用するという自暴自棄な方略を敢えて選択することで問題状況を打開しようと試みたのである。

女性のような物言いや身ぶりをすれば自分が周囲から奇異の目で見られることは彼には十分にわ

◆5……聴覚口話法という言語訓練法は、意図されざる結果として、極めていびつな影響を家庭に与えた。それは、まず何より、家庭における母子一体、母子密着という対面型の閉塞した関係（訓練型コミュニケーション）を否応なく要請する結果になるからである。熱心で責任感の強い母親ほどその要請を徹底的に実行する。その結果、当然、そこからは父親（夫）や兄弟（他の子ども）という家族のメンバーは排除される。排除されないにしても、軽視、後回し状態にされることが常態となる。つまり、家族間の絆に不均衡、不平等が生じる。しかし、それは「障害のある子ども（兄弟）のため仕方がないこと」として、我慢することが求められ、多くの場合、母子以外の家族は黙って耐え忍ぶ。しかし、その忍従にも限界があり、それは夫婦関係の不和、対立や他の子どもの問題行動となって表面化することも少なくない。このことを逆に言うと、密着した母子からは「いつも頑張っているのは自分たち二人だけで、他の家族はその苦労を理解してくれない」という被害的受け取りになり、家族の中でさえ孤立しているという切羽つまった思いとなる。このような分離した家族関係の中でことばの獲得が目指される結果、聞こえない子どもは母親のことばの世界の中だけで生きることになる。そこには〈父のことば〉がない。〈父のことば〉とは具体的に父親が発声する音声言語という意味だけではなく、〈父なるもの〉が象徴する「厳しさ」「規範」「社会性」といった精神的要素ということであり、母子密着した空間のみで言語獲得した子どもには、このような精神的経験が不足、欠落する。そして、その不足や欠落はその聴覚障害児の性格や思考の形成に明らかに影響を及ぼす。口話法が問い直される際、言語獲得の有効性やコミュニケーションの伝達性のみが俎上に乗りやすいが、この家族論的〈父の不在〉問題も実は非常に大きな問題であろう。聴覚障害児教育の世界ではプライバシーに対する配慮からだろうが、①聴覚障害児を持った夫婦の関係と②成人した聴覚障害者の結婚問題はタブー視され、きちんと検討されてこなかった。しかし、聴覚口話法がもたらした深刻な問題の一端は明らかにこのような家族の人間関係にもはっきり影を落としている。これからはこのような実際の側面に関しては社会学的な分析が必要だろう。そして、何より、家族の絆を不安定にするような結果をもたらす母子密着型の言語訓練を前提にしなければ成り立たないような取り組みは、やはり再検討しなければならないのではないだろうか。

かっていたはずである。それでも、自分を表す何か、自分が自分固有の存在であることを自他ともに示し得る何か、Aはそれを必死で求めたのではないだろうか。そして、今まで頼りにしてきたもの（聞こえないけれど勉強はできるという自負）が意味をなさなくなった時、混乱と焦り、そして不安の中で必死で模索した結果、自分の中に残っていたものは、皮肉なことに自分を苦しめてきたその負の徴（スティグマ）[◆7]だけだった。自己の存在意義を主張する場所をどこにも発見し得ない行きづまった情況の中で、自己に付着していた負の徴を敢えて自虐的に振り回すことしか、Aにはもはや自分を支える方略は残っていなかったのだろう。

Aは本来、非常に理性的で優しい少年だった。すべてのことはわかった上での、彼なりの必死の行動だったのだろう。筆者に対しても時折、激発して暴力的な瞳で反発してきたことが何度かあった。ある程度立ち入った関係を持ちながら、彼の思いを深く理解することのなかった人間だったからこそ、筆者に対しても強い不満を感じていたのであろう。筆者を含め周囲はAの孤立、孤独、不安、苦慮、そして苛立ちを十分に理解していたとは言い難い。彼を最後に支えたのは、結局、聞こえない仲間の存在だったようだ。

Aはその後大学に進学し、興味を持った学問領域をいかし、卒業後は社会人として立派に職務を果たしつつ誠実に生きている。

2・2　自分の世界に閉じこもった少女

B（仮名）は女子中学生だった。聴力は両耳ともに一〇〇dB以上。先天性の感音性難聴。幼稚部のみ聾学校に通い、小学校からインテグレーション。中学は中レベルの私立中高一貫校に入学。学力は中学三年間を総合首位で通すほど優秀であった。しかし、筆者が最初にBに会った時、Bはいっさい何も話さなかった。話さなかっただけでなく、表情も何ひとつ変えず、ただ前方の空虚な一点をひたすら凝視しているのである。終始そのまま。文字通り「凍りついた」ようにじっと座っているだけであった。大袈裟でなく、顔の表情が一ミリも動かないのである。時折、突然、同行した母親に一瞬発話するが、極端な早口のせいもあり、何と言っているかまったく聞き取れない。

指導開始。宙の一点を見つめたまま、雨の日も、風の日も、雪の日も、ただ押し黙って、一途に通ってくる。家庭で勉強してくるよう求めた課題は毎回完璧に丁寧にやってある。指導時、筆者が教示したことを理解したかどうか確認すると、五ミリほど微細に頷く。視線は相変わらず前方の宙を凝視したまま。対面している筆者とは絶対目を合わせない。三カ月後、ある出来事があって、

◆6……「成績が優秀なのになぜいじめられるのか」と考える人と、「成績が優秀だからいじめられるのだ」と考える人では認識の構造がまったく違っている。人間はどのようなとき、他者を排除するのだろうか。それはその人が他と異なった徴を身に帯びているときである。人より目立ってきれい、汚い、大きい、小さい、頭がいい、頭が悪い、等々。つまり、著しい違い（逸脱や過剰）がそこにある場合である。逸脱や過剰は人を不安にする。そのような情報を発信してしまう身体的文化的特徴を社会学者のゴッフマン（Goffman）は「スティグマ stigma」（聖痕）と呼んだ。スティグマは周囲の苛立ちや不満、攻撃という暴力を掻き立て、呼び込んでしまう。文化人類学者の山口昌男はそれを「ヴァルネラビリティ vulnerability」（攻撃誘発性）という概念で捉え、社会の中に見られる様々な暴力現象を分析している。スティグマを持っている者は「スケープゴート scapegoat」（犠牲の山羊）として、いじめや暴力の標的にされる。成績優秀な聴覚障害児は、この意味で「学力」と「障害」という二重のスティグマを帯びていることになる。このような人間の暴力性のメカニズムがわかっていない限り、聞こえない子どもたちが抱える複雑に屈折した実際上のトラブルの意味を理解することは困難だろう。聴覚障害児の問題を考える際、教育学的発想だけではなく、社会学や文化人類学の思考が不可欠だというのはそうした事情からである。

◆7……stigma　注6参照。

やっと少し双方向のコミュニケーションが成立するようになる。それから徐々に話を聞いていったが、Bが独自のスタイルで「自閉」するようになったのは次のような事情ゆえだったことがわかった。

小学校時代、いつも級友との会話は苦痛だった。何かを尋ねられても正確に聞き取れないので何度も尋ね直さなければならない。また、自分の発音も不明瞭で一生懸命気をつけて喋っても、相手は何度も首を傾げ、困惑する。相手に対する申し訳なさと自分自身の困惑、苛立ち。そして、何とも言えない苦しくなるほどの気まずさ。そんな状況の中、ある日、いつものように級友が休み時間に話しかけてきた。しかし、その時はどうにも気持ちが疲れきっていて、悪いと思いながら、頭をボーッとさせたまま、返事をしなかった。すると、その級友が、何か独り言のようなことを言い、「うん、わかった。それならいいよ」と特別機嫌を損ねるわけでもなく、立ち去って行った。その時、Bはハッとした。「なんだ、そうだったのか。私がいちいち何か反応するから、それを見て皆は何か語りかけてくるんだ。反応しなければ、語りかけてこないし、私もそれを聴き取ろうとして努力したり、答えようとして伝わらない発音で何回も言い直す必要もなくなる。」

Bは思いきって、もう一度、同じように無表情の顔を作り、質問を無視してみたそうである。すると、やはり相手は「仕方ない」という風情で特に怒るわけでもなく、スーッと離れて行ってしまった。それ以来、Bはどんな時にも、どこにおいても、いっさい顔にいかなる表情も浮かべないように強く意識して暮らすようになった。これがBが発見した無表情という仮面をかぶり、沈黙の壁の中に閉じこもって外界から自分を守るという独自の方略であった。

もともとBは非常に我慢強く、緻密で、冷静な性格である。学習能力もきわめて高かった。勢いBの「自閉」方略は徹底して貫徹される結果となったわけである。学校では授業時間はただひたすら前方の宙を見つめながら時間の経過に耐え、休み時間は一人で本を読む。もちろん誰も話しかけてはこない。登校してから帰宅するまで、誰とも一言も話さない日の方が多いと当時Bは語っていた。家でも夕食の時間、食べ始めは皆一緒なのだが、自分だけさっさと先に食事を済ませ、自室に戻ってしまうのが慣例だった。両親とも優しく大変思慮深い方々だったが、Bとの会話はほとんどなく、必要最低限のことを母親が伝える程度であった（これは音声言語が伝わらないということが原因でB自身が意思疎通をまったく諦めていたという事情があったことが後でわかり、手話導入という形で改善への道が開かれた。Bは父親とも母親とも本当は話をしたかったのである）。

Bは大の読書家だった。お使いを頼まれた折、通りすがりの本屋にふと入ってしまい、立ち読みに夢中になり、用件を忘れ、数時間そこに立ち続けていたということが何回かあった。それも中学になってからの話である。Bの自室は周囲の壁は床から天井までマンガと物語の書物で埋め尽されていた。漫画家志望でもあったBは、自室の壁の空きスペースに自分で描いた少女マンガを何点か飾っていたが、そのマンガは一つの例外もなく、皆、二人の人物（恋人、親友等）が並んで寄り添っている構図だった。いつも、たった一人ぼっちだったBにとっての「もう一つの世界」だったのだろう。

私立校でもあり、成績面から考えれば高等部への内部進学には何も問題はなかったが、パーソナリティ形成や自己の障害認識、そして友人がいないこと等を考慮し、高校は新たに聾学校に移ることになった。これは筆者が両親、B本人と何度もじっくり話し合った結果の選択だった。そのためには、新たに受験のための準備学習が必要になる。指導の効率をあげるために、コミュニケーション・モードとして、どうしても手話の正式な導入が必要であった。覚束ない口話（音声言語）で教科内容を理解させるには既に限界の域に達しつつあった。しかし、当初、手話と指文字の導入に対しBは激しく抵抗を示した。それはなぜだったのか。よく聞いてみると、理由はBの幼稚部時代にあった。口話教育で有名な聾学校の幼稚部で、Bは先生から「手話（の手の動き）はタコ踊りのようで見苦しいから止めなさい」と言われたとのことであった。目の前で手話を使っていた聾家庭出身の同級生が先生から叱られている所も見たそうで、真面目なBはそれ以来、手話は「恥ずかしいもの」「使ってはいけないもの」と思い込んでいたと語った。Bのその不適切な先入観を解くのにしばらく時間がかかったが、Bはまず少しずつ指文字を使うようになっていった。

そして、Bは希望していた聾学校に上位の成績で合格した。今では新しく出来た友達と手話で話しながらのびのびと高校生活を送っている。

以上、聴覚障害児の自己形成方略の基本的四類型と二つの事例をみてきたが、本論の主題を考えるために、ここで次の要点を再確認しておきたい。

（一）「成功例」の子どもたちでさえ、その根底に「わかったふり」をしてきた困惑と辛さを充分に経験していること（つまり、心の奥底には癒しがたい独自のルサンチマン[◆8]を抱えていること）。

（二）そして、それを回避するために、敢えて、ある意味できわめて偏った不自然なディスコミュニケーション状況の中で生きるという方略をとらざるを得なかったこと。この点には次の重要な意味が含まれる。つまり、インテグレーションの成功例（難聴児のエリート）は必ずしも音声言語の習得に成功したから、その結果として、言語力や学力を獲得したわけではない。音声言語のコミュニケーション面ではむしろ不全感に悩まされ続けたというのが実際である。彼らの高い日本語および英語の言語力とそれに支えられた学力は例外なく膨大な読書と作文（つまり自力学習）で培われたものである。つまり、言語の基盤は多くの場合、書記言語（文字記号を介した視覚言語）により形成されたものだった。

（三）そして、本人以外の周囲にいた親、教師、専門家（その多くは聴者）は、この事情について極めて無理解、無自覚であった。

しかし、問題はこの段階で終わるわけではない。まさにこの苦肉の方略自体が、後に、より複雑で困難なアイデンティティ問題をふたたび呼び寄せることになるのである。

3 アイデンティティの再構築方略とその問題

聴覚口話法（音声言語による日本語の獲得を目指す言語教育）を前提としたインテグレーション

◆8……ressentiment〔仏〕恨み。他者への敵意が何らかの事情で表出不能である場合、その敵意は主体内で滞留し増幅される。この滞留し増幅される敵意のこと。

教育を受けた聴覚障害児たちの中で、優秀な学業成績を獲得し得た、いわゆる「成功例」である「難聴児のエリート」は、結果として、大学（場合によっては知名度の高い有名大学）に進学することとなる。当然、周囲は賞賛と羨望の眼差しで評価する。まさに長年の努力が報われ、実を結んだかに見える状況である。苦労してきた母子にとって、たとえ聞こえない子どもであっても聴者と対等な能力を所有していることを実証できた、晴れやかな成果達成でもある。同時に、それは聴者社会への参入のための扉が開かれた瞬間でもある。

しかし、そのような外から見た「賞賛」とは裏腹に、現実の大学生活はまったく異なる様相を呈し始める。あれほど期待に胸ふくらませて入学した大学の講義はほとんどが大教室でマイクを通して（つまり音声言語で）おこなわれる。話し方も聴覚障害者への配慮などないのが普通であるし、高校のような噛んで含めるような丁寧な説明があるわけでもない。板書もキーワードのみが脈絡もなく一つ二つ書かれるだけである。大学では、教師が口頭で喋る講義内容を学生が聞き取って、それを筆記して学んでいくことが基本的な前提条件になっている。テキストが指定されている場合もあるが、それは参考程度に使われるだけで、実際の中身は講義で話されたことが中心になって進むのが一般的である。難聴児のエリートのほとんどは高校まで自力で勉強してきている。つまり、授業時間の音声による教師の説明は理解困難であるため、ほとんどは家庭における自力学習で学力をカバーしてきたというのが実情である（授業中といえども、聴覚障害児だけは別個に独自に「内職」に励み、教師はそれを黙認していたという話を筆者は何人ものインテグレーション経験者から聞いた）。教科書や参考書の「暗記」と、あとは読書により蓄積した知識が理解力の唯一の支えであった。そして、その知識を筆記試験の際、「書いて」能力提示してきたわけである。

しかし、大学においては、このような対処法はいっさい通用しない。教室に座っていても講義の内容はまったく理解できないし、自力学習でそれを補う術もない。ゼミ形式の講義の場合など、多方向から音声による意見が飛び交い、それを瞬時に聴き取り、それに対する自分の意見を提示しなければならないわけだが、聴覚障害者にはこの作業は絶望的に困難である。あるいは、最近は大学教育においても視覚教材（ビデオ等）を使うことが増えているが、字幕のないナレーション（音声言語）のみのビデオも聴覚障害者にとっては非常に理解困難なものとなる（スピーカーを通して人工的に増幅された音声は補聴器ではきわめて聞き取りにくい）。要するに、いくらやる気があっても、勉強について行くことがまったく出来なくなるのである。このことは、ある意味で、学力の提示のみを自分の存在価値の証としてきた聴覚障害児のエリートには致命的な問題になる。それは、もうどこにも自負を支える寄る辺がなくなることを意味するからである。

さらに、講義への対応という問題以外にも別の支障が生じる。大学生活においては交友関係というものが大きな意味を持つ。コンパ（呑み会）やサークル活動を通した新しい仲間との交流から若者たちは講義とはまた違った貴重な体験や出会いを重ね、人間として成長していく。その交流を形作るのは基本的に「語り合い」「お喋り」である。例えば出会いのきっかけとなるコンパなどは、騒音、雑音のるつぼと化した居酒屋等で開催されることが多い。若者たちは騒音の中から相手の声を聞き取りつつ、大声を張り上げお喋りし合い、意見を戦わせる。そこに聴覚障害学生がいたらどうなるだろうか。彼にはテーブルの真向かいにいる最も近い相手の声さえ聞き取ることが出来ないし、もちろん自分の不明瞭な発音も騒音に呑み込まれ、真横に座った友人にさえ伝わらない。一人ぽつねんと取り残されたまま、黙ってビールを呑み続けるしかない。

このような経緯を経て、徐々にエリートは自分自身に向かって懐疑の目を向けるようになる。勉強さえ頑張れば幸せになれるはずだったのではないか。読み書きの力をつけ、学力面で聴者に負けなければ、対等に扱ってもらえるはずではなかったのか。聞こえる人間と同じようになること、一歩でも聴者に近づくこと、それを目指して子どもの時から頑張ってきた。聞こえなくとも聞こう、発音しようと最大限の努力を積み重ねてきた。もし、それでも聞こえない場合は、「聞こえるふり」までしてきた。聞くことが無理なら、せめて勉強だけでも聴者に負けないよう、ただそのことだけを支えに刻苦勉励の日々だった。

しかし、やっとたどり着いた夢にまで見た大学の現実は約束されたはずのものとはあまりに違うものだった。膨大な努力の見かえりとして手にしたものは、孤立するしかないような極めて虚しい状況でしかなかった。今までの努力は一体何だったのか。支えとして信じてきた聴覚口話法とは何だったのか。そして、この自己懐疑はこのような方向へ自分を導いた親と専門家に対する痛烈な不満、不信、疑念、怒り、批判に形を変えていく◆[9]。

そして、この自信喪失、自己崩壊（アイデンティティ・クライシス）の苦しみの中で、徐々に自己形成の再構築が始まる。人間は集団の中で孤立すると、その孤立の中で、自分と同様に孤立している仲間を探そうとする。聴覚障害児のエリートも例外ではない。自分と同じような「聞こえない」人たちの集団に対し初めて興味を抱くようになる。そして、積極的にそのような集団（手話サークルや難聴者、聾者の団体）に接近、参入し始める。◆10 そこでは、聞こえない者同志が手話という共通言語を使って自由に心おきなく、そして自信を持って誇らしげに交流している。その様子を見て、苦しんできた聴覚障害児のエリートは真に安住できる「仲間」たちのいる場所を初めて発見することになる。そして、今までの自分の生き方（自己形成方略）の根源的見直し（修正）と新たな自己構築の方向づけが開始される。聞こえる人間であるかのようにふるまってきた今までの生き方、少しでも聴者に近づこうとしてきた価値観自体が根本から問い直される。そして、聞こえない自分をそのまま受け入れ、その価値を肯定的に認め、理解していく立脚点が新たに模索される。

この時点から聞こえない人間としてのアイデンティティの再構築（取り戻し）が始まる。それは具体的には手話の熱心な習得という現象として顕著に表れる。手話は聞こえない人間の言語であり、その言語を身につけることを通し、本来そうであったはずの「聞こえない自分」に戻ろうとする切実な思いがそこにはある。まして二十年近く「聞こえる人間であるかのように」ふるまうことを強要され続け、そのことで苦しみ続けてきた聴覚障害児にとって、それは「本来の自分」への必然的な回帰である。

このようにして、十代の終わりから二十代にかけて、聴覚障害児のエリートたちは自己規定に関して極めてドラスチック（根本的）な変容過程をたどる。しかし、この内面の劇は「内面」で生じ

◆9……この親への根本的な反発、不信という問題は多くの難聴児がたどる過程であり、難聴者の体験記にそれに言及した記述が散見できる。また、筆者も拙著『障害認識をめぐるお母さんとの対話』（引用・参考文献三）の中でその状況を指摘した。

◆10……この「参入」の様子を当事者の立場から記述した貴重な証言記録に大杉豊「統合教育が筆者の自己像形成に及ぼした影響——ろう者としてのポジティブ・セルフ獲得の機会剥奪——」（引用・参考文献四）がある。

る問題だけに、周囲の人間、特に聴覚口話法（音声言語中心主義の考え方）の信奉者の親や教師、専門家には、なかなか気づけないし、ましてや、その態度変更が真に意味することについてはまったく理解されない場合が多い。

そのような周囲の無理解や理解不足という問題は残しているにせよ、聴覚障害児たちはやっと本来の自分の姿を見出し、仲間たちのいる安住できる場所も発見できたわけである。これで、複雑にねじれた苦しかった旅路もやっと収束を迎えたかのように見える。しかし、現実には、聴覚障害児たちは、この後にさらに困難な問題に新たに遭遇しなければならなくなるのである。

4 「第三の世界」問題

一九九八年に開かれたトライアングル[11]（元「母と子の教室」。東京都に本部を置く民間最大の聴覚障害児教育機関）主催の専門家部会シンポジウムで「第三の世界」という問題が議論された。[12]「第三の世界」とは何か。それは次のような状況である。聴覚障害児は聞こえる人間に近づこうとして努力するが、結局、永遠に「聞こえる人間」と同じようにはなれない。かと言って、それなら、聞こえない人間（聾者）の世界に入ろうとしても、ひとたび聴覚口話法により中途半端な音声言語を母語（第一言語）として身につけてしまっている聴覚障害児にとって、手話を完全な言語（母語）として習得することは非常に困難であり、それゆえ、手話を母語として暮らしている聾者の世界にも十分に入りきれない。聴者の世界（第一の世界）にも帰属できないし、聾者の世界（第二の世界）

にも帰属しきれないので、常に中途半端な存在として、どちらつかずの「第三の世界」で境界人として生きていくしかない。このことは別な言い方をすれば、聴者の世界と聾者の世界という二つの領域に同時に足を置いているため、アイデンティティ的には常に二つの方向へ牽引され続ける「引き裂かれた」どっちつかずの状態で生きているということでもある。

しかし、この「第三の世界」問題は今になって新たに気づかれた問題では決してない。聴覚障害児教育の世界では昔から難聴児の存在をコウモリに譬えて表現することはよく見うけられた。[13] つまり、動物（聴者）にも鳥（聾者）にもなりきれない中途半端で矛盾した存在としてのコウモリ（難聴者）ということである。[14]

ここで言われている「聴者の世界に帰属できない」という問題の方は誰にも比較的理解しやすいのではないだろうか。しかし、おそらく、「聾者の世界に入れない」という問題の方は、その意味する所を正確に理解するのは（特に聴者にとっては）容易ではないだろう。同じ「聞こえない」者同士のはずの難聴者がなぜ聾者の世界に入れない（極めて入りづらい）のだろうか。この問題を真

◆11……正式団体名は「聴覚障害児と共に歩む会・トライアングル」。前身組織であった「母と子の教室」（開設一九六七年）の終了を引き継ぐかたちで、一九九三年に設立された全国最大規模の民間の聴覚障害児教育機関。その教育理念（母親法）が親や教師に及ぼした影響は極めて大きい。教育部による指導実践の他、本人部、専門家部、劇団等により構成され、活発な研究、啓蒙、広報活動がおこなわれている。

◆12……このシンポジウムでは、専門家こそがこの「第三の世界」を作ったのではなかったかという指摘が、成人した難聴児たちから痛烈な批判として提示されている。引用・参考文献五参照。

◆13……この難聴者のアイデンティティの本質的不安定さを示す「コウモリ」問題については以前、拙論「難聴児と読書」（引用・参考文献一）で触れた（本書第3章11「彼らのいる場所――難聴児と読書」参照）。また、脇中起余子「聾教育のあり方を考える――私の過去と現在を手がかりに」（引用・参考文献七）にもこの問題が取り上げられている。

に理解するためには聾者の生活世界（共同体）で使用されている手話という言語の特質を正確に理解することが必要となる。

手話と一言で言うが、手話には少なくともまったく性質を異にする二つのものが存在する。一つは日本語対応手話で、もう一つは日本手話である。日本語対応手話は基本的に音声と共に表出される。従って、音声日本語に合わせる形で（声を出して喋りながら）、それと同時に、その内容を部分的に手話単語で表わしたものである。「部分的」と言うのは、テニヲハ等の助詞は手話では表わされず、その部分は音声のみのままになるという意味である（従って、助詞が複雑な関係性を表わすような文の場合、助詞を音声で聴き取れない聞こえない人間にとっては、中途半端に提示された情報から内容を正確に理解することは非常に困難になる。単音である助詞の口形は視覚的には相互に酷似しているため、それを識別することも困難である。つまり、奇妙な言い方になるが、対応手話は声を出すこと、声を聞き取ることを前提にした手話とも言える）。ただし、日本語の文法構造にのっとり、そこに手話単語を並べていくので、（既に日本語の文法構造を習得している聴者や中途失聴者や口話法がある程度身についた難聴者にとっては）手話単語さえ覚えれば、比較的たやすく使えるようになる（とは言え、単語を覚えることだけでも、それなりに大変ではあるが）。音声と同時に使用するため「同時法手話」、あるいは、日本語の文法構造を基盤にしているため「手指日本語」（手指で表わした日本語）という別称もある。

一方、日本手話の方は、音声を伴わない手話であり、言語学的に何より重要な点は日本語とはまったく異なる独自の文法構造を持った別の自然言語であるということである。日本手話は手指動作だけでなく、同時に「非手指動作」と呼ばれる顔の様々な身体部位（眉、顎、目、唇、舌）の動きを微細に調整しつつ、それを重要な言語要素（文法標識）として使用する。これは手話言語学では「非手指動作」（ＮＭＳ non-manual signals）と呼ばれるもので、日本手話ではこの非手指動作の活用も含め、使役や受身、条件節等々、音声言語とまったく同等の複雑で精緻な言語内容を表現している。その意味において、日本手話は日本語と比較した場合においても、何ら劣ったものではないし、音声言語を補うための間に合わせ的「補助手段」などでもない。

ただし、日本手話は日本語とはまったく異なる複雑で精緻な独自の文法構造を持っているので、それを「臨界期[◆15]」を過ぎた後期学習者（レイトラナー　late learner）が習得しようとすれば大きな困難を伴う。後期学習者が日本手話の母語話者（ネイティブサイナー　native signer）と同じレベルで流暢に使用できるまでに熟達するのはほぼ不可能に近い。ここに、聾者の世界に入ろうとする際、インテグレーション教育出身の聴覚障害者（難聴者）にとって決定的な言語的「壁」が立ちはだかるのである。一生懸命、手話の学習に励んでも、聾の母語話者からみれば、それは「自分たちの言語（日本手話）をかなり流暢に話す外国人の手話」でしかないのである。「流暢」という評価はあ

◆14……「難聴」という手話単語は〈手刀〉の手形をつくり、それを自分の顔の正面につけ、下方に真っ直ぐおろすものである（図参照）。語源的には「半分」は聞こえているということを表わしているということになっているが、文字通り、自分自身を真っ二つに切り裂く様にも見えるわけで、皮肉な形で、難聴者の存在の仕方（アイデンティティのありようの複雑さ、困難さ）をも結果として示している。

くまで「外国人にしては」という条件つきの評価でしかない。自分たちと同じ聾者（言語共同体の一員）としては決して認めないのである。[16] 現在では、聾者はこのような難聴者を「インテ出身の聾者」と比較的穏やかな呼び方で表現しているが、以前は「聾者になりたがっている人たち」という皮肉を込めた意味深長な言い方で呼んでいた。この言い方には「本当の聾者でもないのに」という痛烈で複雑な思いが埋め込まれているわけである。[17]

また、この難聴者にとっての言語的「壁」の問題は、次のもう一つの重要な事柄をも示している。言語の獲得を開始する際、本来非常に習得が困難であった音声言語を最初に選択させられてしまった難聴児たちは、その目指したはずの音声言語の習得自体に大きな不全を伴い、コミュニケーション面で多くの問題を抱えている（場合によってはきわめて不完全な言語としてしか習得できず、実際の生活には使い物にならない「セミリンガル」[18] 状態の子どもも決して少なくない）。しかし、このことは、同時に、本来聞こえない子どもには自然獲得が可能であった視覚的な自然言語である手話言語の獲得の機会を、結果として意図的に奪ったということでもある。言語獲得が可能であった「臨界期」内に適切な言語環境を準備してさえいれば身につくはずだった唯一のことば（手話）を剥奪してしまったのである。非常に獲得しにくい不適切な言語のみを乳幼児期から押しつけられ、その結果、言語力、学力、思考力を十分に伸ばせず、感情や精神発達面においても大きな苦しみを抱え込む子どもたち。そのことに対する人道的責任は想像以上に大きい。社会学や障害学、生命倫理学の観点から考えると、聴覚口話法の問題性は単に教育技術上の問題だけではなく、「言語政策」にも関連した明らかな人権問題だろう。今もって聴覚口話法（音声言語中心主義）を無自覚に支持する親や教師、専門家はこの点をどう考えているのだろうか。[19]

いずれにせよ、事実として、難聴児たちは乳幼児期の最初に聴覚口話法で音声言語を母語として習得するよう指導されてきた。そして、その日本語の文法構造を誰よりもしっかり身につけ、それを基盤に高いレベルの（聴者と比べても何ら遜色の無い、あるいはそれ以上の優れた）読み書き能

◆15……言語獲得の臨界期（critical period of language acquisition）。レネバーグ（Lenneberg, E.H.）はダウン症候群の子どもの言語発達の追跡的研究から、言語は一二歳から一三歳頃までに獲得できなければ、その後の発達は期待できないとし、言語獲得には臨界期という時間的制限があると主張した。ただし、臨界期の時期に関しては、レネバーグはダウン症児を対象にしており、脳に障害を持たない聴覚障害児の場合には、そのまま適用できないとする意見もある。また、臨界期を六歳前後に想定する研究者もいる。いずれにせよ、ある一定年齢を過ぎた後で、その言語を学習しても、それを母語話者のようなネイティブな言語にすることは非常に困難だということは私たちも経験知で感じていることであろう。私たち日本人は英語の［r］と［l］の音を聞き分けることにも、発音し分けることにも困難を感じる。これは日本語という音声言語ではその識別を必要としないためで、臨界期内に私たちの脳がその要請に順応した結果である。臨界期を過ぎていくら［r］と［l］という違う音を聞いても、それを別のものとしてはなかなか認識できないし、発音し分けることもできない（引用・参考文献八参照）。

◆16……木村晴美「ろう学校のリアリティ」（引用・参考文献一〇）の中に「インテ出身のろう者」という表現がある。ただし、本資料はインタビュー（聞き手・金澤貴之）であり、その【補足】部分における記述である。文責が誰かは記されていないので、記述者が木村（聾者）か金澤（聴者）かは定かではない。また、難聴者や中途失聴者が聾者の共同体へ「参入」する際に生じる問題については木村晴美・長谷川洋・上農正剛「ろう者とは誰か／手話は誰のものか」（引用・参考文献一三）で議論されている。

◆17……難聴者（厳密に言えば、インテグレーション教育や口話法教育を受けた結果、聾者の行動形態や手話言語を十分に身につけていない聴覚障害者）が聾者（手話言語の母語話者）の共同体に入ろうとした場合、当の聾者たちはその難聴者をどのように見て、どのように受け入れるか、受け入れないかという実際上の問題がある。取り立てて問題にせず、遅れてやってきた「仲間」として（場合によっては同情しながら）歓迎する場合、困惑しながら警戒しつつ様子を見る場合、はっきりと「参入」を拒む場合、様々のようである。また、政治的な配慮から、表面上は「参入」を友好的に認めた形を取りながら、親密な付き合いの輪には決して入れないという複雑な様相を帯びる場合もある。

力を習得したのが正に難聴児のエリートたちなのである。つまり、難聴児のエリートたちは基本的に日本語で考えているということである。彼らの思考言語はまぎれもなく日本語（厳密に言うなら、音声日本語ではなく書記日本語）なのである。そのため、日本手話に習熟しようとしても、どうしても日本語を基盤とした対応手話的な手話になりがちになる。その点を聾者から指摘され、それを理由に「身内」ではなく、あくまで「部外者」「よそ者」「新規参入者」として扱われるのである。たとえ、聾者の世界の片隅にかろうじて何とか居場所を見出したとしても、それは、かつて聴者の世界でインテグレーション教育を受けていた時がそうであったように、肩身の狭い、消え入るような危うい場所でしかない。インテグレーションの世界では、難聴者は一生懸命努力したにもかかわらず聴者とは決して「対等」になれなかった。しかし、やっと新たに見出した聾者の世界においても、たとえどれだけ手話を学び、聾者になりきろうと頑張っても、決して聾者と「対等」になることはできないという辛さに改めて直面せざるを得なくなる。インテグレーションの世界で拒絶排除され、そして、今度は、ふたたび聾者の世界でも拒絶排除されるという二重の辛さを難聴者は味わうことになる。

さらに、難聴者（特にエリートの難聴者）が聾者の世界に入ることを困難にしている要因は手話の問題だけではない。難聴児のエリートは高学歴、高学力という条件を備えている。日本語の読み書きもさることながら、ほとんどの場合、英語の読み書きに関しても平均以上の能力を持っている場合が多い。当然、その能力を活用し、書物からの情報収集力も豊富であり、聴者との交渉事も書面（書記日本語）により自由にできる。また、そのことにより、聴者の世界ではある一定の発言権や存在意義、実務能力を認められたりする。つまり、難聴児のエリートは明らかに社会学者ブルデュー（Bourdieu）[20]が言う〈言語資本〉[21]を所有していると言える。[22]そして、この難聴児エリートの「能力」は聾者の共同体から見れば、ある意味で、「脅威」となる。聾者は聴者社会から様々な無理解、理不尽な対応、差別、抑圧を受けてきているので、自分たちの共同体だけは外（聴者）からのコントロールを受けずに、独自に自尊心を持って自分たちで運営したいと願っている。そして、その共

◆18……semilingual　半言語状態。どの言語も中途半端にしか身についていない状態。音声言語も十分に聞き取れず、発音も不明瞭で学校や職場では公式には通じない。かと言って手話もきちんと出来ないし、読み書きの能力も低レベルで、「これだったら大丈夫」というしっかりした言語が一つも習得できていない状況を指す。

◆19……二〇〇三年五月二七日、聾学校に通う子どもと親計一〇七人が「聾学校で手話を使える教員が少ないことが、子どもの学習の発展を遅らせている」として、手話による授業の実施等を求めて日弁連（日本弁護士連合会）に人権救済の申し立てをおこなった。聾学校の公教育に対して法的手続きを通して正式に異議申し立てが初めて提示されたこと。そして、それが「人権」救済の申し立てであったことが注目される。

◆20……Pierre Bourdieu（一九三〇～二〇〇二）フランスの社会学者。主著『再生産』藤原書店（一九九一）、『ディスタンクシオン』藤原書店（一九九〇）、『実践感覚』みすず書房（一九八八）等。植民地アルジェリアの文化人類学的研究から出発し、その後、フランスの社会、教育システムを対象に独自の構造分析を試みた。「界」「実践」「再生産」「ハビトゥス」等の重要な社会学的鍵概念を提示している。

◆21……capital linguistique　説明は注22参照。

◆22……ブルデューは〈言語資本〉を含めた学力、学歴、教養、知識等の〈文化資本〉自体が社会の限定階層の中で「親から子へ」という単位で教育システムを介して受け渡されていき、権威、権力が常に「再生産」される過程と構造を分析した（引用・参考文献一一、一二）。〈言語資本〉は様々な文化資本を支える基盤資源として重要で決定的な意味を持つ。そのことを踏まえた上で、優れた読み書き能力（リテラシー）を持つ「聞こえない人間」である難聴児のエリートという問題、さらに、そのことに対し本質的な関係を持つ手話言語の問題を検討する必要がある。聴覚障害児が実社会で生活する際、その「言語能力」は実際どのように機能しているのか、していないのかを具体的に評価するためにも、この〈言語資本〉という観点は重要な示唆をあたえるだろう。ブルデューによれば、〈言語資本〉は言語の〈利潤〉を生むわけだが、聴覚障害児にとって、音声言語、書記言語、手話言語のそれぞれがもたらす〈利潤〉とは具体的に一体何なのか。その厳密な検討が何より必要だろう。

同体の運営は手話という言語による意思疎通で支えられている。そこに、手話は覚束ないが豊富な知識や学力を持った難聴者が入ってきたらどうなるだろうか。その難聴者が対応手話を使いながら、聾者の知識不足を批判したりするようなとんでもない勘違いをした「聴者もどきの傲慢で無神経な難聴者」であったりすれば、それは聾者の共同体にとってはただ迷惑なだけの話ということになる。場合によっては、聴者流の価値観を無自覚に持ち込まれるという面では、それは明らかに「抑圧」となる。[23] 聾者の世界には「ふるまい」や「つきあい方」に関する独自の聾文化（生活・行動様式）があるが、成人してから聾者社会に参入した難聴者にはこれらの聾文化が身についていない場合も多い。この意味からも、当然、聾者たちは難聴のエリートの参入に懐疑的、警戒的、拒絶的にならざるを得ない面がある。

聴者の世界で評価され、そこで生き延びていくために必死で身につけたものであり、そして何より自分自身のアイデンティティの唯一の拠り所であった学歴や学力、あるいは〈言語資本〉というものが、皮肉にも、聾者の世界に入ろうとするときには、負の徴（スティグマ）として拒絶、排除を呼び起こす標識になってしまうのである。[24]

このような状況の中で、それでも聾者の世界に自分の場所を見出そうとするならば、難聴者は自分の存在の仕方自体に自信を失わざるを得なくなる。そして、むしろ自己卑下的セルフイメージを産出しなければならなくなる。つまり、自分の「聞こえない人間」としての在り方は「不完全で、不自然で、間違ったものだった」という否定的自己規定である。場合によっては、「自分のようには育てないで欲しい」という否定的自己言及にさえなる。同時に、それは、自分の存在を否定してみせることで、批判的な聾者の世界にかろうじて自分の場所を確保するという屈折した生き方である。

自己卑下、自己否定という内面の否定的エネルギーはこうしていつまでも消えることがない。どこにいても決して本当には「理解されない」辛さと、それがどのような「理解のされなさ」なのかが理解してもらえない二重の深い辛さがここにはある。その「理解されなさ」がいかほどのものか、難聴者のどんな気持ち（苦しみ）が「理解されないのか」を端的に表す事象がある。それは難聴児たちが成人した後になっても見る「夢」の話である。

【資料二】「夫には、自分が幼稚園から高校までのインテグレーションで経験したことを洗いざらい話して聞いてもらった。そして、「そのつらさを強さに変えて乗り越えてゆこうよ」と言ってくれた。けれど、そんなに幸せなはずなのに、それでも時々夢を見て、夜中に目が覚める時がある。ほおを

◆23……この種の「抑圧」が具体的にどのようなものとして機能するのかについては、引用・参考文献一三の中の木村晴美の発言参照。抑圧という問題を考えるとき、少なくとも重要な点が二つある。「抑圧」という関係は、「抑圧」している者には、それが「抑圧」となっていることがなかなか理解できないという構造を持っているという点。「抑圧」という問題（苦痛）は「抑圧」されている者にしか見えない。もう一つは、「それは抑圧を感じている方の思い込みではないか」という反論が比較的無自覚に言われることが少なくないという点。しかし、「抑圧」を受ける者にとって、それは決してそのような「感情」的反応なのではない。「抑圧」は不当な対応により、権利や能力行使時に明らかな損失・不利益を強いられるという具体的で実際的な問題なのである。

◆24……筆者は以前、ある聾者（両親聾）から次のような話を聞いたことがある。その人は大学を卒業していたが、それを聾者の世界ではずっと隠していたというのである。なぜなら、大学卒であることが知れると、仲間の聾者からは「あなたは聴者（あるいは難聴者）なの？」と訝しがられるか、場合によってはよそよそしい目でみられることがあるからとのことだった。高学歴という徴は聾者社会では、このような差異を示すスティグマとして機能する面があった。若い聾者たちが通信制大学で学ぶという方法を活用するようになったのは近年の新しい傾向である。

涙がつたっているときがある。みんなでチームを組んで勉強したり、ゲームをしたりする時、よく一人たりなくて、仲間はずれになる時があった。何をするのものろいのだ。先生の言っていることを理解するのに他の子の二倍は時間がかかる。やっとわかった時にはもう他の子たちはすでに仲間を組んでいるのだ。そんなエピソードや、しぐさ一つとっていじめられた小・中学校時代は決して忘れることのできるものではない。小・中学校時代の同級生の顔かたちまではっきり夢に出てくる。自分の心が弱いのかもしれない。けれど、もう何年も前のことをそうやって夢に出てくるのだから、これを今流行の専門用語で言えば、PTSD（心的外傷後ストレス障害）ということになるのかもしれない。夢は夢だけれど、それはやっぱり現実。（中略――上農）けれど、なぜ、こうして幸せになってまで、夢にまで、このとき、あのときのくやしかった自分、さみしかった自分が何度もフラッシュバックしてくるのだろうか。聴覚障害児をインテグレーションさせるということは、そのような重い荷物と一般の児童と同じに学業がついていけることとの引き替えなのかもしれない。では、はたしてその親や専門家は、本人がこうした「重い荷物」を背負っているということを、いったいどれだけ理解しているのだろうか。◆25」

【資料二】「私はよく夢を見るのであるが、高校時代までは、同じようなパターンの夢が多かった。つまり、誰かに追いかけ回され、逃げ続ける夢などである。ところが、大学に入って何年かしてからのこと、私はまた夢の中で誰かに追いかけられていた。よく見ると、追いかけているのは、幼稚部か小学校の時のある先生（先生、すみません）であり、同級の友人たちも一緒に逃げまどっているのであった。私も一生懸命逃げていたが、ふと「なんでこんなに逃げてばかりなの」と思い、「みんな、なんでそんなに逃げてばかりなの」と聞くと、皆「だって、こわいんだもん」と言うのであった。それを聞いて、私はなぜか腹が立ち、「みんなやらないんなら私がやる」と言って、何かを手に持ってその追っ手に立ち向かったのであった。結果はどうなったのかは曖昧なまま、目が覚めてしまったが、その時「私はやったんだ」と思ったことを覚えている。その後、ふと気がつくと、誰かに追いかけられている夢を頻繁に見なくなったのであった。けれども、今でも時々見る夢の一つに、「健聴の友人を作らないとあかんよ」と言われる夢、小学校の時の健聴の友人の中にどのように入っていけばよいか苦労する夢が残っている。このような夢は見ていてよい気持ちになれないが、どうしたら見なくなるようになるのだろうか。「健聴の友人ができることになんでそんなにこだわるんや」とか「健聴の友人が少なくて何が悪い」とタンカを切る夢を一度見たいものである。」◆26

これらはまったく別々の時期、別々の場所に発表された文章の中から引用した「夢」の話である。この「夢」の語り手は共に聴覚障害者であり、かつ有名国立大学で学んだ正にインテグレーションの「成功例」である。単純な人であれば、それだけを取り上げて、間違いなく賞賛と羨望の対象にするケースだろう。しかし、二人の「夢」が語っていることの「意味」は、そのような「単純な賞賛」とはまったく無縁の所で、しかし、厳然と成立しているのではないだろうか。「聞こえること」を求められた幼児期の記憶、その際の「苦しみ」がその子どもにとってどれほどのものだったか。そして、その「苦しみ」の記憶はその後何十年もその人をどこまでも捉え続けるという苛酷さを、こ

◆25……中野聡子「インテグレーションのリアリティ」(引用・参考文献九)
◆26……脇中起余子「聴覚障害児における一貫性を考える——聴覚障害者の立場から」(引用・参考文献六)

の二つの「夢」の事例は如実に物語っている。と同時に、ここでもやはり、私たちがこのような根源的な問題があること自体に、ほとんど何の自覚も認識も持たないままであり続けているという事実を改めて再確認させられるのではないだろうか。そのような無自覚な人間に向かって、おそらく、この「夢」を見た二人は問うだろう。「あなたはこのような夢を見続けて、苦しんだことがあるか」と。◆27

インテグレーションの成功例として周囲から賞賛され、羨望の的になっていた難聴児のエリートたちは、実はこのような困難な場所で自己の再構築を模索している。表面的な「成功」を鵜呑みにするのではなく、このように複雑にねじれた自己形成を子どもたちにもたらしたインテグレーション教育、ならびに音声言語を絶対視した聴覚口話法という従来の取り組みは、障害認識という根源的な観点から見ても、抜本的な再検討を受ける必要があるだろう。

5 今後の課題

以前、本論で述べたような問題提起の一部分を別の論文で提示したが、それを指してある聴覚障害者から「非フレンドリー」だという表現で間接的に非難されたことがあった。その人の見識には筆者はかねてより敬意を抱いていたので、非難されたことは残念であったが、その非難の理由もおおむね想像がつくような気がした。難聴児のエリート本人にしてみれば、時々の段階で苦しい状況を必死で生き抜いてきたというのが事実であろう。たとえ、それが後で振り返った時、どのように矛盾や問題を孕んだものであれ、当事者は「その時」を生きるしかなかったはずである。

また、その選択が不自然さを含んだものであっても、それは致し方なかったことであり、少なくとも本人にどうにか出来たわけでもなかったという意味で、不可抗力の事態であったに違いない（インテグレーションであれ、聴覚口話法であれ、それを選択したのはほとんどの場合、親であって、本人ではない）◆28。それを他人であり、かつそのような苦労とは無縁の聴者である筆者が勝手に「分析」した「冷たい」「無責任」な態度が反発を呼び起こしたのであろう。それは確かに苦しんできた難聴者の傷口を改めてこじ開けるような非礼な行為にうつるかもしれない。「非フレンドリー」という表現にその反発の気持ちが込められているような気がする。

しかし、筆者がこのインテグレーションの成功例（難聴児のエリート）の問題にこだわり続けてきたのは、単なる「冷たい」「無責任」な興味からではないし、もちろんエリートの生き方を批判するためでもない。話はむしろ逆である。筆者には直接指導した聴覚障害児の中に「成功例」と見

◆27……このようなエリート自身によるインテグレーション教育や口話法（音声言語絶対主義）に対する批判（問題点の指摘）は、しかし、なかなか聞き入れられないのが現実である。このような実体験を踏まえた「実証的」な意見に対し、よく提示される反論がある。それは次のような指摘である。「そのように立派な論理とことばで自己分析できるのは、あなたがインテグレーション教育や口話法の言語訓練を受けたおかげではないのか。」エリートが自分が経験した苦しみを語れば語るほど、聴覚口話法の「成果」を逆に証明してしまうという奇妙で皮肉な論理がここにある。「同じことは繰り返して欲しくない」とエリートが語れば語るほど、望んでいない逆の効果（正当化の役割）を自らが演じてしまうという矛盾に絡めとられていく。そして、そのことに気づいたエリートは嫌気がさし、いつしか口を閉ざすようになる。それでも何人かのエリートたちは自分の歩んできた過程とその問題点を誠実に報告してくれている。エリートである以上、誇らしい面だけに光を当てて自己顕示することも決して不可能ではないにもかかわらず、彼らが敢えて自らの負の側面を明示してくれているのはなぜなのか。揚げ足を取るような小賢しい反論をする前に、私たちはそのことの意味を熟考するべきではないだろうか。

なされるような難聴児たちが何人もいるし、また親しくつきあい、心から尊敬しているインテグレーション出身の成人聴覚障害者の知人もいる。これらの人々は今もまだ自らのアイデンティティ確立に関し、ある意味で苦しみつつ誠実に模索し続けている。

そこで筆者は問いたい。このように苦しみ、悩んできた難聴者たちは、やはり聾者の世界か聴者の世界かという二分法の中で今後もずっと苦しみ迷い続けなければならないのだろうかと。「第三の世界」は本当にそれほど意味の無い、虚しい場所なのだろうか。無論、帰属集団を欲するという人間の本性から言えば、安定した形でそれを既に持っている聴者の筆者が、「第三の世界」という不安定で未だ非公認の場所を意味あるものとして捉えようとするのは二重にも三重にも他人事の域を出ない無神経な越権行為かもしれない。しかし、事実として、その「第三の場所」で生きている難聴者は既に現存しているのではないか。そして、その数は決して少なくないはずである。聾者が自らの言語と文化に誇りをもって生きていくのは、それはそれでいい。日本手話と聾文化の存在価値については、それを認め、尊重していくというのが筆者の基本的態度である。しかし、そうはなれなかった、異なる生き方で事実生きてきた難聴者には、その生の在り方を肯定できる難聴者独自の自己形成方略があってもいいのではないだろうか◆29。

たとえ、それがある角度から見た場合、いかほどの矛盾や問題を含んだものであっても、それでもなお、それごと包括して肯定できるような自己承認の視点が準備されるべきではないだろうか。どのような生の形であれ、それが人間のものである限り、元来、そこには必ずや矛盾や困難が本質的な形で内包されているのではないか。

そのためにも「難聴者」としての生き方、自己形成のプロセスに内在している問題をこそ厳密に再確認、再検討する必要がある。インテグレーションの成功例が象徴的に照らし出す諸問題は、それ自体、複雑に入り組んでいる上に最も困難な局面を示している。しかし、だからこそ、それは逆に難聴者という生き方を、それ自体、独自のものとして肯定する考え方を模索するための根源的な

◆28……「自己決定」や「自由意思の尊重」ということがよく言われるが、そこには「しっかりした決定が下せるだけの十分な情報が事前に与えられている」という前提条件が満たされていなければならない。さらに、その上でその個人に情況を判断する最低十分な判断力があるかという問題まで射程に入れると、問題はただちに複雑な様相を帯びだす。まして、聴覚障害児教育の世界においては、その主体が子どもであることを考えると、どのような教育法や言語を選択するかを子ども本人が「自己決定」することは現実的に極めて困難である。例えば、「小学高学年くらいであれば、自己決定が可能だろう」という意見も目にするが、それは、あくまで決定する事項次第であり（つまり、決定可能なものと不可能なものがあるだろう）、「その子に事前情報に対する最低限の理解力とそれを判断する思考力があれば」という条件つき、つまり「個人差」という厄介な問題も出てくる。さらには、その子の理解力や判断力そのものを誰が、どのような方法で評価、判断するのかという問題もある。このような困難な情況の中で、親は子ども本人に成り代わって何らかの選択をするという大きな責任を負わなければならない。そして、その親の決定に直接的影響を及ぼす専門家（耳鼻科医、ST、教師）の責任も同じ重みで生じる。一方でまったく異なる発想からの提案もある。ある手話言語学の研究者から次のような意見を聞いたことがある。二つの部屋を用意し、一つの部屋の中では音声言語で子どもたちが遊んでいる。もう一つの部屋では手話を使用して子どもたちが遊んでいる。この二つの部屋を自由に見させて、どちらの部屋に聞こえない子どもが入っていくか任せてみたらどうかというのである。確かに、一見ふざけた乱暴な冗談のようにも思える話だが、この提案の意味するところは意外と深いかもしれない。この情況を見て、小児が示す「判断」には十分に認知科学的な意味があるだろう。あなたには赤ちゃんがハイハイしながら、どちらの部屋のドアを入っていく姿が想像されるだろうか。

◆29……もし、難聴者という独自の境界的アイデンティティを構築するのではないとすると、原理的には聴者か聾者のいずれかの場所に吸収、同化されざるを得なくなってくる。しかし、それは同時に、先住者からは「永遠の異邦人」「永遠の新参者」という形でしか認められないということでもある。それでも、やはり本来の「約束の地」に帰還しようとするか、あるいは、敢えて聴者と聾者の狭間の不安定な境界線上で生き続けるか、文字通り、アイデンティティに関する本質的問題である。

示唆を含んでいる。私たちがこの問題を現実に即して冷静に直視したときに、それは初めて有意義な資産となり得るのではないだろうか。

そして、もう一つの根本的な課題として、やはり、従来のようなインテグレーション、あるいは音声言語中心の聴覚口話法を今後も続けていくことが果たして適切なのかという根源的な問題がやはり改めて問われなければならないだろう。

しかし、この二つの課題はある意味で互いを打ち消し合うように矛盾している面を持っている。矛盾を内包している難聴者という生き方自体を肯定的に価値づけようとする試みと、その再生産の問題性を根源的に再考しようとする態度と。◆30

私たちが現在直面している状況は、実はこのように極めて複雑で困難な事態なのである。その現実的矛盾とねじれに対して、焦らず、粘り強く、あくまで現実的に対応していくことこそが求められているのではないだろうか。

引用・参考文献

(一) 上農正剛（一九九四）「難聴児と読書」『東京都難聴児福祉講座講演集』東京都難聴児を持つ親の会

(二) 上農正剛（一九九七、一九九八）「インテグレーションの現状と課題」『べる』九八、九九号　全国難聴児を持つ親の会

(三) 上農正剛（一九九六）「聴覚障害児の理解のために第二三集――障害認識をめぐるお母さんとの対話」全国難聴児を持つ親の会

(四) 大杉豊（一九九九）「統合教育が筆者の自己像形成に及ぼした影響――ろう者としてのポジティブ・セルフ獲得の機会剥奪――」SNEジャーナル四　文理閣

(五)「第二回トライアングル早期教育公開シンポジウム――両親への援助」（一九九八）聴覚障害児と共に歩む会・トライ

アングル専門家部会

（六）野村庄吾『障害児教育入門』（一九九六）岩波書店より転載（七二〜七三頁）。初出は、脇中起余子（一九九二）「聴覚障害児教育における一貫性を考える――聴覚障害者の立場から」（ろう教育科学会、第三三回大会シンポジウム）「ろう教育科学」第三三巻四号

（七）脇中起余子（一九九四）「聾教育のあり方を考える――私の過去と現在を手がかりに」「障害者問題研究」第二一巻四号

（八）レネバーグ、E．H（一九七四）『言語の生物学的基礎』大修館書店

（九）中野聡子（二〇〇一）「インテグレーションのリアリティ」金澤貴之（編著）『聾教育の脱構築』明石書店（三二二〜三二三頁）

（一〇）木村晴美（二〇〇一）「ろう学校のリアリティ」金澤貴之（編著）前掲書三一九頁

（一一）ブルデュー、ピエール（一九九一）『再生産』藤原書店

（一二）ブルデュー、ピエール（一九九一）『社会学の社会学』藤原書店

（一三）木村晴美・長谷川洋・上農正剛（二〇〇〇）「ろう者とは誰か／手話は誰のものか」現代思想編集部編『ろう文化』青土社

◆30……筆者は聾学校で仕事をされているある聴覚障害教員の方から次のような「悩み」を聞いたことがある。インテグレーション教育を受けた自分の苦しかった体験から、教え子の親たちには早期の手話導入の必要を説くのだが、親たちの反応は「そうは言うけれど、先生はインテ出身で、手話は大学になってから身につけたのでしょう。インテ教育のおかげで声で話すことも出来る。日本語の読み書きもきちんと習得し、大学も出ている。その上で手話も出来る。我家の子どもも先生と同じようになって欲しい。だから、今は手話より先に発音に力を入れて欲しい。手話は後からでいいです」。その先生は「自分の存在自体が何より自分の主張を裏切っていて矛盾しているため、親に対して説得力を持たないのです」と困惑されていた。

3

聾学校の在籍生徒数はなぜ減ったのか？

●講演日時／一九九八年八月一日
主催／全国聴覚障害教職員連絡協議会
●発表原稿（未刊行）に加筆修正／二〇〇三年五月

このパネルディスカッションにおける私の基調発表の役割について、コーディネーターの前田浩先生◆1から「就学前から高校卒業までの聞こえない子どもを継続的に個人指導しているという特殊な立場から、現在の聴覚障害児教育について考えていることや問題に感じていることを遠慮なくはっきり問題提起してもらいたい」という指示を事前にいただいています。ですから、私の責任は、出来るだけパネラーとフロアの皆様とが深く噛み合った議論が出来るような、より本質的問題を明確に提出することにあると思います。

問題提起したい事柄、聾学校の先生方に是非検討していただきたい問題はいくつかありますが、時間の制限もありますので、今回はまず「聾学校の在籍生徒数はなぜ減ったのか」という現実的な問題を敢えて単刀直入に設定させていただきました。そして、その問題の中にある具体的状況を整理することで、そこに含まれている本質的問題について考えてみたいと思います。

理由ははっきりしていたのではなかったか

「聾学校の在籍生徒数はなぜ減ったのか」、この問いに答えることは、ある意味で、非常に簡単です。それは、聞こえない子どもを持った親たちが聾学校を選択しなくなったからです。つまり、「親たちはなぜ聾学校を選ばなくなったのか」という問題がここにあるわけです。

今回二つの資料を持ってきました。先週、名古屋で「第一〇回ろう教育を考える全国討論集会」がありました。私は統合教育の分科会の企画担当者と共同研究者を兼任しました。今回は分科会独自の資料も作ったのですが、その中に第九回までの討論集会でインテグレーションについて、どのような議論が重ねられて来たのかをまとめた資料があります。それと、もう一つは、今回の分科会で、ある聾者の母親が聾学校に対して示した具体的要望があります。この母親は、聞こえない自分の子どもを最初聾学校の幼稚部に入れたのですが、口話法、特にキュードスピーチの使用と、それからデフファミリーに対する格差のある対応に抵抗を感じ、敢えてインテグレーションを選び直した親です。

まず、この母親の言葉から紹介させてもらいます。原文のまま紹介します。

このままでは、聾学校の生徒数が減って、将来、廃校になるおそれがありますので、聾教育の見

◆1……全国聴覚障害教職員連絡協議会（一九九八年当時の名称。現・全国聴覚障害教職員協議会）会長（現職）、大阪市立ろう学校教員。

直しが必要です。

・聾学校に手話教育を取り入れて欲しい。
・聾の先生を増やして欲しい。
・発音・聴能訓練より、日本語の読み書きを教えてもらいたい。
・聾学校の先生、聞こえる親は、聾文化を学んで手話に対して取り組んで欲しい。

非常に端的で明解な要望です。それだけに、同時に、問題点もはっきり映し出されています。私は個人的に特に三番目の日本語の読み書きが要望されている点に注目しました。

それから、九年間の討論集会で語られた聾学校に対する問題点ですが、これはいろいろな意見をまとめ、整理したものですから、要点が多少分散している面もあります。本質的な議論をするために、私なりに論点を整理して、まとめ直してみました。それが次の一覧です。

親はなぜ聾学校を選ばないのか（インテグレーションを選んだ親の言い分）

①勉強が学年に対応していないという問題

（一）学力差・言語力差のある生徒に対する対応が曖昧。
（二）一斉授業にこだわりすぎているのではないか？
（三）低い方に合わせるため、力のある子は待っていなければならないので伸びない。
（四）指導スピードが停滞し過ぎている。適切な解決策はないのか？

（五）習熟度別編成授業に対して消極的なのはなぜなのか？

②書記日本語（読み・書き能力）の指導が不徹底

例えば、助詞の未習得、複雑な文章・会話の理解困難問題が解決されていない。

原因としては、

（一）聴覚口話法だけを絶対化しているからではないのか？

（二）指導技術の未熟さという問題があるのではないか？

国語読解指導、日記・作文指導は適切で徹底しているか？

手話と書記日本語の結びつけ（橋渡し）の指導技術は？

③小集団ゆえの社会的孤立という問題（親から見た場合の心配事）

（一）「社会性」（常識）が身に付かない。

（二）（結果として）分離／隔離教育への不満・拒否となり、「みんな一緒」が当然という考えに落ち着いてしまう→差異の否定。

「同質」状態の絶対化→「正常化論」的発想→障害認識の問題。

④手話が使われていない→わかりやすい授業とアイデンティティ形成の不成立

⑤障害認識の指導理念が不十分

（一）（その結果として）「インテグレーションのための予備校」化する聾学校という状況。

（二）「優秀な子どもはインテグレーションして出ていき、駄目な子だけが残る」という意識の形成。

（三）劣等意識と、インテグレーション組に対する感情的反目。

（四）養護訓練の中身（相変わらずの発音訓練や聴能訓練主体の取り組み）。聞こえない先生が少ない（ロールモデルの不在）。

⑥遠距離通学の負担↓さまざまな事情がある

これらの個々の問題をどう考えるかという議論をしていただいても構いませんが、私個人としては、特に次の二点について、是非、現場の先生方のお考えを聞かせていただきたいと思います。

（一）なぜ勉強が在籍学年に対応しないのか（遅れる理由は何か）。

この問題は以前から指摘され続けていますが、一向に改善されません。実際、先生方はこの問題について、どう考えていらっしゃるのでしょうか？

（二）学力保障についてどう考えているのか。

学力保障という本質問題

学力の問題に対し、聾学校の先生方がよく言われることばに、「学力と言語力はまた別の問題だ」ということがあります。しかし、この考えこそが、聾学校の低学力、書記日本語の習得不足を生んできた最も根本的な原因なのではないでしょうか。また、この腰の引けた学力観こそが、現状を黙認するための言い訳になってきたのではないかと私は考えています。しかし、実際は、学力と言語力と、さらには思考力という三つの要素は本質的に一繋がりに繋がっている問題ではないのでしょうか。書記日本語力（読み・書きの実践的能力）の習得という点が最も不徹底になっている現状も、「言語力」に対する考え方に根本的な問題があるからではないかと私は思います。

また、「学力だけが子どもの能力ではない」といった中途半端な心情的「学力」批判や、「ことばよりも心だ」、「他人を思いやる優しさこそが重要だ」、「ことばの前にコミュニケーションできる力の方が大事だ」といった意見も、今一度、その意味を厳密に再検討してみる必要があります。学力という問題をもし否定するなり、軽視するなら、その根拠をはっきり説明してもらわなくてはなりません。

そのような先生方は、ご自分は大学卒業という学歴を持ち、その学歴と資格を活用し、教員という職業に就き、給料をもらって生活していらっしゃいます。その現実があるにもかかわらず、聞こえない子どもたちにはきちんとした学力を保障できていない状況を、どのようなことばで正当化されるのでしょうか。自分たちは学力を生活の糧にしたが、聴覚障害児は「聞こえないのだから低学力であっても仕方がない」というのが本音なのでしょうか。

また、「心」や「優しさ」、「コミュニケーション」という誰もがすぐにひれ伏してしまう錦の御旗も、実際、現実の生活の中でどのように機能しているのか、いないのか、現実の中での具体的状況を厳密に検証する必要があります。そのような曖昧な心情的教育観が、何の問題もなく、何の批判も受けずに、そのまま通るのは、おそらく幼稚部や小学校の低学年の間だけではないでしょうか。

そして、学力の問題について、もう一点、大事なことがあります。聞こえない子どもたちが教科学習することの意味は何なのか。勉強すると、聞こえない子どもたちにはどのような得（利益）があるのか。なぜ、聞こえない子どもたちは勉強しなければならないのか。この根本的な学習目的について、聾学校の先生方はどう考えておられるのか、お考えを聞かせていただければと思います。

私が学力問題にこだわるのは、それが「言語力」の問題に繋がっているからであり、そのことは、さらに「思考力」の問題に繋がっていると考えるからです。そして、聞こえない子どもたちが、〈障害〉ということばで名指しされる自らの身体状況の意味と価値について深く考えようとする時、必ず、この「言語力」と「思考力」が道具として必要になるからです。しっかりした「言語力」と論理的な「思考力」という支え無しには、「障害認識」という異文化理解、他者理解を含んだ思考を組み立てることは出来ません。また、しっかりした「思考力」とそれを外に向かって表す「言語力」は、聞こえない子どもたちが様々な差別や偏見、理不尽な対応から自分を守る時に絶対必要な精神の武器です。

聞こえない子どもたちが自分を守り、自分を深め、自分を豊かにし、そして誰かと出会うために不可欠な道具である「言語力」と「思考力」、そしてそれをさらに補強する基礎学力。聞こえない子どもたちが現実の中で生きていく時、それがどれほど重要なものか、冷静に考えればその意味の重さは誰の目にも明らかです。聞こえない子どもを持った親の切なる思いがその点に集中するのは至極当然なことだと言えます。ですから、次の命題も当然のこととして出てきます。基礎学力の保障という現実的問題にきちんと応えられない限り、聞こえない子どもを持った多くの親たちは聾学校に戻ってくることはないだろうということです。これが私が言いたいことの核心です。

聾学校は聞こえない子どもを持った親たちの期待に応えてきたのでしょうか。聞こえない子どもたちを真に支援し得てきたのでしょうか。それに対する答が今、私たちの目の前に「現実」というかたちで差し出されています。「聾学校の在籍生徒数はなぜ減ったのか」という端的な問いを自らに向けられたものとして、一人一人の先生方が真剣に受けとめてくださることが何より肝要です。そこから目をそらしたり、言い訳をさがそうとされるのであれば、間違いなく聾学校からはさらに在籍生徒数は減り続けるでしょう。◆2

インテグレーション教育の問題性に気づき始めている親たちも決して少なくありません。そのような親たちは、聾学校があるべき姿として復活再生することを待ち望んでいます。今こそ、聾学校の先生方に本質的かつ現実的な本気の対応をお願いする次第です。

◆2……このシンポから五年が経過した現在（二〇〇三年）、状況はどちらの方向へ「変化」しただろうか。評価判断は様々であるにせよ、事実としては聴覚障害児教育の全体状況は複雑化と混迷を深めているのは間違いないのではないだろうか。詳細は本書第1章4「混迷と転換の季節の中で——変わることと変わらないこと」参照。筆者は何度か聾学校の先生方に次のような質問をしたことがある。「もし、あなたの子どもが聞こえなかったら、あなたは自分の子どもを自分がいる聾学校に通わせますか。」どのような返答があったかは置くとして、結局、この問いに即座に「通わせる」という返答ができるかどうかに聾学校の今後の命運のすべてはかかっているのではないだろうか。

4

混迷と転換の季節の中で

変わることと変わらないこと

●書き下ろし／二〇〇三年五月

本書『たったひとりのクレオール』をまとめるにあたり、この数カ月は、今まで約十年間に書いたり話したりした原稿を改めて読み返す日々だった。修正加筆ならびに注の書き込みという作業もあったので、発表当時の地点に戻り、再度、自分自身のことばとじっくり向き合う結果となった。もとより不十分な面は含んでいたと思うが、その時点、その時点で私なりにどうしても言っておきたいことを書いてきたつもりではある。時間の経過の中でそれがどのような意味を持ち続けているか、その点を知りたいと思った。もし、既に意味を失っているとすれば、それはなぜなのか。あるいは、まだ、多少なりとも意味を持ち続けているとすれば、それはなぜなのか。あまり人目にはつかない場所で発表したものが多い論考を、今でも読もうとしてくださっている方がいらっしゃることを思わぬときに知らされることがある。拙論を捜してくださるそういう方々にはどのような事情、必要性があるのだろうか。意見を発表した人間としては、自分の発したことばがどのような方々に届いているのかはやはり気になる所である。

そして、私が意見を発表し続けてきたこの数年は「聴覚障害児教育は曲がり角に来ている」、「抜本的な変革期にさしかかっている」と言われた時期でもあった。従来の聴覚口話法への根本的反省から生じた手話言語の持つ重要性に対する認識と評価、そして教育現場への手話導入の実践という形でその「変化」は象徴的に現れているとも言える。しかし、実際の状況はどうなっているのだろうか。このような「変化」の一方で、今でも、聴覚口話法や音声言語への強いこだわりを持つ方々に私は講演後の懇親会等で出会うことがある。確信をもって音声言語の指導に取り組んでいる専門家や、そのような対応が聞こえない子どもたちの幸せに間違いなく繋がるのだと信じている方々も決して少なくないのではないかというのが私の正直な実感である。その意味では、実は「変化」が起きているのは一部の表層においてなのかもしれないとも思うことがある。

「曲がり角」「変革期」と言うと、聴覚障害児教育の関係者自身があたかも自覚的に「曲がり角」を曲がり、変革期を自ら創生しているかのような印象を与えるが、私の目には状況はむしろ「混迷」の只中に突入し始めたという方がはるかに事実に即しているように見える。少なくとも確かに言えることは、今まで隠蔽されたり、先送りされてきた様々な問題の覆いが剥げ落ち、問題の真の姿があちこちで露呈せざるを得なくなってきたということである。従来、「常識」や「正論」としてまかり通ってきた諸概念の根拠が根本から見直しの風にさらされ始めている。その結果、私たち一人一人がその剥き出しの困難な問題と直接対峙せざるを得なくもなってきており、その状況は「曲がり角」や「変革期」などと言うような綺麗ごとなどではなく、実際は、混乱、混迷、完全な行きづまり、出口のない閉塞状況、崩壊、壊滅と呼ぶほかないような切羽つまった事態なのではないだろうか。遅まきながら、そのことに皆が徐々に否応なく気づかざるを得ない季節が始まりだした。これからしばらくは、そのような時代だろうと私は思っている。目を見開いて、自分の目の前の現実が実はどのようなものであるのかを各人がしっかり直視する、まずはそのことが何より必要ではないだろうか。

この十数年の間に発表した自分の意見をまとめるにあたって、現在の状況に対する整理と分析も同時にしておきたい。特にこの数年、聴覚障害児教育の世界に関してはいくつもの重要な出来事、つまり数年後の近い将来、実質的な「変化」を招来するような影響力のある出来事が生じ、それを巡り非常に早い速度で事態は変化していっている。現在、聴覚障害児教育はどのような「明日」へ向けて動いているのか。以下の整理と分析がその動向を把握し、「明日」を予測する手がかりの一助になればと思う。混迷の季節の中で何が変わりつつあり、何が変わらないのか。

1 デフ・フリースクールからの異議申し立て

今年（二〇〇三年）の春、東京では大変興味深い、そして聴覚障害児教育の世界にとってはおそらく非常に重要な意味のある出来事があった。現時点ではまだ広く知られていないかもしれないし、既に御存知の方の中にも、その出来事が真に意味する本質をまったく理解していない向きもあるようなので、まずそのことから紹介してみたい（以下、各項、図1参照）。

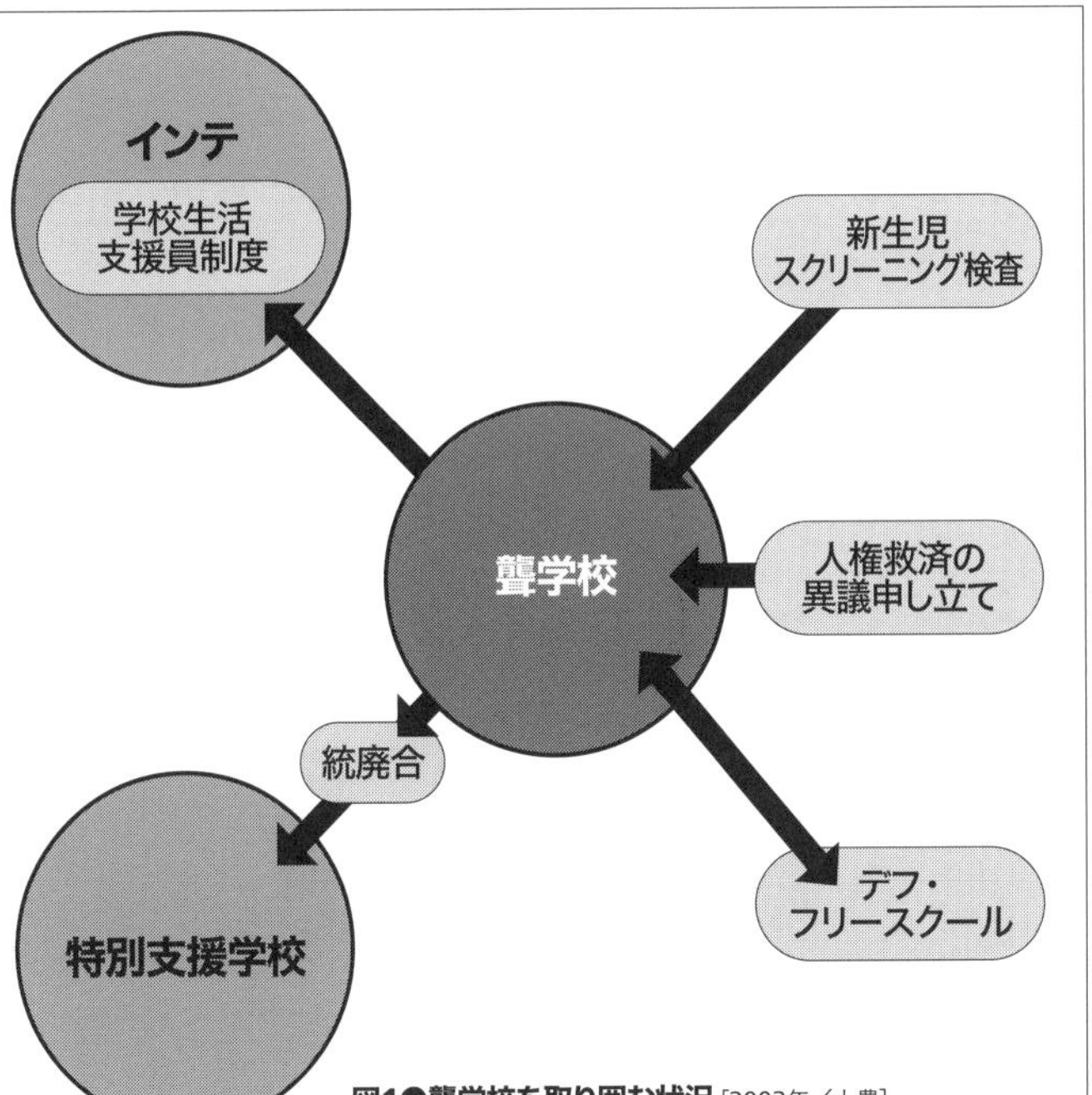

図1●聾学校を取り囲む状況［2003年／上農］

一九九九年、東京にデフ・フリースクール「龍《たつ》の子学園」が設立された。この民間教育機関では聴者の教員が指導にあたるのではなく、聾者自身が子どもたちの相手をし、日本手話によるコミュニケーションを基盤とした教育が目指された。そこには「聞こえない子どもの教育は日本手話の母語話者である聾者にしか出来ない」というはっきりした教育理念があった。当初は月数回の散発的活動ではあったが、徐々に賛同者を得、全国各地にも同様の聾者主体のデフ・フリースクールがその影響下に次々にできた。[1]

◆1……ホームページ「聞こえない子を持つ親のページ」http://www.d-b.ne.jp/d-angels/の「フリースクール」紹介コーナーには全国八つ（二〇〇三年八月現在）のフリースクールの連絡先が紹介してある。

このような実践が試みられた背景には、それを後押しする状況があった。その一つは一九九五年に発表された「ろう文化宣言」ならびに、翌年発行された「宣言」を踏まえた論集『ろう文化』が呼び起こした一連の議論である。様々な意見の対立や齟齬を生じさせながら、この問題提起を通し、問題意識のある関係者は自然言語としての日本手話の独立性、ならびに日本手話という言語で支えられている「聾者」の言語共同体の存在や「聾文化」という概念について認識を新たにせざるを得なくなった。また、この議論の根底には手話を否定してきた従来の聴覚口話法という教育状況に対しても根源的な批判が込められていたため、当然、教育畑からも微妙な反応が生じた。従来の対応に自ら疑問を感じていたような教員の中には、手話による指導の重要性に改めて確信を持ち、それを積極的に推進しようとする動きも出てきたし、そのような熱心な教員の中からは、さらに「龍の子学園」が提示した、より根源的な理念に共鳴する人たちもいる。この数年、小さな一フリースクールとして出発した「龍の子学園」の実践活動が聴覚障害児教育界に及ぼした影響は決して「小さい」ものではなかった。その活動に深く関わった人たちの思いは別として、周囲の一過性の好奇称賛と感情的反発とは無関係に、この数年間で「龍の子学園」は当初の姿とはまた別の何かに徐々に生まれ変わりつつあったのだろうと私は思っている。そして、今年（二〇〇三年）の春、その「変化」の意味に私たちは突然気づかされることになった。

「龍の子学園」幼稚部は、この春から廃校になった学校校舎を借りて連日運営されることになった。これは何を意味するのか。このことから、一体どのような具体的状況が新たに生じるのだろうか。それは、聞こえない子どもたち（実際は親の判断が反映された結果だが）にとって、教育を受ける場所を聾学校以外から自由に選択できるようになったということを意味している。その結果、月曜日から金曜日までの五日間のうち、例えば、三日間を「龍の子学園」幼稚部に通い、残りの二日を今までの聾学校幼稚部に通いたいと要望する親が出てくる事態となったのである。中には、教育面の情報は欲しいのでやむなく一日は聾学校に通うが、残りの四日間はすべて「龍の子」の幼稚部に通いたいと希望するケースも出てきているとのことである。

つまり、当初、フリースクールとして出発した「龍の子学園」が、聾学校と同等の横並びの選択対象になったため、親はその選択権を行使して、気兼ねなく、正直に価値判断、評価を下したわけである。通園日の配分に何よりその評価が如実に表れている。少なくとも当事者である親や子どもたちは聾学校より「龍の子学園」の方が通うだけの魅力と価値があると判断したことは誰の目にも否定し難い。他の選択肢があり得る状況ならば、聾学校は「選択には値しない」場所なのだという見方があることをこの出来事ははっきり示している。生徒数の減少にさらに拍車をかける事態にもなり兼ねない問題であり、公教育の使命責任からも看過できない深刻な状況ではないだろうか。東京都の聾学校校長会は要望への対処について協議したようだが、時代の趨勢からしても従来のような主導的態度はもはやとれないだろう[2]。

聞こえない子どもの教育に関し、親たちが要望や批判、不満を個人のレベルで口にしていた間は聾学校は公教育という不可侵のシステムの中で安住して、ひとり泰然自若としていられた。その安

◆2……東京都の各聾学校幼稚部は、たとえ聾学校幼稚部には週一日しか通学せず、他日は別の教育機関に通う幼児であっても受け入れることになった。週一日だけの対応でどこまで継続的で責任のある教育が可能か疑問もあるが、この判断には、もし、週一日だけの通学を希望した子どもを断ると、ただでさえ減少している聾学校在籍幼児数がさらに減る（実質的には幼稚部の閉鎖につながりかねない）という苦しい事情があったものと予想される。

泰の中で果して聾学校は親や聞こえない子どもたちの声にどこまで本気で耳を傾けただろうか。「何度も必死で叫んだのに声はまったく届かなかった」という沈黙の声が苦しんだ人々の間から聞こえてきそうに思うのは私だけだろうか。

しかし、時代は明らかに変わりつつある。公教育の安泰神話は既に崩壊し始めている。聾学校とて例外ではない。教育サービスを受ける当事者（ユーザー）側から選択してもらえないという形で厳しい評価を受ける状況に変わってきていることを聾学校は自覚すべきであろう。これからは都合のいい一方的な言い訳や根拠のない自己正当化で親を納得させることは極めて困難である。今まで聞こえない子どもを持った親は言いたいことも正直に言えず、いろいろなことを我慢せざるを得ないことが多かった。それでも、やむを得ない場合は不満や批判、要望を伝えてきたが、これからの時代は、いきなり現実的「選択」という形で評価を体現するのかもしれない。

残念ながらと言わざるを得ないが、このような厳しい競争状況になって初めて、聾学校側は、どのようにすれば自分たちの聾学校を選択してもらえるか、そのためにはどのような教育理念と実践プログラムを準備しなければならないかを本気で考え始めるのだろう。そして、それをどのような形でアピールし、理解してもらうかにも細心の注意を払うようになるだろう。「運営」という観点からは園児生徒の確保は死活問題である以上、真剣にならざるを得ないはずだからである。かつては届かなかった親たちの声にも耳が傾けられるだろう。これも遅きに失した感はあるが、その時、初めて手話の活用を含めたコミュニケーション関係の基本的確保や学力保障という今まで本気で取り組まれることの少なかった現実問題が正面から真剣に検討されることだろう。

今までの、学校側の意向に「親がしぶしぶ従わざるを得ない」関係から、「親の要望に沿った学校経営」という発想へ、さらには親の要望に沿った学校を「親自らが設立運営する」（ＮＰＯ立学校）というまったく新しい状況へ教育環境は現実的に変貌していく兆しの中にある。そのような流れの中、東京における、聾学校幼稚部園児たちの「龍の子学園」への移動問題は聴覚障害児教育の世界に対し実際的な「揺さぶり」をかける役割を確実に果たした。そして、この出来事のさらに重要な意味は、この「揺さぶり」はここが終着点ではないということである。このような動きは間違いなく今後さらに拡大発展するだろう。つまり、公教育の場としての聾学校はさらなる態度変更を迫られるような事態に遭遇することもしっかり自覚しておく必要があるということである。◆3

2　聾学校の統廃合

聾教育の従来のあり方に「揺さぶり」をかける出来事は何も「龍の子学園」のようなデフ・フリースクールの存在だけではない。ある意味で、より抜本的な脅威として統廃合と特別支援学校構想という行政上の制度的処置がある。

聾学校の統廃合に関しては、結論を先に言えば、もうどうにも対処できない状態であるというのが正直な所ではないだろうか。結局、地方自治体の財政問題が根底にあり、その枠の中の判断処置という厳しい現実がある。ただし、財政というどうしようもない「金銭」の問題だから、やむなく受け入れざるを得ないということを言っているのではない。本質的な事柄はおそらくもっと別の所

◆3……本書第1章2「難聴児の自己形成方略——インテグレーションの「成功例」とは何だったのか」注19（145頁）参照。

にある。その聾学校が教育機関として、是が非でも残さねばならないほどの必要性があったなら、そのことに十分な説得性があったなら、あるいは聴覚障害児を持った多くの親からの存続への要請があったなら、そう簡単に統廃合という処置はとられなかったのではないだろうか。聾学校の在籍生徒数の減少（少人数化）という隠しおおせない現実問題がここでもまた浮上してくる。聾学校を必要とする聴覚障害児を持った親（少なくとも、そのように判断する親）が現実的にごく少数しかいないのである。公教育といえども、否、だからこそ、限られた財政枠の中で、最低限のニーズさえ成立しない聾学校を運営し続けていくことはやはり困難であろう。客の来なくなった店は閉じるしかない。

百歩譲って、もし、行政の統廃合処置が不適切であるとして、それを是正させるために嘆願署名運動をしたとしよう。その時は当然、聾学校が聴覚障害児のために果たしてきた教育機関としての有用性、必要性、成果、責任をアピールしなければならない。つまり、聾学校でなければ出来ない教育的特殊性、専門性の主張である。しかし、道行く人の足を止めさせ、耳を傾けさせるほどの説得力のある「実績の証明」が出来る聾学校が果たして現在どれほどあるだろうか。もし、このような「抵抗」が出来るのであれば、その前に、親たち自身が聾学校を見捨てて、出て行くことはなかったのではないだろうか。統廃合の問題は、その根源を掘り下げれば、結局、この「なぜ、聾学校から聞こえない子どもたちはいなくなったのか」という自分たちの足元の根本問題に帰着せざるを得なくなるのである。◆4

数年前、ある地方の聾学校から講演に呼ばれたことがあった。授業も見学させてもらったのだが、小学校低学年のクラスで先生と生徒が二人きりで向き合って座っていた。丁寧な個人指導が受けられる等のメリットを考える前に、その生徒のあまりに寂しげな表情に正直絶句した。その子は不真面目なわけではまったくない。一生懸命、先生と勉強しようという健気な気持ちが身体全体からうかがえた。しかし、裏腹に、今にも泣き出しそうな悲しげな表情を顔一杯に浮かべているのである。熱心な先生の指導にもかかわらず、授業は一向に盛り上がらなかった。後で事情を聞くと、幼稚部までは複数の仲間がいて、喧嘩しながらもとても仲良く、毎日楽しく学校に来ていたとのこと。しかし、就学に際し、その同級生たちが全員インテグレートしてしまい、その子一人が聾学校の小学部に取り残された形となった。「だから、どんなに励ましても、なかなか元気が出ないのです」と先生はおっしゃった。それはそうだろう。仲間たちとのかけがえのない繋がりを失った干びた時間の中で、孤独なこの子の心に一体どんなことばが伝わっていくというのだろうか。

いただいた資料を見ると、その聾学校にはかつて全校で百人を越す生徒がいたことがわかる。ハーメルンの笛吹き男[5]がいたわけではないだろうから、子どもたちは急にいなくなったのではないだろう。徐々にいなくなったはずである。その間、聾学校の先生方はその事態をどう見ていらっしゃったのだろうか。このような光景を見るのは決して初めてのことではなかった。むしろ、いろいろな聾学校で何度も繰り返し見てきた光景である。しかし、私はなぜかこのとき改めてと言うか、

◆4……本書第1章3「聾学校の在籍生徒数はなぜ減ったのか?」参照。

◆5……ドイツ中世の民話。ドイツ北部の町ハーメルンに鼠が大量発生する。そこに不思議な笛吹き男が現れ、その笛の音で鼠を誘い出し、川に沈めて退治する。しかし、町の人々は約束していた報酬の支払いを拒絶する。笛吹き男は今度はその笛で町中の子どもたちを連れ出し、何処かに消え去って行った。実は、聾教育の世界にもハーメルンの笛吹き男がいたのかもしれない。笛を吹いて聾学校から子どもたちを連れ出したのは一体誰だったのだろうか?

本当に絶望的な気持ちになった。現在の多くの聾学校の状況を象徴する光景のように感じたからである。

このような壊滅的状況になるまで（教育という行為の機能、構造性、関係性を考えれば、まさに「壊滅」ではないだろうか）、関係者はなぜ何もせず、手をこまねいていたのだろうか。もはや誰にも手の施しようがない事態になるまで、なぜ放置してきたのだろうか。聾教育が消費してきた今となっては二度と取戻すことの出来ない膨大な時間、同時にそれは聞こえない子どもたちが所有していた貴重な時間でもあった。その時間は一体どのように取り扱われてきたのか。そのことを考えると、どうしようもないもどかしさと絶望と怒りとがない交ぜになって湧いてこざるを得ない。その聾学校は海辺の町にあり、高台にある校舎からは眼下の入り江に美しい夕陽が沈む光景が見えた。その静かな美しさと共に、この聾学校で見た、ひとり机に座っていた子どものさびしげな姿が今も脳裏から消えない。そして、その記憶の中の子どもの姿が今でも、「なぜ、聾学校から聞こえない子どもがいなくなったのか」と私に問いかけてくる。

これから各地で、聾学校の統廃合は（大きな抵抗を見ることもなく）間違いなく着実に実施されていくだろう。この制度的「修正」の流れの中で、存続できるのは、辛うじて結果として機械的に残り得た統合校か、独自の教育理念を持ち、それに基づく実践成果を具体的に示し得る聾学校だけであろう。この現実の中で、各聾学校は何をすべきなのだろうか。

3　特別支援学校構想

そして、統廃合という現実は「特別支援学校」構想という明確な行政的手続きにより強化され、聾学校の従来の在り方に対し根本的な変更を迫っている。昨年（二〇〇二年）、文部科学省は「今後の特別支援教育の在り方について（中間まとめ）」を発表した（翌二〇〇三年に「最終報告」発表）。その中から「特別支援学校」という構想が浮上してきている。簡単に言えば、これは、従来の盲・聾・養護としてあった各学校の独立した形態を解体し、障害児の担当教員や保護者に対し相談や支援をおこなう地域における教育センター的機関に統括変更しようという行政的処置である。運営の具体的主体は地域教育委員会と福祉・医療・労働等関連機関とが連携して組織する「広域特別支援連携協議会等」になる。

この制度下では、各自治体がその実情に応じて、視覚・聴覚・知的の各障害児童に対し専門の教育部門を弾力的に設置することができることになっている。しかし、実際に「実情への応じ方」がどのようなものになるのか、「弾力的」とは具体的にどのような処置を指すのかはまったく未知数である。未知数なだけに、この構想に対してはプラス、マイナスのどちらの方向へも可能性を描くことが出来る。

例えば、聾学校の機能をより拡充させ、専門的技術（巡回指導、カウンセリング、教員研修、交流授業等）の提供を通し、インテグレーション教育とも連携しつつ、聾教育を継続的に再構築する役割を果たせるかもしれない。また、地域の聴覚障害者集団とも密な関係を持ち、手話や聾者の歴史学習という総合（生涯）学習の場所になることも可能かもしれない。そのような「聴覚障害専門のセンター」としての特別支援学校も夢想される。

しかし、その一方で、聾学校が特別支援学校の「分校」化され、さらに弱体化していく可能性も（特に地域によっては）十分あり得る。予算の分配という現実があり、聴覚障害以外の障害児（ＡＤＨＤ（注意欠陥多動性障害）、学習障害、自閉症等）が増えていることも考え合わせると、「弱体化」への心配は決して否定できないだろう。また、一校の特別支援学校の中に他の障害「部門」と共に聴覚障害児教育「部門」が取り込まれる状況もあり得ないわけではない。その際、具体的な指導にあたる教員（あるいは支援員？）の専門性はどのように保障されるのだろうかという最大の問題が生じる。

「特別支援学校」に対してはさまざまな危惧があるので、これから関係者の間で議論が重ねられると思うが、おそらく残念ながら、それらの動きとは無関係に、この構想は行政レベルで着実に現実に移されていくのではないだろうか。だからこそ、私たちは自分に向けて問わなければならないはずである。「なぜ、このような事態になってしまったのか」と。今後の現実的対処への検討とは別に、ある意味で、それ以上に重要なことは、この根本的問いをきちんと受けとめることであると私は考える。そして、今後への対処も、この自己検証からしか模索することはできないだろう。

「特別支援学校」構想が文部科学省という国家機関から提示されたということは一体何を物語っているのだろうか。端的に言えば、「今までのような聾学校はもう要らない」という評価がくだされたということではないのだろうか。聾学校という独立独自の教育空間の専門性、必要性、有用性が認められなくなった、敢えてもっと露骨に言えば、「否定」されたということである。それはなぜだったのか。ここにも、これまでの聾学校、そして、聾教育の在り方への痛烈な評価と批判がある。

聾教育にとって、現実の事態はここまで来ている。そのことを関係者はどこまで深刻に我がこととして受けとめているだろうか。

4 「学校生活支援員」制度

「龍の子学園」を初めとするデフ・フリースクールの活発な教育実践、統廃合、「特別支援学校」構想は、聾学校の在り方に直接的に関係してくる、言わば面前の問題であるが、聴覚障害児教育全体に視線を移動させると、さらに別の本質的「変化」がいくつか生じ始めている。まず、その一つに「学校生活支援員」制度の全国的広がりがあげられる。この制度は、愛媛県松山市の難聴児の母親、原田美藤（愛媛県難聴児を持つ親の会会長）が愛媛大学教育学部障害児教育聴覚言語障害研究室（高橋信男教授）の支援を受けつつ提案し、松山市教育委員会が二〇〇〇年に正式に設置したことから始まった試みである。普通校にインテグレートした聴覚障害児に対する授業時の情報保障を整備する目的で考案されたシステムで、公的予算を投入し、有償のボランティア（支援員）が教室でノートテイクをおこなうものである。

注目すべきことは、松山市における実践の報告により、同様のシステムを採用する地域が全国的に徐々に増え始めているということである。その状況を受け、全国難聴児を持つ親の会も今年（二〇〇三年）春の代表者研修会でこの「学校生活支援員」制度をテーマにしたシンポジウムを開いている。筆者もこの制度を取り入れたある地域での実践報告を研究会で聞いたことがあるが、実施にかかわった親は「同級生の理解も得られ、非常に有意義に活用できている」と成果を報告していた。

さて、問題は、この新たな制度が試みられた理由であり、それは何を意味しているのかということである。また、今後、この制度がどのような「機能」として受け取られていくのかということである。

従来、聴覚障害児のインテグレーション教育については「サポートのないインテグレーション」として、その情報保障面の不備が指摘されてきた（にもかかわらず、インテグレーション教育を選択する親は決して減らなかったのだが）。その問題性の詳細に関しては筆者も繰り返し分析考察してきた。◆6 その問題点を何とか具体的に改善しようとして模索されたのが原田が提案実践した「学校生活支援員」制度だということになる。いったんインテグレーションを選択してしまうと様々な壁があり、それを改善するのは現実的には極めて困難であったが、公的予算投入という行政も取り込んだかたちで、その壁を打破し、まずは一地域で現実的な「制度」として実施し得た所に原田の大きな功績がある。そして、インテグレーション教育を選択したものの、音声言語により進められる実際の授業には十分についていけない我が子の実情を見て困惑していた親たちは、当然、この情報保障制度に「救済」を見て、後に続こうとしている。

ただし、この制度の受け取られ方には、ある意味で、非常に微妙で複雑な問題がいくつかある。

まず、インテグレーション教育を選んだものの（その中には、聾学校の教育状況に失望し、やむなくインテグレーションを選択した親も決して少なくない）、情報保障面で困惑していた状況があった。しかし、どこからも救いの手は差し伸べられない。致し方なく自分たちでサポート制度を立ち上げざるを得なかった。つまり、聞こえない子どもたちが「わかる」状況をつくって欲しいという当然の、そして基本的に絶対必要な条件整備に対する要求であった。

親の主体的努力から実施されたという事情はあったとしても（つまり、インテグレーションを引き受けた学校側から積極的に設定されたわけではないにしても）、インテグレーションの環境の中で、「学校生活支援員」という制度によって情報保障問題がカバーできることになった。少なくとも、その「試み」は実現できている。聴覚障害児の「専門」教育機関であったはずの聾学校が保障できなかった教育条件が、むしろインテグレーションの方で実現できるという皮肉。「この制度により、サポートのなさというインテグレーションが抱えていた不足部分が補えたのだから、これでいいじゃない。聾学校はやっぱり要らないわ」という声があがったとしても、何らおかしくない事態である。

確かに、サポートの実態（カバーできる支援時間の制限、ノートテイクでは音声言語で交わされる質疑応答、議論には「同時」についていくことは困難であるという問題、サポートを受ける子どもの心理、等）に関し、疑義をはさむことはいくらでも出来るかもしれない（例えば、「同障児の仲間集団」の欠落という決定的問題性がこの制度には温存されたままである）。しかし、それとて、「既にインテグレーションを選択しているという現実の中では、何もないよりはましだ」という主

―◆6……本書第1章1「インテグレーションの現状と課題」参照。

張の前では説得力を持たないかもしれない。何より、そのようなもっともらしい批判を口にする前に、私たちは、やはり、なぜこのような取り組みが聾学校では出来なかったのかを問うべきなのではないだろうか。私にはそう思われてならない。なぜ、原田たちはこのような要望を聾学校に向けて提案しなかったのだろうか。そこには、おそらく、聾学校に対する諦めと絶望があったのではないか。「やむなく」インテグレーションし、その中で「やむなく」自分たちで情報保障の支援制度を立ち上げざるを得なかった親たち。一体誰が「やむない」場所に親や聞こえない子どもたちを追いやったのだろうか。

このように複雑にねじれた事情を抱え込んでいるのだが、しかし同時に、この制度への期待が、間違いなく、今後はインテグレーション教育を積極的に肯定し、選択する際の大きな根拠の一つになることも事実だろう。当初、「やむなく」模索された対応だったとしても、それとは無関係に、インテグレーションを選択した親たちの立場を支持肯定する有力な材料として、おそらく独自の「役割」を果たしつつ、しばらくは各地に飛び火するだろうと筆者は見ている。[7]

いずれにせよ、ここにも、「なぜ、このような支援制度が、このような形で、親の手によって試みられざるを得ないのか」という聴覚障害児教育に向けて差し出された根本問題がある。

5　新生児聴覚スクリーニング検査

近年、聴覚障害児教育の世界では音声言語の習得のみを絶対化した聴覚口話法教育への反省と再検証という課題が研究、教育実践上の大きな柱であった。それに伴い、手話言語や聾文化、障害認識等の観点も重視されてきた。この間の動向を指して、筆者のある友人が皮肉混じりに、「(聞こえない子どもを)聾者にしたらおしまいだ」から「聾者から学べ」への変化と言ったが、ある意味で、まさに一八〇度のドラスチック(激烈)な意識の変革を踏まえた議論が続いてきた。しかし、一方でそのような流れに逆行するかのような動きもある。

現在、AABR(自動聴性脳幹反応検査)等の医療技術を活用した新生児聴覚スクリーニング検査が各地で実施し始められている。この検査により、出産直後の早い時期に新生児の聴覚障害が発見できるようになってきた。検査手続き自体の段階的取り扱いや評価解釈、また、障害の可能性指摘後の親(特に母親)への心理的支援等に多くの問題を残しているため、実施にあたっては各方面からの意見聴取と慎重な対応が必要であることが関係者に指摘されている。◆8 しかし、検査の実施は行政の正式な採用に先行して既に個々の病院や医療機関で広がりつつあって、「見切り発車」状態

◆7……愛媛県松山市における取り組みが実施できた背景にはいくつかの「条件」がある。愛媛大学教育学部障害児教育聴覚言語障害研究室の専門的支援があったこと。また行政の理解により予算確保が実現したこと。しかし、これらの不可欠の「条件」はどの地域でも成立するものではない。特に予算獲得は地域によっては実際は極めて高いハードルだろう。しかし、「何もないよりはまし」という形で、松山市の試みが表面的に模倣され、それが時間の経過の中で形骸化していく可能性もある。一過性のブームやお祭り騒ぎに終わらないようにするためにも、啓蒙した発案者には飛び火した地域との継続的な連携と各システムへの「メンテナンス」の責任も出てくるだろう。

◆8……二〇〇三年五月一八日、国立オリンピック記念青少年総合センター(東京・代々木)において「新生児聴覚スクリーニング検査を考えるシンポジウム」が開催された。主催は準備委員会(代表木島照夫・都立大塚ろう学校教員、筆者も準備委員の一人)。参加者二〇〇名中、医療関係者(耳鼻科医、産婦人科医、小児科医、ST、保健士)が約半数。聞こえない子どもを育てた親、生命倫理の研究者、臨床心理士、聴覚障害者団体等の立場から問題提起がおこなわれ、大きな反響があった。シンポの内容は『記録資料集』としてまとめられ、本年(二〇〇三年)八月に刊行された。

である。医療関係者の中の慎重派も「今さら止められもしないので、実施する以上は出来るだけ慎重に」という消極的容認追従という態度をとる人が多い。医療の領域で専門家によって実施される検査であることを考えると、今後、多くの新生児に適用されるのは間違いないだろう。

この検査はどのような事態を聞こえない子どもたちにもたらすだろうか。この検査の根底には「早期発見」「早期治療」という医療（病理）モデルの価値観がある。障害は出来るだけ早く「発見」し、出来るだけ早く「治療」すべきだという「確信」であり、その方が障害児にとって幸せだという「善意」である。発見という「事実」確認はよしとしよう。問題はその先である。聴覚障害を早期に「発見」した後は、具体的にその「障害」をどうしようとしているのだろうか。ここで言われている「治療」とは具体的に何を指すのだろうか。おそらく、それは、補聴器の「早期」装用であり、あるいは人工内耳の「早期」埋め込み手術をおこなった上での、音声言語の習得を目指す言語訓練であろう。要は、聴覚口話法の状態に再び戻るということである。それも、より早期からの徹底した音声言語訓練という状態に戻るわけである。特に、文法の基本構造が獲得される三歳位までの最も大切な期間を音声言語で訓練することで音声日本語を身につけさせたいと医療関係者は考えるのである。

聴覚障害児を持った親の中には、依然として聞こえない子どもを何とかして聞こえる子どもにしたいと願う人たちがいる。当初の段階でそう思うことはやむを得ないとしても、問題はその後、そのような親たちが聴覚障害児に対する医療、教育、福祉、心理、言語に関してどのような情報と接したか、あるいは接しなかったかということと、聴覚障害児が現実の中でどのように成長していっているか（どのような問題を抱えているかという現実）について、どれくらい正確な情報を与えられたか、そして、その上で自分の子どもへの対応を決めたかということである。不十分な情報や偏った意見に基づき教育対応を判断選択したため、後々大きな後悔をする親は今でも少なくない。

聴覚障害児教育の世界がこの数年、積み上げてきた議論、検証、反省、実践は、聞こえない子どもたちの現実を真摯に見つめ直した所から出てきたものだったはずである。あるいは、成人したかつての聴覚障害児たちが過去を振り返った時に発した切実な声に謙虚に耳を傾けた結果、遅まきながら気づかされたごまかしようのない悔恨から生まれたものではなかっただろうか。そして、私たちがそのことに長い間気づけなかったのは、「聞こえるようにさせることが子どもたちの幸せに繋がる」と信じ込んでいた強固な価値観のゆえだったし、それが可能なのだと保障した（はずの）医療的権威があったからだろう。現に、今でも、私たちの目の前には音声言語の習得のみを求められた結果、様々な問題を抱え込んでしまった子どもたちが少なからずいるのである。

しかし、再度、音声言語のみを絶対視した世界に、それも極めて早い時期から誘おうとする対応が試みられようとしている。そこには医療的実験精神、科学的好奇心、職業的体面以外に一体どのような「思い」が込められているのだろうか。聞こえない子どもたちの言語的発達、深化に対し、どのような職業倫理的「責任」が想定されているのだろうか。ただし、この批判はそのまま「返す刀」となって、聾教育にも向けられるだろう。「ならば、聾学校は今まで聞こえない子どもたちに何をなし得てきたのか」と。

だからこそ、このような状況の中にあって、聾学校は何をなし得るのか、明確に応えなければならない時期にきている。もし、それが出来なかったら、聾学校の存立は本当に危うくなることは間違いない。

6 変わること変わらないこと

以上見てきたように、現状は様々な試みと理念が錯綜していて、まさに各人各様、混迷の中を手探り状態で進んでいるという状況である。その意味で、表層的にはいろいろな状況が複雑に絡み合いながら、目まぐるしいテンポで変わり続けている。やっと一つの問題の出口が見えたかと思うと、それが新たにさらなる困難な問題を呼び寄せてくる。そんな難しい状況の中で考えながら、かつ具体的な実践を積み上げげつつ進まなければならない。誰も答は知らない。誰かの意見や考えを後追いしても、それで恰好のつく時代は終わったようだ。目の前の子どもの実情をひたすら直視する以外、ほかに有効な出発点はないだろう。しかし、考えてみれば、聞こえない子どもたちはずっと前から変わらず私たちの目の前にいたのではなかったか。

聞こえない子どもたちが示してくれているごまかしのない日々の返答と、その子どもたちの親が切実に願っている「思い」をしっかり受け止め、可能な限りの実践で応えていく。聴覚障害児教育にかかわる者にとって、これ以外に何が出来るだろうか。親たちも真剣に動き出している。真剣になった者が物事の判断基準にするのは、唯一、相手の「責任」感覚と実際の「行動」であろう。自らが担う「責任」範囲（内容）を明確にできない者は、この混迷の季節の中で道を見失うのではないだろうか。

敢えて端的に言えば、これからの聴覚障害児教育に求められる最低の、そして基本的課題は次の三点だろう。

①聞こえない子どもたちにとって、不全感のない言語的コミュニケーション環境の保障
②学習環境の整備（学力保障）――手話言語による指導と書記日本語の習得
③聾文化と聴者文化の二文化学習――障害認識論

こうして書いてみると、実に基本的で至極当たり前の課題である。しかし、この「当たり前」のことが聾教育では長い間、聞こえない子どもたちやその親たちから納得してもらえるような形では実施できてこなかった。つまりは、それだけにおそらく極めて困難な課題なのである。と同時に、だからこそ、この課題は昔から聾教育に求められ続けてきた変わらない希求なのである。

混迷の季節の中で、この希求の方向へ、たとえ一ミリでもいい、事態を押し進めることができるよう、各自が自分の持ち場で責務を果たしたいものである。

第2章

学習論

5

聞こえない子どもたちは何のために勉強するのか

●講演日時／一九九八年三月一五日
主催／愛知ろう教育フォーラム
●講演原稿（未刊行）に加筆修正／二〇〇三年六月

はじめに

このたびは「愛知ろう教育フォーラム」にお招きいただきましてありがとうございます。愛知県という場所は日本の聾教育の歴史にとって幾つかの点で大きな意味を持つ土地であると思います。豊橋聾学校をはじめ愛知の各聾学校は大変歴史が古く、長い教育実践の伝統を持っていらっしゃいます。そして、口話法[1]が非常に熱心に推し進められ、浸透した土地柄でもあります。その流れの中で、例えばキュード・スピーチという指導法も大変積極的に取り入れられた場所ではなかったでしょうか。

一方、現在、手話についての議論が盛んに行われるようになってきています。皆さんも、手話には二つの種類があるということは御存知だろうと思います。つまり、聾者が使う手話、現在では「日本手話」と呼びますが、その日本手話がまず一つあります。もう一つは音声日本語に合わせながら、つまり、話しながら、その声に合わせて使う手話があります。こちらは「同時法手話」「手指日本語」「シムコム」等と呼ばれています。

この二つの手話の違いをめぐって、様々なレベルの議論が行われています。今日は、手話の議論の中身に立ち入ることはしませんが、これらの議論が議論として成立できるようになったこと自体、手話というものが「言語」として日本の社会にやっと少しきちんと認知され始めてきたということを物語っているように思います。しかし、その言語学的認知を準備するためには、その前提、土台が必要でした。それは何かというと、手話が「独自の文法構造を持った一つの立派な自然言語である」という考え方です。手話が言語として音声言語と何ら劣ることのない、一つの立派な言語構造を持ったことばであるという認識です。この考えに基づいて「日本手話」（JSL—Japanese Sign Language）という呼称も作られました。手話に関するこのような言語学的な議論の場を準備されたのが現在、日本手話学会[2]の会長をされている神田和幸先生です。この学会では、例えば、「聾児における手話言語の獲得過程」という非常に重要なテーマを研究されている鳥越隆士先生をはじめ、

◆1……oral method　純粋口話法＝音声言語によって指導やコミュニケーションを行う方法。聴覚障害児は発音・発語の指導を受け、口形や筋肉の動かし方を覚えることによって音声言語を発する。同時に、話者の口唇や顔の動きを見て話の内容を読みとる指導、訓練を受け、「読話」（読唇）を習得する。

◆2……一九七五年に「日本手話学術研究会」として発足し、一九九二年に「日本手話学会」と改称。「ろう者の母語である手話の言語学的研究を推進する研究団体」として研究大会、手話学セミナー、研究誌の発行などの活動をおこなっている。二〇〇三年現在の会長は森壮也（全日本ろうあ連盟日本手話研究所）。

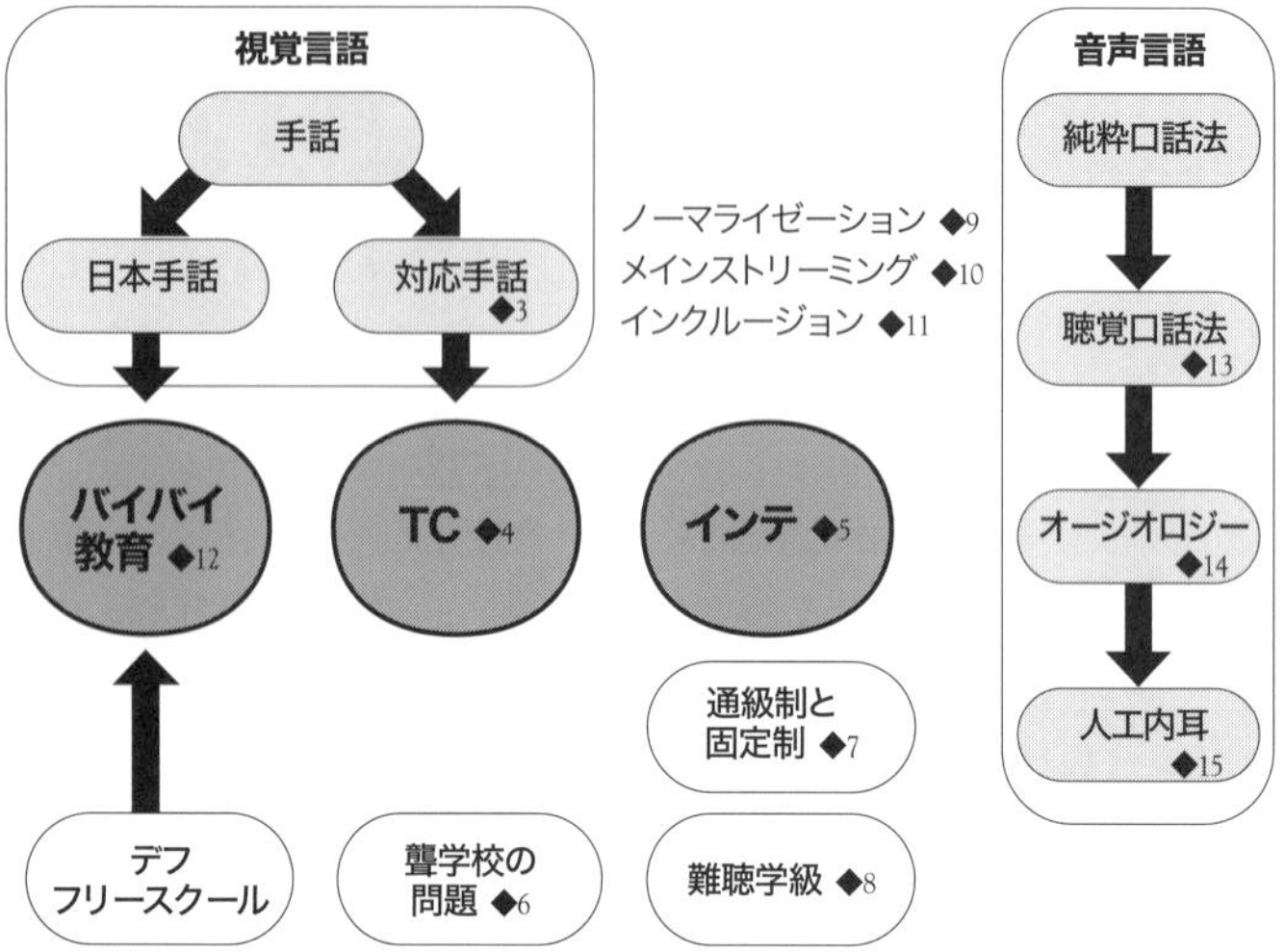

図1●聴覚障害児教育　諸問題関係図［2003年／上農（1998年を改稿）］

日本の手話学研究を支えている人たちが活動されています。また、次世代を担う若い研究者もこの学会の中から少しずつ育ってきています。

神田先生は、現在、御当地にある中京大学で教えていらっしゃいますから、日本における手話学研究の発信地の一つが名古屋にあるということでもあります。

口話法と手話という、二つの異なる立場のどちらから考えても、愛知県は重要な意味を持った場所であるわけです。その愛知で結成された「愛知ろう教育フォーラム」にお招きいただいたことは、大変名誉なことであると思っています。

今日は「聴覚障害児教育と障害認識」ということについてお話をさせていただきます。聴覚障害児教育について語ろう

◆3……同時法手話、日本語対応手話、シムコム（sim-com simultaneous communicationの略）とも言う。音声言語と手話を「同時に」使うコミュニケーション。二つのコミュニケーション形式を「同時に」使うため、どちらかが（あるいは両方とも）中途半端にならざるを得ないとして、その点を問題視される場合もある。

◆4……Total Communication　一九六七年、アメリカ、カリフォルニア州サンタアナ学区の聴覚障害教育担当者ロイ・ホルコム（R.K.Holcomb）によって提唱された教育理念。聴者と聴覚障害者が、あるいは聴覚障害者同士がコミュニケーションするときの方法として、聴覚・手指・口話のコミュニケーションモードを適切に使うという考え方である。TCはメリーランド聾学校で採用され、その後、全米に広がった。しかし、その後、バイリンガル・バイカルチュラル教育が模索される流れの中で、TCは再検討されている面もある。日本には一九七五年の聴覚障害教育国際会議の際、TCの理念が紹介され、広がり始めた。先駆的状況として、一九六八年に栃木県立聾学校の田上隆司により「同時法」が提唱されている。

◆5……integration　障害を持つ児童、生徒が通常の学校に入学して教育を受けること。統合教育とも言う。対立概念はsegregation（隔離教育、分離教育）。本書第1章1「インテグレーションの現状と課題」注1参照（27頁）。

◆6……聾学校が抱えている現実的問題。例えば、学年対応授業の不成立。生徒数激減による生徒集団確保の困難さ。教員の数年ごとの配置転換に伴う専門性の希薄化。統廃合問題。そして、これから浮上してくる「特別支援学校」への転換問題、等々。

◆7……難聴学級には通常学級に在籍しながら特定の時間だけ難聴学級に通う通級式と、難聴学級に在籍して、そこでほとんどの学習活動をおこない、一部の授業や活動だけ一般学級に参加する固定式がある。通級式においては、通常学級のほうを母学級、原学級などと呼ぶ場合がある。また、自校内に難聴学級がなく、近隣（場合によっては遠隔地）の他校の難聴学級に通う校外通級もある。この場合、通級の往復時間が他の授業にまで食い込むという問題や（多くは親の）送迎の責任負担等が問題になることもある。

◆8……難聴児童・生徒のために、聴能訓練、言語指導、教科学習その他の指導を行う特別学級。

◆9……normalization　一九四〇年代後半、デンマークで知的障害の子を持つ親たちが主張した考え方。当時のデンマークでは、知的障害者は隔離・収容型施設で一生を過ごすのが一般的とされたが、親たちはこの福祉政策に異を唱え、「地域社会でノーマルな暮らしができるよう援助が必要」と考え、隔離・収容政策に対し「ノーマライゼーション」という概念で反対した。この考え方は北欧、アメリカ、イギリスなどの障害者政策や、障害者運動に大きな影響を与えた。

◆10……mainstreaming　主にアメリカの障害児教育において使われた言葉。障害児をできるかぎり通常学級の生徒と教育することを主張する考え方。

◆11……inclusion　一九九〇年代以降に、主にアメリカの障害児教育でインテグレーション、メインストリーミングに代わって用いられるようになった言葉。

と思った場合、取り上げるべき問題は無数にあります。いかに多くの問題があるかを具体的に理解してもらうために、フローチャート（図1）をご覧ください。

このフローチャート（流れ図）を見ていただくと、聞こえない子どもと関わっている私たちの世界には、どのような問題があるのかということが鳥瞰図的に大づかみにわかっていただけると思います。これらの各問題の一つ一つについて、さらに細かな議論が成り立つわけです。そして、その一つ一つが、確かに、皆どれも意味のある重要な問題です。

しかし、今日、私がお話ししようと思う問題はこれらの問題のどれについてでもありません。むしろ、これらの様々な問題の根底に共通してある、非常に基本的な問題、その意味で、すべての問題の根源にある事柄についての話です。

根源にある問題、私はそれを「障害認識」という言い方で表現しています。ただ、この「障害認識」という問題についてお話しする時、一つ困難な点があります。それは何かというと、取り上げようとする事柄が「根源にある問題である」ということの意味をわかっていただくためには、一度、根源まで一緒に掘り下げて考えるという手続きをしてもらわなければならないということです。この考え直しの手続きは根気のいる、大変面倒くさい作業です。つまり、問題の本当の意味を理解してもらうためには、ある程度の時間が必要だということです。

今回、私が講演時間として与えられている時間は一時間一五分しかありません。出来るだけわかりやすくお話しするつもりですが、かなり要点だけの説明にならざるを得ない面もあります。その点は、どうかお許しくださるよう前もってお願いしておきます。

質疑応答の時間を三〇分とってありますが、私の話が、その時間に食い込むかもしれません。申し訳ありませんが、もし、質問の時間がとれないような場合は午後の分科会が終わった後も私は少し残っていますので、遠慮なく質問に来てください。また、午後の分科会では補足的なお話もさせてもらおうと思っていますので、興味のある方はそちらにも御参加いただければ幸いです。特に、障害認識ということについては時間的にみて講演の中では十分に説明しきれない部分もあるかと思いますので、その点は午後の分科会で補わせてもらおうと思います。

1 学力問題

それでは本題に入ります。時間に限りがありますから、端的な問題提起の仕方をしたいと思います。それは、聞こえない子どもの学力問題という、きわめて現実的な問題を考えてみるという方法

◆12……bilingual-bictlural approach（二言語二文化教育）　この考え方の原則的定義は、聴覚障害児の教育をおこなう際、第一言語（母語）は（日本語とは文法構造の異なる独自言語である）日本手話をまず自然獲得させ、その後、第二言語（第一外国語）として書記日本語の習得を目指そうとする言語教育の態度である。文化の習得についても、手話を基盤とし、聾者特有の「聾文化」理解にアイデンティティの根幹を置き、同時に共生する聴者社会の文化も学ぶことを目指す。

◆13……本書第1章1「インテグレーションの現状と課題」注15（41頁）参照。

◆14……聴能学。

◆15……補聴器では聞こえを改善できない最重度の難聴者の中で、内耳の聴細胞は損傷されているが、聴神経は生きている場合に、電気刺激によって聴神経を刺激して聴覚を生起させるシステム（医療器具）。手術によって内耳に人工内耳（Cochlear Implant）の電極を埋め込む。

です。そして、そこから出発して、どのような本質的な問題が見えてくるかということを検討してみたいと思います。

聞こえない子どもの学力が低いということは、経験的に多くの人たちが感じてきたことでした。実際、インテグレーションの実状を見ても、一部のエリートと言われる成功例はあっても、それは全体から見ればごく一部でしかなく、厳密に見ると「行きづまっている子どもたち」、「落ちこぼれている子どもたち」がかなりいるのが現実です。

一方、聾学校の方も、学力的には在籍学年から二、三学年遅れた教科学習をしているというのが多くの実状であり、この状態は残念ながら以前とほとんど変わっていません[◆16]。この問題については、聾学校の現場の先生方からはそれなりの事情説明があるかと思いますが、学年対応の指導が「言語力的に成立しない」という実状の中に既に非常に根本的な問題が現れていると私は考えています。また、現実問題として、在籍学年対応の教科指導がなされていないというこの問題が、その受け取り方の是非（妥当性）は別として、聞こえない子どもを持った親が自分の子どもを聾学校に行かせない、聾学校を選ばない、つまり「聾学校離れ」という現象を生んだ一つの大きな原因であることも事実です。

どちらにせよ、聞こえない子どもの学力については依然として多くの本質的問題が残されたままであるということです。つまり、授業の指導内容が理解できないまま、心細げに教室の椅子に座っている聞こえない子どもたちが今日も、明日も大勢いるということです。

2 親の願望

一方、聞こえない子どもを持った親たちは、学力の問題をどのように考えてきたでしょうか。この点について、まず非常にはっきりしていることが一つあります。それは、聞こえない自分の子どもに対して、「勉強は出来るようになってもらいたい」と願わない親は一人もいなかったということです。

このような親の強い願望があり、それなりの熱心な取り組みや努力があったにもかかわらず、聞こえない子どもたちの学力は多く停滞したままでした。また、インテグレーションでは母学級と難聴学級、それぞれの担任の先生方の支援があり、聾学校においても、より専門的な細やかな指導がおこなわれて来たことになっています。にもかかわらず、低学力、学力不振という全体としての問題は抜本的には改善されないまま今日に至っています。

このような取り組みや支援体制があるのに、基本的な状況が良くならないのは一体なぜなのでしょうか。これは、聞こえない子どもたちにとって、本当に深刻な問題です。基礎学力をきちんと

◆16……学年対応の授業ができないという問題は聾学校が抱えた大きな問題の一つであった。原因として次のような事情があった。①聴力障害のレベルや習得言語レベルがかなり違った生徒や、重複障害児をも一緒にした「一斉授業」への形式的こだわり（分離授業に対しては父兄から不満が出ることもあった）。②口話法で指導しようとするためのコミュニケーション（意思伝達・確認、質疑応答）の効率の悪さという根本的原因。③②との関連で生み出された、聴覚障害児の基礎言語力の低さ。どの教科も、結局、気づくと、教科の内容の学習ではなく、結果的にことばの練習（音声言語の発音訓練や聴能訓練）になってしまう傾向があった。近年は、習熟度別クラス編成や手話の導入等で改善が試みられるようになったが、一方で、学年対応にこだわるあまり、生徒の理解情況を無視して、教科書だけは対応学年のものを形式的に使用するような形骸化も起きている。

身につけることが出来なかった結果、その子どもが被る実質的マイナスは通常想像されている以上に大きなものです。

聞こえない子どもたちのために、この状況は本当に改善しなければならない最も切実な問題です。優先順位は常に第一番目に来る最重要の問題だろうと思います。[17] 聞こえない子どもたちは、なぜ、きちんとした基礎学力を身につけるのに、入り口の所で既にして、こんなに苦労し、かつ容易に挫折してしまうのでしょうか。

私は二〇年近く聞こえない子どもの学力と言語力を支える仕事をしてきました。そして、その間、ずっとこの学力と言語力の問題を考え続けてきました。特にこの数年、この問題状況が指し示している根本的な意味は一体何なのかということを繰り返し集中的に考えてきました。その結果、次のような考えにたどり着きました。

それは、聞こえない子どもに対する大人の考え方、聞こえない子どもを見るその大人の見方自体に根本的な誤りがあるのではないかということです。つまり、価値観、障害観という根本にある問題です（さらに厳密に言えば、言語観と身体観という問題です）。もし、「誤り」という言い方が強すぎるなら、根源的な理解不足、認識のズレと言ってもいいかもしれません。

そして、最も重要な点は、価値観、障害観に根源的なズレがあるというそのこと自体に、私たち大人が本当はまったく気づいていないのではないかということです。この親や専門家の自覚のなさ、無意識という問題は一見なんでもないことのようですが、私はここに非常に大きな本質的問題があるのではないだろうかと思います。

フランスにジャック・ラカン[18]という精神分析の分野ですぐれた仕事をした思想家がいます。構造主義という考え方に立って人間の心理について根源的に考え抜いた人です。別にラカンの名前を覚えていただく必要はありませんが、そのラカンについて書かれたある本の中に次のような言葉が書かれています。私たちにとって、ある意味で大変示唆的ではないかと思うので紹介したいと思います。それは次のような言葉です。

「人は、日常のなかで何かを欲望して生きているが、その欲望が本来何を欲望しているかは知ることがない。すなわち、人は自らを運んでいる欲望の原因 cause du désir に関して無知である[19]」

つまり、私たちは日常の中で、何かについて「こうなって欲しい」と望む（欲望する）わけですが、なぜ、自分がそのように望むのかという、その本当の理由については意外と理解していないということです。このことを聞こえない子どもの世界に当てはめて考えると、私たちは聞こえない子

◆17……もちろん、何を最優先の問題と考えるかは人によって違うだろう。別の方法や別の情況でも習得は可能である能力と、学校という空間でなければ習得が困難な能力がある。聴覚障害児に公教育（聾学校であれ、インテグレーション教育であれ）が責任をもって付与しなければならない究極の技能は、日本語の読み書き（リテラシー）の基礎力以外にはないのではないだろうか。「最優先」というのは、その意味においてのことである。理念や制度に関する議論も確かに重要だが、その前に、まず何より足元の教育責任を確実に果たすことが何にも増して不可欠だろう。聾学校から生徒がいなくなりつつあるのは、この肝心の足元が揺らぎ続けていたからではないのだろうか。

◆18……Jacques Lacan（一九〇一〜一九八一）フランスの精神医学者。哲学を学んだ後に、医学に転じる。精神分析学のみならず、哲学、文学など多分野で活躍した。主な著書『エクリ』Ⅰ・Ⅱ・Ⅲ、弘文堂（一九七二、一九七七、一九八一）、『フロイトの技法論』上下、岩波書店（一九九一）、『精神分析の四基本概念』岩波書店（二〇〇〇）他。

◆19……藤田博史『人間という症候――フロイト／ラカンの論理と倫理』二三三頁、青土社（一九九三）。

どもに何かをさせようと思ったり、あるいはこのようになって欲しい（例えば、「少しでも聞こえるようになって欲しい」）という願望を持ちます。しかし、なぜ、そのようにさせようとしているのか、なぜそのような願望を持っているのか、そのことの本当の理由、根拠ということについては意外と無自覚、無意識なのではないでしょうか。正直に言えば、せいぜいが、「だって皆がそうしているから」、「そうしないと何となく不安だから」ということぐらいしか思い浮かばないのではないでしょうか。その根拠は、場合によっては驚くほど曖昧で、いい加減なものであり、さらには、時として、実は極めて空虚なものでしかないことがあります。それなのに、私たちはその漠然とした不安に突き動かされ、子どもに対し「聞こえる」ことを必死で求めています。

3　親の願望の底に隠されている無意識

先程、聞こえない子どもに対して「勉強は出来るようになって欲しい」と望まない親はいないはずだというお話をしました。しかし、その願いはどのような意味合いにおいて、そう考えられた「願い」だったのでしょうか。その「願い」を根底で支えている価値観は一体どのようなものだったのでしょうか。私たちは、聞こえない子どもをどのように見ているから、そのような「願い」を持つのでしょうか。

私はこの「願い」の底には、実は、さらなる言葉が隠されているのではないかと思います。つまり、次のような言葉が埋め込まれているということです。

（障害があるのだから／聞こえないのだから）（せめて）勉強（だけ）は（聞こえる人と同じように）出来るようになって欲しい

括弧で囲んだ部分が埋め込まれている言葉、つまり無意識の本音の部分です。この埋め込まれた一つ一つの言葉には、おそらく、親なりのいくつもの切実で複雑な思いが込められています。しかし、残念ながら、多くの場合、やはり、そこに共通してあるのは「聞こえる人と同じようになって欲しい」という思いの強さであることに変わりはありません。綺麗ごとや善人ぶった言い訳でそれを否定してみせることは簡単ですが、私は聞こえない子どもを持った聴者の親との永年のつきあいから、親の偽らざる本音が常にここにあることをよく知っています。

この親の意識の根底にある考えは、どのような価値観を示しているでしょうか。そこに含まれている問題点を四つあげてみます。

（一）まず、聞こえない子どもを見るときの尺度、物差し、比較の基準が常に聞こえる人だということです。この考えの下では、聞こえない子どもは常に聞こえる人と比べられます。聞こえる人がいつもお手本であり、それに追いつけ、追い越せという叱咤激励、「障害に負けない前向きの積極的姿勢」「障害の克服を目指した頑張リズム」の世界が形作られます。

（二）しかし、聞こえる人がお手本である以上、聞こえない子どもは永遠にそのお手本に追いつくことはできません。聞こえない子どもは「聞こえるか、聞こえないか」を常に問題にされる以上、決して聞こえる人と同じような状態にはなれないからです。努力しているにも関わらず、常に不全感が伴い、常に劣等意識に苛まれます。頑張っても、頑張っても、いつも聞こえる人と比べられた「駄目な自分」「不完全な自分」「劣った自分」でしかあり得ません。

聞こえない子どもたちのこのような状況を指して、「自信がない子が多い」と他人事のように指摘してみせる専門家が時々いますが、本人たちの苦しさは単にそのような訳知りの指摘などですまされるような単純なものでは決してありません。日々薄れることのない、真綿で締めつけられ続けるような、根源的な不全感であり、心理的苦痛です。聞こえない子どもたちは自分から好んで「自信を失っている」わけでは決してありません。

(三) 親はなぜ自分の聞こえない子どもをこのような状況に置くことをその聞こえない子どものためだと思っているのでしょうか。そこには次のような考えが働いています。聞こえる状態が「普通」であり、「当たり前」「正常」で「幸せ」な状態である。それに比べると、聞こえない状態は「普通」ではなく(つまり「異常」で)、「当たり前」でもなく、「幸せ」でもない。だから、努力して、少しでも聞こえる状態に近づけよう。聞こえる人と同じ状態に少しでも近づけば、その近づいた分だけ、幸せになれる。これは従来「正常化」論と呼ばれてきた考え方です。また民族問題等の文脈で捉えれば「同化」主義[◆20]と類似した発想とも言えます。つまり、どのように言い訳しようと、このような考えの根底には「聞こえない」という身体状況に対する否認、否定、劣視、蔑視、嫌悪があるということです。

(四) そして、これが最も大事な点なのですが、親は聞こえる人とどのような点において「同じ」

にさせようとしているのかという問題があります。「聞こえる人と同じように勉強が出来て欲しい」と願う場合、その「同じ」であることの確認、証明は何によってなされるのでしょうか。おそらく、それは学校の成績、具体的にはテストの点数であり、評価の数値であり、有名校・優秀校への進学であり、いい学校を卒業した証拠である「学歴」ということでしょう。つまり、誰の目にも見えやすい表面的な肩書きや資格という「レッテル」です。そこでは思考力や本当の言語力という中身が厳しく問われることは殆どありません。しっかりした本当の中身よりは、外面の見てくれを整えることだけに熱意が注がれています。

実際、多少頭の良い聞こえない子どもの場合、学習面で生き延びて行こうとする時、どのような対応をしているでしょうか。そういう子どもたちはたとえ学習内容の本当の意味はきちんと理解できなくても、暗記という力技で何とかその場をしのいでいきます。本当の思考力、言語力の訓練という意味からはそのような勉強のやり方では何も残らないのですが、小さい頃からそうやってきたいわゆる「頭の良い子」は現実的にそうやり続けていくしか方法がないのです。つまり、聴者との表面的な類似性、同質性の追求であり、模倣願望です（さらには、「勉強は聴者よりも聞こえない私の方が出来る」という優越性の追求という場合もあります）。また、それを達成していることを聴者に認めてもらいたいという、承認されることへの願望でもあります。

このような考えを一言で言い表すなら、「勉強して、いい成績をとりさえすれば、聞こえる人と同じようになれる」という考え方です。別の言い方をすれば、「聞こえる人のようになるために勉強する」、「勉強することの目的は、聞こえる人と同じようになることだ」という学習観です。[21]

—◆20……ある民族や国家が、他の民族や国家に対して、自民族、自国の文化を強制、浸透させ、支配しようとする考え方。

そして、このような考えで頑張った親子が皮肉にも現実の中で徐々に行きづまっていくわけです。学力面、言語力面、人間関係面において、実は完全なお手上げ状態になっている子どももかなりいます。一方、表面的にはその暗記力を支えにした力技で何とか大学入学まではたどり着ける聞こえない子どももいますが、たとえそのような「成功例」「エリート」になれたとしても、本人は実は内面では深い精神的疲労と自己矛盾、自己嫌悪に陥っていたりします。このようないわゆる「優秀な子どもたち」は不十分とはいえ、それなりの言語力を持っていますから、自分の中にあるごまかしや「わかったふり」、そして聞こえる人間に対する決定的な劣等感に実は自分自身で気がついているからです。だからと言って、今さら聾者の仲間に入ることにも大きな抵抗があります。なぜなら、それまで、むしろ、聴者と同じようになるために努力してきた、つまり、聾者にならないようにするために頑張って勉強してきた（そのように育てられてきた）からです。◆[22]

どちらにせよ、聴者に同化することを根底では唯一の目的にしたような、このような勉強の仕方（させ方）、それ以外のしっかりした目的など実はどこにもないような勉強の仕方（させ方）をしていては、聞こえない子どもたちが真に意味のある学力や言語力を身につける状況は永遠にやって来ないだろうと私は思います。

学力の問題については、根本からもう一度徹底的に考え直してみる必要があります。その考え直しの具体的な方法の一つとして、次のような基本的、根源的な問いを立て、一人一人が再度、自分の言葉でそれにきちんと答えてみてはどうでしょうか。

「聞こえない子どもたちは何のために勉強するのか」
「勉強すれば、聞こえない子どもにはどのような得（利益）があるのか」
「聞こえない子どもにとって、勉強することはどのようなことに役立つのか」

この問いに対して、本当は一人一人の方に自分なりの答を捜していただきたいのですが、そのための一つのたたき台として、今日は私なりの考えをお話ししてみます。

4　聞こえない子どもにとっての勉強の目的

聞こえない子どもにとっての勉強の目的ということについては、私は自分なりに考えを絞り込ん

◆21……以前、筆者の所に個人指導を求めて面接に来た聴覚障害児で、この通りの考えを披瀝した高校生がいた。本人の説明によれば、学校の成績はそこそこ良好とのことだった。「君は何のために勉強しているのか」という筆者の質問に対し、即座に「勉強すれば、聞こえる人と同じようになれるからです」というのが彼の答だった。「なぜ、そう思うのか」という筆者の重ねての質問に、「小さい頃から、お母さんにそう言われてきました」と臆面もなく、実に素直な返答だった。本人は大真面目である。そのことの問題性を母親に考えてもらおうとしたのだが、感情的な反発が返ってくるだけで、話し合いにならなかった。その時、その母親の口から出た最後のことばは「聞こえる人間のようになって欲しいということのどこが悪いんですか」というものだった。この親は正直だったのかもしれない。口にこそ出さないが、このような考えを持っている親は少なくないのではないだろうか。

◆22……例えば、高校や大学に入り、音声言語では明らかにコミュニケーションがとれない情況になっているにもかかわらず、つまり、多くの具体的トラブルが生じて困惑しているにもかかわらず、頑としてその事実を認めない聴覚障害児が、ときとしている。親が、手話の学習を勧めても、拒否する。「手話なんか自分には必要ない。聞こえるのだから」というのが彼の言い分だ。筆者の体験の中にも、「手話なんか恥ずかしいから使いたくない」と言う聴覚障害児が何人もいた（多くの場合、早晩、意識の変化は起きるのだが）。

ではっきりしたものにさせています。なぜなら、それを明確にしておかないと指導する際の責任という現実問題があやふやになるからです。

まず、聞こえない子どもにとっての勉強の目的について考える場合、前提となる二つの重要な事柄があります。この二点については、特に教育の現場では子どもたちにきちんと伝えられることが避けられているように思います（なぜきちんと伝えられないのかということ自体に実は深い問題があるのですが、その点については今は置いておきます）[23]。ですから、今から説明するこの二点についてはしっかり注意を向けてください。

一つ目の前提は、聞こえない子どもたちは将来、必ず差別的状況という困難な現実にぶつかるということです。言い方を変えるなら、「理不尽な対応」「不当な決めつけ」「機会の不均衡」「不平等な情報環境」「善意の押しつけ」ということを間違いなく経験せざるを得ないということです。例えば次のような問題が既に身近にあります。

今、「将来」と言いましたが、例えばインテグレーションの場合、厳密に考えると、小学校の段階でもきちんとした情報保障を受けていない環境で聞こえる子どもと同等の学習をしなければならないということや、先生方の「善意」が場合によっては障害認識という観点からするとかなり違った意味合いを帯びている問題があります[24]。差別的な状況は何も「将来」にのみあるのではなく、聞こえない子どもたちは正に今、現時点で、既に格差のある差別的困難な状況の中で生きているとも言えます。

私は、だからこそ、聞こえない子どもたちには小さなうちから具体的な出来事を通し、この差別

◆23……本書第3章8「障害「受容」から障害「認識」へ」参照。

◆24……「善意」が例えば次のような情況を生む場合がある。筆者が個人指導した聴覚障害児の体験。その子は小学校通常学級にインテグレーションしていたが、いじめにあっていた。ある時、教室で同級生に顔面を殴打され、鼻から出血した。担任はただちに緊急学級会議を開き、殴打した生徒を始めとするいじめの加害グループを含め、クラス全員に「なぜ、その聴覚障害児を冷遇するのか」を尋ねた。「本当の気持ちを聞かせて」という担任の声に応えて、「聞こえないから、話をするのが面倒で、イライラする」という正直な意見が出され、それは（担任には意外だったそうだが）クラスの過半数の声だった。しかし、たった一人だけ、「○○君は聞こえないけど、いつも一生懸命、勉強を頑張っている。女子にもやさしい」と意見をはっきり述べた女子生徒もいた。

さて、このようなことばが学級会議で飛び交っていたとき、当の聴覚障害児はどこにいたのか。その教室にいたわけではない。事前に彼だけ保健室に行かされていたのである。彼はこのような級友たちの声を直接聞かせてもらうことは出来なかった。

なぜだろうか。「本当のことを聞いたら、彼が傷ついてかわいそうだから」という担任の「善意」からの配慮があったためである。これらのことはすべて事後に担任から母親に伝えられただけであった。これらの会議の中身については担任、級友、母親の全員が知っている。当事者であるその聴覚障害児だけが何も知らされなかった。

この担任の「善意」からの「配慮」を適切だったと評価する人たちも多いだろう。しかし、果たして本当にそうだろうか。筆者は疑問と抵抗を感じる。確かに、もし、本人がその場にいて、言語能力を指して自分を否定されるようなことばをぶつけられれば、辛いに違いない。悲しいかもしれない。しかし、もし、そのとき、「わかった。そのような受け取り方をしているんだね。ただし、その受け取り方は本当にそれでいいのだろうか。正しいのだろうか。○○君の言い分も聞いてみよう」と本人に発言の機会を与えてくれていたら、どうだっただろうか。彼は間違いなく、自分なりの主張をしたはずである。なぜなら、筆者との個人指導では、そのような場面を想定して、自分のことばで考えを説明する練習を常日頃からしていたからである。どんな辛いことでも、それが現実なら、頑張ってそこから考えていこうということも繰り返し言ってきた。身体も小さかったし、負けず嫌いであると同時に心根も非常にやさしい子どもだったので、時には目に涙を浮かべることもあったが、それでも一生懸命「考えながら生きる」練習に励んできた。もし、その場にいたら、自分のことばで言い分を言ったはずである。

もう一つ重要なことがある。もし、本人がその場にいたら、辛いことばを聞かされたと同時に、それでも、その中に一人だけは、自分を肯定してくれる級友がいたことを彼は知ることが出来たのである。そのことは、どれだけ彼を励まし、支えてくれたであろうか。多くの級友の否定、無関心と、たった一人の級友の支援、理解。これが掛け値のない「現実」である。彼は他の級友たちと同じように、その現実の中で本当のことを学ぶべきだったし、その権利があったのではないだろうか。なぜ障害児だけが、そのような「学び」のチャンスを奪われるのであろうか。それも、「善意」の「配慮」という名の下に。教育的「配慮」として真に必要だったのは、勝手な善意や憐れみか的状況（偏見、理不尽な対応、不公平）があるという現実についてはごまかさず、はっきり言葉で捉え、それについて一緒にしっかり考えていくスタイルをとってきました。これは子どもたちに障害認識（論）という考え方（思考方法）をきちんと身につけてもらうための大切な基礎作業だと思ってきたからです。◆[25]

二つ目の前提として、そのような状況であっても、「基本的には他人はなかなか助けてくれない」、「何もしてくれないことが多い」という現実があるということです。ただし、これは、「人の世とは所詮そのように冷たいものだ」ということを教えて、子どもたちを失望させるためではありません。真の目的はもっと別な所にあります。それは、「おそらく、聞こえない君自身も、多くの場合、そのように他人を助けたりはしないことが多いだろう」という現実が自分自身の中にもあることを、まずはきちんとごまかさず、見つめてもらうためです。

人間の中には、他者を十分に愛しきれない「自己中心性」「無関心」という悲しい限界があります。これは障害者、健常者の別に関係なく、人間の中に根源的に存在している限界（小ささ）です。この悲しい人間の限界を身をもって認め、自覚している人だけが、それでも時として、敢えて困難な負担を引き受けてでも、人が人を助けようとしたり、愛そうとしたりすることがあるという不思議な現象の意味を本当に深く理解することが出来るのではないでしょうか。だからこそ、人が人を助けようと歩み寄る行為に意味があるのだと思います。

人間の中には本来他者を愛する力、助けようとする優しさが最初から、何もしなくても、当然のものとしてあるはずだと思いたがる人がいるかもしれませんが、実際はそういう夢想的性善説の中からこそ、むしろ、裏腹に多くの冷酷な現実が、それもしばしば無自覚に生み出されているのではないでしょうか。聞こえない子どもたちは、「優しいはずのこの世界」の中で、様々なレベルの差別的対応を受け、つらい思いを日常的に味わっています。

私は、聞こえない子どもたちには現実の中で本当のことを本当の言葉と論理でどこまでも深く考え抜く力を身につけてもらいたいと考えています。「考える」ということに関して、私は子どもを決して子ども扱いはしません。「考える」ということについてはあくまで対等に扱います。もちろん使う言葉は理解できるよう、その年齢と言語力のレベルに合わせて砕きますが、子どもには自分の置かれている現実について、自分の言葉でごまかさずきちんと考えるよう求めます。

なぜこのような対応をするかというと、多くの場合、「かわいそう」という「思いやり」や「善意」

らの「隔離」や「特別扱い」ではなく、どのような立場であれ、子どもたちの異なる意見や感情を論理的に検証する体験と再考に導く教師の指導「技術」ではなかったのか。「物ごとを根源的に考えさせる」思考体験へと誘う技量ではなかったのか。担任の「善意」から発動した「配慮」により、少なくとも、その聴覚障害児は、日頃培ってきた自分をことばで守る権利と、現実を知ってそこから人間について学ぶ権利の二つを奪われたことになる。インテグレーションを選択する根拠としてよく言われる「社会性を身につけるため」とか「聴者社会に早めに慣れさせておくため」ということは、所詮、このような「善意」ある「配慮」を受けながら生きていくことを目指す程度のことでしかなかったのだろうか。だとすれば、聴覚障害児の人格を随分馬鹿にした話である。

この担任は、「学級会議でいじめの首謀者たちにきつく注意をして、その子たちも反省しました」と親に報告されたそうだが、結果、どうなったか。いじめは止むどころか、陰湿化してしばらく続いた。その聴覚障害児へのいじめが沈静化したのは、たまさか標的が移り気に他の生徒に変わったからである。

「善意」とは何か。それが自己満足的な「憐れみ」や「同情」という無責任な勘違いであってはならないだろう。もし、聴覚障害児と聴児が共生して学ぶインテグレーションに意味があるとするなら、そこに本当に「共生」という平等な関係性があるとするなら、「善意」が担うべき責務は通常考えられているものとはまったく異なるもののような気がする。

◆25……本書第3章8「障害「受容」から障害「認識」へ」参照。

によって、聞こえない子どもたちは現実というものから遠ざけられていることが非常に多いからです。本当のことを知らされない、常に、一度大人の「思いやり」という勝手なフィルターを通した（操作された）情報や状況しか与えてもらっていないことが多いのではないでしょうか。場合によっては、特別扱いという隔離状態になっていて、都合よく操作された嘘の現実をそのまま信じて、その上に身勝手な非現実的自己像、つまり実社会に出たら決して通用しないような「自信」（実は単なる「甘え」）や「自主性」（実は単なる「わがまま」）を身につけている聴覚障害児も少なくありません。

聞こえない子どもが自分の中に聞こえない人間としての本当のアイデンティティをしっかり築き、それを根付かせるためには、まず現実的な状況に耐えられるだけの堅固な思考力を身につけることが不可欠です。そのことを考えた上で、この二つの現実、つまり「差別的状況があるということ」と「助け手はなかなかいないということ」から、どのような要請が立ち上がってくるでしょうか。

まず、第一に、自分を自分で守る力が絶対必要になってきます。自助能力ということです。そして、これは聞こえる人間という多数者から受ける差別的対応から、少数者である自分をきちんと守るということを意味します。聴者という異文化の中で、自分を守るということです。これが聞こえない子どもが勉強する一つ目の目的です。

そのためには聞こえる人間の文化（異文化）の内容（歴史や価値観）を冷静に知らなければなりません。「なぜ、聴者は聾者を差別するのか」、「なぜ、聴者の社会は聞こえない人間をそのように扱うのか」という事情（根拠）の分析と考察です。共同体の中で多数者は少数者に対してどのようにふるまうのか、少数者をどのように扱うのか、それはどのような関係性（メカニズム）を通して実施されるのか、そして何より、それは何故なのか、さらに、それに抗う少数者に対する支援者・理解者がいるのはなぜなのかという、根源的で普遍的な問題をしっかり考える作業が必要です。

そのような歴史や社会構造の分析から考えを一歩ずつ粘り強く進め、聴者に対する有効で適切な異議申し立ての要がどこにあるのかを着実に探し出さねばなりません。そして、それを具体的な異議申し立ての手続きを通して、現実の中で的確にこつこつ問題提起していく。そのようなやり方で現実を本当に改善していくという方法です。これは差別に対する感情的な反発ということとは根本的に異なる根気と志の要る作業（対処法）です。聴者に向け感情的な反発の態度をとることは、ある意味で、非常にたやすいことです。それに対し、この粘り強い異議申し立ての作業を冷静にどこまでも貫くことは本当の知的勇気のいる生き方だと思います。その分、労苦も大きいわけですから、心ある人たちの本質的な支援も是が非でも必要です。その「支援」こそが教育ではないでしょうか（ただし、それは「聞こえる」ようになることを迫るような同化強要の植民地支配型教育ではなく、聞こえない子どもたちが真の意味で「自立」することを願った、そして、そのための力を獲得できるような教育でなければなりません）。

また、この異文化の価値を冷静に理解する作業は自分の親が聞こえる人である場合、あるいは、結婚した相手が聞こえる人である場合、さらに現実的で、かつ限りなく深い意味を持つことは、落ち着いて考えてもらえれば、皆さんにもよく理解していただけると思います。

この一つ目の目的が、外からの力に対し自分を「守る」ためだとすると、二つ目の目的は自分を内側から「支える」ことにあります。つまり、聞こえない人間としての自分の価値を自分自身に向かってしっかり説明するという作業です。気付かれた人もいらっしゃるかと思いますが、これは別の言い方をすると正にアイデンティティの確認、確立ということです。そのためには、何よりまず「聞こえない」という自文化の意味を深く理解しなければなりません。当然、聾者の歴史、つまり自分と同じ状況にいた過去の先輩たちはどのように生きていたかを知るという作業も必要になってきます。また同時に、同じ聞こえない仲間たちが現在どのようなことを考えて生きているかについても、しっかり把握出来る思考力がいります。そして、この自己確認の作業が手話という言語を抜きにしては決して出来ないことは、論理的に考えれば、誰もがはっきり気づくことではないでしょうか。

もし、その聞こえない人が手話という言語を理解できなかったら、自分のことばで先輩たちの声を聞くことは出来ないし、仲間と出会うことも出来ません。

少し難しい話が続いたかもしれませんので、息抜きとして、ある短歌を一首紹介したいと思います。ゆっくり御覧になってください。

人生はただ一問の質問にすぎぬと書けば二月のかもめ

これは歌人であると同時に、「天井桟敷」という劇団を主宰し、自分でも優れた戯曲を書いた寺山修司[26]という人の短歌です。寺山の演劇はサーカスや見せ物芸の要素を取り入れた独特な幻想性と思想を持ったものでした。見方によってはグロテスクに見える面もありましたが、そこに描かれた魂のテーマはいつも不思議な美しさと深さを持っていたように思います。私は特に「盲人書簡[27]」という寺山の書いた芝居が好きです。

さて、この短歌をみると、寺山修司は青森の生まれだったので、北の冬の海にカモメが飛んでいる、そんな情景がまず浮かんできます。しかし、大事なのは勿論前半の「ただ一問の質問」ということです。人生そのものと等価であるような「ただ一問の質問」とは、一体どのような質問なのでしょうか。

この短歌を紹介したのはなぜかと言うと、聞こえない少年少女、あるいは青年たちと日々つきあっている中で、私はこの短歌を思い出すことがよくあるからです。

聞こえない子どもがそのことをわざわざ口に出して言うか言わないかは別として、自分の中にいつもひっそり持っている一つの根源的な問いがあります。それは、「なぜ、私だけが聞こえないという他の人とは違う姿形でこの世にやって来たのだろうか」という問いです。

「なぜ私だけが他人と違っているのだろうか」

聞こえない子どもたちは、この誰にも簡単には答えることのできない根源的な問い（質問）を胸

◆26……寺山修司（てらやま・しゅうじ）（一九三五〜一九八三）。青森県生まれ。歌人・詩人・劇作家・演出家・映画監督。一九五四年に「短歌研究新人賞」を受賞し、注目される。後に劇作家として戯曲を発表。演劇実験室「天井桟敷」結成後は市街劇、密室劇などの実験演劇を中心に芸術活動を展開。「田園に死す」（一九七四年）などの映像作品も評価を得た。この短歌は『寺山修司コレクション①全歌集全句集』思潮社（一九九二）所収。

◆27……『寺山修司戯曲集三　幻想劇篇』劇書房（一九八三）に「盲人書簡 上海篇」が収録されている。

の底に秘めて日々を生きています。これはある意味で非常に困難な問いであり、それにきちんと向き合おうとすれば、そこから根本的な深い苦しみや悩みが生じてくる厄介な問いかけです。場合によっては、精神的な危機状態、アイデンティティの破綻・崩壊という状況を呼び寄せてしまうような根源性を孕んだ過酷な問いかけです。

しかし、「優しさ」が至るところで求められ、「癒し」がそここに充満している現在の日本社会のような精神風土では、このような苛酷な問いかけに向き合うことは避けられがちです。障害児のいる世界でも、たとえ「憐れみ」「善意」「思いやり」「優しさ」という対応は至る所にあふれていても、このような根源的問いに対してはほとんどの場合、無視、意図的な回避、隠蔽という態度がとられています。しかし、私はこのような問いをこそ、聞こえない子どもや青年たちには大事にして欲しいと思っています。なぜなら、この最も苦しく困難な問いこそが、私というものが存在していることの意味（価値）について考える際の唯一のしっかりした手がかりであり、出発点になるからです。別な言い方をすれば、そこが自分のアイデンティティを考える本当の入り口だからです。この根源的な問い、つまり「ただ一問の質問」に対する自分なりの答を発見するために、一人の人間の中で「考える」という作業が本当に始まるのだろうと私は思っています。

そして、学力や言語力というものは、この「ただ一問の質問」に自分なりに答えようとする時にこそ、本当に役に立つものでなければならないのではないでしょうか。そのときにこそ、そこでしっかり意味を持つような勉強でなければ駄目だということです。かけ算の九九も英語の不定詞も国文法も、自分の人生の中に発見する「ただ一問の質問」に答えようとする時、しっかり意味を持つ、きちんと役に立つ、そのようなものとして学ばれなければならないというのが私の基本的考えです。

聞こえない子どもが勉強する根本的な目的とは何か。今までの話を短い言葉で要約すると、次の二点になります。

（一）聞こえる人間の社会という「異文化」の理解
（二）聞こえない人間である「自文化」の価値の確認

それならば、この二つの目的を実際果たすためには、何が必要でしょうか。もし、聞こえない子どもたちがこの二つの目的を自分なりに粘り強く達成していこうと思ったら、具体的にはどのような手続き、条件、能力が必要でしょうか。それは自分なりのしっかりした言葉の力（言語力）と、それを論理的に組み立て、自由に使うことの出来る力（思考力）です。それを自分の中にしっかり持っておくことがどうしても必要になってきます。つまり、聞こえない子どもたちにとって、勉強とは将来、立派な聞こえない人として精神的にも、経済的にも「自立」する（文字通り、一人で立つ）ために必要な知的能力を身につけるための思考の自己訓練なのです。

5 言語力と思考力

私は、自分が個人指導する際、教えている内容がたとえ算数の九九や国語の助詞、あるいは英語の不定詞、あるいは数学の因数分解といった純然たる「教科」内容であっても、根底では思考力の育成という本質的な目的にしっかり直結したものでなければならないと考えてきました。九九や助詞の運用を覚えても、それが立派な聞こえない人として成長することに結びついていなければならない、つまり、そのために実質的に役に立つものでなければならないと思ってきました。もし、そうでなければ、その勉強は意味がないということです。聞こえない人間として、現実の中で抱え込む困難や苦しみ、辛さに対処しようとした時、あるいは、その現実を具体的に改善しようとしたとき、真に役に立たないような知識、思考力ではまったく駄目だということです。もし、その聞こえない子どもが自分の将来のためには実際はなんの役にも立たないような勉強をしているとすれば、これほど虚しいことはありません。それではまったく時間の浪費です。

聞こえない子どもたちが聞こえる人と同じようになるために勉強する必要など、どこにもないのではないでしょうか。そうではなく、聞こえない子どもたちは立派な聞こえない人間になるためにこそ、ただ、その目的のためにだけ、しっかり勉強しなければならないのだろうと私は思っています。そして、私たち親や専門家の支援や教育、指導といった関与も、それは聞こえない本人たちにとって「現在、本当に役に立っているのか」、「将来、本当に役に立つのか」という、ただ、その一点において、成果と責任が厳しく問われなければならないのではないでしょうか。

6 「言語力」ということをどのように考えるか

聞こえない子どもたちにとって、勉強することは常に自分自身を守ることと、支えることに真っ直ぐ繋がっていなければならない、その意味で真に役に立つものでなければならないということについては、今までの話で少しは理解していただけたかと思います。

そして、そのためには基礎的条件として言語力とそれを論理的に運用する思考力が必要だということを言いました。時間も残り少なくなってきたので、最後に、この言語力という問題について、少し付け加えたいと思います。

聴覚障害児教育の世界では「言語力」という言葉が比較的よく使われます。しかし、私たちは一体どのような意味において、この「言語力」という言葉を使っているでしょうか。私たちが「言語力」という時、具体的に何を指しているでしょうか。どのような能力をそこに想定しているのでしょうか。聞こえない子どもにとっての「言語力」について考える時は、次の三つの言語力をしっかり区別して考える必要があります。

（一）音声言語――音声日本語の能力
（二）書記言語――書記日本語の能力

（三） 手話言語——手話言語の能力

①対応手話の能力問題

②日本手話の能力問題

この三つの言語力の違いをしっかり区別して議論をしていないため、いろいろな混乱が起きています。[28] また、その結果、議論の要点が曖昧になってしまい、それぞれの言語力の意味（機能と必要性）と、その相互の関係性も十分に理解されていない面があります。

三つの言語力については、それぞれ詳しい説明が必要ですが、ここでは重要な要点を一つだけ指摘しておきます。

聴覚障害児教育の実践現場では、今まで聴覚口話法の考え方が主流でした。つまり、言語力ということを言った場合、それは暗黙のうちに発音と聞き取り（聴能）の力、つまり音声日本語の能力を指していました。そして、具体的な言語指導（教育）の対応・評価の実際面でも（無意識のうちに）音声言語に大きな比重がかかっていました。敢えて極端に言えば、聞こえない子どもを見る場合、「まずは声さえ出してくれればいいのだ」、「喋れるかどうか、聞き取れるかどうかが大事なのだ」、「声で話せなければ話にならない」という認識を暗黙のうちに作ってしまったという面があります。しかし、現実的な結果として、正にその発音と聴能という音声言語面においてさまざまな不全問題が生じており、そこから生活面での周囲との不適応や低学力という具体的で切実な問題も惹起しているわけです。これらの現実の状況については見て見ぬふりという実状もありますが、一方、色々な人たちが徐々に根源的疑問を感じ始めてもいます。[29]

そして、そこから、今度は手話の見直し、再評価という状況が出てきました。この状況からは手話を通した言語力の育成という発想（これはそのままバイリンガル・バイカルチュラル教育に繋がっていく一つの道筋でもあります）や手話で表された内容の言語学的評価等々の新しい視点が見出されています。

ある意味では、現在、手話は確かに大変注目を集めています。これは一つに聴覚口話法の主流化、絶対化に対する本質的な不信と批判として、今度は手話という逆方向に反動的に針が大きく振れている現象と見ることができるのではないでしょうか。しかし、コミュニケーションを手話に切り替えさえすればすべての問題は解決するのかというと、そう簡単な話ではありません。少なくとも手話を教育現場に取り入れ、それを適切に、かつ十分に機能させるためには解決しなければならない理論と技術と制度面の具体的な問題がまだ山積みです。[30]

◆28……例えば、「ことばが理解できないと精神の発達が望めない」と言うとき、その「ことば」とは音声言語のみを指しているのではないか（手話言語により成立している言語空間については無知か無視している）。「この子は聞こえないけれど、ことばはだいたいわかります」と言うとき、その子は書記日本語という「ことば」はきちんと書いて理解することは出来ているのか。「手話を使うとことばが定着しなくなる」と言うとき、その「ことば」とは何を指しているのか。その手話批判は音声言語は使用しないが、手話と書記言語という二つの「ことば」を駆使する聴覚障害児がいるという現実をどのように考えるのか。何より、「言語やことばにばかりこだわるが、それよりも大事なのはコミュニケーションではないか」という聴覚障害児教育の世界でよく口にされるきわめて奇妙な言説は、「ことば」のレベルや種類に対する混乱から生まれているのではないだろうか。

◆29……聴覚障害児教育における学力保障問題については具体的、積極的取り組みがおこなわれ始めている。広島県立広島ろう学校では手話使用を前提にした学力保障をはっきり意識した実践が開始されている。また、毎夏開催されている「ろう教育実践交流会」（代表・木島照夫／東京都立大塚ろう学校）もやはり手話使用を踏まえた教科指導技術の研究を目指している。

例えば、聴者の親と聞こえない子どもの間の言語的コミュニケーションをどのように保障するのかという切実な問題に対し、手話重視の立場からはまだ説得力のある、そして現実的で実行可能な具体的方法が提示されているとは言えません。[31] 幼児期の言語獲得に母子関係が大きな意味を持つ点を考えると、今の状態のままでは、聴覚口話法のみに頼ろうとする聴者の親に対して方向修正を提案する場合、肝心の部分で訴求力が不足しています。[32]

また、教育への手話の実際的導入についても、書記言語（読み・書きことば）への結びつけは具体的にどうするのかという技術的問題がまだほとんど手つかずのまま残っています。[33] 特にこの書記言語の問題については、この後で触れます。

手話の現実的な導入を考えるためにも、私たちはまだまだ困難な状況にあるという認識をしっかり持っておく必要があると思います。「手話、手話」とただ声高に言いさえすれば、状況はよくなるわけではないということです。

7 書記日本語という問題

さて、そこで、先に言語力の三つの種類をあげましたが、それに照らしてみると、現在の状況はどう位置づけることができるでしょうか。つまり、こういうことです。（一）の音声日本語から（三）の手話言語へと皆の意識がひろがったということです。しかし、（二）の書記日本語という問題はどうなったのでしょうか。私に言わせると、（一）の音声日本語のみに意識が集中していた口話時代も、(二)の書記日本語はないがしろにされていました。そして、現在、皆の目が(三)の手話に向けられている状況(そのこと自体は意味のあることなのですが)の中でも、また、この

◆30……まず第一にあげられるのが、教育現場で指導にあたる教員の手話のレベル問題である。日本の場合、聴覚障害児教育に携わる教員採用システムには手話能力を問う試験もないし、養成課程での正式な研修制度もない。教育現場に就任後もその聾学校独自の手話研修制度を設けている学校は少なく、仮に制度があっても回数が少なかったり、実際は校務でほとんど参加できなかったりするのが実情である。責任感のある熱心な教師は市主催の講習会等に自主参加し、手話の習得に努力している。手話の習得は、簡単な挨拶程度をマスターする話なら別だが、授業をおこなう際の指導(説明)言語というレベルになると、その習得にはかなりの学習時間と努力を要する。それを短期間に集中的に効率よく実施する研修プログラムも制度も今のところはない。従って、正直に言うなら、現場の教員が手話で授業をするという情況を作るのは、現実的には非常に困難な面がある。

手話のレベル自体に大きな問題がある上、そこに対応手話と日本手話という理論面での現実問題がかぶさってくる。クレオール化(序章参照)も手伝って、子どもたちの手話はたとえ対応手話から出発しても、必ず徐々に日本手話化していく。その時、対応手話のじょうずな教師であっても、子どもたちの日本手話には追いついていけなく(理解できなく)なるという問題が生じる。

◆31……ただし、この数年、自ら講習会に通って手話を覚え、同時に子どもと一緒に聾成人が主宰するフリースクールに積極的に参加して聾者とも付き合うような、聴覚障害児を持つ若いお母さんたちが少しずつ増えてきている。旧態依然とした学校や制度の問題を置き去りにして、親たちの行動の方が先行しているのかもしれない。

◆32……手話に関して積極的な情況がいろいろなレベルで活性化してきているのは事実だが、その一方で、手話に対する抵抗感や疑問視する傾向もまだまだ根強くある。手話尊重派の人々と接すると「情況は本当に変わったな」と思うのだが、地方の聾学校に講演に行ったりすると、そんな感慨はまったくの錯覚であったことを思い知らされる経験を私は何度もした。たとえ手話に対して理解のあるような教員でも、夜の懇親会で胸襟を開いて忌憚のない議論をしてみると、実は口話絶対主義を前提にした「手話容認派」だったりすることが少なくない。また、有名な聴覚障害者の講演等で、本人が自らのインテグレーション経験のマイナスだった側面を正直に披瀝し、後続の人たちに反省を促しても、「しかし、そのような思考力を身につけられたのは、口話教育やインテグレーションのおかげではないんですか」と切り返し、結局、口話法肯定に留まる親や教師も今もって後を絶たない。「手話で教育を受けていたら、そこまでの言語力はつかなかったはずだ」というのが彼らの言い分である。

◆33……書記言語(リテラシー)に関する問題は本書第4章「リテラシー論」参照。

（二）の書記日本語の問題は忘れられがちのようです。

「そんなことはない」という反論が出るかもしれませんが、その反論に対しては、次のような再反論で十分に応えられると私は思っています。「聴覚口話法が主流化した状況の中であれ、手話が取り入れられている状況の中であれ、例えば、日本語の作文教育と読解指導が意識的に徹底的に実践されている具体的状況が果たしてどれだけあっただろうか」という問題指摘です。

日本語に関するしっかりした作文能力と読解能力という「言語力」は、聞こえない子どもが成長して、聴者と共に実社会で生きていく現実の場面で、否定しがたい重い意味を持ちます。進学、就職、恋愛、結婚、育児等の具体的場面で、聞こえない人間は多くの現実的困難にぶつかりますが、その際、自分の正当な異議申し立てや自己弁明、あるいは自己の能力提示、情報確認をきちんと文章に書いて表現することが出来るか否かが、その状況の実質的改善、権利の確保と保全に決定的な影響力を持ちます。その能力の有無から、実質的利益の享受面に明らかな格差が生じます。◆34 文章をきちんと読み、書けることで、差別的で不当な対応から生じる損失を自力で回避、解消できたり、不平等な状況を本質的に改善できる場面がかなりあるということです。

また正確な読解力（文章を読んで細やかに理解できる能力）はその聞こえない人間の読書力を支え、豊かな情報と未知の世界への扉を開きます。何より、読書とは書かれた言葉を通して「他者」の思考と出会う体験であり、その意味で異文化理解への非常に重要な入り口の一つでもあります。

しかし、現実は多くの聴覚障害児・者がこの書記日本語の能力（読解力と作文力）を十全に身につけられないまま、生活することを余儀なくされています。私の知っている聾者の中にも、自分の文章を公的な場所に発表する場合、必ず聴者に一度チェックしてもらわないと不安だという人が何人もいます。事実、そのような場合、生の原稿を読んでみると、そこには書記日本語としては明らかな間違いが点在しています。場合によっては、まったく意味不明であったり、逆の意味に誤読されるような誤りが混在していることも少なくありません。手話による自己表現の際は十分に論理的な思考ができる人が、書記日本語においてはそのようなきわめて基礎的レベルの問題を抱えています。

あるいは次のような現実的問題もあります。パーソナルコンピュータの普及は障害者の知的表現活動や情報へのアクセス（接近）にも大きな威力を発揮しています。今後も精神活動面のバリアフリーツール（不便さを取り除く道具）としてさらに発達するでしょう。そのコンピュータのキーボードに日本語を入力する際は、平仮名かローマ字で各音を一字ずつ打ち込んでいかなければなりません。しかし、書記言語としての日本語をしっかり身につけていない場合、例えば、漢字の読み（特に、拗音、促音、濁音、半濁音の表記）が正確に綴れないと、結果、漢字への変換が出来ず、コンピュータを道具として十分に活用することが困難になります。これでは特に聴覚障害者には便利な電子メールも使いこなせないことになります。

◆34……綺麗ごとでなく、現実を踏まえた正直な話をすれば、書記言語（書記日本語）の能力を身につけている聴覚障害者は、それを身につけていない聴覚障害者に比べ、極めて大きな社会的、文化的資本（団体組織等の幹部職、社会的発言力、周囲からの敬意、経済的安定、抜きん出た教養と情報収集力、等々）を手にしている。結局、多くの場合、彼らが聴覚障害者の意向を「代表」する形になる。書記言語という資本を持たない聴覚障害者は多くの面でその逆の立場を強いられ、不利益をこうむることも多い。本書第1章2「難聴児の自己形成方略――インテグレーションの「成功例」とは何だったのか」参照。

日本語の読み書きがきちんと出来ないという問題は、その聴覚障害者個人の責任や能力の結果なのでしょうか。私はそうは思いません。やはり、それはしっかりした書記日本語の能力を身につけられるだけの学校教育を受けられなかったという、あくまで教育システムがもたらした問題ではないでしょうか。

この会場には成人した聾者の方も沢山いらっしゃいます。失礼ですが、皆さんはきちんとした日本語の読解と作文教育を受けてきましたか。書くこと、読むことに関し、本当に自信がありますか。聴覚障害児教育は書記言語の習得という点に関し、本当に有効に機能してきたのでしょうか。その教育的責任を本当に果たして来たのでしょうか。私たちはもう一度、この点について、厳密に考え直す必要があると思います。

聴覚障害児にとっての言語力の問題を考えるとき、特に皆さんに注意を向けてもらいたいのはこの書記日本語能力のしっかりした育成という問題なのです。もちろん、そのためには具体的な対応案、指導プログラムを提示しなければなりません。私自身、この点を最重要課題と考え、今まで自分自身の個人指導を続けてきましたので、それなりの提案はありますが、残念ながら今回は具体的技術論についてお話しする時間がありません。今日は、教育現場、特に小学校と中学校において作文指導（日記指導を含めた）に対する意識をもう一度しっかり捉え直してもらいたいということだけを提言させていただきます。◆35

作文教育とは単に「文章を書く練習」ということではありません。また、書くことをただ単に「楽しむための時間」でもありません。そうではなく、自分の思考の道筋と感情の由来を日本語の書記言語で論理的に記述する、その実践的技術を徹底的に身につけるためのことばの自己訓練です。言い換えれば、書きことばを使った厳密な思考訓練です。

思考を論理的に組み立てて、自分の考えや気持ちをきちんと表す、つまり他者に伝えるということの基本姿勢は、家庭においても小さい時から日常的態度としてしっかり育んでもらいたい事柄です。その際、重要なことはそれが音声言語で表されているのか、手話言語で表されているのかという言語の種類（モダリティ）なのではありません。本質的問題はその表された思考が論理的に組み立てられているかどうかという「中身」の問題です。そして、論理的に組み立てられているという意味において、他者との言語的コミュニケーションに向けてきちんと開かれたものになっているかどうかということです。論理という骨組みがなければその思考を他者に伝えることは出来ません。つまり、重要な点は言語コミュニケーションの「種類」ではなく、思考の「中身」（論理性＝組み立てられ方）なのです。

たとえその聴覚障害児のことばが一見上手な発音で話されたものであっても、それだけで安心したりしないでください。「声さえ出してくれれば、それだけでいい」という考えでは困ります。外見（形式の種類）ではなく、思考の中身そのものの組み立てられ具合まで細やかに心を配って対応してあげてください。

この会場にいらっしゃるお母さん方にお願いします。聞こえない子どもが何かを表そうとした時、

◆35……二〇〇二年八月二二日、二三日、二四日、広島市で開催された第五回「ろう教育実践交流会」において筆者は研究発表「日記指導における「添削」の考え方と対応」（未刊行）をおこなった。指導技術の実践研究は今後も粘り強く続けていきたいと考えている。

そこに戸惑い、困惑、立ち止まり状態があれば、「なぜ、その子は立ち止まっているのか」を言語（音声言語、手話言語）のレベルの問題として深く捉え直すことの出来るような注意深いお母さんであってください。

そして、思考の中身の論理性がごまかしなく、そして最も厳しく問われるのが、書記日本語というレベルにおいてであるということを忘れないでください。また、現実の厳しさに耐えうるレベルにまで思考力を育成し得るのが、この書記日本語というレベルにおいてであることも。つまり、実際の社会生活で根源的かつ実践的な意味を持っている思考道具が書記日本語なのです。そして、その書記日本語の力がしっかり身につくためには、聞こえない子どもが音声言語なり手話言語なりできちんと培われた（言語化された、思考化された）現実の体験世界を豊富に持っていることが不可欠な基盤（前提条件）であることを、最後にもう一度念押しの意味で指摘しておきます。

おわりに

私が今回の話で提起したのは何か新しい視点であったかと言うと、決してそうではありません。それは一言で言うならば、「聞こえること」のみを絶対的な価値と見なし、それを正常な状態（基準）として、聞こえない子どもをその地点に少しでも近づけようとする「正常化論」的価値観からいかにして本質的に離脱するかという古くて新しい問題でした。しかし、大事なことは問題自体の古さや新しさということではありません。

「正常化」論の問題を正常化論として単純に指摘、批判することは、ある意味で大変たやすいし、また事実、多くの人にも理解してもらいやすい議論の仕方です。しかし、真に重要なことは「正常化」という考え方が本質的な形で表れるのは、多くの場合、それが正常化だとすぐにわかるような状況においてではないということです。つまり、正常化論的対応は一見そう見えないような、それとははっきり意識されないような無自覚な行為や文脈の中で発動・実践されています。さらに言えば、それはときとして、「善意」や「優しさ」「思いやり」という不可侵の（つまり、障害者の側からは反論や拒絶が極めてしにくい）身ぶりをとおして確信的に発動・実践されています。

だから、私たちにとって、まず基本的で根本的な思考の出発点は、正常化論的考え方がどのような無意識の態度、実践行為の中に表れているのかを再検討し、少しでもそれを自覚するということにあります。この本質的な再検討の作業をないがしろにしたまま、いくら表層的な対応を様々に積み重ねてみたとしても、その「支援」の結果は永遠に虚しいものでしかないだろうと思います。昨今、いろいろな場所で自分が受けた教育に対し、特に成人した聴覚障害者から本質的な不満や異議申し立てがはっきり提示されるようになって来ています[36]。これは、何より、正常化論的対応に対する反省の欠如、自覚の不在に対する当事者からの切実で否定し難い根本的異議申し立てなのではないかと思います。

「正常化」論的志向から本質的な意味においていかに離脱するか。この問いかけを、一人一人の人間が「善意」「優しさ」「思いやり」という表層的なことばでごまかしたり回避するのではなく、

◆36……気をつけて眺めれば、実は、いろいろな場所でかなりの「異議申し立て」の声が既にあがっている。本書第1章2「難聴児の自己形成方略――インテグレーションの「成功例」とは何だったのか」参照。

自分自身の現実的な問題として、どこまで深く理解し、受け止め、引き受けていくか。今、最も問われているのはそのことだろうと思います。すべてがこの一点にかかっています。

そして、この問いかけは、おそらく、聞こえない人間に対しても、聞こえる人間に対しても、同じ重みを持った問いとして、私たちの目の前にあるのではないでしょうか。

聞こえない子どもたちが勉強するのは何のためなのか。聞こえない子どもたちにとっての言葉の力とは一体何なのか。聴覚障害児の教育について考える時、このきわめて根本的な問いかけに一人一人が再度立ち返る必要があるように思います。そして、それは同時に、障害認識（論）という自分自身の障害観を根源から徹底的に問い直す手続きを抜きにしては決して出来ない作業ではないでしょうか。

以上のような意味で、私の話を一つのささやかな提案として受けとめていただけたならば幸いです。長い間、御静聴ありがとうございました。

6
聴覚障害児の学習とことば

●講演日時／一九九五年五月二八日
主催／名古屋難聴児を持つ親の会
●講演原稿（未刊行）に加筆修正／二〇〇三年六月

はじめに

今日お話しするテーマについては、講演の御依頼を受けた際、聴覚障害児の学習について、つまり、聞こえない子どもはどのようにして勉強したらよいかという問題について話して欲しいという御要望をいただいています。この方向を踏まえた上で、今日は、聴覚障害児の学習とことばという問題を考える場合、基本的にどのようなことを考えておかなければならないか、つまり、前提認識という点について、私の考えをお話しさせていただこうと思います。

1 なぜ学力が問題にされるのか

1・1 現状

まず、なぜ現在、聴覚障害児にとっての学力の問題が皆さんの大きな関心事になっているのかということから話を始めたいと思います。事実、私も今まで何回も講演をしてきましたが、依頼される時の希望テーマは、聴覚障害児の勉強の仕方（学習法）に関するものが非常に多いというのが現実です。それくらい、この問題が聞こえない子どもを持った親にとって切実な問題であるということだろうと思います。

なぜ、勉強の問題に関心が集中するのでしょうか。その理由はおそらく非常に単純明快な事情から来ているように思われます。つまり、聴覚障害児の学力状況が非常に悪いということ。具体的に言えば、聾学校においては学齢学年より数学年下の学習内容を勉強していて、そのギャップがいつまでも縮まらない。また、インテグレートした聴覚障害児の場合、学校の授業がわからず、徐々についていけなくなり、厳密に見れば最終的にはまったくお手上げ状態になっていることが多い。授業内容がきちんと理解できず、教室の中でただ黙って座っているというような状況が起きているという現実があるからではないでしょうか。

もちろん、進学状況も低迷し続けています。地域の公立中学に進学する場合は原則として無試験ですから表面上は何事もなく進学できますが、授業がきちんと理解できているか、基礎的学力はついているかという点になると、実情は悲惨なものである場合が多いのではないでしょうか。そのことは、自力で受験しなければならない普通高校入試の段階で、進学できる聴覚障害児がごく僅かだという事実がはっきり物語っています。[◆1] 自由意志で「進学しない」ということではなく、進学したいのに学力が不足しているため「進学できない」という状況があるということです。多くの聴覚障害児がこのような状況にあるため、当然、親は常に不安を感じ、焦って色々な対応を模索するわけです。

また、一方で、少数ではありますが、時々、高校や大学への進学に成功する聴覚障害児の例もあります。これはこれでまた別種の願望を聴覚障害児を持つ後続の親たちに抱かせる原因になっています。「うちの子もあういうふうに、普通校に行けるような勉強の出来る子どもにしたい」という学歴に対する願望執着、それを実現させるための学習法、つまりハウツーを探し求めるという、ある意味で「熱心な」取り組みが生まれる所以です。

1・2 二つの対応傾向（学歴指向と自然主義的対応）

このような状況の中で、現在、親の対応と認識は大きく二つの方向に分かれています。それは、学歴指向と自然主義的対応という二つの傾向です。

学歴指向の親は、「うちの子は聞こえないけれど（障害があるけれど）、勉強は人並みに（あるいはそれ以上に）に出来る」という状態を目指します。そして、そのことを内心、誇り・支えにして、障害を「解消」し、「押し返し」、「乗り越え」ようと考えます。また同時に、学歴的に成果をあげることで、聞こえる人間と「対等」になれる、「見返す」ことが出来るという希望（幻想）を信じ込むという傾向もこの努力的上昇指向スタイルから生まれます。

一方、自然主義的対応の親は、「詰め込み教育はしたくない。障害があることは気にせず、出来るだけ自然に、自由に、楽しく、子どもの自主性・好奇心・積極性を尊重しながら、育てていきたい」と考えます。当然、育児・躾・教育もそれなりの独自の傾向をもったものになります。特に重要な点は言語力育成についてあるはっきりした傾向（認識）が生じるという点です。それについては自然主義的対応とは具体的にどのような対応なのかということも含め、後で詳しくお話しします。

1・3　問題の根本的問い直し

インテグレーションという選択（聾学校には行かせず、普通学級に在籍させるという親の選択）は現在ますます主流化してきていますし、多くの親がそれを当然のことと考えるようになっています。そして、インテグレートした子どもとその親たちがさらに学歴指向と自然主義的対応という二つの考え方に分かれ、それぞれの対応をしているわけです。

しかし、結果として、そのいずれの選択状況においても、現実には学力不振、低学力という大きな問題が生じています。この問題に関しては重要な点が二つあります。それは、関係者（親と指導

◆1……最近（二〇〇三年現在）は聴覚障害児の進学状況にも微妙な変化が起きている。少子化に伴い進学希望者数自体が全体的に減少してきている。受け入れ側の高校、大学は運営上からも生徒・学生の確保が死活問題になるため、さまざまな入学形態（推薦枠、AO入試、通信制、等）を設定し、「入り口」を拡張している。つまり、以前に比べ、高校や大学には「入りやすく」なってきているという側面がある。ある意味で、この情況は聴覚障害児にとって都合がいいわけだが、ただし、しっかりした基礎学力がないまま、安易に高校や大学に進学することになるという「先延ばし」された問題は残ったままである（一方、聴覚障害児の世界においても、学力優秀児は進学校、有名校により集中するようになり、受験競争は激化するという二極分化が起きている）。

に当たっている教育の専門家）に問題の本質理解が希薄なため、抜本的な改善策が実施されていないということと、その当然の結果として、問題状況はさらに悪化、深刻化し続けているということです。

障害児教育の面から見れば、インテグレーション教育の一般化（主流化）という現象は、教育の機会が障害児にも均等平等に与えられた「好ましい変化」として好意的に受け入れられやすい面を持っています。[◆2] しかし、なぜ、そのような状況の中で、低学力、低言語力という深刻な問題が生じているのでしょうか。私は、おそらく、インテグレーションに対する考え方（インテグレーションに求められたもの）自体に問題があったことが原因ではないかと考えています。また、そのことが学歴指向と自然主義的対応のそれぞれの中に、具体的問題として影を落としているように思えます。この点を再検討しないまま、いくら学習法のハウツー（技術論）を模索しても、状況は何ら改善されないだろうというのが私の基本認識です。

現在、最も必要なことは目先の表面的な対応に焦ることではなく、もう一度、根本の問題、つまり、「聞こえない子どもになぜ勉強させるのか」という本質的事柄を一人一人の親が自分の頭でしっかり考え直してみることではないでしょうか。

今日はこの線に沿った話をしたいと思います。「どんな参考書を使えばいいか」、「どんな勉強をすればことばが覚えられるか」というハウツー情報を期待して来られた方には申しわけありませんが、今日はそのような話はほとんど致しません。後で触れますが、聴覚障害児がしっかりした学力、言語力を身につけるためには多大な、そして長期にわたる地道な自助努力が必要です。目先の手軽なハウツーに走る人にはこの根気の要る作業は決して出来ません。風雨に耐える堅固な家（学力）を建てるためには、まずはその土台（根本の目的）をしっかり踏み固めておかなければなりません。私が講演でお話しする場合、まず一番最初に学習の本質論に関する話をするようにしているのはそのためです。この点を理解してくださるよう最初にお願いしておきます。

それからもう一点、現状の問題状況は、事実、いろいろな要素が複雑に関係し合って構成されています。また、そこには親や関係者の中にある様々な「無意識」の価値観という難しい問題も潜在しています。それを出来るだけ解きほぐし、整理しながら、問題の本質について考えていかなければなりません。ですから、おそらく、今日の私の話自体も、ある程度入り組んだものになると思います。粘り強く、一緒に考えながら聞いていただければ幸いです。

◆2……筆者は大学の講義で一年生に「インテグレーション教育と盲・聾・養護学校のように障害児だけを集めた教育のどちらがいいと思うか」と尋ねることにしていた。例外なく、九割の学生が「インテグレーションがいい」と答える。理由を訊くと、「一緒に学ぶのが当然」「別にするのはかわいそう」「助け合うことは大事」等の根拠があがる。次に、「インテグレーションと盲・聾・養護学校のそれぞれの実態を知っているか」と問うと、インテグレーションを肯定した学生のほとんどが「知らない」と答える。インテグレーションに対して慎重な態度をとる少数の学生は、自分が在籍した普通校で障害児と一緒に学んだ経験を持ち、現実がそう綺麗ごとではないことを見てきた学生か、自分の家族や近親者に障害児・者がいて、インテグレーションや特殊学校の実態をよりリアルに知っている学生である。問題は、実態も知らないのに、なぜ「インテグレーションがいい」と判断するのかということであり、その根拠として、「一緒がいい」「別々はかわいそう」「助け合い」というような理由が反射的に口をついて出てくるのはなぜなのかということである。平等主義の表層的な絶対化、それもお題目的な形で注入された「常識」（先入観）としての善意の障害観という問題がある。ただし、この善意の障害観、平等観は、障害を取り巻く現実を正確に捉えようとする場合、かえって目を曇らせる要素となる。講義を通し、現実の複雑さ、困難さを知った後の学生の何割かは、先のインテグレーション肯定の判断を変更し、慎重な態度をとるように変わる。

聴覚障害児のインテグレーション教育という試みに対しては従来から不安や批判がなかったわけではありません。聴覚障害児を聴児と一緒に教育することの不適切さ、無理、あるいは指導者の専門性の不足等が指摘されてもきました。それでも、多くの親が敢えてインテグレーションの道を選んだわけですが、インテグレーションを選択しただけの成果、実質的内容を積み上げることが本当にできたでしょうか。親、ならびにインテグレーションを推進した専門家は責任をもってこの点を再検討しなければならない時期がきていると思います。

誤解がないように申し添えておきますが、私はこの一四年間、自分の考えに基づき、インテグレートした聴覚障害児（難聴児）たちの教科学習（進学、受験指導を含めた）と言語力育成の個人指導を専門にしてきました。従って、頭からインテグレーションに反対しているわけではありません。

しかし、インテグレーションを選択する本当の動機が、実は「聞こえる子どもたちと一緒にいさせたい」という親の単純な虚栄心のためだったり、「聞こえない」という障害に対する親自身の「失望」「嫌悪」「劣等視」をごまかし、障害を「回避」、「拒絶」、「克服」するためだとすれば、やはりインテグレーションの主流化という現象を手放しで喜ぶことはできなくなってきます。

2　学力不振・低学力の原因は何か

2・1　原因は決定的な言語の基礎力不足

聴覚障害児の学力不振、低学力の原因は何か。この問いに対する端的な答は、おそらくインテグレートした聴覚障害児の基礎言語力の決定的な不足ということになるだろうと思います。この単純で明快な原因の持つ意味を親と専門家はどれだけしっかり認識しているでしょうか。つまり、言語力の基礎部分の習得作業が不徹底、いい加減であったということです。実はすべての問題は基本的にここから生じています。

小学校に入学すると、親は「学力」という具体的問題を気にし始めますが、教科学習について起きる理解困難情況は、ほとんどがこの言語の基礎力不足が直接的原因です。そして、さらに重要な点は、この学力問題として表面化する低言語力の問題は、学力問題だけに留まってはいないということです。それは、学力だけではなく、友だちとの言語的コミュニケーションや家族間の意思疎通にも困難を生み出し、当然、それは精神の発達面にも影を落とし始めます（「勉強だけが大事なわけではない」、「ことばだけがすべてではない」、「コミュニケーションや気持ちの伝わり合い、優しい気持ちこそが大事なのだ」という教育現場でよく口にされることばがあります。学力と言語力を何か別のもののように分けて見ようとする立場であり、言語を重視することに何か抵抗感を持った教育観です。しかし、言語力というものは、思考力と結びつきながら、学力も含んだコミュニケーションの様々な面に構造的、波及的に影響をもたらす根源的なものだと私は考えています）。

就学前の時期に最低限必要だった言語の基礎力が、なぜ十分に習得されていなかったのでしょうか。あるいは、なぜ就学後も引き続き、基礎的言語力がつかないままだったのでしょうか。この問題は、聴覚障害児にことばを習得させようとしたときの親、あるいは専門家が「聴覚」障害と、「ことば」（言語）という二つの根本問題をどのようなものとして考えたか（理解、認識したか）に深く関係しています。なぜなら、その認識に基づき、具体的な対応策（教育プラン）が決められ、実践されていったはずだからです。そして、今、私たちが目にしている低学力やコミュニケーション上の困難状況も、その必然的結果に他ならないからです。

2・2 インテグレーション選択時の動機の再検討（絶対選択と相対選択）

根本から考え直してみるためにまず出発点に戻り、インテグレーションを選択した時点の動機から、もう一度検証してみましょう。実はそこに既にどんな問題があったのでしょうか。

インテグレーション、つまり、聞こえない子どもを聞こえる子どもたち専用に準備された学習環境に入れるという選択を親がする場合、その選択の仕方自体に二つの異なる傾向があります。それは、絶対選択と相対選択です。

2・2・1 絶対選択

絶対選択タイプの親は、「聴覚障害があるからといって、なぜ、聾学校に行かなければならないのか。たとえ聞こえなくても、皆と一緒に学校に通う当然の権利があるし、それが自然なことではないか」と考えます。必然的に「分離」教育である聾学校に対しては批判的、否定的、反発的になりますから、事前に自分の目で聾学校を見学してみるという必要性もあまり認めません。最初から、当然のこととして、つまり、唯一の選択肢として、インテグレーションだけを絶対的に無批判・無自覚に選択するということになります。

また、このタイプの親は何より「平等」「個人の自由」「自主性の尊重」「押し付け・強制・管理教育への嫌悪・批判・拒否」といった考え方（価値）を重視する傾向が強いので、その必然的な結果として、後述する自然主義的対応に対しては、親しみを覚え、その理念を積極的に評価、受容し、その線に沿って聴覚障害児に対応していくでしょう。ただし、この「平等」「個人の自由」「自主性の尊重」重視といった考え方には、実は親や教師が背負うべき現実的責任や努力という問題から目をそらせるような安易で無責任な観念論（感情論）にすり替わる可能性があることは、どこまでも銘記しておくべきだと私は考えます。

2・2・2　相対選択

一方、相対選択タイプの親は、聾学校も考慮検討すべき選択肢の中に入れ、実際に自分の目で実情を見学、確認します。その上で聾学校を選ばず、インテグレーションを選択したという人たちです。絶対選択が場合によっては現実を無視した理念先行に陥る危険性を伴うのに対し、相対選択は一応、教育環境の実際を自分の目で確認した上での比較判断である分、まだ、より客観的、冷静な選択判断態度であると言えます。

しかし、この相対選択にも問題がないわけではありません。それは聾児に対する見方の問題です。表面的には、奇声をあげ、身ぶり手ぶりで原始的意思表示しかできないように一見みえる聾児の姿に、見学した親はショックと不安を感じる場合があります[◆3]。そして、そのショックと不安は「自分の子どもがこうなるのは困る、いやだ」という反応を引き起こします。つまり、聾学校を選択しなかった理由が教育環境としての不適切さであるより、聾児の表面的姿（外見）から受けた親個人の印象（嫌悪感）に起因していたという問題です。その結果、後は一つしか残っていない選択肢としてのインテグレーションを選んだというわけです。ですから、このタイプの親は「だから、インテグレートするしかなかったのだ」という言い方をよくします。このような判断が、その背景に聾児への不適切な理解（偏見）を含んでいることは否定できません。聞こえない子どもの教育環境を選択する最初の段階にこのような偏見が既に混入していることは、その後の対応との関連からも、やはり再考の余地があります。

2・3　二つの価値観

絶対選択にせよ相対選択にせよ、なぜ私たちはそのような選択判断をするのでしょうか。この問題は聴覚障害児に対して親がどのようなイメージを持っているか、つまり、親の価値観、障害観の問題と密接な関係があります。なぜなら、親は自分の価値観、障害観に従って具体的な対応を選択決定しているからです。ですから、次に、この根底にある価値観の問題について考えてみたいと思います。

2・3・1　自然主義的認識

現在、聴覚障害児の療育・教育現場で大きな影響力を持っている考え方（価値観、教育思想）に自然主義的対応があります。この考え方の特徴はその独自の言語観、教育観に顕著に現れています。

この立場に立つ人たちの認識の原則は次のようなものです。

(一) ことばは「自然」に覚えていくものである(人間は言語を「自然」な環境の中で、「自然」に習得していく)。

(二) だから、聴覚障害児に対する言語指導も「自然」であることを重視すべきである。

(三) あくまで、本人の自主性、積極性、自由意思、選択権を最優先に絶対尊重する。

(四) 従って、大人の意図的・計画的・積極的な関与、説明、指導、教育、訓練的対応はしない方がいい。そのような要素は教育から極力排除すべきである。

このような原則を踏まえて実際の対応(教育指導)が実施される現場では、具体的には次のような状況が展開されます。例えば、難聴学級での具体的な指導場面においては、まず何をしたいかを子ども本人に「自主的」に決めさせます。もし、子どもが「ゲームがやりたい」と言えば、その通りゲームを先生も一緒になってやります。学習ではなく遊びを通してことばを「自然」に習得していかせるというわけです。しかし、その遊びの最中にも、誤った言葉遣いの訂正や新しい語彙を説

◆3……もし、聾学校を見学しているその人が手話をまったく理解できない人であるなら、聞こえない子どもたちの手の動きは、当然、単なるせわしない、興奮した「動作」や「身ぶり」にしか見えないであろう。しかし、それは、そこで交わされている手話言語による「会話」をその人が読み取れないというだけの話である。自分が理解できないからといって、他者の言語を何か愚かさの現れのように判断するのはまったくのお門違いだろう。もし、その子どもがかわいい聴児であれば、それがたとえ理解困難な喃語であっても、私たちは労を厭わず、一生懸命、理解しようとして耳を傾けるのではないだろうか。聞こえない子どもたちの小さな「手」も、当然、何かを喋っているのである。

明したりすることは決しておこないません。それは「不自然」な関与になるからです。ときにより、このゲームがスポーツになったり、お菓子作りになったり、マンガ本読みになったりと様々に変わっていきます。指導計画に基づき教科学習（教科書）をきちんと指導するというようなことは本人の自由意思を無視した、大人側の一方的、強制的（押し付け的）「学習」になりますから、採用されません。

同時に、家庭における対応もこの線に沿ったものであるよう助言されます。親が勝手に決めたり、要求するような家庭学習は決しておこなってはいけないという指示になります。あくまで、本人が自分の意思で自主的にやりたがることだけを自由にやらせるという対応になります。ことばについては困れば子ども本人が必ず自覚して、自主的な要求を持ち、努力を始めるから、それを「待って」あげなさいということです。「そうすれば、ことばは自然に身についていくから心配はいりません」というわけです。

しかし、このような自然主義的対応で、聴覚に障害のある子どもにしっかりしたことばの力を身につけさせることが本当にできるでしょうか。現在、聴覚障害児の世界にある低学力、学力不振という問題、つまり、基礎的言語力の弱さという問題と、この自然主義的対応とは無関係ではないと私は考えています。むしろ、問題を生んでいる根本的原因の一つがこの自然主義的教育観ではなかろうかと思っています。◆4

多くの専門家が無自覚に傾斜しているという現状からも、この自然主義的対応の問題性については、本当は細かに分析批判する必要があります。例えば、「言語は自然に習得していくものである」

という基本認識自体、言語学、言語論、言語哲学等の現代思想からは根本的な批判を受けるはずです。[5] また、「教える」という行為を根底で否定、回避している点についても、厳密な議論をすれば、根本的な矛盾が指摘できます。[6] しかし、今回は時間の制限もありますので、皆さんにもすぐ理解していただけるのではないかと思う具体的な問題点を二点指摘しておきます。

4……筆者の自然主義的教育観に対する批判については、おそらくいろいろな立場から反論が提示されるであろうと思う(例えば、「自然法は決して放任教育ではない」「自然法に対する理解自体が間違っている」等々)。厳密な議論はまた別の場所で改めてする必要があると考えている。自然法の教育的理念という根本の問題があるが、その基点の一つ、グロート(Groht,M.A.)の主張も、子どもに対する教育という人為的な行為を出来るだけ自然に近い形になるよう創意工夫することを提唱したものではないのだろうか。無神経で計画性のない粗雑な対応、子どもの認知過程を無視したような教育に対する批判ではあっても、無作為や非関与を勧めるようなものではないだろう。子どもたちに不要な負担をかけないよう、どこまでも細心の注意と教育的技術をもって意識的に臨めという教えではないだろうか。問題は、このような理念が教育現場にもたらされる段階で、非関与、命令・禁止的指示の否定、極端な児童中心主義(甘やかし)に変容してしまうということである。自然主義的教育観には、この理念と実際の現場での乖離という問題がある。この点をしっかり指摘しておきたい。自然主義的教育を推奨する研究者は、この乖離という現実の問題にどこまで責任を持つのだろうか。「それは、現場の教師の理解対応が間違っているのだ」という反論があるのかもしれないが、最終的に教育の実際の結果を身に帯びるのは聞こえない子どもたちであることを考えると、そのような言い訳は許されないであろうと筆者は考える。

5……例えば、近代言語学に大きな影響を与えた言語学者ソシュール(Ferdinand de Saussure)の根幹にあった言語観は、言語というものはそれ自体、自立した一つのシステム(構造)であり、また、それは「外」からやってくる社会的契約(ルール)であるということであった。また、ソシュール言語論の鍵概念の一つである、言語の「恣意性」も、言語の「非自然性」と同義である。言語に対する「私」の「自主性」や「自然さ」などという安易な自然主義的観念はソシュールは受けつけないだろう。同じく、二〇世紀、最も影響力を持った言語理論(生成文法)を提示したチョムスキー(Noam Chomsky)の考え方の中にも、言語獲得に関しては生得的思考はあるが、それとて、外部からの入力情報(言語刺激)という人為的情況により言語獲得機構が「引き金を引かれ」発動するという定式がある以上、これも厳密に理解するなら、「ことばは自然に覚える」という考えとは必ずしも馴染まない。

2・3・1・1　指導・教育に当たる人間（親と教師）の責任の不明確化

自然主義的対応のもとでは、常に子ども本人の自由意思による自主的選択によって指導内容は決められていくので、指導自体に計画性と持続性を持たせることが出来ません。また、長期指導計画がないので、現在おこなっている指導の成果をチェックし、不適切な部分について即時修正し、計画自体を徐々に良質のものに改善していくことも困難です。つまり、きちんとした積み上げが出来ないということです。時間だけ経過したが、何をしたのか、何が残ったのか、ぼんやりしたままで指導は終わってしまいます。

そして、最終的な責任はすべてを自主的に決めた子ども本人に返されます。つまり、ことばの力がつかなかった場合、「仕方がないでしょうね。まだ本人に自覚がなかったのだから」という返答が返って来るだけです。専門家は後は何もしてくれません。そして、親はその時になって、今まで信頼支持して来たその専門家に不満を持つようになります。「専門家の言うとおりにやって来たのに、なぜ力がつかなかったのか。私の責任ではない」と言い訳しながら、しかし、誰にも不満をぶつけられず、歯噛みするしかありません。

専門家も親も結局責任はとりません。そこに残されるのは、取り戻すことの出来ない、無駄に浪費してしまった貴重な時間への悔恨と、目の前にいる言語の基礎力がついていない困惑した一人の聴覚障害児です。そして、その聴覚障害児はその後、その不足した言語力で現実の中を生きていかざるを得ません。当然、様々なトラブル、問題に直面せざるを得なくなります。

2・3・1・2 聴覚障害児の自立的意識の確立・形成の困難化

しっかりした言語の基礎力を築くためには日常の自然なコミュニケーション場面の中だけではどうしても不十分です。やはり、語学的な何らかの意図的な繰り返しの練習作業が不可欠になります。練習的な作業である以上、聴覚障害児本人にとってはいつも楽しいばかりとは限りません。子ども自身の粘り強い取り組みがどうしても必要になってきます。しかし、自然主義的対応環境で育った

◆6……「教える」ということばに対して、一部の人たちが強い拒絶反応を示すのはなぜなのだろうか。それらの人たちはこのことばから、「教え込み」「子どもの気持ちを無視した強圧的な指導」「有無を言わせぬ非人道的スパルタ教育」等に連想が走るようだ。受験勉強がもたらした自らのルサンチマン（恨み）のせいだろうか。あるいは、反権力的正義感のためなのだろうか。しかし、公教育という制度があり、近代が生んだ学校という空間がある以上、そして、教師という職業がある限り、私たちはどこまで行っても「教える」という行為から逃げ出すことは決して出来ない。中途半端な平等観念や自然さへの願望はかえって「教える」という行為の本質を見失わせてしまうのではないだろうか。「教える」という二人の〈他者〉間で取り交わされるコミュニケーション行為の意味は一体何か。そこでは相互に（つまり、哲学のことばで言えば間主観的に）一体何が起きているのか。実は、最も必要なのはこのような視点であろう。自然主義的教育観に立つ人たちは「〈教え込み〉はいけない」と言う。つまり、それが権力関係になっていることへの抵抗であろう。しかし、「教え――学ぶ」関係の中で本当に起きていることは、実はそのようなことではない。従来、コミュニケーションは「話す――聞く」という関係を基盤にして考えられてきた。その常識をくつがえすまったく別な本質的視点を提示したのが言語哲学者のウィトゲンシュタイン（Ludwig Wittgenstein 一八八九〜一九五一）だった。ウィトゲンシュタインは後期の著作『哲学探究』（『ウィトゲンシュタイン全集8』大修館書店（一九七六））の中で、言語的コミュニケーションを共通の規則（コード）を持たない（前提にできない）外国人や子どもに「教える」という観点から考察した。その要点を柄谷行人『探究Ⅰ』（講談社学術文庫一九九二）の概略に沿って以下に記してみる。――「教える」者にとって「学ぶ」人は自分と言語ゲームを共有しない〈他者〉なのであって、「教える」という行為は常にここからしか出発できない。そこでは、むしろ、「教える」者は「学ぶ」側の合意を前提条件として必要とするし、それに従属せざるを得ないという意味で、「権力」関係上、優位にいるわけでは決してない。むしろ、関係は逆である。小児には隷属せざるを得ないというような表面的な意味ではなく、〈他者〉とのコミュニケーション、つまり、〈他者〉に何かを「伝える」時には、私たちは不可避にこの「教える――学ぶ」という根源的関係に遭遇せざるを得なくなるということである。

聴覚障害児は基本的に自主性を認められ、自分の好きなことだけをすることを容認されてきているわけですから、あらかじめ設定されている練習プログラムに自分を合わせ、練習を繰り返すというような耐久力の要る作業には馴染みにくい状態になっています。当然、そのような学習環境には抵抗を示し、順応できません。

仮に、小学校高学年（あるいは中学入学後）、自分のあまりの言語力のなさを正直に認めざるを得ない事態になり、それまでの自然主義的対応ではなく、きちんとした言語力、学力の習得を目指した学習を始めようという気持ちになっても、そのために必要な実際の地道な努力に耐える力を持っていないため、結局、挫折し、諦めてしまう子どもが少なくないのも、そうした事情からです。つまり、いったん自然主義的な環境で対応された聴覚障害児が、その後、言語力習得のための取り戻し作業をしようとしても、それは、実際の作業面で非常に難しいということです。場合によっては、自然主義的対応はこのような点で聴覚障害児の言語力の発達に取り返しのつかない決定的な影響を与えます。自主性の尊重という建前の下、実際は甘やかされた聴覚障害児は言語をきちんと習得するために必要な、自分自身で努力するという基本的姿勢、自立的態度（集中力と持続力）が身につかないという問題です。

このように、自然主義的対応には本質的問題があるにもかかわらず、なぜ私たちはこのような対応をしてしまうのでしょうか。自然主義的対応という考え方には大きな二つの魅力があります。一つ目は、「ことばは自然に覚えるものである」という考え方が、誰もが持つ「実感」になじみやすい説明である点です。私たちはややもすれば「ことばは誰かに教わって覚えたわけではない。気付いたときには、既に自然に身につけていた」と単純に思っているのではないでしょうか。
二つ目は、実はこれが最大の支持理由であろうと思われますが、自然主義的対応は「楽である」からです。すべてを子ども本人の自主性に任せれば良いのですから、具体的な関与、指導、説明の工夫努力が要りません。責任も感じなくて済みます。子どもと一緒にコツコツ努力を積み重ねていくことが出来ないタイプの親や指導者にとっては、自然主義的対応はこの上なく楽であるという意味で、魅力的な対応方法であるわけです。

2・3・2 無意識の障害差別観

キューブラー＝ロス[7]という精神科医がいます。『死ぬ瞬間』[8]という有名な本を書いた人です。キューブラー＝ロスは末期癌患者が死をどのように受容していくのか、その気持ちの変化（精神的過程）がどのようになっているのかという問題を多くの患者との面接観察に基づき調べました。そして、わかったことは、死を受容していく過程にはいくつかの段階があること、そして、それは多くの人に共通しているということでした。それを端的に示した「死にいく過程のチャート」と呼ばれる図式があります。それを紹介します。

衝撃→否認→怒り→取り引き→抑鬱→受容

◆7……Elisabeth Kubler-Ross（一九二六〜）精神科医。スイスのチューリッヒに生まれ、後に渡米。
◆8……『死ぬ瞬間』読売新聞社（一九七五）。同書には続編他、エイズ関連著作がある。

見てもらえば、だいたいおわかりいただけると思いますが、簡単に説明します。自分が末期の癌であることを知り、一番最初は当然「衝撃」を受けるわけです。次に、「いや、そんなはずはない、私が癌なんて」と、その事実を「否認」します。そして、その否認も叶わぬと知り、「なぜ、選りに選って、私なのだ」とその理不尽さに「怒り」がわいてきます。しかし、いくら怒ってみたところで、事態は何も変わりません。そこで、今度は例えば「善行を積むので、どうか神様、命だけは取り上げないでください」と必死で「取り引き」をしようとします。しかし、そのような抵抗、努力も結局無駄だとわかった段階で、深い抑鬱状態に陥ります。そして、その中から事実を受容する段階に徐々に移行していくというのがキューブラー＝ロスの観察結果でした。[9]

なぜ、私がキューブラー＝ロスのことを取り上げたかというと、それは、次のような理由からです。先に述べたように、あるタイプの聴覚障害児の親は学業成績に対して表面的な執着状態に陥ります。虚栄的な学歴（学力）指向で親子共々、努力を続けます。しかし、それは真の学力や言語力を目指した上での地に足のついた対応とは言い難いものです。

このような行動や態度は、キューブラー＝ロスが指摘した末期癌患者に見られる「取り引き」行動と本質的に非常に似ています。「うちの子は聞こえないけれど、勉強は出来る」、「障害はあるけれど、普通の子どもと同じ学校に行っているし、高校や大学だってちゃんと進学してみせる」というような学歴指向の根底には、実は、どのような価値観が潜んでいるのでしょうか。そこにあるのは、学力という能力比較の場で好成績をあげることを通し、聞こえる人間と同等であることを示し、そのことによって「障害」（という劣等感）を押し返し、乗り越え、軽減、解消、否定しようという「取り引き」行動です。

なぜ、親は必死でそのような「取り引き」をしようとするのでしょうか。それは、他の誰でもない、その親自身が、実は、聞こえない子どもの存在価値を、その子が「聞こえない」という理由で認めていないからではないでしょうか。つまり、聞こえないという障害を劣等視し、嫌悪、否認、否定、差別しているからに他なりません。

このタイプの親は、「たとえ聞こえなくても（障害があっても）、勉強さえ出来れば、聞こえる人間と対等になれる」という夢（幻想）を信じ、それを支えにして、その方向へ、子どもを頑張らせます。しかし、その夢は決して実現しないでしょう。実現しないどころか、むしろ逆に、この無意識の障害差別観を根底に持った対応からは、少なくとも次のような具体的問題が生じます。

2・3・2・1　本当の言語力、学力はつかない

このタイプの親は、表面的な目先の言語力、学業成績、学歴に執着します。そして、それを実現するための方法には即効性と効率を求めます。「無駄なく」「素早く」成果をあげたがります。ですから、平凡で地道な努力を粘り強くコツコツ積み上げていくような作業はできません。本当の実践

◆9……キューブラー＝ロスの観察によれば、この受容の各段階は順番にきちんと進行するとは限らず、重なったり、逆行したりしつつ、徐々に最終段階に至る。この点も、聴覚障害児を持った親の対応、理解の推移を見ると、類似している。その聴覚障害児はとっくに成人して、子育てはとうに終わったはずなのに、我が子の障害をまだ否認したり、何らかの「取り引き」で克服しようともがく親は決して少なくない。綺麗ごとを言わなければ、障害児を持った親の人生は何十年にわたるそのような「行きつ戻りつ」の混乱と迷いの旅路なのだと言うほうが本当ではないだろうか。

力と深さのある言語力や学力を獲得するためには、この地道な努力という条件が不可欠ですから、結局、目先に走る人間は本当の言語力や学力を習得することは出来ないということです。非常に皮肉なことですが、学力に執着したにもかかわらず、目指したその学力自体がつかないという結果になるわけです。

現在、聴覚障害児の世界において学力不振・低学力という問題を生んでいる根本的、そして、直接的原因の一つは、この表面的な学歴指向に代表されるような杜撰《ずさん》な価値観ではないかと私は考えています。このタイプの親は負けず嫌いで、講演などにもよく出かけていくような、ある意味では非常に勉強熱心な「模範的」親なのですが、残念ながら、やはり最も重要な本質的観点に関し、決定的な考え違いをしているということになります。

3　聴覚障害児にとって「学力」とは何か

ここまで考えて来ると、根本の問題は、そもそも私たちが問題にしなければならない「学力」とは一体どういうものなのか、どういうものであるべきなのかということであることがわかってきます。つまり、聴覚障害児にとって「学力」とは何なのか。あるいは、「なぜ、聴覚障害児は勉強しなければならないのか」、「聞こえない子どもたちは何のために勉強するのか」、「勉強すると、どんな利益が手に出来るのか」という根本的な問題をどう考えるかということです。

この問題について、聴覚障害児の親は借り物や人真似ではない、自分の頭で考え抜いた、しっかりした独自の認識を持っておかなければなりません。

3・1　学習の目的

根本的な問題を考える際、考えをはっきりしたものにするためには、一つの方法として、目的とその根拠を具体的に表現してみるという作業が必要です。ここでは一つの参考として、私自身の考え方をお話しします。つまり、聞こえない子どもたちは何のために勉強するのだろうかということです。

3・1・1　差別への自己対応力

聴覚障害児は生きていく上でさまざまな試練に直面します。進学、就職、恋愛、結婚、出産、育児、躾、教育。そして、その過程で様々な誤解、無理解、不当な扱い、理不尽な対応、排除、差別にぶつかります。しかし、それを自分の言語力と思考力で、一つ一つ、軽減、処理、解決しながら乗り越えていかなければなりません。

私は指導の中で、正確な日本語の文章を書く力（書記日本語能力）の習得ということを重視してきました。それは、聴覚障害児がトラブルに遭遇した際、口話や手話で不十分なら、自分で書いた文書によって、粘り強く異議申し立てをしてでも、自己の正当な権利は自力で守って欲しいと考えるからです。「口話や手話で不十分なら」と言うのは、現実の状況では、口話はきちんと通じない時があるし、手話では通訳を介さざるを得ないことがあり、やはり趣旨が正確に伝わらなかったり、相手側の言うことが十分に理解できない場合が生じるからです。他人を頼らず、直接自分のことばで意思を伝えるためには、やはり、どうしても「書く力」が必要です。また、書かれたものを「読む力」があれば、様々な情報（特に、聴者や外国という「異文化」の情報）をやはり自力で直接、入手、理解できます。自分で多方向からの情報を集め、それを自分で分析検討し、そこから自分なりの自立的意見を作る。これは思考力のある「考える人間」になるためには不可欠の基本的作業です。このような自立的思考力を持った人間のみが、理不尽な差別に対しても、きちんとした自己対応が出来るのではないでしょうか。

3・1・2　自己のアイデンティティ理解

聴覚障害児には、自己の「障害」という状況をどのようなものとして自分に向かって深く意味づけていけるかという重要な問題があります。聴覚障害児を持つ家庭の中には、「勉強して良い成績をとり、良い学校に進学しさえすれば健聴者と対等になれる」と信じて、それを支えにして頑張る家庭があります。周囲もそのような姿を賞賛したりもします。しかし、そのような幻想が成り立つのは、点数、成績というものが評価基準である学校時代だけであって、ひとたび社会に出ると状況は一変します。その時、聴覚障害児は、すべてにわたり自分が「聞こえない人間」として対応されていることに気付くでしょう。「話が違う。良い学校を卒業していれば、聞こえる人間と『対等』に扱ってもらえるはずではなかったのか」という戸惑いと失望。そして、失望の後にやって来る「自分は聞こえない人間でありながら、それを否定し、今まで一生懸命、聞こえる人間であるかのようにふるまう努力をして来ただけではなかったのか」という自己懐疑と自信喪失。このようなつらい「アイデンティティ崩壊」に陥る聴覚障害児が少なくありません。つまり、勉強を頑張ってきたのはいいのですが、その目的が「聞こえる人と同じようになる」ということでしかなかったという問題です。

私は、たとえ生徒が小学生であっても、「君は聞こえない人間として、何のために勉強するのか」という問いかけを折をみて繰り返しすることにしています。ここには、当然「聞こえる人間として、教える側の私自身は何のために勉強するのか」という反問が含まれますから、二人（生徒と私）でこの二つの問いの間を往復しながら、聞こえない人間と聞こえる人間の相違点と共通点の意味について考えながら、勉強することになります。

いずれにしても、聞こえない子どもが勉強するのは、聞こえる人のようになるためではありません。聞こえない子どもは聞こえない子どもとして、立派な聞こえない人になるために勉強するのです。立派な聞こえない人とはどのような人間のことを言うのか。それを自分で理解する、はっきりつかみ取る。そのためにこそ日々の勉強はあるのだと私は考えています。

3・1・3　経済的自立

職を得て、自活できる能力を持つことは生きていく上で重要な基本条件です。聴覚に障害があると、職種や収入にも制約が付きまといがちです。また、日本の経済構造という現実も否定できませんから、やはり、可能な限りの学歴と学力はつけておかねばなりません。

また、この経済的自立という問題は前項（3・1・2）の聞こえない人間としてのアイデンティティ理解にも実は深い繋がりを持っています。自らのアイデンティティの意味を探索する作業は社会人になってからも続きます。つまり、勉強は死ぬまで一生続くということです。その一生続く勉強のためにはそれなりのお金がかかります。本一冊買うのにも、講演を聞きに行くのにも、宿泊が必要な遠隔地の集会に参加するにも、すべて出費がかさみます。それらは生活費とは別途の出費です。しかし、お金を使うことで得られる貴重な情報、知識、人との出会いがあるのも事実です。このような知的資源を取り込みながら、自分を深めていくためには、やはりそれなりの自立した経済力を持っておくことが不可欠です。

以上の三点の目的を具体的に実現させるためには何が必要でしょうか。それは、やはり基礎学力ということになります。つまり、小学校、中学校時代の日々の教科学習をごまかしなく、しっかり理解していくという（実に平凡で当たり前であるからこそ、ある意味で最も難しい）作業です。これが目的を実現させるための前提条件です。ですから、私は教科学習については、その聴覚障害児なりのその時点での精一杯の努力を求め、厳しく指導してきました。無論、具体的指導に際しては、その聴覚障害児が教科内容を明確に理解できるレベルまでことばは砕き、原理原則が理解できるまで、しっかりわからせるのが前提です。また、教科学習の理解度は常にその聴覚障害児の言語力と直結していますから、英語の長文読解や数学の文章題を解く作業を通して、言語力自体も同時に練り上げていかなければなりません。教科学習を大事に考えるのはこのためでもあります。本当の言語力であれば、教科学習の中でも十分に力を発揮できるものでなければならないはずです。

3・2　「言語力」とは何か

「言語力」という言葉で私たちが考えている事柄の中身は一体何なのでしょうか。どんなことを指して私たちは言語力と考えているのでしょうか。この問題の説明は様々に出来ると思いますが、言語学や哲学、心理学を持ち出して、いたずらに難しい話をしても意味がありませんので、今日は次のように単刀直入に説明してみようと思います。言語力とは、具体的、実践的には、ことばの正確な運用力に裏打ちされた「思考力」のことではないでしょうか。思考力がなければ、自己の思考と感情を他者に伝えることは出来ません。また、他者の思考と感情を理解することも出来ません。つまり、それなしには、他者と共に生きていくことは出来ないという、不可欠な能力のことです。そして、聴覚障害児にとってきちんと身につけ得ることばは、日本語の読み書きのことば（書記日本語）と手話ということばの二つです。

4　障害観の問い直し――アイデンティティの問題

「学力とは何か」、「言語力とは何か」、それをどのようなものとして考えるかという根本の問題をさらにもう一段掘り下げると、おそらく、私たちの前には次の問いが現れるはずです。それは、「私にとって、そもそも障害とは何か」という問題です。聴覚障害児のことを考えるとき、常に一番重要な問題であり、従って、すべての現実的問題の源でもあるのがこの問いです。逆な言い方をすれば、学力、言語力、人間関係等の具体的問題はすべてこの問いが現実の中で姿を変えたバリエーションであるということです。

本当はこの最重要の問題については時間をかけてゆっくりお話しする必要があります。そうしなければ、私が取り上げる問題の意味について正確に理解していただくことはおそらく困難だろうと思います。しかし、もし、本気で根本から考えていこうとすれば、私たち自身の中にある無意識を一つずつ、粘り強く意識化していく作業を伴いますので、どうしても話はある程度込み入ってこざるを得ません（例えばそのために、私はお母さん方との勉強会「難聴児学習問題研究会」◆10を作り、そこで月一度、話を聞いてもらっていますが、この最重要の根本問題について、その意味を理解してもらうまで、準備の話に二年ほどの時間を使いました）。

しかし、残念ですが、今日はもうあまり時間がありません。ですから、話を簡略化することが原因で誤解が起きないように願いながら、要点だけをお話しします。

自然主義的対応にせよ、目先の学力に走る対応にせよ、その根底には、障害についての無意識の否定感情、はっきり言えば差別的価値観があります。そして、これは聞こえる人間としての、あるいは聞こえる人間であるゆえの差別感情です。そして、この否定的感情は次のような具体的な「気持ち」として日常の場面で、親の、そして、聴覚障害児の心の中に立ち現れてきます。

「障害」は「恥ずかしい」

これは、「自分だけが他と違っているので恥ずかしい」ということでしょう。つまり、

「少数者」であること＝恥ずかしい

ということです。この気持ち（考え方、価値観）は、逆に言えば、皆と同じであれば、つまり、

「多数者」であること＝恥ずかしくない

ということになります。

「少数者である」という数量的状態と「恥ずかしい」という精神的（倫理的）価値評価が本当にイクオール（等号）で結びつくのでしょうか。ここに、このように考える私たちの「恥」についての価値観の問題が浮上してきます。さらに、これは自己をどういう帰属集団に所属させると不安を感じないで済むと私たちが考えているかというアイデンティティの問題でもあります。[11]

少なくとも、障害児にかかわる人間であるなら、「恥ずかしい」とは本当はどういうことを言う

◆10……筆者が一九九三年より東京でおこなった聴覚障害児を持った母親対象の月例の勉強会。一回四時間（午前二時間は学習技術論、午後二時間は障害認識論）の連続講義形式で実施。毎回二〇〜四〇人のお母さん方と共に学んだが、筆者にはこの勉強会で考えたことがその後、大きな財産になった。本書に収録した拙論の基本的観点の多くは、この会での研鑽に拠っている。

のか、もう一度、一人一人が深く考え直してみる必要があるのではないでしょうか。皆さんに再度お尋ねしますが、聞こえないことは本当に「恥ずかしい」ことなのでしょうか。

ここには、おそらく、「機能」と「人格」ということを識別しないで一つに考えてしまうという私たちの価値判断の問題が重なってもいます。「人権」という言葉には積極的に反応する人は多くいますが、「人格」という言葉は忘れられがちです。そして、恥という概念は本来、人格にかかわる事柄だったはずです。そして、聞こえる、聞こえないという身体情況はあくまで「機能」の問題ではないのでしょうか。

私は、親の中にあるかも知れない無意識の差別意識を単純に批判しているのではありません。だから、どうか「私には差別意識などない」と簡単に反発したりしないでください。そのような感情的反応からはおそらく本当に意味のあるものは何も生まれません。私たちはもう一度、自分の考えを深く、静かに検討し直してみるべきではないかというのが私の提案です。この再考作業をどれくらい徹底して出来るかにすべてがかかっています。学力問題の改善も、しっかりした言語力の形成も、ここからでなければ始められないというのが私の考えです。

5　学習上の基本的考慮点

今回は、学習についての具体的なお話が出来ませんでしたので、心がけという点で二つだけ申し添えておきます。

5・1 国語重視

現実の学習については、一人一人がさまざまな問題を抱えているかと思いますが、すべての問題に優先して、国語の丁寧な学習を心がけるべきだというのが私のアドバイスです。具体的には、国語教科書の内容（語句、漢字、論理、表現）を可能な限り、徹底的に正確に理解、習得すべきであるということです。この作業がすべてです。他の教科のことは、この作業がきちんと出来てからの話でしょう。国語の力＝日本語の言語力がない子どもがいくら他の教科に手を出しても、決してきちんとは理解できないというのが現実です。

5・2 中学時代

中学での教科学習は小学時代の基礎学力を前提にしています。これがなければ、授業には絶対ついていけません。もし基礎学力が定着していなかったら、早晩必ず挫折します。学力面で問題のある聴覚障害児は正直にごまかさず正攻法で基礎のやり直しをするべきです（ただし、人によっては、取り戻し学習をやっても、高校受験には間に合わない場合もあります。ですから、実際は途中で諦めてしまうケースも多いのが現実です。それでも、頑張って取り戻し学習をやるかどうかですが）。つまり、学習に関しての現実は非常に厳しいということです。だからこそ、その意味で、小学校時代（特に一年生から三年生までの三年間）の基礎学力作りは十分に、心してやっておくべきだとい

◆11……私たち人間は自らのアイデンティティを安定させるため、どのようなふるまいをするのか、そこに「他者の承認」がどのように関与してくるのかを、障害者自身のケースも含めて分析した研究に石川准『人はなぜ認められたいのか――アイデンティティ依存の社会学』旬報社（一九九九）がある。

うのが私の指導経験からの持論であり、鉄則です。

最後に

基本姿勢として私が常に大事にしていることをお伝えして終わりにします。

(一) ゆっくり、少しずつ、焦らず、しかし、日々確実に、ことばを獲得していこう。

(二) 他人との比較ではなく、自分の努力のペースをどこまでも大事にしよう。

(三) 努力したことの結果（ノート、プリントの類）はすべて記録としてきちんと保管し、残しておこう。勉強がつらくなった時は、今までの努力の跡をふりかえってみよう。そして、思い出そう、ここまで歩き続けて来たことを。そして、それを、自分自身でやって来たことを。そして、また、自分で歩き続けよう。

学習について具体的な話を聞きたいという御希望があれば、また、声をかけてください。お話に参ります。◆12 御質問のある方はどうぞ遠慮なく、個人的にこの後で申し出てください。その事も考えて、今日は後の予定を入れておりませんので、どうぞ。

それでは、これで話を終わります。長い間、御静聴ありがとうございました。

◆12……この講演をきっかけに、「名古屋難聴児を持つ親の会」の皆さんから継続的講義の御要望をいただいたため、改めて五回連続の講演（月一回、一日六時間）をおこなった。本書第3章10「ありのままの感情から深い理解へ」はこの連続講演終了に際し、求められた感想である。

7

難聴児の学力について　その前提認識

●講演日時／一九九五年一月二三日
主催／神奈川県聴覚障害者親の会
●初出／『神奈川県聴覚障害者親の会会報』第一四五号
原題「難聴児の学習について」（一九九五年三月）
●加筆修正／二〇〇三年六月

1　はじめに

「学力」という問題を考える場合、いろいろ難しい事情があります。まず何より、聞こえない子どもの学習環境には、現在、学力不振、低学力という深刻な問題が生じています。しかし、深刻な状況でありながら、教育制度的にも、親の意識レベルにおいても、まだ本質的な認識に基づく抜本的対応がなされていないというのが現状です。従って、多くの聞こえない子どもたちが、現在、言語力、思考力、学力、自己表現力等を十分に身につけることができず、その結果、学校や日常生活の中で不適切な対応、不当な扱い、理不尽な評価を受け、さまざまな失望、落胆、辛さ、悲しみを味わっています。「聞こえない」という一次障害に対して、適切な教育環境が整備されていないため、それが学習的、社会的、文化的障害状況にまで拡張しています。つまり、二次的障害、三次的障害にまで悪化しているということです。一人一人の聞こえない子どもたちがそうした状況から脱し、適切な教育環境と出会い、その中でこつこつ努力を積み上げていくことで、安定した言語力、思考力、学力を身につけることが出来るような環境が一日も早く整備されることを切に望む次第です。

ここではこのような情況を踏まえ、それでも現状の中でどのような自助努力が可能か、そのためには前提認識としてどのような考え方が必要かという点について話してみたいと思います。

お話に入る前に用語について一言お断りしておきます。聞こえない子どもを表す言葉として、「聾児」と「難聴児」という二つの表現があります。しかし、この呼称にも問題があります。それは、この二つの呼称の分類基準は必ずしも聴力の数値により厳密に定義されているわけではないという点です。聴力が一〇〇dB以上であっても、聾学校に行かず、インテグレートしている子どもの場合、「難聴児」と呼ばれることがあります。逆に、聴力が一〇〇dB以下のもっと軽い子どもであっても、教育環境として聾学校を選んだ場合は「聾児」と呼ばれたりします。つまり、聾児と難聴児の別は聴力（物理的要素）によっているというより、どこで教育を受けたか、つまり教育環境の選択という文化的概念（価値観）の問題であるという面があるということです。このことは本論のテーマとは直接関連しませんが、聞こえない人間にとってのアイデンティティという私たちにとって最も重要な問題を考える際、大きな意味を持つ条件の一つだと思うので記憶に留めておいてください。

また、聾児と難聴児（さらには中途失聴児）をまとめて「聴覚障害児」（略称・聴障児）という表現で呼ぶ立場もあります。ここにも問題として考えてみなければならない事柄が含まれています。つまり、制度の整備対応上では、便宜上「聴覚障害児」という総称がやむなく必要になる面と、総称することによって個別に考慮されるべき各状況の持つ特性が見えなくなってしまうという問題です。この用語法にまつわるより詳しい議論については別の機会にゆずります◆1。

本論では、特に、難聴児を対象にし、その学習問題について、私の意見を述べます。

2　二つの話

2・1　「なぜ」という本質思考の欠如

話の入り口として二つのお話をします。

先日、ある一般向けの幼児誌を見ていたら、読者相談欄に次のような投稿が載っていました。それは「家にいろいろなお稽古事の勧誘DM（ダイレクトメール）が来る。どれを選んでいいかわからない。何を習わせたらよいのでしょうか」という相談でした。この投書を読んで私が何より不思議に思ったのは、そこには「何を選ぼうか」という迷いはあっても、「なぜ、お稽古事をさせるのか」という問いがないことでした。つまり、「何を選べばいいのか」ばかりが気になっていて、「なぜその選択が必要なのか」ということに対する問いがまったく欠如しているということです。そこにあるのは自分の頭で必要性や理由をしっかり考えてから事を始めるという姿勢ではなく、周りを見て、

「皆がやっているのだから」という理由で、自分の子どもにも何かお稽古事をやらせなければという行動様式です。

なぜこの話をするかと言うと、昨今、多くのお母さん方に見られるこのような発想（価値観）が難聴児を持つお母さん方の中にも流れ込んで来ているからです。そして、難聴児を持つお母さんにこの傾向がある場合、非常に大きな問題が生じます。このような発想（価値観）の底には「自分だけが皆と違った存在ではありたくない。皆がやっていることは自分もやらないと不安だ」という無意識があります。それはいつも他人と同じでないといけないという「同質であること」を絶対基準、至上基準とする価値観（世界観）です。このような価値観から見れば、「他人と違う状態」、つまり「異質であること」は不安なことであり、マイナスに評価せざるを得ない状態だということになります。そして、そこから「他人と違う状態」や「異質であること」に対する「嫌悪」「劣等視」「排除」「差別」という感情が生まれてきます。

しかし、よく考えてみてください。私たちの目の前にいる子どもは聞こえない子どもではないでしょうか。この子どもたちは存在の仕方自体が既に、そして、常に異質であり、少数でしかありようのない子どもたちです。そして、そのようにして、ずっと自分の人生を生きて行かねばならない人間なのです。聴者（多数者）と「同じ」であることを無意識のうちに目指してしまうような、そして、そうしていないと安心できないようなお母さんに、たった一人で異質さと共に生きて行かなければならない難聴児に関するさまざまな問題が、果たしてどこまで深く考えられるでしょうか。

◆1……この呼称問題については次の拙論で論じている。「ろう・中途失聴・難聴――その差異と基本的問題」『ろう文化』青土社（二〇〇〇年）。

2・2 聞こえない子どもにピアノを習わせるお母さん

このことに関連して、私の体験から具体的な話をさせていただきます。聞こえない子どもにピアノを習わせるお母さん方がいらっしゃいます。私の印象ではこのようなお母さんは最近ますます増えてきているよう思います。また、いろいろな理屈をつけて、それを評価、称賛する音楽の専門家(教師)もいます。しかし、次のような事例を皆さんはどうお考えになるでしょうか。

ある難聴児がピアノの発表会で演奏しました。確かにミスタッチもなく見事に弾きました。しかし、それは他の演奏者と一緒に弾く連弾でした。にもかかわらず、リズム、テンポの面でもう一人の子どもと完全にズレており、最後まで修正されることはありませんでした。連弾の場合、当然、二人の演奏者は互いの音を聞きとって、一つの旋律に調和させながら演奏を組み立てていくわけです。ですから、互いの演奏にズレが生じれば、それは速やかに修正されるはずです。しかし、その難聴児にはこの修正がまったく出来ませんでした。つまり、その難聴児には連弾相手のピアノの音は「聞こえていなかった」ということです。相手の演奏とズレながら自分のパートだけを見事に最後まで演奏したわけです。会場はやんやの拍手喝采だったそうです。「あの子は聞こえない子どもだと聞いたけど、嘘でしょう。もし、それが本当なら信じられない。すごいわね」、「聞こえないのによくあれだけ聞こえるように弾けるわね」等々。その聞こえない子どものお母さんも「いえ、本当に聞こえないのですよ」と誇らしげに答えていたそうです。

私はこの話を当の難聴児のお母さんから聞かされた時、正直、何かやり切れない気がしました。そして、深い失望とある種の強い怒りを感じました。何という滑稽、何という侮蔑、そして何という残酷さだろうかと思ったのです。親も拍手した大人たちも、そして、指導したピアノの先生も一体何を考えているのだろうか。この人たちは自分たちがしていることの意味が本当にわかっているのだろうか。一度でもそのことについて深く、真剣に考えたことがあるのだろうかというのが私の正直な気持ちでした。

しかし、この話を講演でするると、お母さん方の中にはポカンとされる方が結構いらっしゃいます。おそらく、何が問題なのかがおわかりにならないからではないでしょうか。多くのお母さん方は「どこがいけないの。聞こえなくても何にでも挑戦することはいいことじゃない」と思われるようです。そういう受け取り方をされるお母さんが本当に多くなっています。

それなら、改めてお尋ねしたいのですが、拍手した大人たちは一体「何に対して」拍手したのでしょうか。「いいじゃない」と思った方はそのことをよく考えてみてください。それは聞こえない子どもがさも聞こえる人間であるかのようにピアノを弾いてみせたことが「普通ではあり得ないこと」だから、「珍しかった」から、「奇異なことであった」から、それに驚き、好奇心を刺激された結果の拍手だったのではないでしょうか。あるいは、聞こえないのに、聞こえる人間であるかのごとくふるまおうとした必死な姿のいじらしさ、切なさ、哀れさに「感動」して、拍手したのかもしれません。どちらにせよ、そこにあるのは音楽的評価とはまったく別の感情的反応、つまり、好奇心と哀れみです。「音が聞こえない」という障害の「事実」を否定、拒絶してみせる擬似身ぶり（パフォーマンス）に対する好奇心的評価、称賛です。はっきり言えば、「物珍しさ」に対する拍手です。

「一生懸命頑張っている姿に素直に感動したのだ」という人もいるかもしれません。それなら、その聞こえない子どもは何に向かって「頑張っていた」のでしょうか。この問いにしっかり答えてもらわねばなりません。どのように綺麗ごとを並べても、おそらく、根底にある問題は依然として残ったままです。それとも、「頑張って」いさえすれば、その向かう方向が何であっても、いっさい無関係に「いい」のだという乱暴な話なのでしょうか。

おそらく、拍手した大人たちは、自分たち自身のそのような真意には気づいてはいないように見えます。このような無意識に支えられた空気の中で、自分の子どもが好奇の目にさらされ、ある種の「見世物」になっていることに親は気づかないのでしょうか。ここにあるのは、「聞こえていない」のに「聞こえている」ように見せることに熱意を燃やすという倒錯した虚偽であり、それを積極的に演じさせているという決定的な愚かしさと残酷さです。ここでは聞こえない子どもの「聞こえない」という現実の状況は、ありのままのものとして認められるのではなく、拒否され、隠蔽され、本質的に否定、否認されています。◆2

障害という問題を考える場合、このような本質的、根源的な事柄にまったく気づくことの出来ない、あるいは、それを深く認識できない親や周囲の大人たち、そして専門家がいるという現実があります。このようなことを平気でやらせているお母さんが、同時に、「うちの子は聞こえない子どもだから、しっかりした言語力や学力を身につけさせたい」といくら熱心に切望したとしても、それはうわべだけの滑稽な願望でしかないし、現実的にもおそらく実のある成果は何も残せずに終わるでしょう。もし、本当にしっかりした言語力、学力を習得させたいと望むのであれば、そのようなお母さんには、すべてを白紙に戻し、「聞こえない」という障害について根本的な所から考え直してもらう必要があると思います。

しかし、このような認識のお母さんほど、ある意味では熱心なお母さんなのです。かつて、聞こえない子どもにピアノを習わせていたあるお母さんが私に次のように言われたことがありました。

「聞こえないからと言って、そのせいで出来ないことがあると考えたくない。諦めたくないのです。何にでも挑戦させたい。」

この言葉には、いわゆる「積極的」「前向きな」「障害に負けない」「プラス思考」の考え方（価値観、人生観、障害観）が非常によく現れています。ただし、このような考え方を支持されるお母さん方は、この言葉を繰り返し読んで、その底に沈んでいる本当の意味について、一度立ち止まって、深く考えてみてください。「考えたくない、諦めたくない、挑戦させたい」と思っているのは一体誰なのか。そして、それはなぜなのでしょうか。

私が聞こえない子どもにピアノを習わせることを問題にするのは、この現象の中に聞こえない子どもを持った親の障害観が無意識の形で象徴的に現れているからです。つまり、根底に障害を拒否、

◆2……聴覚障害児にピアノの演奏をさせ、それを何か意味あるもののように「賞賛」してみせる行為の屈折した残酷さ、愚かしさの問題の向こうには（あるいは、その根底には）、実はさらに複雑に入り組んだ「障害」「見世物」「人道主義」という障害文化史の困難な問題領域がある。障害者のプロレス団体「ドッグレッグス」、その遠い淵源だった「小人プロレス」（『君は小人プロレスを見たか』髙部雨一著／幻冬舎アウトロー文庫（一九九八）参照）、金満里の劇団「態変」、あるいは中村久子の見世物芸人としての人生。ここには明らかに障害を「見せる側」とそれを「見る側」の何かしら意識された相互関係がある。そこでは意識と無意識の二層で一体何がやり取りされているのだろうか。聴覚障害児にピアノを演奏させることの中にある根本的障害観の問題は、文化装置としての「見世物」という視点を通して眺めれば、その本質がより一層鮮明に理解できるのではないだろうか。「見世物」という視点は単に「残酷さ」だけを意味するのではない。「見世物」という身ぶりを通し、私たちは何を「回避しようとしたのか」「何を隠蔽しようとしたのか」という根源的問いがそこにあるということである。

否認、否定しようとする心情、価値観が潜在しているという問題です。そこには、他の誰でもない、当の親自身が「聞こえない」という障害に対して否定的感情、差別意識を持っているという問題があるのではないでしょうか。

そして、そのことは無自覚、無意識であるだけに、本質的な意味を持っています。なぜなら、このような形で現れる親の障害に対する無自覚、無意識は聞こえない子どもに対する取り組み、例えば、言語力、思考力、学力についての具体的対応（接し方、言語発達についての認識、教育環境の選択等）にも、そのまま直接的な影響を及ぼすからです。

中でも、一番大きな問題は、障害についての親のそのような無自覚、無意識の価値観が、聞こえない子ども自身の自己理解、自己評価の仕方に直接影響を及ぼす（刻印される）という点です。

ピアノを弾いた子どもは自分を「音楽がわかる人間」、つまり「音が聞こえる人間」と思いたがります。そのような子どもは自分自身を聞こえない人間として認めることに抵抗を示すようになります。ピアノが弾けること、つまり「聞こえること」を称賛評価されるような環境にいれば、当然、その逆の「聞こえないこと」は恥ずかしいこと、いけないこと、駄目なこととして感じざるを得ないようになっていきます。

聞くこと、話すことを常に要求される結果、自分を聞こえる人間だと思い込もうとする、あるいは、聞こえないことを否認しようとする子どもたちが出現してきます。「君は友だちや先生のお話が聞こえないのではないか」という私の質問に対し、「ちゃんと、聞こえる」と言い張った子どもがいました（その子は既に「聞こえない」ことで現実的ないくつものトラブルを抱えていたのですが)。あるいは、「私は聞こえないから恥ずかしい」ともらした子どももいました。このようなねじれた意識は一体どのようにして作られたのか、よく考えてみてください。不適切な否定的自己理解(劣等感)が発達の初期段階に定着すると、それを後に修正するには、大変な時間と労力が必要となります。場合によっては必死の努力にもかかわらず、修正、修復はきわめて困難な情況になることもあります。聞こえない自分を自分自身が否定していく、幼少期より植え付けられたそのような姿勢はなかなか消せません。それは根深い自己否定の感情となり、その人間を根源的に苦しめ続けます◆3。

自分が聞こえない人間であることをはっきり認め、それをごまかさず、否定的にではなく、そのままのこととして自覚した所からしか本当の自己形成、そして、言語力育成、学力育成は始められません。この事情は、たとえ小学一年生であってもまったく変わらないと私は考えています。「聞こえない」という事実ときちんと向き合いながら積み上げていく言語力、学力でなければ、実際、将来の現実対応面から考えても聞こえない子どもにとっては何の役にも立たないのではないでしょうか。

このような正攻法の取り組みをする場合、「聞こえない」という事実をきちんと認めることが出来ない子どもは、自分なりのペースでこつこつことばを身につけていくという地道な努力がなかなか出来ません。そして、そのような聞こえない子どもは青年期になり、聞こえない人間としてさまざまな現実の問題に直面した時、自己のアイデンティティの確認、確立という面で深刻な精神的混乱を引き起こし、苦しみます。あるタイプの聴覚障害児は聞こえない人間でありながら、聞こえる

◆3……本書第1章2「難聴児の自己形成方略——インテグレーションの「成功例」とは何だったのか」参照。

人間であるかのようにふるまうことに執着し、それを支えに生きていこうとします。しかし、現実には、ある時、その虚偽、ごまかしが支えきれなくなる時が必ず来ます。そのような嘘を黙認してくれるほど実社会は甘くはありません。

聞こえない子どもにピアノを習わせたり、教えたりする人たちは以上のような問題を十分考慮した上で、それでもなお聞こえない子どもにピアノを習わせることに積極的な意味があると考え、それを実践していらっしゃるのでしょうか。もし、そうなら、明確な教育的根拠・目的を提示してもらいたいものです[4]。

しかし、にもかかわらず、現実には、聞こえない子どもにピアノを習わせる親はあとを断ちませんし、それを正当化する理屈は存在し続けています。ですから、本来は、この問題はまず何より、音楽的に厳密に検討される必要があると私は考えています。そうすれば、曖昧にまかり通っている理屈や願望の問題性はもっと明確になるでしょう。ただし、今回は問題提起ということにとどめ、そこまでは踏み込まないでおきます。皆さんが、もう一度、根本的によく考えてみてくださるようお願いします。

この問題について、最後に一つの言葉を紹介しておきます。これはある言語療法士[5]の方がピアノを習わせている母親に言われた言葉です。

「お母さん、この子はピアノを弾けなくても生きていけるけど、言葉がわからなかったら生きていけないよ。」

誤解のないように言い添えておきますが、私は聴覚障害児が音楽を楽しむことを全面的に否定しているわけではありません。それが、聞こえる人間であるかのような虚偽的なふりをさせる行為になっている場合を問題にしているのです。聴覚障害児たちが「聞こえない」ことを認められた上で、それなりに「音」の存在を楽しむ適切な方法があれば、それはそれで意味のあることだと思います。その方面の試みや研究がもっと進んでくれればと期待しています。

もし、「聴覚障害児の音楽教育」というものがあるとすれば、おそらく、それはお母さん方が通常想像されるようなモーツァルトやショパンのような、いわゆる西洋音楽を基盤にしたものではないのではないでしょうか。聞こえない子どもたちに「音楽」を示すことが出来る人がいるとすれば、それは音とは何か、音階とは何か、音程とは何か、リズムとは何かという楽理的問題を根源的に考えているような音楽学の研究者や作曲家、あるいは音響学や認知心理学、脳生理学の研究者たちかもしれません。あるいは、狭い音域の中で単純な音で構成されるエスキモー（イヌイット）やアイヌ等の民族音楽やコダーイ[6]の音楽に耳を傾けるようなタイプの人、あるいは和太鼓の太鼓打ちでは

◆4……聴覚障害児にピアノレッスンを受けさせる際の意義として、「発音する際のリズム感や音節区分感覚の育成に役立つ」ということがよく言われた。それはあくまで音声言語の発音訓練法の一環なのだろう。しかし、それは音階や和音や旋律等の要素上に初めて成り立つ「音楽」とは似て非なるものではないか。逆に、もし、たとえ聞こえなくても、単純なリズムを純粋に「楽しむため」というのなら、それはそれでいい。それは音楽と言えるかもしれない。しかし、そうであるなら、それは「発音訓練」とはまったく違う何か（であらねばならない）であろう。

◆5……講演時点（一九九五年）での呼称。一九九九年より「言語聴覚士」に統一改称。

◆6……Kodály Zoltán（一八八二〜一九六七）ハンガリーの作曲家、民族音楽学者、教育家。代表曲、無伴奏チェロソナタなど。バルトークの盟友。ハンガリーの民族音楽やわらべ歌を中心に据えて子ども達の音楽教育を改革しようとした試みは、「コダーイ・システム」として世界的に知られている。コダーイ・システムのハンドサインは映画『未知との遭遇』のラストシーンで科学者役を演じたF・トリュフォー（フランスの映画監督）が宇宙人と交信する手の動きの中に出現している。

ないだろうかと私は想像しています。

また、聴覚障害児と音楽の問題については、現在、インテグレートした多くの難聴児たちが学校の音楽の授業で「歌えない」、「楽器が演奏できない」という苦痛を味わっているという現実の問題があります。◆7 これは、公教育の中での障害児の能力評価という根本問題にも繋がっている重要な事柄です。この現実問題についても一日も早く、何とか適切な対応策を整備する必要があります。

3 前提認識の再確認

3・1 私たちはインテグレーションに何を求めたのか

インテグレーションとは、聞こえない子どもを聞こえる子ども用の教育環境の中に入れ、そこで学習させることです。普通学級では教科書も指導速度もすべて聞こえる子どもを基準に考えられています。指導時の伝達手段も口頭（音声）が基本です。当然なことですが、聞こえない子ども向けに配慮されている点など本来的にはどこにもありません。理由や動機はどうであれ、インテグレートさせた親は、聞こえない子どもをこのような環境に敢えて入れるという選択をしたのだということを常にしっかり自覚しておいて欲しいと思います。

最近ではインテグレーション教育が主流になっており、聞こえない子どもが普通学級に在籍するのが当たり前のことのように思われていますが、学校の対応面の実際を考えれば、インテグレーションという選択は教育的に非常に無謀な行為であると言わざるを得ない面があるのも事実です。

現に多くの聞こえない子どもたちが教科学習面ではついて行けなくなっているという状況がありますし、それに対する真に有効な対応策は十分に整備されているとは言えないのが現実です[8]（インテグレーション教育を選択した親の中には、現実を知った結果、「聞こえないのだから、仕方が無い」、「それは覚悟の上だった」という形で諦め状態になって沈黙してしまう人が時折見受けられますが、それで本当にいいのでしょうか）。

「なぜ、聞こえない子どもを敢えて普通学級、つまり、聞こえる子どもを対象とした教育内容、指導進度の教育環境に入れたのか」ということについて、親自身、どこまでしっかり考え抜いているかがインテグレーション教育を選択する場合、前提認識として非常に大事な問題になってきます。親がインテグレーションという教育環境を選択した根拠は何だったのでしょうか。出来れば、皆さ

◆7……筆者が個人指導した聴覚障害児たちはインテグレーション教育の中で音楽の授業時、次のような経験をした。合唱発表会の際、他の級友と一緒に壇上に整列させられたが、実際に声を出すと調子はずれになり、周囲の仲間に迷惑になるので、口だけ開けて（口パクで）声を出さないよう、先生に「助言」された（それでも歌いたいという希望を捨てなかったため、結果、「音痴」となじられ、いじめられた聴覚障害児もいた）。聴覚障害児の場合、管楽器などは自分の耳で聞いて周囲の生徒に合わせることはできないので、打楽器（太鼓）をあてがわれ、演奏曲目の流れなどほとんど何もわからないまま、先生の合図に合わせて、ただ必死にバチを振り下ろしていた。あるいは、リコーダーの演奏テストがあるため、徹夜で母親の特訓の下、運指を「暗記」した子どももいた。その努力の挙句、受ける成績評価は常に芳しくない。このような屈辱的な体験を通し、聴覚障害児たちは音楽の時間が最も嫌いなものになっていく。

◆8……「サポートのないインテ」という批判は以前からあった。しかし、最近、その問題状況を改善するための「学校生活支援員制度」という努力も試みられ始めている。公的資金を活用導入し、インテグレーションした聴覚障害児に有償のノートテイカーをつけて情報保障環境を整備する対応である。この制度は全国的に広がりつつあるが、地方自治体による公的資金の取り扱い、ボランティアの能力レベル等の「格差」という現実的課題もある。「全国難聴児を持つ親の会」は二〇〇三年度春期総会でこの制度に関するシンポジウムを開き、諸問題を検討した。「学校生活支援員制度」については本書第1章4「混迷と転換の季節の中で」中、「学校生活支援員制度」の項（177頁）参照。

ん、今日家に帰られたら、一度是非ご自身の判断の根拠、動機をきちんと紙に書いてみてください。「社会性を身につけるため」、「聞こえる人間と交流できるようにするため」といった通り一遍の借りもののような答案を書いても意味がありません。自分の考えを確認するため、次の二点について、自分に向かって具体的にはっきり答えてみてください。

（一）聞こえない子どもに最低限「どのような」具体的能力が、「どの程度」必要不可欠と考えたのか。具体的に「何が出来るようになってもらいたい」と考えたのか。

（二）それがインテグレーションという方法（環境）で「どのように習得される」と考えたのか。

そう考えた「具体的根拠」は何だったのか。

以前ある講演で、会場のお母さん方に向かって同じ質問をしたことがありましたが、明確に答えられる方はほとんどいらっしゃいませんでした。このように厳密なチェックをしてみると、やはりインテグレーション教育を選択した判断の中には、「皆がインテグレートしているから、わが家も」という時流に乗っただけの無自覚な同調、あるいは「何とかなるだろう」式の楽観的判断、根拠や実体のない他人頼りの見切り発車という安易な判断があったのではないかという問題が浮上してきます。インテグレーションを意味あるものにするためには、実は多大な自己努力を続けなければならないという厳しい現実的条件があるのですが、そのことに対する自覚の欠如、思慮不足という要素が最初の段階で既に混入していたのではないでしょうか。

3.2 インテグレーションの絶対選択と相対選択——それぞれの問題点

インテグレーション教育を選択する時に、その判断を決定する態度に二つのスタイルがあります。絶対選択と相対選択です。絶対選択をする人は「なぜ、聞こえないからといって聾学校に行かなければいけないのか。聞こえなくとも聞こえる子どもたちと一緒に学校に行くのが当然だし、その権利もある。それが教育を受ける姿として一番自然なことではないか」と考えます。ですから、この考えに立つ人たちは分離教育（セグリゲーション）である聾学校には最初から否定的、批判的です。[9]従って、聾学校を実際自分の目で見て確かめるという事前見学もあまりしません。「皆と一緒」という人権の平等性を主張したい親の感情と、聾学校にあまりいいイメージを持っていない専門家の意見がここで一致し、インテグレーション選択へと傾きます。そして、このタイプのお母さんが現在かなり増えてきているように思います。しかし、いわゆる「人権平等」主義的発想からのインテグレーション指向と、「どうにかなる」程度の安易なインテグレーションが増えていること、また、その必然的な結果として、現在、低学力、学力不振問題が生じていることとは相互に無関係ではないはずです。

一方、相対選択は、一応、聾学校を実地に事前見学して、その印象に基づき判断した結果、インテグレーションの方を選んだケースです。絶対選択が場合によっては理念先行という危険性を伴うのに対し、相対選択は一応教育環境（内容）の実際を自分の目で確かめて比較判断している分、まだ、より客観的かとも思われます。しかし、後者にも問題がないわけではありません。それは聾児に対する見方の問題です。見学した親（聴者）には聾児の姿が一見、身ぶり、手ぶりでの意思表示

◆9……本書第2章6「聴覚障害児の学習とことば」中、特に「絶対選択と相対選択」の項（236頁）参照。

だけしかできていないように見えるため、「自分の子どもがこのような状態になるのは困る」という印象を受ける場合があります。[10] 聾学校を選択しなかった理由が教育環境としての不適切さであるより、実は、聾児の外見が与える表面的印象に起因していたという問題です。この選択動機にはよく考えると、やはり根本の部分で、聴覚障害児への無知から来る偏見、嫌悪、否定的感情、差別意識があると言わざるを得ません。

このような価値観のもと、インテグレートさせられた聞こえない子どもたちは、例えば「聾学校ってインテできなかった人たちが（仕方なく）行くところでしょう」、「聾学校に行っている人は勉強ができないんでしょう」というような、聾児や聾者に対する偏見を持つようになったりします。親の偏見は確実に子どもに影響を与えるということです。そして、インテグレートした聞こえない子どもはその偏見によって自らが将来、根本的に苦しむことになります。なぜなら、その偏見の論理からすると、聞こえない人間である自分自身をも否定せざるを得なくなるからです。

学力をつけさせたいと熱心に望む家庭の中には、この聞こえない人間であることを否定、排除しようとする価値観が実はその「熱心さ」の（無意識の）根本動機になっている場合があります。学力、学歴をつけることで聞こえる人間と対等になれる、つまり、学歴をつけることで聞こえない人間であることを否定できるという幻想を信じ、努力する生き方です。この考え方は本質的には私たちの周りで現在いろいろな姿形をとりながら結構広がりつつあるのではないでしょうか。「この子は聞こえないけれど○○は人並みに出来る」という形で障害を「乗り越え」「克服」しようとする発想です。そこでは、あくまで、「聞こえない」ことは乗り越え、克服されなければならないマイナスの何かであり続けていることに変わりありません。

しかし、非常に皮肉なことなのですが、聞こえない人間としての深いアイデンティティを欠いたこの表面的学歴指向（学習観）こそが、何より、学力低下、学力不振、さらには決定的な言語力不足という事態を招く一因になるという現実があります。それが表面的、虚栄的学歴指向である以上、そこには地道にコツコツ努力を積み上げていくだけの本当の精神力はありませんから、基礎のしっかりした言語力、思考力を築くことが結局できないのです。

仮に、偏見からではなく、教育的配慮からの冷静な判断として敢えてインテグレーションを選択したとしても、普通学級や難聴学級の指導状況の現実や、親や本人自身の自助努力の欠如という状況がある以上、問題はやはり残ります。

以上のような点からも、やはり、「なぜインテグレートさせたのか」、「聞こえない子どもになぜ勉強させるのか」という根本問題の問い直しがまず何より必要だろうと思います。

私はたとえ小学一年生であっても、「聞こえない」という事実については率直に言葉にし、本人にもありのままのこととして認識させるようにしてきました。聞こえない人間として勉強するのだという認識、自覚がすべての始まりであり、同時に、子どもも私もいつのときもそのことを大事にし、忘れないようにしておきたいと考えています。私はこの点は絶対いい加減にしないようにしています。聞こえない人間であるという事実をきちんと受け止めた上で勉強しなかった人間に対し、成人してから、「聞こえない人間としての誇りや自覚を持って欲しい」と言っても、それは土台無理な話です。

—◆10……本書第2章6「聴覚障害児の学習とことば」注3（239頁）参照。

「聞こえない子どもも聞こえる子どもも同じ人間なのだから、変に聞こえないことを意識させるような対応をする必要はないのでは」という、一見きわめて口当たりのいい平等主義人権論風の意見をよく耳にします。確かに、この種の考え方は、一部のヒューマニストを自己満足させたり、そう思って欲しいと願っている障害児の親の安心を確保することは出来るかもしれません。しかし、「聞こえない」という事実が厳然としてあり、それに伴う不便さという現実問題と、差別偏見という社会的事実がある以上、この現実直視をあくまで迂回させようとする考え方からは、当のその現実を本当に改善していけるような有効な対応支援は生み出されないだろうと私は考えています。なぜ、そうまでして「聞こえない」ことから目をそらそうとするのでしょうか。それは、その人自身が誰よりも一番「聞こえない」ことを否定、劣等視しているからではないのでしょうか。

私は「聞こえない」ことをいたずらに強調しようとしているのではありません。「聞こえない」ことにさまざまなマイナスの意味づけをしたり、それを隠したりはしないという意味で、冷静にきちんと事実として受け止めることが出来るような環境を小さいうちから作っていこう、という提案をしているのです。

それに、その聞こえない人間が本当の意味での自立と平等を求めている人であるなら、聞こえない事実から目をそらすような「人道的」対応を望むでしょうか。私にはとてもそうは思えません。彼が望むのはむしろまったく逆の対応なのではないでしょうか。

4 難聴学級

前提認識の確認という意味で、難聴学級の問題があります。現在、難聴学級できちんとした教科指導（教科書指導）をしているところは少数です。ただし東京都の場合、中学の難聴学級では教科指導をする所は少しずつ増えてきています。これは聞こえる子どもの九割以上が高校に進学するという現実が聞こえない子どもたちの世界にも影響を与えだしてきたということ、あるいは、学年的に中学段階で低学力がはっきり露呈して来るため、さすがに見て見ぬふりは出来なくなるという致し方のない事情等があるからでしょう。しかし、小学校の難聴学級では相変わらず教科指導はしないというはっきりした方針を変えない所もあります。言語指導と称して場合によってはパソコンゲームやスポーツ、お菓子づくりをしたりしている現実があります。

最近では「聞こえの教室」「ことばの教室」と呼んで、聴覚障害児だけでなく、LD（学習障害児）、自閉症児、その他の障害児も統合した形で教室が運営されています。その異なった障害の子どもたちを少数の先生たちが重複して担当しているという状況も増えてきました。当然、指導対応の質を維持するという点が困難になってきているというのが実情です。

以前、私はある難聴学級の先生が「障害児には小学低学年程度の言葉の力さえあれば、社会に出てからもちゃんと生きていける。それ以上の学力を望むのは親の虚栄心だ」とおっしゃったということを聞きました。確かに、これも一つの考え方かもしれません。その意味では、ここにも一つの前提認識があると言えます。しかし、問題はこのような認識を私たちが自分たちの前提認識として承認できるかということです。

インテグレーションに何を求めたのかという前提認識を明確にしておかないと、このように、親の当初の要望とはかけ離れた教育環境に子どもを置いてしまっているというズレが生じてきます。このような基本認識の下に指導が行われている学習環境では、当然、小学低学年以上の学力をつけることは非常に困難になります。

難聴学級が教科指導をしない理由については十分に納得理解できない面があります。「時間がない」「親が目先の成績を意識しているゆえの要望には応えられない」等の理由があるようですが、現実に即して厳密に考えれば、残念ながらどれも説得性を持った理由とは考えられません。先日も、同じ疑問を持つお母さんが難聴学級の先生にこの問題についてお尋ねになったら、「難聴学級は補助機関ですから、学習は母学級でやってください」との答だったそうです。この考え方は現在の難聴学級の姿勢を最もよく表わしています。

つまり、難聴学級はあくまで、聞こえない子どもの憩いの場、安らぎの場、癒しの場なのであって、ここで子どもをさらに疲労させるような「学習」を強要しないということのようです。しかし、現実に聞こえない子どもが困惑しているのはその教科学習の理解自体についてであり、それがきちんと出来ないという現実なのです。多くの聞こえない子どもは友だちとの人間関係において、意思疎通の困難から生じた無理解、無視、仲間はずれ、差別、いじめという問題情況を抱えています。この状況の根底には、聞こえない子どもが陥っている次のような根本的問題があります。それは、コミュニケーションに必要な最低限の「言語力」自体の不足（はっきり言うならば、決してきちんとは伝わらない「口話」という道具)、集団社会の相互ルールを理解するための「思考力」の不足、何もかも周囲に助けてもらわねば成立しないような学力です。これらの根源的、構造的問題を「癒し」的優しい対応で本当に抜本的に改善できるのでしょうか。

以上のような状況を考えれば、まず何より必要なのは、これらの基礎的言語力の不足を改善できるような教育的対応でなければならないはずです。困惑している本人とそれを横で苦しみつつ見ている親が一番望んでいるのは、そのような対応なのではないでしょうか。

しかし、この点については「もし、母学級の授業に学力的にどうしてもついていけないという理由で難聴学級での教科指導を望むのであれば、それはインテグレーション自体が無理だったということなのだから、聾学校に帰った方がいいのではないか」という言葉が難聴学級の先生から返ってきます。また、お母さん方は学校からそのような対応をされることを恐れ、教科学習についての指導をきちんと要望できないでいるのが実情です。

このような現実に即して考えれば、結局、自力で母学級の授業を理解できるような能力のある聞こえない子どもだけがインテグレーションに適するということになります。あるいは、いっさい何の要望もしないで、ただ在籍させてもらっていることだけに感謝し、言語力も思考力も発達しないまま、ひっそり卒業まで通学し続けるかのどちらかでしょう(仮に、そのような消極的生き方で一時的にやり過ごすことが出来たとしても、そういう諦めきった泣き寝入り型の生き方は、その聴覚障害児のその後の人生に果たしてどのような影響を及ぼすでしょうか)。

これがインテグレーションを受け入れる側である教育現場の現実の情況であり、そこにある前提認識です。聞こえない子どもの親の方々はこの前提認識に本当に同意納得できるかどうか、もう一度、じっくり検討してみてください。学校と親相互のあまりに後ろ向きな関係に私は失望しますが、皆がもう少し状況を改善する方向に、本気で努力してみてはどうでしょうか。このままでは、いつまでたっても、聞こえない子どもたちにとって良い学習環境は整いません。

私が前提認識の確認ということで言いたいことはインテグレーションを決めた際、事前の確認作業や認識が甘かったのではないかということです。「いまさら」と言わないで、もう一度十分に検証し直してみてください。今後の真の学力の取り戻し、積み上げはこの率直な反省からしか始まりません。

皆さんにとっては就学時、難聴学級の存在はおそらく積極的なプラス要因であり、心強い援軍に見えたのではないでしょうか。もしかすると、難聴学級がなかったらインテグレーションは選ばなかったという意味で、インテグレーションに踏み切る重要な条件だったかもしれません。ところが、早い子どもで小学二年生あたりから、教科学習面での理解困難状態が顕著に現れ始めます。しかし、この問題に対する責任ある支援指導態勢はどこにもありません。具体的な助け手はどこにもいないということです。つまり、聞こえない子どもにとって、教科書をきちんとわかるように説明してくれる人は、誰もいないということです。親と子どもと二人だけで孤立するしかありません。これが現実です。

もし、このことを事前に知っていたら、インテグレーションを希望した人の何割かはその選択を躊躇したのではなかったでしょうか。いったん学力面での状況が悪化し始めると、問題は波状的にどんどん拡大し、かつ堆積して行きます。目に見えやすい学力問題はもちろんのこと、目には見えにくい言語力、思考力も同様に停滞、低迷したままで伸びません。時間だけが経過していく中で、後悔と焦り、疲労感と挫折感、そして重い諦めの念が立ちのぼって来ます。

状況はとても厳しいということです。私たちはまずそのことをしっかり認識する必要があると思います。そして、障害に対する深い本質理解と、現実に即した実戦対応力のある具体的準備態勢をこつこつ積み上げていかなければなりません。誰も助けてはくれません。すべて自分たちだけで、どこまでも粘り強くやり続けていく作業です。まずはこのような精神的姿勢、覚悟がインテグレーションには基本的に必要だということを自覚してください。

誤解がないように言っておきますが、私はインテグレーションに反対しているのではありません。出発点において、それが適切な判断としてのインテグレーションであったのならば、決して途中で挫折して欲しくないし、単純な形で諦めたり、性急な結論を出したりして欲しくないと思います。そして、最終的には「インテグレートして良かった」と、誰よりも聞こえない子ども自身が思えるようであって欲しいと願っています。一人一人の聞こえない子どもがそのように思える地点まできちんと歩き続けてくれればと考えています。

くり返しますが、なぜ聞こえない子どもを敢えて聞こえる子ども向けに組まれたカリキュラム（音声伝達を主とした指導形態、聴児を基準にした指導速度、聴児の語彙力を前提に編まれた教科書）の学習環境の中に置いたのか。ただ親の「頑張ろう」という口先だけのスローガンだけがあって、根本問題についての前提認識はあやふやなものでしかないのであれば、それは子どもを二階に上げておいて、その後、勝手に梯子を取り外すようなものです。これでは、子どもはただ一人でなす術もなく、孤立せざるを得ません。やはり、根本問題に関する前提認識は常にしっかり確認しておかねばならないと思います。

　例えば、インテグレーションの目的として「社会性を身につけさせるため」という言葉がよく口にされますが、その「社会性」を具体的にどのようなものとして考えているかが大きな問題です。その内容が実は「基本的な挨拶がきちんと出来ること」、「人に好かれること」というようなレベルのことでしかないなら、ほとんど何の意味もありません[◆11]。このような中身のない前提認識で聞こえない子どもの自己形成という困難なプロセスを支えることは決して出来ません。また、将来必ず生じてくる聞こえない人間としてのアイデンティティの苦しみに応えることも出来ないでしょう。聞こえない人間が「社会性」を身につけるということは、聞こえる人間と同じ条件、状況の中で、聞こえない人間として自己の存在価値を正当に冷静に表現していける力を持つことです。聞こえない人間としての自己表現力の問題です（当然、この自己表現力には「他者」の思考や感情に対する深い理解能力も含まれます）。これが聞こえない人間にとっての本当の自立的社会性であるはずです。

　このように考えれば、何がその社会性を具体的に支えるのかがわかって来るのではないでしょうか。それは、「型通りの挨拶をすること」や「人とうまくやっていく」といったような表面を一時的に繕う虚しい行動形式の習得でもないし、聞こえる人間の顔色を窺い、時にはそれに甘え、時には中途半端に反発するような生き方の形成でもないはずです。聞こえない子どもにとって社会性を身につける作業をその根底で具体的に支えるのは「ことば（言語）の理解能力」です。この基礎的能力以外にありません。しっかりした言語力、それを使って練り上げていく自立的思考力の習得形成です。これが唯一、そして絶対必要なものです。おそらく、聞こえない人間の困難な状況を生涯にわたって真に支えてくれるのは、このしっかりした言語力と思考力だけではないでしょうか。

前提認識を築く時、このような考えが明確にあれば、「聞こえない子どもにどういう能力を身につけさせるのか」という現実的要求にも、借り物や物真似ではない、独自の具体的対応策や目標が立てられるはずです。この観点があれば、例えば、小学低学年時代は焦らず、言語の基礎として、まずは国語教科書の語彙、文型の八割までの完全理解だけに絞ろうとか（実は、これだけでもきちんと実行しようとしたら大変な作業です。結果として八割の実力にするためには、実際は十割を目指す取り組みが必要です）、算数は一学年遅れでもいいから、諦めず、少しずつ正確に理解習得していこうというような長期計画を作ることができます。そして、それを淡々と粘り強く実践していくことが出来るはずです。この姿勢が確保できれば、多くの家庭が陥る願望過多や、その必然的結果としての絶え間のない焦燥感や挫折からも脱することが出来ます。また、明確な前提認識に裏打ちされた長期計画ならば、言語力、学力が頭打ちになり、あるレベルからなかなか伸びない時期があっても（きちんとした積み上げをやっていると、このスランプの時期が必ずやってきます）、焦らず、諦めず、努力を継続させながら踏みこたえることが出来るだろうと思います（これは私自身

◆11……現在聾学校で「自立活動」と言われている授業は、以前は「養護訓練」（略称「養訓」）と呼ばれていた。この養訓の時間では何が行われていたかというと、多くは音声言語習得のための補助指導として、発音訓練や聴能訓練が励行されていた。あるいは、それを踏まえ、「社会常識」の基礎として、挨拶の仕方などが形式的、機械的に教えられたりしていた。しかし、最近、一部の聾学校では手話の指導や成人聾者を招いての聾文化や聾者の歴史に関する学習、それを土台とした障害認識の授業が試みられている。

の指導体験からの意見です）。

さらに、本気で長期計画をこつこつ実践していこうと考えるなら、体力、健康状態の安定維持ということも、実は非常に重要な要素になってきます。このような視点からの体力の必要性を意識する親が意外と少ないので、このことも言い添えておきます。特に小学時代は（出来れば中学時代も）、サッカーや水泳等のスポーツの習い事は、たとえ勉強が忙しくなっても、何とか両立させながら、出来るだけ続ける工夫をしてみてはどうでしょうか。

何より、まずは、聞こえない子どもに対する教育の目的、対応の意図についての前提認識を具体的にはっきりさせること、すべてはそこから始まるのだということを理解していただければ幸いです。

5　自然主義的対応の問題

聞こえない子どもの学力、言語力についての前提認識に影響を与えている考え方に自然主義的教育観、自然主義的言語観という問題があります。自然主義的教育観、自然主義的言語観とは、一言で言えば、「子どもはことばを成長の過程で自然に覚えていくのだ」と考える立場であり、自然であることをすべてに優先させて絶対的価値基準にする考え方です（もちろん、何をもって「自然」とするかが根本的な問題なのですが）。従って、どのような形であるにせよ、大人が意図的、強制的にことばを「教える」ということは「自然」さを阻むことであり、不自然なこととして全面的に批判、否定、排除されることになります。

自然主義的発想のもう一つの特徴は子どもの自主性の絶対的尊重という態度です。あくまで子ども本人の自由意思を重んじ、自主的な意向があったときのみ、それを補佐するという指導対応になります。具体的には、まず何をしたいか子どもに尋ね、ゲームと答えれば、ゲームをやるという対応がとられます。あるいは、最初から卓球、ボール遊び、パソコンゲーム等をやることに決まっている場合もあります。それを通してコミュニケーションの練習をしているということが言われたりします（ただし、どういうわけか、小学高学年になると、教科書ではなく、学習雑誌の付録のプリント等を使った「言語指導」が単発的、断続的に行われたりもします。しかし、この指導方針の変更に対しては、戸惑ったり、反発する子どもも出て来ます。それまでは「自分の好きなことをして良い自由な時間」と公認されていたわけですから、子どもの反発、不適応も道理でしょう）。

「自然」であることの絶対化からは派生的に「子どもらしさ」の絶対化という姿勢も生まれます。私は個人指導する場合は、話し言葉に関しても、書き言葉に関しても、用語法については低学年のうちから厳しく指導してきました。主語、述語、助詞、接続詞、文末の語尾処理等については正確な固定、運用を常に求めます。これは表面的な礼儀作法や私個人の好みでそうさせているのではありません。文という思考単位を正確に組み立てる力（言語力）をしっかり身につけさせるための基本作業なのです。この作業が正確にできなければ、ある程度入り組んだ自分の感情、思考を他者に伝えることは出来ないし、他者の感情や思考も正確に理解することは出来ません。

しかし、地道な努力を重ねてやっと日本語の文法構造の基礎を正確に運用出来るようになった子どもがきちんとした文体で話したり、書いたりすると、「不自然」で「子どもらしく」ないと言われ、自然主義的言語観をお持ちの先生からはむしろ非難されたり、叱責されたりするという奇妙な事態が起きるわけです。◆12 聞こえない子どもは助詞を間違えたり、主語と述語が一致していない意味不明な文を書いたりするくらいが普通で「自然」だとでも言うのでしょうか。

おそらく、自然主義的言語観に立つ人は「何も、そんな小さなうちに言葉遣いをやかましく言う必要はない。文法の規則等は自然に身につけて行くのだから」と言うのではないでしょうか。しかし、多くの聴覚障害児たちが成人しても、助詞や接続詞を正確に運用できないため、口話面、書記面で深刻な支障を来たしているという現実があります。文法規則を「自然」に習得するというのは聞こえる人間の話です（たとえ学力的には落ちこぼれの子どもでも、聴児で助詞の基本的運用を間違う者はあまりいません）。聞こえない子どもで、それなりの正確で論理的な言語力（書記日本語）を身につけた者は、例外なく、小さなうちから、ことばに対し意図的な努力（読書、日記、作文）をきちんと積み重ねた人間です。

「ことばは自然に身につく」と考えるのは結構だけれども、そのようなことを主張する人たちは、小学校卒業以降もなお、その聞こえない子どもの言語力形成に責任を持ち続けたことがあるのでしょうか。音声面から考えて、聞こえない子どもたちは日本語を「自然」にではなく、外国語として「意識的」に理解習得していかざるを得ない面があるということを一度でも考えたことがあるのでしょうか（この点の認識があるかどうかで「手話」の重要性に対する理解、認識もまったく違ってくるでしょう）。インテグレートして最初は甘やかされ、楽しく過ごしていても、学年が上がるにつれ、さまざまなトラブルを抱え、先すぼみになっていく聞こえない子どもが多いのはなぜか。こういう点を自然主義的言語観に立つ人にはもう一度きちんと考えて欲しいと思います。

ただし、自然主義的対応を支持する状況は現実に確固としてあり、むしろ、難聴学級ではこの考え方が主流ではないでしょうか。あまりにも当たり前で当然のこととされているため、ひとつの教育的態度として意識さえされていない面もあります。現場の先生たちも「自然主義的教育」「自然主義的言語観」を標榜しているつもりもないくらい、この立場を無意識に絶対視しているということです。しかし、そのような教育環境、考え方の中で、低学力、低言語力の問題は堆積したのではなかったかということを再度指摘しておきたいと思います。

少なくとも、私は自然主義的言語観と低学力、学力不振の問題はある意味で必然的な因果関係にあると思います。低学力、学力不振ということを問題にすると、「学力だけが重要なわけではない」「子どもの教育にはもっと大切なものがある」といった反論の声が必ずあがります。しかし、本当のことを言えば、問題の深刻さは低学力、学力不振などでさえなく、聞こえない子どもにとって根

◆12……これは筆者が個人指導していた聴覚障害児の実例である。また、別な事例ではこんなこともあった。指導中、勝手に席を離れ突然トイレに行く子どもがいた。用を足した後もドアは閉めないし、便器も汚したままであった。母親に事情を聞くと、注意や叱責することを難聴学級の先生に厳しく禁止されているとのことであった。「本人が自分で気づくまで、待っていてください」とのことで、学校でもそのような行動が容認されていたそうだ。級友の行動を見て、その比較から自発的に修正の必要に気づくことをその難聴学級の先生は意図されたようだが、それは、その聴覚障害児と級友たちとの間にコミュニケーションが成立していることを前提にした話である。しかし、現実は、その聴覚障害児はクラスではまったく無視されており（つまり、文句を言う者も笑う者もいないほどの冷笑的無視）、一方、本人もその自分に向けられた処遇の意味が理解できておらず、むしろそれを「王様状態の特別認可」と受け取り、好き放題に行動していた。これでは、いつまで待っても、本人が自発的に「気づく」契機などやって来るわけはないのではないだろうか。

本の「言語力」そのものが身についていないという厳然たる事実の方なのです。

これは実際本気で指導に当たった経験を持つ人であれば実感することですが、言語獲得の基礎段階（いろいろな考え方がありますが、ここでは就学前の第一段階と小学三年頃までの第二段階というように考えてください）の言語力形成が不適切、不徹底だった子どもの指導を再度やり直すことは極めて困難です。特に既にその時期を過ぎてしまっている子どもに対しては非常に言いにくい話になるので、専門家はその事実を知っていても正直には言えません。最低限の基礎的言語力の獲得に失敗した聞こえない子どもの言語力は改善されないまま、結局、放置されてしまう場合がほとんどです。さらに、その必然的結果として、場合によっては、問題はその後もその聞こえない人の生活上にさまざまなトラブルとして、長年にわたり確実に堆積拡大し続けていきます。これは非常に深刻な問題ではないでしょうか。

「自然主義的言語観」「自然主義的教育観」については、もっと厳密に（例えば、言語学や言語哲学の面から）批判しなければならないと考えていますが、今回は時間がないのでこの辺にしておきます。人間は言語を「自然」に習得するというこの考えの根本にある言語観は、現代思想の領域（言語学、哲学、心理学、等）では簡単には受け入れられない単純な思い込み、感情的理解であることをもう一度言っておきます◆13。

「自然主義的言語観」「自然主義的教育観」はすべて本人の自主性に任せるわけですから、まわりは積極的な働きかけはせずに済みます。責任もありません。つまり、親や教師にとってはこの上なく楽な接し方です。「楽である」という大きな魅力ゆえ、多くのお母さんたちがたやすくこの考えに傾斜して行きます。しかし、このような考え方を前提認識にしたお母さん方は、学力や言語力について、さすがに何とかしなければならないというレベルに陥り、行きづまった時、自然主義的対応の指導から返ってくるのは、次のような言葉であることを肝に銘じておくべきでしょう。

「言葉の力が伸びなかったのは仕方がないですね。本人のやる気がなかったのだから。」

以上のような現実の問題を考慮すれば、聞こえない子どもの学力、言語力について考える場合、基本的前提認識をどこに置くべきかは、自ずと明確になってくるのではないでしょうか。聴覚障害児にとっての学力という問題を考える際、根底にあるのは、どこまで行っても、自己責任、自助努力という基本事項です。だからこそ、その自己責任のあり方や自助努力のあり方には無理や虚栄やごまかしがあってはいけないし、同時に、それは方法論的にしっかり考え抜かれたものでなければならないということです。

―◆13…本書第2章6「聴覚障害児の学習とことば」注5（241頁）、注6（243頁）参照。

第3章

障害認識論

8

障害「受容」から障害「認識」へ

●初出／『九州保健福祉大学研究紀要』第一号（二〇〇〇年三月）
●加筆修正／二〇〇三年六月

はじめに――障害観の問い直し

現在、聴覚障害児の医療、教育に関する研究テーマは無数にあるが、その中で、最も本質的で、かつ現実的な問題の一つとして、「手話」の問題がある。手話の価値をどのように評価するのか。そして、それを医療、教育の現場で実際どのように取り扱うかという問題である。この問題に関し個々人がどのような態度をとるかは別として、聴覚障害児の言語獲得にとって手話が根本的な意味を持つものであるということについては、立場を越えて、専門家の間にも徐々に共通理解が成立しつつある。[1] メディアの影響による「手話ブーム」とは別に、この「手話」という問題の顕在化の背景には、従来の聴覚口話法[2]への様々な角度からの見直し、再検討が生じてきているという事情がある。一方、その聴覚口話法自体はオージオロジーや人工内耳への発展という形でさらに歩みを進めている。[3]という現状もある。このように価値観を異にする理念と技術が錯綜する状況の中、医療、教育の現場では現実的にはどのような事柄が切実な問題であり続けているのだろうか。[4]

専門家として聴覚障害児に直接関与しなければならない人間は、「手話」問題を一例とするように、好むと好まざるとにかかわらず、必ず何らかの対応「技術」を選択しなければならなくなる。その際、問題となるのは、選択したその「技術」の有効性と必然性を支える根拠が本当に適切なものであるかどうかということである。さらに厳密に言えば、その対応の「適切さ」「妥当性」「納得感」は一体誰が決定するのかという、より重要で根本的な問題がある。つまり、「対応の正しさ」の根

◆1……ただし、従来、基本的には口話法を採用してきた聾学校においては、まだ手話に対し慎重な立場を堅持する学校も少なくない。また、残存聴力の活用に重点を置く専門家の中には手話が音声言語獲得の際の阻害要因となるとする立場から、問題視する向きもある。一方、日本手話学会においては言語学的、工学的研究が推進されている。同時にこの数年、奈良、三重、足立（東京都）の各聾学校では手話を積極的に取り入れたバイリンガル教育が意識的に試みられている。↑以上原論文発表当時（二〇〇〇年）の注原文。以下は今回（二〇〇三年）補足。手話を使ったのでは日本語の獲得に繋がらないとする聴覚口話法優位論はまだ根強く支持されている。『聴覚障害』誌二〇〇三年三月号に掲載された河崎佳子論文「聴覚障害者（児）の心理」に対し馬場顕が提示した批判論文「もうひとつの見方「臨床心理学の立場から」の提案について」（同誌五月号）はその一例である。一方、近年、聴覚障害児教育とはまた別分野の人間の言語と認知に関わる研究領域から手話言語に対する注目や評価が出始めてきている。正高信男（動物行動学）『子どもはことばをからだで覚える』第三章（二〇〇一）、酒井邦嘉（脳生理学）『言語の脳科学』第十一章（二〇〇二）。例えば後者の該当章は次のようなことばで始まっている。「手話（サイン・ランゲージ）は、日本語や英語と同じように文法をもつ自然言語の一つである。それは、子どもが手話を母語として獲得できることからも明らかである。」（二五六頁）

◆2……本書第1章1「インテグレーションの現状と課題」注15（41頁）参照。

◆3……本書第2章5「聞こえない子どもたちは何のために勉強するのか」注14（193頁）参照。

◆4……本書第2章5「聞こえない子どもたちは何のために勉強するのか」注15（193頁）参照。

拠はどのような方法によって具体的に保障、証明されるのか。この本質的な問いは、当然、自らが支持する根拠のその根底にある価値観、障害観、身体観自体への更なる根源的な問い直しを迫ってくる。

この一連の問いは、それに明確に応えようとすれば、間違いなく極めて困難な作業になるが、やはり専門家は次のことを想起する必要があるだろう。医療や教育の現場において、「技術」は単に「技術」として終わることは決してなく、常にそれがもたらす現実的結果という厳然とした形の審判を受ける。そうである以上、その技術（の適用）を正当化した根底にある価値観の妥当性は常に厳正にその是非を問われて然るべきではないだろうか。専門家の「責任」「職業倫理」というものも、この価値観の正当性、妥当性が検証されてこそ、初めて基礎づけられる。

しかし、現在、私たちの目の前にある様々な理念、理論、技術、メソッドは、その根底に本当に揺るぎない根拠、正当性、価値観を持っているのだろうか。それは適切公正な手続きに基づいて構築されているのだろうか。この根本の部分における価値観の妥当性という点が、実は今もっとも不安定、不明瞭になっており、その意味で、何より再考を要する課題となっている。

私たちは常々「聞こえない子どものため」という言葉を用いて、医療的、教育的関与を正当化するわけだが、その子どもの「利益」は一体どのような意味合いの「利益」として考えられているのだろうか。何より、それは子どもにとって現実的に本当の利益となっているだろうか。そもそも、私たちは「聞こえない」という子どもの状況を価値的にどのように見ているのだろうか。

本論では「障害受容」という従来の考え方に対する再検討作業を試みる。と同時に、それに替わる「障害認識」という考え方の基本的骨組みを提示したい。それを通し、聴覚障害児に対する療育諸問題の根源にある「障害観」という根本問題へ接近するための一つの通路を示してみたい。

1 障害受容

1・1 「障害受容」という考え方の困難性

聴覚障害児の医療、教育の世界では以前より「障害の受容」という表現が普通に使われてきた。例えば「障害の受容」という考え方は、少なくとも聴覚障害児療育の領域では、それが使われ始めた初期の段階においては、必ずしも現在のような漠然とした意味合いで用いられていたわけではないが、[5] 今日では基本的に特別の前提確認もされないまま、実に当たり前の表現（概念）として無造作に使われることが普通である。

しかし、以下に示すように、実際には「障害の受容」という考え方には本質的な意味において明

◆5……田上隆司は一九六六年一月発表の「ろう児のコミュニケーションについて（特に手話について）」という論文の中で、「アクセプタンス」という項をたて、それがすべての対応の基盤として重要であることを指摘している。その説明の中で「アクセプタンス」はどのように語られているだろうか。原文を引用してみる。「…アクセプタンスを、以上のように、ろう者としての人生を積極的に肯定する姿勢だと解釈してみよう。こう解釈するなら、アクセプタンスを否定するような現代の文化があろうとは考えられない。すなわち、アクセプタンスは理論的な根拠には問題はないのである。問題は、ろう者に接する人々の実際の人間形成にある。（中略――上農）生徒の手話を見て、わからないと言っても、わからないための苦痛もなく、それでは学ぼうとする姿勢も出てこない。アクセプタンスが欠けることに由来する無関心である。」田上の意見をどのように評価するかは置くとしても、この文脈を熟読すれば、少なくともここには明解な障害（者）観と手話に対する価値づけがある。この地点と、現在の極めて曖昧な「障害の受容」概念とは本当に地続きに連続していると言えるだろうか？

らかな困難性がある。と同時に、この表現を無自覚に使用してきた状況自体には、私たちが「聞こえない」という身体状況を価値としてどのように見てきたか、つまり障害観の構築過程上の問題性も如実に表れている。それなら、「障害を受容する」というこの考え方のどこに問題があるのだろうか。それは、問いを次のような形に整え直してみると、その本質がさらに鮮明に見えてくる。

1・1・1 障害を「受容」するとは、誰が、何を、どのようにすることなのか？

私はこの数年、様々な機会に何人もの聴覚障害者（聾者、難聴者、中途失聴者）にこの質問をしてみたが、明確な答を返した者はほとんどいなかった。皆、しばらく考えた後で「わからない」、「言われてみれば変ですね」というのが常であった。しかし、同じ質問を、例えば聴覚障害児を持つ親（聴者）にすると、ただちに次のような答が返ってくることが多かった。「障害の受容とは、障害児が自分の障害を受け入れることです」、「受容とは聞こえないということをごまかさず、本人が障害を素直に認めた上で頑張るということです」。

この聴覚障害者と聴者との反応の違いは、一体なにを示しているのだろうか。

重要なことの第一は、当事者である聴覚障害者たちがこの質問に対して「わからない」と答える時、そこには必ず独特の困惑した表情が伴うことである。[6] おそらく、その困惑は答え方を知識として知らないということから生じているのではなく、質問自体に根本的な困難性が含まれているため、きちんと考えようとすればするほど、答えられなくなるという困惑ではないだろうか。つまり、この「受容」という考え方の中には次のような論理（前提）が埋め込まれているのである。

①あなたは自分が「聞こえない」人間であるということを受け入れていない。だから、その「事実」を受け入れ、認めなさい。

そして、このような言葉を通し、「障害の受容」が語られる実際の場面では、そこに、さり気なく次の二次命題がさらに埋め込まれている。

②「聞こえないこと」から生じるある程度の不便さや不平等があることは「仕方がない」ので、それも認め、受け入れなさい（ここで言われている「ある程度」という程度の軽重は聴者の感覚により測られている点に注意）。つまり、「我慢しなさい」ということ。

①の論理に従えば、聴覚障害児・者は、まず前提として、自分が「聞こえない」人間であるということを受け入れていないということを認めなければならなくなる。しかし、多くの聴覚障害児・者にとって、この前提自体が既にきわめて奇妙な自己理解の要請に見える。なぜなら、多くの聴覚障害児・者は自分が「聞こえない」人間であることの違和感、不全感は、既に様々な現実場面を通して体験し、理解している自明のことだからである。わざわざ指摘されなくても、聴覚障害児・者

◆6……「受容」という表現に対する聴覚障害者の戸惑い、困惑、留保の事例として森（一九八九）がある。森は次のような表現を採用しつつ、自らの中学時代における障害に対する自意識を回想、分析している。「…つまり「個人的な」障害の自覚（「受容」というよりも「自覚」のほうがこの場合は合っていると思う）はあったけれども、「社会的な」障害の自覚はまだなかったのである。…」（「聴障者の視点から見たインテグレーション」三七頁、傍点上農）その根拠は明示されていないが、ここでは「受容」という表現が意識的に回避されており、代わりに「自覚」という言葉が選択されている。このさり気ない回避と選択の中に著者の障害観の方向性が投影されているように見える。「受容」が受動的、他律的であるのに対し、「自覚」は能動的、自律的である。そして、ここで選択されている「自覚」という表現と本論で提示した「認識」という思考は本質的に類似しているように思われる。

は以前から変わらず〈聞こえない自分〉のままであり続けているし、そのことはよく自覚している（「そんなことはない、自覚のない聴覚障害児・者はいる」という予想される反論については、後で取りあげる）。わかりきっていることを、なぜわざわざ改めて「自覚しなさい」と、それも聴者から言われなければならないのだろうかという基本的な困惑と抵抗がそこには常にある。

仮に百歩譲って、もしわざわざその事実を「受け入れ」直した場合、そのことが自分にどのような利益をもたらすのか。それに対する答が②の内容なのである。結局、それは「聞こえない」という「障害」があることによって生じる不便さ、不平等を「諦めろ」「堪え忍べ」という手の込んだ勧告でしかないのではないか。そして、そう感じた時、聞こえない人間の脳裡には、次のような疑問が生じる。むしろ、重要な問題はそんなことではなく、なぜ自分の「聞こえない」という本来の身体状況が、それ自体で困難さを帯びるのか？　その困難さ（不便さ）が本当に「受け入れざるを得ない」困難さ（不便さ）なのかどうか？　その根源的な検証を抜きにして、どうして最初から、それをただ「受け入れなさい」というかたちでの「障害の受容」が一方的に提示されるのだろうか？

聴覚障害児・者から見た場合、障害の「受容」という考え方には、このような根本的な疑問と抵抗と困難さが常に付着している。

さらに、次の点にも私たちは意識を向ける必要がある。「障害の受容」という発想は、聴覚障害児・者に対し、「聞こえない人」であることの自覚を求めるわけだが、このことは、もし、そこに同時に聴覚口話法の指導状況があった場合、根本的な矛盾となる。聴覚口話法は補聴器の活用を通し、残存聴力によって「聞くこと」を目指している。つまり、私たちは聴覚障害児に対し、聴覚口話法で「聞こえるようになる努力をすること」を求めつつ、一方で、「障害の受容」を要求することで「聞こえない人である」ことの自覚を求めるという、まったく矛盾した対応をしていることになる。聴覚障害児にとっては「聞こえる人のようであれ」という声と、「聞こえない人であれ」という二つの逆方向の要望が同時に指し示される状況となる（聴覚口話法が功を奏したと評価される子どもの場合は補聴器を活用して「かなり聞こえる」はずなのだから、「聞こえない人間」としての自覚（意識）が希薄なのは当然である。聴覚障害児であることのしっかりした自覚がないというのは、このような聴覚口話法の「成功」例の子どもたちである。しかし、この子たちは障害の「受容」をせずに済むように、それを「克服」することを求められ、それに「成功」した子どもたちではなかったのだろうか？）。

1・2　ダブルバインド

人類学者グレゴリー・ベイトソン[7]は、どちらを選んだにせよ必ず矛盾してしまう選択肢しか与えられず、それでも、そのどちらかを選択しなければならない状況に追い込まれた人間の心理を「ダブル・バインド」（Double Bind）という概念で説明している。聴覚口話法という理念と「障害の受容」という考え方の中に含まれている論理との関係は、ある意味でまさにこのダブル・バインド（二

◆7……Gregory Bateson（一九〇四～一九八〇）イギリスの高名な生物学者の三男として生まれる。後に渡米し、文化人類学、映像人類学、コミュニケーション理論、精神病理学等、多方面の分野で独創的仕事を残す。文化人類学者マーガレット・ミードと結婚。十数年後に離婚したが、その間、文化人類学の共同研究をおこなう。主著『精神と自然』思索社（一九八二）『精神の生態学』上・下、思索社（一九八六、一九八七）。

重拘束）状態を生産し、それを聴覚障害児に強いる結果になっている。ここで注意を促しておきたいのは、ベイトソンがこのダブル・バインド理論を通して分析しようとした問題の一つが分裂病の発現プロセスだったということである。つまり、ダブル・バインド的状況は人間を精神的に引き裂き、根本の部分で不安定にする。このことは、特に統合教育を受けた難聴児が青年期に達すると深いアイデンティティ・クライシス（帰属集団を確定できないことから生じる自信喪失、自己嫌悪、混乱、苦悩）に陥る問題を考える時、本質的な示唆を含んでいるのではないだろうか。

1・3　聴者と聴覚障害者では受け取り方が違う

実際はこのような複雑な状況があるにもかかわらず、しかし、この「障害の受容」という考え方は、聞こえる人間にとってはその内容（定義）を問われても、「それは聴覚障害児が聞こえないことをきちんと受け入れることです」と比較的容易に無造作に答えられる概念なのである。聴者にとっては容易に、そして無自覚に使われる概念であり、一方、聴覚障害児・者には根本的に理解しにくく、また受け入れるにも実際上、本質的困難がある概念である。この奇妙な差異（理解のズレ）は、それが聴者から一方的に提示され、聴覚障害児・者に押しつけられた考え方であったことを物語っているのではないだろうか。「障害受容」という考え方は、聴覚障害という問題（身体状況）に対する私たちの基本的理解と対応がどのようなものであるか（ものでしかないか）を如実に物語る表象であろう。そして、私たちの根底にある無意識の価値観もそこに露呈している。

しかし、見てきたように、この概念には明らかに根本的な問題があることも間違いない。このような問題を含んだ概念、あるいは、その概念に何の問題も感じないまま無自覚に使用しているような障害観に基づいて、聴覚障害児・者のための「支援」対応を計画実施しているとすれば、そこにはさまざまな問題が（関与する「支援」者側にはまったく意識されないまま、しかし必然的に）惹起されるだろう。やはり、この点についての根本的な再考が必要ではないだろうか。

言い方を換えれば、聴覚障害児・者にかかわる専門家には、日々の具体的取り組みを根底で支えるしっかりした価値観（障害観、身体観）が必要なのだが、「受容」という偏りのある概念に依っていたのでは適切な理解の手がかりにはならないということである。事実、聴者の押しつけ的概念は、聴覚障害児・者にとってルサンチマン[8]の対象となることはあっても、現実の人生を生きていく上で積極的に活用される実践的思考道具となる可能性はきわめて低い。

それならば、聴覚障害児・者にとっても、また、彼らに関わる聴者にとっても、共に意味を持ち得るような障害観（障害についての思考方法）とは、どのようなものだろうか。

2 障害認識という考え方の骨格

2・1 基礎的視点

近年、聴覚障害児の療育の分野でも「障害受容」という表現と共に「障害認識」という言葉を散見するようになってきた。しかし、それは多くの場合、「障害受容」の単なる別様の言い方、あるいは、少し高尚なニュアンスを持たせるための新たな類似表現にすぎないようだ。少なくとも、「障

―◆8……本書第1章2「難聴児の自己形成方略――インテグレーションの「成功例」とは何だったのか」注8（133頁）参照。

害受容」と「障害認識」とを、まったく異なる概念として意識した上で取り扱っている例はまだ少数である。◆9

本論では、「障害認識」という概念が「障害受容」の単なる類似概念ではなく、むしろ、その批判から生じてくるまったく別の視点を持った考え方であり、障害観を構築するための独自の一つの意識された思考方法であることを示してみたい。それは、どのような思考の手続きを踏む点に特徴があるのだろうか。

「障害認識」という思考方法の特徴、基礎的視点をまず端的に表せば、それは次のようないくつかの短い構成要素（鍵概念）として説明できる。

①【異質な身体状況と相互関係的現象（文脈）】障害というものを一つの異質な身体状況と捉え、同時に、そこには相互関係論的現象（文脈）が発生していると理解する。
②【価値づけ行為】その身体状況は社会と個人の意識の中で、価値づけられている。
③【要素と構造】その意識（場合によっては、無意識）は根底にある価値観によって支えられており、その価値観はいくつかの要素から構成された論理的構造を持っている。
④【形成過程】その構造には構造として成立するための形成過程（歴史）がある。
⑤【分析と認識】その障害という現象の構造と形成過程を徹底的に分析し、認識する。
⑥【正当性の検証】その構造と形成過程の中で決定されている価値的判断（判定）と現場でのその投影行動の適切さ、正当性を検証する。

2・2 異質な身体状況への価値づけ

まず何より、障害を何か固定的、実体的な「もの」とは捉えないで、関係概念的な現象、つまり出来事＝「こと」として捉えるのがこの思考の出発点である。しかし、同時に、その関係の中には一定の身体状況にある実体的〈身体〉が存在していることも事実である。従って、そこにはその身体が持っている「機能」という実体的属性があることも事実である。そのことはごまかさず、そのまま認める必要があるし、それを客観的に認めることは何らおそれる必要のないことである。「出来ないこと」と「出来ること」はあるということの承認。ただし、その事実が社会の中で実際はどのように価値づけられているかということは、また別の問題である。この二つの事象を混同しないように厳密に峻別しつつ、分析、検証していかなければならない。

これは、自分たちとは異なる「聞こえない」という身体状況を所有している〈他者〉＝聴覚障害児・者に対して、聴者はどのような価値づけをしているかという問いかけへの重要な経路でもある。

◆9……「障害認識」という概念を意識した上での研究に次のようなものがある。森井結美「聴覚障害児の障害理解を深めるための援助について」（一九九二）国立特殊教育総合研究所長期研修研究成果報告書、都築繁幸「青年期の心理的安定について――統合教育をうけた人々の心理的葛藤――」（一九九二）第一回全国聴覚障害者心理相談・精神医療関係者交流会記録、木島照夫（東京都立足立ろう学校＝当時。現・東京都立大塚ろう学校教員）のトータルコミュニケーション研究会、ろう教育実践交流会、障害認識研究会における継続的研究発表（一九九三〜）、上農正剛『障害認識をめぐるお母さんとの対話――聴覚障害児の理解のために第二三集』（一九九六）全国難聴児を持つ親の会、鳥越隆士「聴覚障害児の心の成長とアイデンティティをめぐって」（一九九八）手話コミュニケーション研究二七、大杉豊「統合教育が筆者の自己像形成に及ぼした影響――ろう者としてのポジティブ・セルフ獲得の機会剥奪――」（一九九九）SNEジャーナル 4文理閣。

そして、この経路の先には、次のような問題が待機している。私たちは、異質な身体状況への「価値づけ」をどのような具体的行為（実践行為）を通しておこなっているのか。そして、その価値づけの根拠は一体どのようなものなのか。その根拠は本当に正当なものなのか。その正当性を私たちはどのような論理（言説）で作りあげているだろうか。さらに、私たちは自分たちが実践しているその価値づけ行為について、果たしてどこまで意識的だろうか。無自覚、無意識だとすれば、それはなぜそうなのか。無意識であることで、私たちは何を回避、隠蔽し、そのことでどのような利益を得ているのだろうか。

これらの問題を考えることによって、私たちは、聴者という多数者集団に共有されている身体観の根底にある価値観の由来（構造と形成過程）をしっかり思考の対象とすることになるだろう。

障害認識という思考の場では、従来、聴覚障害児の療育分野で自明のものとして流通してきた「善意」「思いやり」「優しさ」「平等」「子どもらしさ」「自主性」「自立性」「利便性」「自由」「自然」「普通」「治療」等々の諸概念は、それ自体一つのメカニズムの中で機能している「心理」（無意識の価値的戦略、価値観に基づく計算）とみなされ、再度、その意味を関係論的文脈（例えば、それは誰にとっての「平等」なのか、その平等性の基準を決めるのは誰なのかという決定権の問題等々）の中で根源的に懐疑、再考されることになる。本論前半で試みた「障害受容」という考え方についての再考作業も、この障害認識という思考手続きの一端である。

つまり、障害認識という思考がまず整える手続きは、障害という現象を見ている側の視線（眼差し）の分析なのである。そして、その視線の根底にある意識の徹底的な再確認（場合によっては無意識の意識化、言語化）である。なぜ、私は「聞こえないこと」をそのように見るのか、なぜそのように扱うのか。障害認識という思考の役割は、この根源的問いに対するきちんとした説明（応答）を提示することにある。これが手続きの第一の方向である。

2・3 障害者側の受け取り方

次に、第二の思考手続きとして、次の視点からの検討・分析が必要になる。聴者側の聴覚障害児・者への様々な具体的対応とそれを根拠づけている価値観は、聴覚障害児・者の立場から見るとどのような意味を持つのか。この問題には二つのレベルがある。一つは自分の想像力を通し「反省」するという方法であり、もう一つは当事者の声（意見）を正確に受けとめるということである。しかし、前者の方法には自ずと限界がある。それは私たちの意識の中には「善意」という強固で一方的な思いがあり、それが常に自らの行為を正当化しようと作動するからである。だから、その身勝手な「正当化」を客観的に再検証し、その上で想像力を適正に限界まで活用するためには、それなりの思考の技術が必要となる。

一言で言えば、それは事実に基づいた可能な限りの厳密な思考、その思考の構造、成立条件自体を問うような認識論的（epistemological）[10] 検証方法である。「正義」や「思いやり」、「優しさ」、「憐れみ」といった感情（先入観）を通して事実に「色づけ」するのではなく、事実を事実として、現実を現実として客観的に捉える（認識する）思考方法である。そのためには私たちの思考をそのような客観的な場所に牽引してくれる人文社会科学的思考（人類学、社会学、言語学、心理学、記号

―◆10……本書第3章9「聴覚障害児教育における障害認識とアイデンティティ」中「認識論」の項（363頁）参照。

論、等）が不可欠になるだろう。

そして、さらに考えなければならないのが、聴覚障害児・者は自分の身体状況を自身ではどのように見ているか（どのように価値づけているか）という問題である。そして、この問題の中には複雑な事情が織り込まれているので、特に注意しなければならない。それは、聴覚障害児・者の障害意識はどのようにして構造化されているかという、さらなる重層した問題があるからである。その意識の形成にはどのような要素が影響を与えているのか。少し考えただけでも、親の意識の反映（さらに、親が聴者か聾者かという問題）、学校教育の決定的影響（聾学校出身か、統合教育出身か）等、それ自体、複雑な事情を持ち、同時に他の要素とも深く絡み合っている。よほど強靱な論理と整備された思考方法で粘り強く考えていかなければ各要素間の関係性を明晰に把握・分析することは困難である。しかし、この問題は「障害」という価値づけシステムを考える上で最も重要な領域なので、避けて通れないことも事実である。その意味で、障害認識という思考の意味が問われる要の部分でもある。

2・4　三つの視線

障害認識という思考は、「障害」という価値づけ行為を基本的に三つの視線（思考）として捉える。そして、その視線の構造と形成過程を分析する。同時に、その三つの視線相互の関係性（影響関係）と、その関係性の中に機能している根拠の正当性、妥当性を検証する。

三つの基本的「視線」とは、次のような視線（思考＝価値づけの眼差し）である。

①聴者（親、教師、専門家、子ども、一般人）が聴覚障害という身体状況（現象）を見ている視線

②聴覚障害児・者が①の視線を見ている視線

③聴覚障害児・者自身が聴覚障害という自分の身体状況（現象）を見ている視線

2・5　障害認識の「視線」分析が問いかけるもの――〈異文化〉理解と〈自文化〉理解

障害認識という思考方法は、障害という問題を考える際、なぜ、そこにある視線（思考）を三つの視線に分けるのか。それは、それぞれの視線が相互に異なる意味合いを持つからである。つまり、聞こえる人間（聴者）にとって、視線①の分析は、自分の帰属する集団（共同体＝社会）が「障害」という現象（異質な身体状況）をどのように価値づけているか、つまり自文化の価値システムの構造を知ることになる。視線③の分析は聴者からすると異文化である聴覚障害児・者自身がその異文化（聴覚障害児・者から見れば自文化）をどのように形成し、理解しているかを知ることである。そして、聴者がおこなっている聴覚障害者の理解の仕方①を聴覚障害者自身はどのように見ているか（理解しているか、評価しているか）という視線が②になる。②の分析は、聴者にとって、異文化（聴覚障害者文化）が持つ対抗文化（聴者文化）理解の研究になると同時に、自らの視線①がどのように受け取られているかを自覚する検証になる。

そして、特に②の視線が持つ意味の重要さは、文明史、民族史、思想史についての知識がある人にはすぐに想起されるだろう。ある文明が衰退し、ある民族が存亡の危機に陥ったとき、その危機を回避し、そこに活力を与え再生させて来たのは、多くの場合、異文化接触で生じた思想であった。

つまり、自文化の思考の中に、異文化の価値を理解する回路がどれだけ保持されているかが、その文化（思想）の本当の深さと強さを測る一つの重要な尺度ではなかっただろうか。

もちろん、聴覚障害児・者から見れば、「異文化」と「自文化」という関係が逆転するだけで、そこにある意味はすべて同じように成立する（障害という問題を考える時に適応される方法自体のこの平等性、双方向性も障害認識という思考の特徴である。通常は、障害者のことを理解するための思考は、あくまで「障害者」用のもので、「健常者」には適用されないことが多いのではないか）。つまり、②の意味の重さは、聴覚障害児・者にとっても、聴者にとってとまったく同じ重さである。

障害認識という思考には、〈自文化〉理解と〈異文化〉理解という二つの視点が意識的に導入される。そして、このことの意味は、聴者と聴覚障害者にとって二重に交差しながら、相互にまったく対等に重要なことなのである。障害認識はその意味で、聴覚障害者にとっても、聴者にとっても、共に同一ルール上で、〈異文化〉＝「他者」の思考と出会うための方法であるとも言える。

成人した聴覚障害者の中には、「聴者のことなど俺たちには関係ない」ということで、自文化の帰属集団にのみ固執し、異文化である聴者社会の文化にほとんど興味を示さない者がいる。彼らは聴者の文化を知る必要性を認めない。聴者社会に対するこの反発と不信、無関心は聴者から受けた理不尽な対応が原因で形成されたものであることが少なくない（例えば、学校教育において不適切な教育対応を受けた結果、学力面でも不当な評価を甘受せざるを得なかったり、一方的誤解を受けても、それを弁明する機会を与えられなかった等、不愉快な経験を数えあげたら枚挙に暇がない。そして、そのような体験は社会に出た後でこうむるさらなる不公平な状況のやむを得ない甘受にも繋がらざるを得ない)。その結果、反発や不信がつのることに関して、聴覚障害者を責めることは決してできないが(態度を変更しなければならないのは、当然、不適切な対応をしている側であろう)、それでもなお、敢えて言えば、このような反発不信の固定化は、聴覚障害児・者にとって、その自立のためには、やはりプラスには機能しないだろう。◆11 聴者と真に対等な共生関係を築く上でも、〈異文化〉である聴者の文化(価値観や判断基準、行動様式)を知る回路(技術)はやはりしっかり保持しておく必要があるのではないだろうか。仮に共生の中で、やむを得ず対立するような場面があったとしても、聴者の思考方法を知っておくことは、その際、冷静な判断、対応、異議申し立てをするためにも有効である。たとえ、そこに消し去りがたい反発、不信があったとしても、むしろ、だからこそ異文化を理解することの必要性が存在するのではないだろうか。聴覚障害者という少数者の集団であればあるほど、対抗文化(聴者の世界観)についての知識(認識)はきちんと持っておくべきなのではないだろうか。

この意味からも、障害認識という思考方法は聴覚障害児・者にとっても有効な意味を持っているはずである。

◆11……反発不信の単純な固定化には、人を閉塞的独善状態に陥らせる危険性が内包されている。あるいは安易な自民族中心主義に陥る可能性が含まれている。これは聴覚障害者であれ、聴者であれ、同様に言えることだろう。真に有効な異議申し立てをするためにも、対抗文化に対しては「自閉」戦略より、その文化を「理解」する通路を保持する対応の方が重要なはずである。ここで言う「理解」はもちろん「恭順」や「追従」ということではない。相手を批判的に分析できる力をつけるということである。

2・6 障害認識と教育

障害認識という思考方法にとって〈自文化〉理解と〈異文化〉理解という二項対立的基本構造は、障害という現象を考える際の根幹であるから、それは同時に、例えば、聴覚障害児が教科や言語を学習する時の根源的目的とも当然重なってくる。例えば、「聞こえない子どもたちはなぜ勉強しなければならないのか」というシンプルな問いにきちんと答えることは意外に難しい。この問いに対する答は、「勉強すれば、良い成績がとれ、聞こえる人と同じようになれる」という正常化論的本音か、あるいは「将来、社会に出たとき、有利だ」「実社会で食べていくためには学歴がやむを得ず必要だ」という実利論、利便論に行き着くことがほとんどである。いずれにせよ、一種の「取り引き」論による回避でしかないことに変わりない。つまり、この状況自体が、私たちの中に障害に対する根本的価値観がしっかり準備されていないことを物語っている。聴覚障害児にとって、言語や教科の学習が自らのアイデンティティ確立のために本当に役立つものであるためには、その根底に帳尻合わせ的理由づけではない、深く考えぬかれた障害認識的根拠がしっかり築かれていなければならないはずである。◆12

3 実践への適用

3・1 いじめ問題に対する基本的考え方

障害認識という思考方法が実際の現実問題の中でどのように機能するのかということを、聴覚障害児には馴染み深い「いじめ問題」を通して考えてみよう。

今、ここに、一人の聴覚障害児がいじめられている状況があるとする。私たちはどのように対応するだろうか。まず本人の訴え（つらさ、嫌さ、苦しみ、痛さ）をただ黙って聞き入れてやり、共感し、その後、慰め、励ます、という対応がまず一般的、最大公約数的なものとして想定できる。教育現場では、被害者本人に対してだけでなく、その周囲へ向けてのアプローチも積極的にとられることもあるが、多くは結果として想像以上に消極的な対応がなされているのが現状ではないだろうか。いじめられている子どもが障害児であれば、周囲への対応もさらに複雑でデリケートなものになる。「差別」「人権」という誰もが過敏になるテーマに抵触するからである。確かに、消極的な対応で問題が収束する場合もあるが、中学や高校ともなると問題はもっと深刻化、複雑化することが多い。そして、その状況の中で聴覚障害児は深く傷つき、それはトラウマ（心的外傷）[13]となって、その子どものその後の精神生活、世界理解、障害観、そして何より聴者に対するイメージに本質的で決定的な影響を及ぼす。

いじめを受けている場合、その子どもの苦しみは、まずは理屈抜きにそこに実在している心身の直接的苦痛にある。しかし、同時に「なぜ、自分がいじめられなければならないのか」という理不尽さ、不可解さに対する精神的苦痛（苛立ち）もストレスとしては同様に大きなものとなる。この「なぜ」が理解、納得できない精神的苦しさである。

◆12……本書第2章5「聞こえない子どもたちは何のために勉強するのか」参照。
◆13……psychic trauma「人格に大きな影響を与えるような強い感情体験。精神分析学では無意識にある神経症の病因。」『多項目 心理学辞典』（一九九一初版）教育出版。

そして、ここで先の「黙って聞き入れ」「共感し」「慰め」「励ます」という通常よく採用される対応を思い出してもらいたい。ここには、この「なぜ」の答になるような言葉がまったく存在していないことに気づかされる。「なぜ」という疑問に答えようとする、あるいは示唆を与えようとする姿勢は皆無である。この種の「思いやり」に満ちた「やさしい」対応は、むしろ、最初から根本的な関わりを回避しようとして用意された意図的な「ずらし」にさえ見える。しかし、対応者には、無論、意識的なレベルでは、そのような「意図」などないのであって、対応者は「優しさ」と「思いやり」と「善意」で応えているつもりになっている。しかし、特に思春期の聴覚障害児にとって、この「なぜ」にきちんと応えてもらえない状況は、自己の存在価値が不明確なまま、実に心許ない形で宙づりにされていることに等しく、非常に辛いものである。「自分が本当に生きていていいのか、確信が持てなかった」、「周囲には何も言わなかったが、繰り返し、毎日のように自殺を考えていた」ということばを筆者も何人もの聴覚障害児から直接聞いた経験がある。なぜ、私たちはこのような非本質的な対応しかできないのだろうか。

それなら、障害認識という思考方法は、このような状況に対し、どのように向き合うだろうか。もう一度、最初から、問題を根本的に一つずつ問い直してみよう。

①「なぜ、その子はいじめられたのか？」

それは、その子が障害児だったからである。

②では、「なぜ、障害児はいじめられるのか？」

それは、その子が他と違ったところ（異質性）を持っているからである。
③では、「なぜ、異質性を持っていると、いじめられるのか？」
それは、私たち人間の集団（共同体）には、異質性（スティグマ）を持っている者は下位に押し下げて排除するか、上位に置いて崇めるか、あるいは同じ状態になるよう変化（同化）を迫る、という対処の仕組み（社会システム）があるからである（この社会システムのメカニズムは聴者の社会にも、聾者の社会にも共に等しく作動している点に注意[14]）。
④では、「なぜ、排除したり、崇めたり、同化を迫るのか？」
それは、異質な者は、共同体（集団）にとって、特別扱いをしなければならなくなるという意味で負担になるし、同時に異質な価値を持ち込まれることで共同体の安定性を脅かされるからである。つまり、排除するか、崇拝するか、同化させなければ共同体の安定が保持できなくなるという事情がある。

障害認識は、まず、思考の手続きとして、少なくとも、ここまでの事実（歴史と文化の現実）に基づいた思考のプロセスをきちんと認識する。人間の持つ共同体保持のための冷徹さとやさしさの限界（有限性）という現実をきちんと確認する。そして、この悲しい限界は、当の子ども自身も含め、例外なく誰の中にもあることにきちんと気づくための思考経路も準備していく。

◆14……インテグレーション教育を受けた難聴者が青年期にアイデンティティ・シフト（自己規定の転換）を経験した結果、聾者の共同体に意識的に参入しようとすることがあるが、その際、彼らに対し、聾者たちが見せる複雑な対応の中にもこのメカニズムが機能している。本書第1章2「難聴児の自己形成方略——インテグレーションの「成功例」とは何だったのか」参照。

その上で、それだからこそ、今まで人間は、挫折したり、失敗しつつも、決して諦めず、その限界を取り除こうとして、様々な工夫をしてきたことも提示する。人間は今日まで、どのような社会制度、理解手段、〈他者〉との共生を試みてきたか。そして、その試み（可能性）と失敗（限界）の意味を共に考えていく（言語化し、認識していく）。

先の「共感」「慰め」「励まし」等の「優しい」対応が本質的応答になっていないのは、このような事実に基づいた（現実を踏まえた）思考プロセスを回避、忌避してきたことに起因している。安易な「共感」「慰め」主義は「障害児だからいじめられる」という最初の段階の事実承認すら回避しようとする傾向がある。なぜか？　それは、思考の初期段階であまりにも早々と人間性善説に立ち過ぎているため、目の前に明らかな差別、暴力の発動場面が現実に存在していても、それを事実として認めることが出来ない（認めたがらない）ためである（「子どもたちがそんな残酷なことをするはずがない」という子ども天使論への極端な傾斜）。

また、「障害児だから、いじめられた」という事実を口にすれば、聞こえない子どもを傷つけてしまい、二重に辛い思いをさせてしまうという「心配」「同情」「憐れみ」がそこにはあるのかもしれない（しかし、子どもは既に過酷な現実に直面している）。このような「優しい」性善説と憐れみに固執する対応者は、ときとして、加害者の子どもをも含めた「子ども」全体を信頼したいとの願望から、「あなたをいじめた相手もそんなに悪気はなかったのだから」というような、いじめを受けた本人からすれば度し難い言葉を、「慰め」や「励まし」と勘違いするような錯誤に陥る。そして、そのことには至って無自覚なままであることが多い。皮肉にも「思いやりのある」ことばや

「優しい」対応こそが、いじめを受けた障害児を二重に深い混乱と絶望に陥れることも決して少なくないのである。

障害認識という思考方法は、このような立場はとらない。むしろ「いじめ」という現象の中に、障害、差別、暴力性、ヴァルネラビリティ（攻撃誘発性）、スティグマ（異質であることの表徴）、他者といった、障害児本人が自らの障害という根本問題と向き合うとき重要な契機となる要素があることに着目する。だからこそ、いじめという現実から目をそらしたり、避けたり、ごまかしたりせず、しっかり受けとめ、直視する方向へ誘う。聞こえない子ども本人には、当初は辛さを伴う場面もあるが、あくまで「問題」の根源的意味に、その子ども自身が自分の思考で接近できるためのしっかりした思考道具を手渡すことにすべてを集中させる。観念的平等論や安易な人道主義は持ち込まず、あくまで事実を事実として捉え、その根底の「意味」を考え抜く徹底した論理的思考を大事にする。そして、その上で現実に対応する。

感情的な「共感」ではなく、異質性に対する根本的尊重と論理的であることの保持、そしてその点によってのみ他者の存在を尊重するという思考のルールの確立を目指す。これが障害認識という思考方法が基本的視点として維持する姿勢であり、「いじめ」という現実問題に対する場合も維持する基本姿勢である。

3・2　養護・訓練と障害認識

聾学校において、「養護訓練」[◆15]という教育理念が一体何を志向してきたのかという問題は今は置くとして、現実的には、この指導時間は、聴覚口話法に基づいた言語訓練、つまり発音訓練や聴能訓練的対応に使われることが多かった。しかし、そのような訓練重視の状況の中から、聴覚障害児のアイデンティティ確立を目指す新しい方向への転換も模索されだしている（広中、一九九五）。本論で提示した障害認識という思考方法は、このような方向へこそ本質的に連結できるし、その実践の基底を理論的に支える手がかりになり得ると考える。

筆者は、「障害認識」学習については、聾学校においても、普通学級においても、将来は単独の学習単位（カリキュラム）として独立させることを提言したい。聴覚障害児教育におけるすべての教科学習の基礎をなす哲学的思考訓練の時間として、「障害認識」学習は、そこで障害についての価値観をしっかり確認、形成し、同時に実践的かつ論理的な対応技術を身につける基幹教科として、是非認知されることが望まれる。

障害児のいる世界では「共生」ということばがよく口にされるが、様々な身体状況にある者同士の中に真の「共生」が成立するためには、まずは何より、互いの異なる価値観、障害観、身体観の徹底した考え直し、関係性の組み立て直しという基礎作業（教育プログラム）が必要なのではないだろうか。それを抜きに、いくら「善意」や「やさしさ」を振りかざしてみても、問題状況の根源的改善は極めて難しい。また、障害観の根本的な問い直しを避けた所に、どのような専門的研究を積み重ねてみたところで、それは障害児・者の現実には永遠に届かないだろう。

おわりに

聴覚障害児の医療教育分野では幾多の理念と実践が今まで去来してきたが、「聞こえない」という「障害」、あるいは「身体状況」をどのように見るのか（価値づけるのか）という現実問題と、その根底にあるべき障害観、身体観、言語観という根本問題への検討があまりに希薄だったのではないだろうか。つまり支援や教育と称してやってきた行為の価値を基礎づける哲学的思考（認識論的価値の検証）が常に不明確で脆弱ではなかったのかという問題である。その点を根本的に改善するためにも、障害認識という思考の手続きは有益な示唆をもたらすはずである。

本論では、まずは障害認識という思考方法の基礎的骨格のみを提示した。理論自体としての整備構築と実践問題への適応（幼小中高大の各課程における教育現場での具体的カリキュラム化、聴覚障害児を持つ親に対する障害認識の生涯学習プログラム立案、等）については今後逐次、研究を進めていきたいと考えている。

◆15……一九七一年に改訂または制定された特殊教育諸学校学習指導要領において新設された科目で、特殊教育諸学校に在学する言語障害児はこの時間に言語治療教育を受けていた。聾学校においては、実質的に口話法による発音、聴能訓練に当てられることが多かった。あるいは社会性を身につけさせるという名目のもと、社会常識（冠婚葬祭時のふるまい）や電話のかけ方等の実践的生活態度等が伝授されていた。ただし、一九九九年に盲学校、聾学校、養護学校に対して告示された学習指導要領により、この科目は「自立活動」という名称に変更された。それを機にそれまでの指導内容を抜本的に見直し、生徒自身に障害観を問い直させたり、地域の成人聾者を招き、先輩たちの経験を聞いたりする等、より障害認識の線に沿った授業を試みる聾学校も出てきている。

引用・参考文献

（一）田上隆司「ろう児のコミュニケーションについて」ろう教育一月号（一九六六）（一九九七第二〇回ＴＣ研究大会記念誌「日本のＴＣ三〇年とＴＣ研二〇年」に転載、四七～五九頁）
（二）森壮也「聴障者の視点から見たインテグレーション」（一九八九）難聴児のインテグレーションのために――第一〇回全国大会記念事例集　インテグレーション研究会、三四～四八頁
（三）グレゴリー・ベイトソン「精神分裂病の理論化へ向けて――ダブル・バインド仮説の試み」（一九八六）『精神の生態学』上巻　思索社、二九五～三三九頁
（四）グレゴリー・ベイトソン「ダブル・バインド」（一九八七）『精神の生態学』下巻　思索社、三八七～三九八頁
（五）広中嘉隆「小学部における実践例」（一九九五）『新しい養護・訓練』（近畿地区聴覚障害教職員懇談会発行）、一五～一九頁
（六）上農正剛「聞こえない子どもたちは何のために勉強するのか」（一九九八）愛知ろう教育フォーラム講演発表原稿（加筆修正の上、本書第2章5として収録）

9 聴覚障害児教育における障害認識とアイデンティティ

●講演日時／二〇〇〇年十一月二五日
主催／九州地区聴覚障害教職員懇談会
●初出／『全聴教』第一七号（全国聴覚障害教職員協議会会報）二〇〇一年二月
●加筆修正／二〇〇三年六月

皆さんこんにちは。ただいまご紹介に預かりました上農です。よろしくお願い致します。今日は九州各地からたくさんの方が参加されているようで、ご苦労さまです。また、九州からだけでなく、遠方よりお越しいただいた方もいらっしゃるようで、本当にありがとうございます。会場を見ますと、他にも存じ上げている方が大勢来てくださっているようで、重ねて御礼申し上げます。

今日の宮崎はあいにくはっきりしない空模様です。雨が降るのか、降らないのか、どっちつかずの曖昧な天候です。しかし、天候はそうであっても、私の講演の中身は曖昧にではなく、大切な事柄についてははっきりお話しするというスタイルで進めたいと思います。

1　講演テーマについて

それでは、初めに今日の講演のテーマについて説明をしたいと思います。この九聴教（九州地区聴覚障害教職員懇談会）の集まりは今年で二回目になります。昨年、熊本で立ち上げの集まりがありましたが、実際には、今年のこの大会が本当の幕開けと言いますか、本格的な活動の始まりです。今回の講演を引き受けるにあたり、企画担当の先生といろいろ話し合いました。聴覚障害児教育の世界では最近いろいろな問題が議論されています。その様々な問題の一番底にある共通した根本の問題は何かということについて検討してみました。その結果、おそらく最も大事な問題は「障害認識」というテーマではないかという結論になったわけです。「障害認識」という手話の表し方はいろいろあると思いますが、私の場合は「障害認識」（手話で〔障害〕〔認める〕〔わかる〕）というように表しています。

実は、今回パネリストとして出席されている大阪市立聾学校の前田浩先生が、今年の夏休み、延岡聾学校にいらして講演をされました。この会場にもそのときの講演を聞かれた方がいらっしゃると思いますが、その講演の中で、前田先生がこれからの聴覚障害児教育における中心課題、メインテーマについて語られました。

前田先生がそのときおっしゃったのは次のようなことです。「これからの時代、おそらく私たちの世界で大事にされる問題は二つしかない。その一つは障害認識という問題。もうひとつはリテラ

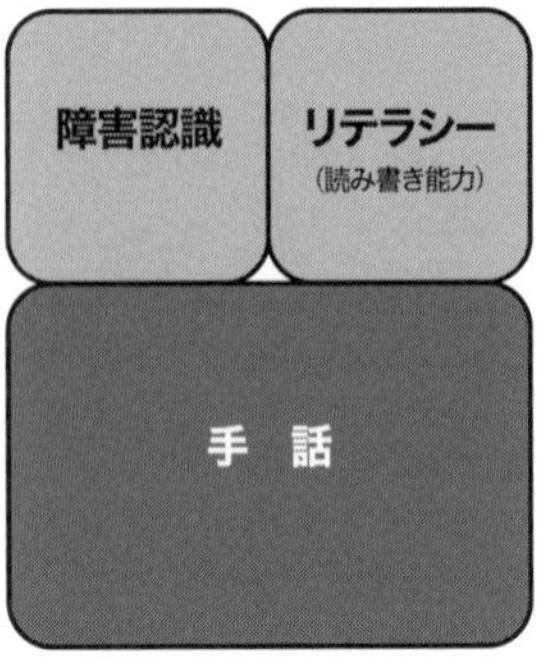

図1●これからの聴覚障害児教育の中心課題［2000年／上農］

シー、つまり、日本語の読み書きの力を聞こえない子どもたちにどのように与えていくかという問題だろう。」この二つだとはっきり言われました。私も今まで聴覚障害児教育の世界で仕事をしてきましたが、自分のテーマとしてずっと考え続けてきたのがこの二つの問題でした。ですから、前田先生がおっしゃったことに私もまったく同感です。ただし、この問題提起の根底には、手話を認めて、それをきちんと使っていくんだという考えがあります。そのことは当然の前提になっているため、前田先生はわざわざ手話ということはおっしゃらなかったわけです。しかし、再確認の意味で、改めてきちんと示すと、手話と障害認識とリテラシーの関係は図1のようになるかと思います。前田先生の御指摘からも障害認識の問題がいかに根本的な問題なのかということがおわかりいただけるかと思います。ですから、私も今日は障害認識についての話をします。リテラシーの問題には直接は触れません。

このような事情を踏まえた上で、今日の私の講演があるわけです。ですから、私がこれからお話しする「障害認識」の話には、それなりの責任が伴っています。私の話を聞いて、皆さんが障害認識という考え方の重要性に気づいてくださるなら、私も多少は自分の責任が果たせたことになります。難しいテーマですが、微力ながら一生懸命話してみたいと思いますので、どうぞよろしくお願い致します。

2　障害認識に対する現状の受け取り方

「障害認識」という問題を正確に理解するのは本当は非常に難しいことなのかもしれません。最近、いろいろな場所で、皆さんもこの「障害認識」という言葉を頻繁に見たり、聞いたりされているのではないでしょうか。それくらいよく使われるようになった言葉です。しかし、私の個人的な印象では、失礼ながら、「障害認識」という言葉を使っている人たちが、本当にその意味を深く理解した上で使っているのかどうか、疑問に思うことがあります。

例えば、「障害認識」と非常によく似た言葉があります。「障害（の）受容」という言葉です。この「障害の受容」という言葉は、従来、「障害の克服」という言葉とセットにして使われることも多かったわけです。そして、多くの人たちは「障害認識」と「障害の受容」あるいは「障害の克服」を基本的には同じような意味の言葉だと思っていらっしゃるのではないでしょうか。では、なぜ、そのような人たちがわざわざ「障害認識」という言葉を使うのかというと、そこにはおそらく次のような事情があるのだろうと思います。つまり、「受容」や「克服」という言葉は以前から使われているので、イメージが少し古くなってしまった。だから、ちょっと何か気の利いた新しい別の言葉に言い換えたい。さらに言うなら、「障害認識」という言葉の響きには何か難しげで、学問ぽい雰囲気があり、何となく格好いいからという理由で多くの人に採用されているのかもしれません。そのような表面的な事情はあるにせよ、しかし、基本的には、「障害認識」と「障害の受容」「障害の克服」の間には特別な違いはないというのが一般的な受け止められ方のように見えます。「認識」という考え方と「受容」「克服」という考え方の間にある決定的な違いを敏感に感じ取っている人が果たしてどれくらいいらっしゃるでしょうか。多くの場合、「何となく同じようなものなのではないか」という漠然とした受け取り方がほとんどというのが実態なのではないでしょうか。事実、「障害の認識と受容」というような併記した表現例が少なからずあることからも、その同一視というか混同があることが見て取れます。

しかし、私の考え方では、この「認識」と「受容」「克服」という言葉の意味はまったく違うものです。さらに言うならば、「受容」あるいは「克服」という考え方は障害に対する考え方としては非常に不適切なものであると私は考えています。つまり、「受容」や「克服」という考え方の成り立ちをその根本から本質的に批判、否定することから生まれてくるのが「障害認識」という考え方なのです。しかし、残念なことに、「障害認識」という言葉（概念）は、使い始められた状況の中に、既にして、今言ったようなすれ違いというか誤解された使用状況があり、その点からも、説明を複雑なところから始めなければならないという困難な事情を抱え込んでいます。

ですから、そのような無意識の誤解に陥らないようにするためにも、今日は、最初から、障害の認識という考え方について、詳しく、きちんと説明したいと思ったのですが、もし、そのような厳密な説明のやり方でお話しすると、逆に、皆さんからは「難しすぎる」という文句が出るかもしれないという心配もあります。私としても悩むところです。しかし、やはり、障害認識という考え方の重要性については是非多くの方にしっかり理解してもらいたいという気持ちも捨てきれません。

ですから、説明に関して、今日は私なりに少し工夫してきました。

3　講演の構成——結果から原因へ

まず、説明する際、具体的な方法として、今回は流れ図（フローチャート）を出来るだけたくさん使おうと思います。論理の仕組み（構造）とプロセス（過程）を言葉だけで説明するのではなく、図で示しながら、出来るだけ視覚的にわかりやすく説明していこうと思います。これが一つ目の工夫です。二つ目の工夫として、今日は説明の順番をいつもの講演とは逆にしようと思います。

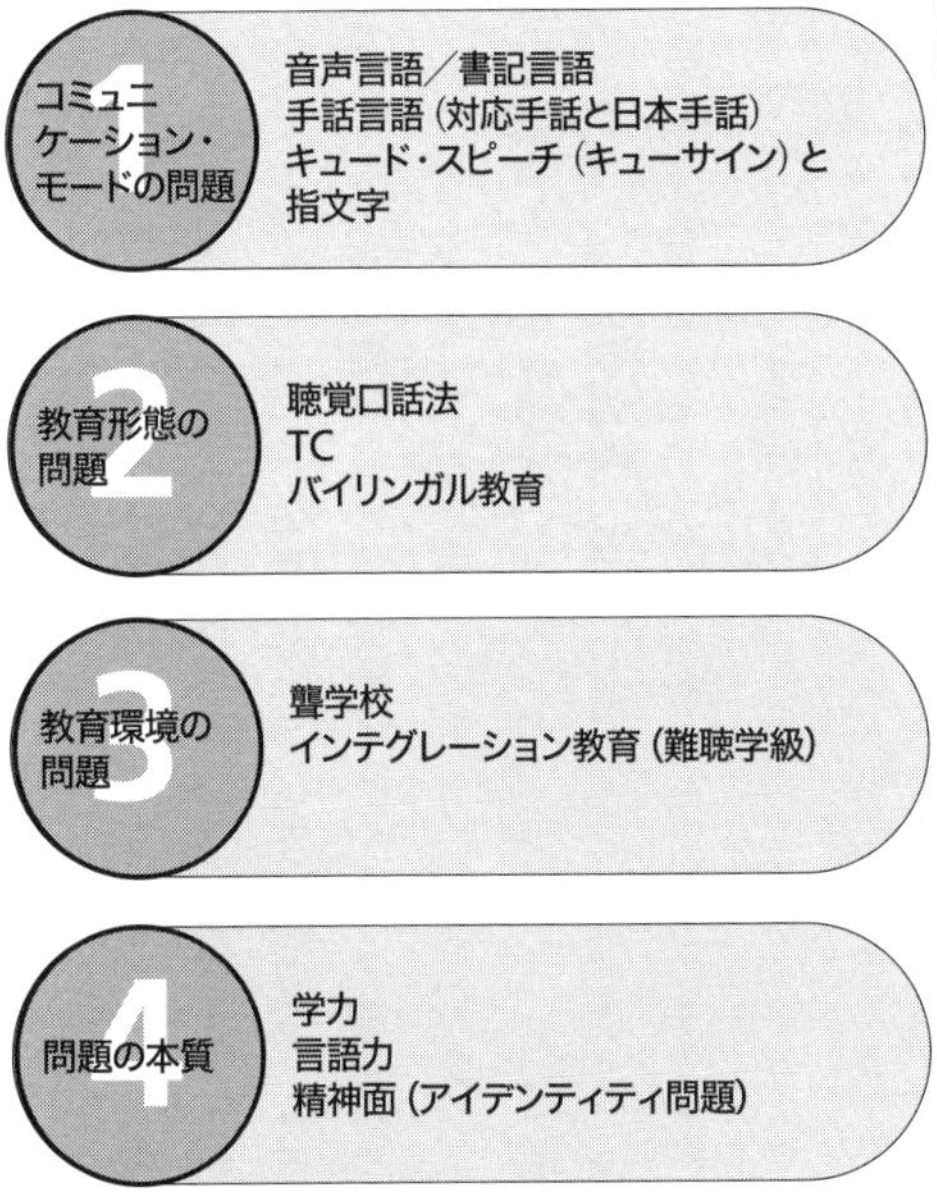

1 コミュニケーション・モードの問題	音声言語／書記言語 手話言語（対応手話と日本手話） キュード・スピーチ（キューサイン）と指文字	
2 教育形態の問題	聴覚口話法 TC バイリンガル教育	
3 教育環境の問題	聾学校 インテグレーション教育（難聴学級）	
4 問題の本質	学力 言語力 精神面（アイデンティティ問題）	

図2●聴覚障害児教育　問題状況の整理［2000年／上農］

図2を見てください。この図は何かと言うと、見てもらえばわかると思うのですが、現在、聴覚障害児教育の世界にはどのような現実的課題があるのかということをリストアップしたものです。例えば、聾学校にいる生徒の数がどんどん少なくなっています。一方、

普通学級にインテグレートした子どもたちは、実際、教室の中で、授業内容や同級生同士のやりとりが理解できないまま、「お客様」状態で放置されているという問題があります。それから、聞こえない子どもたちの読み書き面での日本語能力が十分に構築されていないという状況もあります。そして、手話の問題をめぐる複雑に入り組んだ現実的問題があります。宮崎県の実情について私はまだ十分に把握していませんが、多分、口話法を支持、絶対視している方はまだ大勢いらっしゃるのではないでしょうか。「口話法はもう古くて、駄目です。これからは手話の時代ですよ。それが常識です」と仮に言ってみせれば、あるいは、多くの人たちは口先でそれを肯定するかのようなことを言うかもしれませんが、おそらく、現実はそう単純な話ではないでしょう。まだまだ本当は口話法がいいと思っているお母さん方や先生方は現実にたくさんいらっしゃるというのが正直な状況だと思います。

それから、親が聞こえて、子どもが難聴や聾で聞こえない場合、その親と子の間でコミュニケーションができないという非常に切実な問題があります。言いたいことや伝えたいことを子どもは持っている。しかし、言っても声（発音）が不明瞭なため、親には聞いていても、きちんと理解できない。子どもはいくら訴えても、きちんとわかってもらえないわけですから、そのうち「仕方ない」と思うようになり、何かを伝えようとする気持ち（意欲）自体を捨て、諦めるようになります。このように、実際の親と子であるにもかかわらず、コミュニケーションができないという問題が生じてしまいます。

同じようなコミュニケーションの問題は、聾学校においても生じています。例えば、高等部の生徒たちと先生たちの実際のつき合いがどういうものになっているのか、本当に信頼関係が作られているのかという問題です。高校生ともなると幼いなりに様々な現実的問題にぶつかります。そのような時期、普通は、大人と真に対峙し、ぶつかり合うことで、そこから様々なことを学び、そのことを通し精神的に成長するという体験が非常に重要です。しかし、そのためには、反発、対立、けんかも含めたコミュニケーションができるだけの相互信頼が基盤に成立している必要があります。しかし、「言っていることが実は互いによくわからない」というコミュニケーション状況では、精神的交流、対立、切磋琢磨を通した真の「相互理解」「世代間のメッセージの伝達」など出来ようはずもありません。

聴覚障害児教育の現場には、様々な現実的課題があるわけですが、これらの状況は皆、ある現実的プロセスの「結果」として生まれてくるわけです。つまり、結果がいきなり生じるということはないわけで、そこには必ずそこに至る「過程」があるし、その結果をもたらしたものとして、最初の段階に何らかの具体的「原因」(事情、理由)があったはずです。

図3で言うと、上から下に向かっている右側の矢印です。原因があって、結果が生まれる。現実の流れはこうなっています。

問題を説明する際、もし、この考え方に従ってお話しするとすれば、「このような原因があったから、このような結果になったのです」という流れになります。

しかし、物事を考える時は、もう一つ、逆の見方があります。「私たちが手にしているこの結果は、なぜこのような結果でしかないのだろうか、原因は一体何なのだろうか」と、目の前の結果から逆

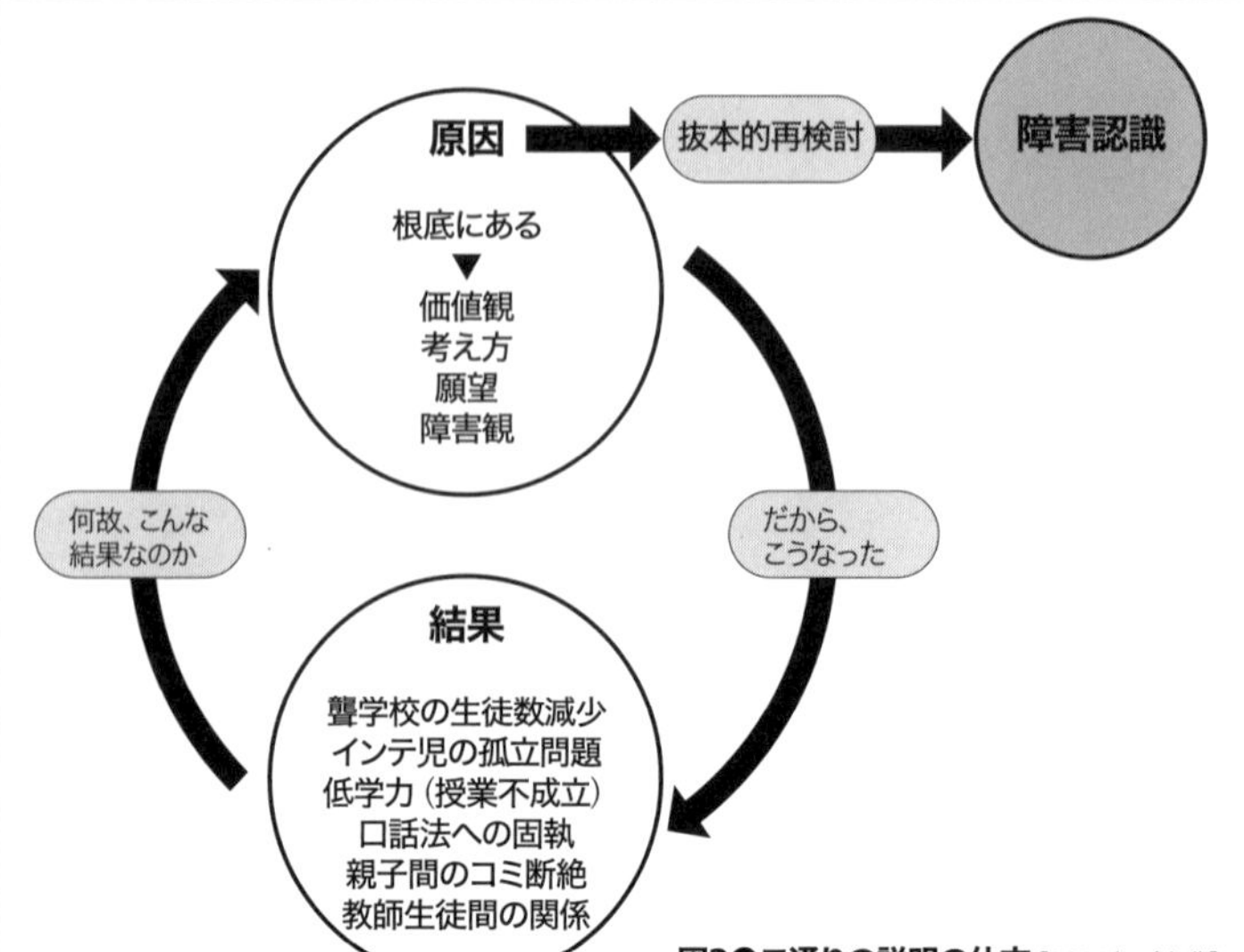

図3●二通りの説明の仕方［2000年／上農］

行して原因にさかのぼっていく考え方です。図3で言うと、下から上に向かってのびている左側の矢印になります。今日の私の障害認識についての話は、この二番目の方法で進めていきたいと思います。現状はどうなっているのか。現実の中に、どのような問題が生じているのか。まず、そのことを説明します。そこから逆にさかのぼっていって、なぜそのような事態を招いてしまったのか。その原因が何なのかをはっきりさせてみたいと思います。そして、その原因がそもそもなぜ生じるかという根本の事情を検討し、最後に、その事情と障害認識という考え方がどのように関係するのかを説明してみたいと考えています。

今、聴覚障害児教育の世界にどういう問題があるかということを簡単に羅列しました。しかし、今日はこれを一つずつ詳しく取り上げていくだけの時間はありません。今日のテーマは障害認識という問題です。ですから、障害認識という根本問題の意味を理解してもらうためには、どの問題を、あるいはどのような部分を優先させて取り上げるかという選択が必要になってきます。そのことを考え、今回は主に考え方の骨組み自体を伝えることを優先させてお話しします。

4　問題を考える際の「土台」としての障害認識

これから障害認識という問題についてお話しするわけですが、先ほど言ったように障害認識とは一体何なのか。言葉はよく聞くけれども、具体的に一体何を取り扱おうとしているのか。肝心な点が本当は非常に曖昧にしか理解されていないのかもしれません。ですから、まず皆さんに、障害認識とは何なのかということについて大づかみにそのイメージをつかんでもらいたいと思います。障害認識という考え方は問題全体の中でどのような位置を占めるのか、そのことをまず確認してください。

地面の上に家が建っています（図4参照）。この「家」が、様々な具体的教育実践の部分です。手話か口話法か。教育を受ける場所として、インテグレーションがいいのか、聾学校がいいのか。あるいは学力保障にはどう対応するのか。現場の先生方にしてみれば授業の際の指導は具体的にどうすればいいのだろう、授業をどう組み立てればいいのだろうかという切実な問題があります。そ

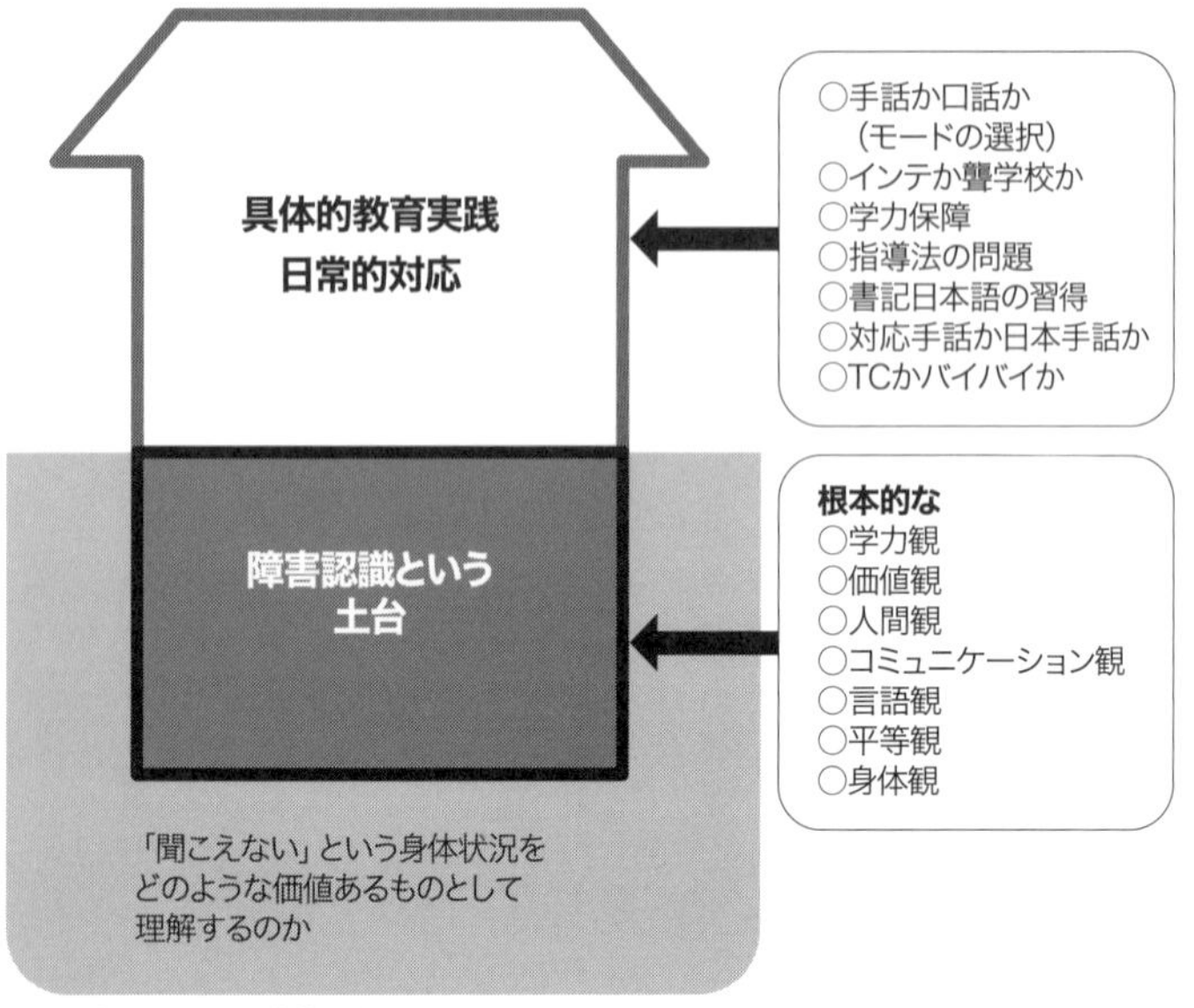

図4●土台としての障害認識［2000年／上農］

れからさらに厳密な話になれば、先ほど言ったリテラシーという問題があります。日本語の読み書きの力を習得させるには具体的にどうすればいいのだろうかという課題です。あるいは手話と言うけれども、対応手話と日本手話という二つの問題があります。これを教育現場ではどのように取り扱うのか。あるいは、書記日本語と手話を結びつける時にはどういう形で実践的に結びつければよいのか。それから、教育の基本的対応方針として、トータルコミュニケーション◆[1]がいいのか、あるいは最近よく言われるバイリンガル・バイカルチュラル教育◆[2]というやり方の方がより適切なのか。このような実に様々な問題があるわけです。これらが、目に見える地面の上に建っている「家」の部分です。

このような具体的で、かつ常に緊急の取り組みが要求される実践上の問題が今までにも様々な形で取り上げられ、くり返し議論されてきました。しかし、それはただちに答が見つかるというような類の問題ではなかったし、事実、実施された様々な取り組みが成果を生んだかという点になると、まだまだ多くの課題を残したままです。教師も親も常に努力してきたものの、しかし、やはり対応には今でもまだ悩まされ続けています。なぜなのでしょうか。このような基本的な問いかけに遭遇するとき、私たちは改めて「家」を支える「土台」という問題に目を向けざるを得なくなります。

ここで言う「土台」とは何か。それは具体的実践を根底で支え、導く、根本的な人間観、言語観、コミュニケーション観、学力観、平等観、身体観のことです。つまり、一言で言えば、価値観ということです。例えば、「聞こえない子どもたちに学力を」というときに、一体その目的はどのようなものとして考えられていたのか。聞こえない子どもが学力を持つことで、当の聞こえない子ども自身にとっては、どんな良いことがあるのか。それは具体的に、どんな時、どのような現実の中で「助け」になるのか。そのようなことを本当に考え抜いた上での「学力の要請」だったのかどうか。「聞こえる子どもと同じようになってもらいたい」、私たちは実はそういう表面的な価値観だけで対応してきたのではなかったでしょうか。そこに本当に深い価値観が準備されていたのかどうかという問題です。聞こえない子どもたちが一人の人間として幸せになるということは、具体的に一体どうなることを言うのか。聞こえる人と同じように「話せ」たり、「聞け」たりしさえすれば、つまり、

◆1……本書第2章5「聞こえない子どもたちは何のために勉強するのか」注4（191頁）参照。
◆2……本書第2章5「聞こえない子どもたちは何のために勉強するのか」注12（193頁）参照。

聞こえる人間に一歩でも近づけば近づくだけ幸せになれるという考えが私たちの中のどこかにあるとしたら、それは、果たして本当にそれでいいのか。私たちは人間にとっての「幸せ」をどういうふうなものとして考えているのか。そういう根本的な人間観の問題です。

言語観という根源的な問題もあります。私たちは今まで口話法という形で聞こえない子どもたちに一生懸命音声言語を与えようと努力してきました。「声を聞きとりなさい」、「声で喋れるようになりなさい」と要望してきました。つまり「言語」イコール「声」（音声言語）だと思ってきたわけです。そのような言語観が果たして本当に正しかったのかどうか。言葉というのは果たして本当に声だけなのか。文字で表される書記言語もあります。また、手話という視覚的な言語もあります。「家」を建てるときに、そういう本質的な問題を私たちは本当に深く、十分に、きちんと考えてきたのかどうか。考えに考え抜いた上で取り組んできた、本当に心からそう言えるのでしょうか。

それから平等観という問題もあります。聞こえない子どもたちが聞こえる子どもたちと同じようになると言ったとき、その「同じ」、「平等」という意味を、一体どういうものとして私たちは考えてきたのか。

さらに、これは図の一番下に書きましたが、身体観の問題があります。これも非常に重要な問題です。私たちのまわりには様々な異質な、つまり「普通」とは異なる身体状況があります。人よりも異様に大きい人、異様に小さい人、あるいは多くの人が持っているものを持っていない身体がありまます。例えば、多くの人は髪の毛があるのが「普通」です。しかし、例えば私は頭髪が薄くて禿げていますから、その頭髪に関する「普通さ」を所有していません。あるいは手が両方ともあるのが「普通」だけれども、ない方もいらっしゃる。また、皆から美しい人と言われる方がいます。その美しさの基準が問題なんですけれども、それでも現実に美しい人と呼ばれる人とそう呼ばれることのない人がいます。そのような異質な身体、少数派の身体状況に対して私たちはどのようにふるまってきたか、そのような身体にどのような価値を付与してきたのか、そういう根本的な問題です。

このように様々な価値観の問題が、実は「家」を支える「土台」の問題としてあったわけです。こういうことを本当に深く考えた上で、私たちは「家」を建ててきたのでしょうか。図4では一番下に少し大きな字で書いてありますが、「聞こえないという身体状況をどのような価値あるものとして理解するのか」ということが本当は一番大事なことだろうと思います。すべての問題は「土台」であるここから始まります。ところが、こういう根源の問題をないがしろにしたまま、私たちは何しろ目先の「家」だけを一日も早く建てようとして躍起になってきたのではないでしょうか。これが私が何より自分に向かっても問いかけたいことなのです。「土台」は常に土の中に埋まっていますから、普通は目には見えません。しかし、この見えない部分にこそ極めて大きな意味があるということに私たちは気づく必要があるのではないでしょうか。

まず、皆さんに大づかみにイメージしてもらいたいことは、障害認識とは、実践という「家」の部分を根底で支える「土台」、つまり、価値観なのだということです。この土台がしっかりしていない限り、いくらその上に家を建ててみたところで、その家は簡単に倒壊してしまいます。何にもまして大切なものは土台としての考え方（価値観）だということです。この部分を私たちは今まで非常にいい加減に扱ってきたのではないか。この根本の部分について徹底的に考え直そうというの

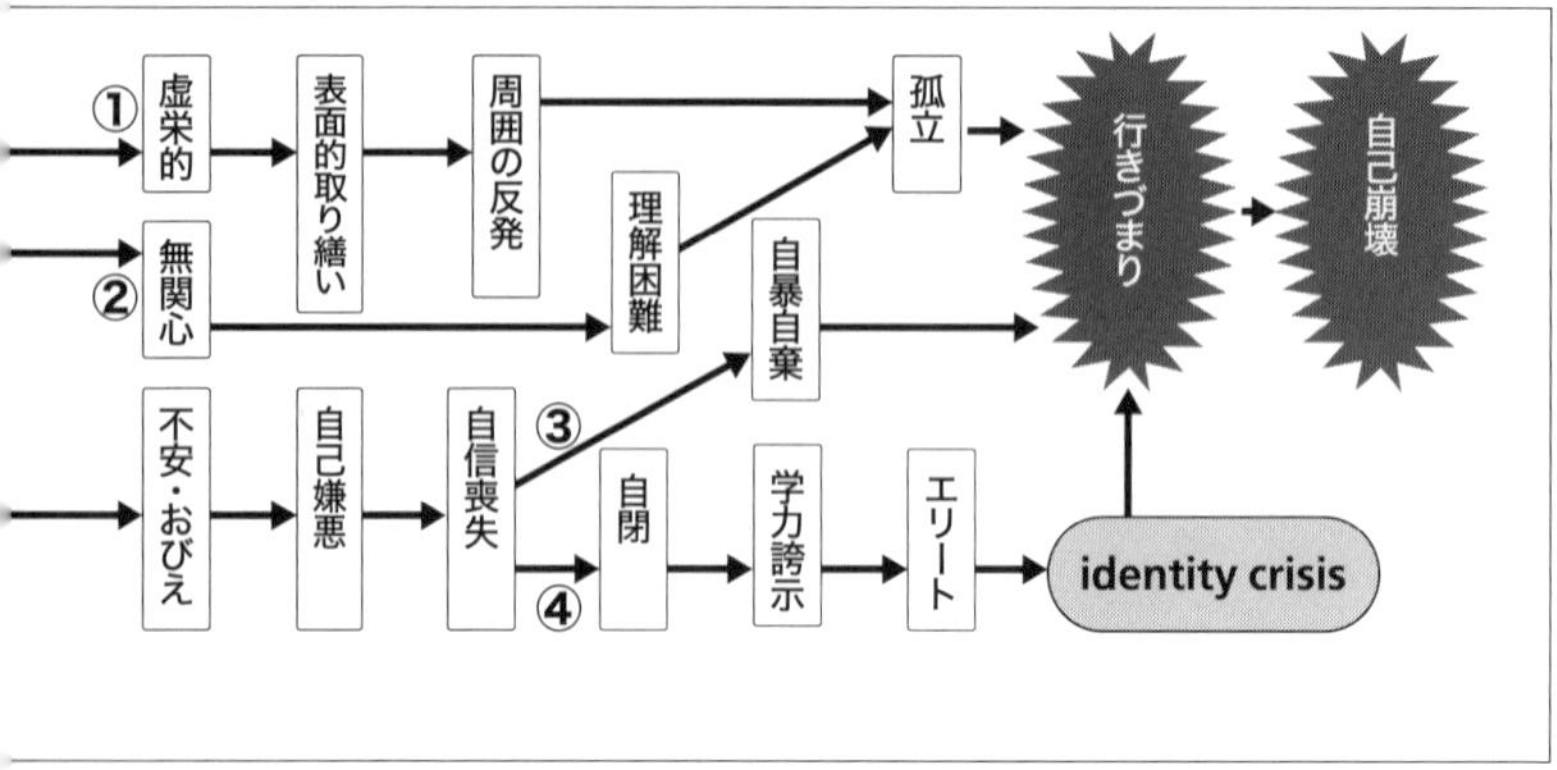

が障害認識という考え方、思考の手続きなのです。

まず、これくらいの説明をしておけば、少しは大づかみのイメージは持っていただけたかなと思います。

5　現実の諸問題

それでは次に、先ほど言いました、今、現実的にどんな問題が起きているのかという話に進みたいと思います。つまり、聞こえない子どもたちは一体どのような状況に置かれているのかということです。

図5の流れ図（フローチャート）は、聞こえない子どもが成長していく過程で、どのような心理的プロセスを経ていくのかを説明したものです。本当は幼稚部、さらにもっと以前の段階から説明を始めなくてはならないと思うのですが、今日は時間の制限がありますので、小学校に入学したところから説明します。

聞こえない子どもたちは満六歳の段階で小学校に入学します。すると、当然、教科学習ということが始まるわけで

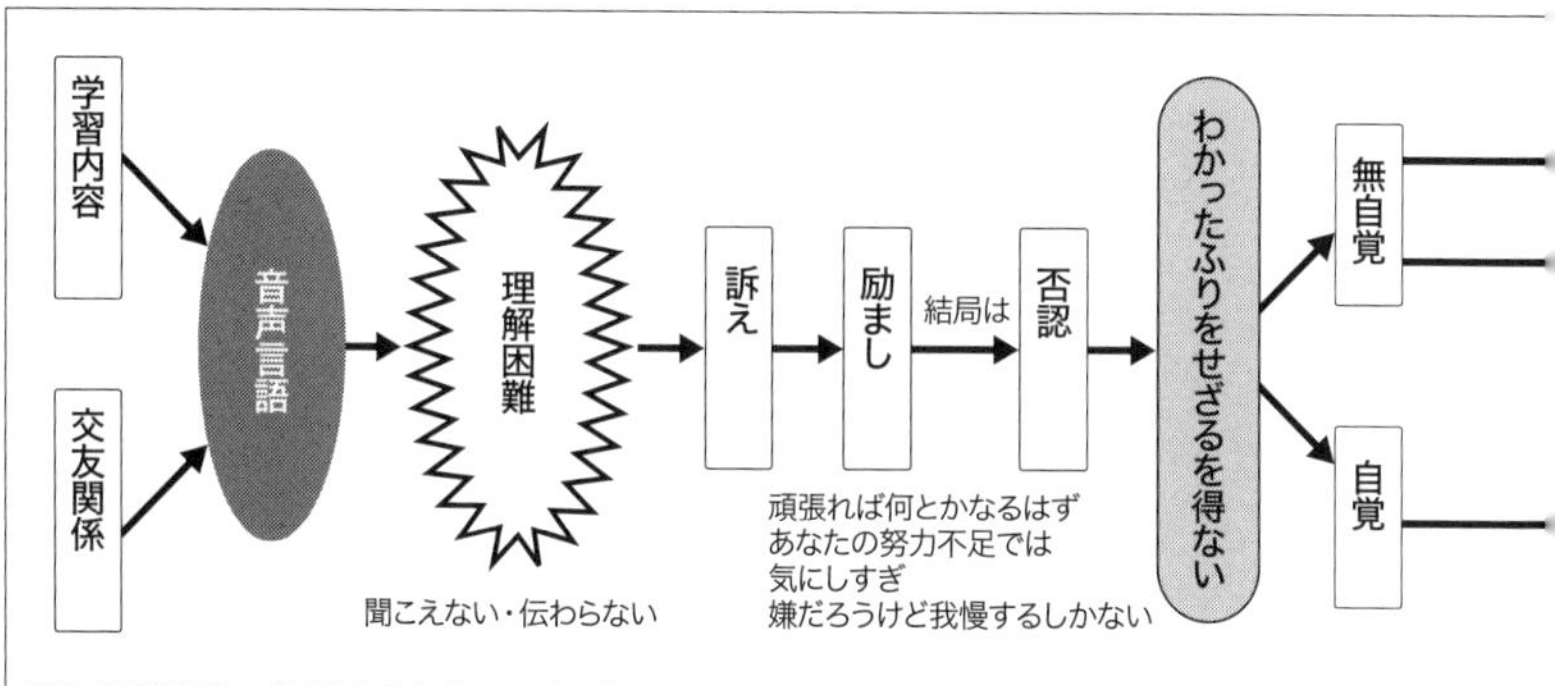

図5●難聴児の自己形成方略の四類型［2000年／上農］

す。それからもう一つは友だちとのつきあいがあります。

しかし、そのいずれのコミュニケーション状況も小学校の一年生の段階では非常に単純なレベルのものです。例えば、教科書にはあまり文字がありません。伝達手段も絵とか教具の具体的操作というような内容が主で、授業も楽しく進められます。しばらくは毎日遊びの延長のような授業です。ですから、たとえ聞こえない子どもであっても、「わからない」という状況はほとんどなく、楽についていくことが出来るように見えます。交友関係についても、お互いほとんどボディーランゲージに近いようなコミュニケーションが主体です。ですから、目で見ていれば大体わかります。

ところが、学年があがり、二年生、三年生ともなると、まず、学習内容がだんだん音声言語を介して詳しく説明されるようになってきます。交友関係も徐々に複雑化してきます。昨日テレビで見たドラえもんがどうした、ああしたといった具合で込み入ったものに変化し始めます。コミュニケーションの内容が一挙にレベルアップするわけです。つまり、情報量が増すし、駆使される論理も高度化、精密化していきます。しかも、そのコミュニケーションは基本的には音声言語でやりとりされているわけです。

そうすると、どういうことが起きてくるか。聞こえない子どもたちは、その音声をちゃんと聞き分けて、理解することが非常に難しいわけです。「必ずしも、そうではない」と言う人もいるかもしれませんが、たとえ聴力障害の程度が軽い子どもであっても、学校という生活現場(音環境)では、聞き取りはかなり難しくなるのが現実です。その結果、聞こえない子どもはだんだん理解困難な状況に陥っていきます。しかし、それでも、聞こえない子ども本人の気持ちとしては、一生懸命聞こうと努力しているわけです。一生懸命聞こうとしているのに聞こえない。あるいは一生懸命喋っているのに伝わらない。努力しているのに報われない。そういう状況になっていきます。

そのような状況に置かれて、聞こえない子どもたちはどうするでしょうか。当然、その困惑を訴えます。「聞いていてもわからないよ」、「言っても伝わらないんだ」と訴えるわけです。誰に向かって訴えるのでしょうか。一人はお母さんです。もう一人は先生です。私の経験から言っても、ほとんどの子どもは何らかの方法で、必ず訴えています。黙っている子どもはいないわけです。当たり前ですね。コミュニケーションのこのような不全状態はたとえ子どもであっても、人間として本当は非常に苦しいわけですから。ただし訴え方にはいろいろな形があります。子どもが皆、声を出して、「こうだ、ああだ」ときちんと説明するというわけではありません。そのような訴え方が出来る子どももいますが、黙ってしょんぼりした表情を通してひっそりと遠慮がちに訴える子どももいます。ある日、しょんぼりとした様子で帰ってきます。注意深く見ていれば、「ああ、何かあったのかな」とわかる、そんな場合もあります。子どもは後姿という身体的コミュニケーションで間接的に苦境を訴えているわけです。他にもいろいろな状況や場面がありますが、いずれにせよ、子どもたちは必ず何らかの形で困惑と苦しみを訴えているのです。まさにＳＯＳの発信ということです。

しかし、そのような訴えに対して、私たち大人はどのように対応しているでしょうか。その子どもから発せられた「訴え」はどのように取り扱われているのでしょうか。私たちはそのような時、まず「励ます」わけです。「頑張れば何とかなる」、「それはあなたの努力が足りないからよ」、「気にしないでいいから頑張ってごらん」、「気持ちはわかるよ。いやだよね。でも我慢して頑張ろうね」。このような言い方で子どもを励ましているお母さんは多いのではないでしょうか。励ましはするが、結局はその訴えをきちんと聞き入れることは決してしません。つまり、要するに否認しているわけです。訴えは結局、認められないままです。「そうかわかった。君は困っているんだね」と、それをその通りに認めているわけでは決してありません。「頑張れ」と一見応援しているように見えるけれども、実際は事実に基づいた子どもの必死の訴えを簡単に否認、否定しているわけです。

それでは、訴えを否認された子どもたちはどうするのでしょうか。否認という対応の結果、子どもたちは、それに対して、どのような行動をとるようになっていくでしょうか。否認という対応のされ方の中で、子どもたちは結局「わかったふり」をせざるを得ない状況に追いこまれていきます。子どもたちは明日も明後日も学校に行かなければなりません。しかし、そこは「わからない」コミュニケーションが渦巻いている場所です。そのことを正直に訴えたけれども、大人からはきちんと聞き入れてはもらえませんでした。もちろん改善もしてもらえません。けれども、学校には行かなければならない。どうすればいいのか。文字どおり二方向に引き裂かれた心理状態です。「仕方ない、本当はわからないけれど、わかったふりをするしかない、嘘をつきながら何とか日々をしのいでいくしかない。」これが聞こえない子どもたちが選択せざるを得ない唯一の方法なのです。

私たちは一方で、時々こういう子どもたちに対して、「なぜ嘘をいうの？　本当はわかっていないんでしょう」というようなことを平気で言う場合がありはしないでしょうか。非常に残酷なことを言っているわけです。そして、問題はさらに続きます。この先はどうなるのでしょうか。

実際は聞こえていないし、声で何かを伝えることもできない。しかし、わかったふりをするしかない。やむなく嘘を演じざるを得ない。そういう環境に追い込まれた子どもたちはどのような行動をとり、そこでどのような人格を形成していくのでしょうか。それは子どもの性格によっていくつかのパターンに分かれます。大きく言うと、まず無自覚型と自覚型に分かれます。さらに無自覚型は虚栄心の強い子どもと無関心な子どもに分かれます。図では上から、その順番になっていますから、順に説明していきます。

まず、無自覚な子どもの場合です。自分は本当はわかっていないからこそ、わかったふりをしているわけですが、そのこと自体に気づかない、自覚的ではない子どもたちです。特に、「わーっ、すごい」、「よく頑張ったね」、「偉いね」という周囲からの賞讃を欲しがる子ども、常に人から誉められていたい願望、つまり虚栄心を強く持っている子どもは、実際、その賞讃、承認を求めてどこまでも頑張ります。しかし、その「頑張り」の中身は勢い表面的な取り繕いになってしまうことがしばしばです。例えば勉強に関しては、本当は中身がきちんとわかっているわけではありません。

しかし、目的は内容の理解であるより、いい成績、つまり結果としていい点数を取り、誉められることにあるわけですから、方法は丸暗記であっても構わないわけです。知らないうちに、すべてのものに対する取り組みの姿勢、つまり生き方自体が、このような表面的な取り繕いスタイルになりますが、本人はそのことになかなか気づきません。周囲の友人からそのことを指摘されても、頑として認めません。しかし、このような虚栄的スタイルも小学生の間は何とか通用しますが、中学校や高校に進む段階になると、教科学習の中味も難しくなりますから、そうそうはうまく行かなくなります。暗記型で乗り切ってきた成績も徐々に下がってきます。そして、結局、再び理解困難な状況に陥るわけです。

このパターンの子どもたちについては大事な問題が別にもう一つあります。このような虚栄的で表面的な頑張りだけで押し通していこうとする子どもの場合、周りの子どもたちはその子をどう見るでしょうか。そういう虚栄的な子どもははっきり言って、他から見れば非常に「いやな奴」です。いつでもわかったふりをして、平気で嘘を演じつつ、先生の前では必死にいい子ぶっている、きわめて不愉快な人間です。当然、嫌がられ、子ども同士の中では孤立します。このタイプの子どもは、その虚栄心から、表面的には明朗快活にふるまうし、物言いもはきはきしているので、先生の中には評価する人もいますし、その評価を鵜呑みにし、喜ぶ親もいるわけですが、実際のところは、性格形成上は根深い問題を抱え込んでいる子どもです。

次に、無自覚でかつ無関心な子どもの場合です。このタイプの子どもたちは特別な虚栄心も持たず、ただボーッとしています。虚栄心を持った「頑張る」子どものように周囲から嫌われたりはしませんが、だからと言ってつきあいの深い友だちとして仲間から扱われるわけでもありません。また、勉強面についても、たとえ学習内容が理解できなくても別段気にとめるわけでもなく、ただボーッとしたままで、平気でいます。本人が強く困惑したり、苦しむということもないので、それはそれとして、日々平穏に過ぎていきますが、学力的には無理解状態であることに変わりはありません。

それでは、自分が「わかったふりをしている」ということを自覚している子どもたちの場合はどうなっていくのでしょうか。このタイプは、仕方なくわかったふりをして何とかやっているけれども、本当は自分はわかっていないのだということをしっかり自覚している子どもです。当然、そこには常に不安があります。わかったふりをしている自分の嘘がいつか周りから見破られるのではないかという不安で、内心、いつもビクビクしています。こういう子どもたちは本当は心も優しいし、謙虚で、いい性格を持ってもいます。ある意味で非常に頭がいい子どもたちでもあります。ですから、自分に向かって嘘がつけない。自分をごまかすことが出来ないわけです。虚栄的になることも出来ない。だから、自分が嘘を演じていること自体にだんだん嫌気がさしてきます。そして、深い自己嫌悪に陥るようになります。自己嫌悪がさらに進むと、本当は考える力を持っている子どもであるにもかかわらず、徐々に自分に対して自信を失っていきます。

自信を失った後の対応については、さらに二つのパターンに分かれます。一つは自暴自棄になるタイプです。すべてのことに関心を失い、もう自分には何事もまったく関係ない、周りになんと言われようと、いっさい構わないという刹那的で投げやりな態度になっていきます。極端な場合は、自分が生きていることの価値自体をまったく見失い、自殺を考えたりすることもあります。文字どおりの自己崩壊です。

もう一つの方向は自閉するというパターンです。周りの友だちとのコミュニケーションについては仕方ないと思って諦める。その意味においては確かに「自閉」するわけですが、やはり自分のアイデンティティ（自信、誇り、自負）だけは何とかして守りたい。それなら、そのアイデンティティを守るための方法として何が残っているかと、このタイプの子どもは一生懸命考えます。そうすると、勉強で頑張って評価を得て、周囲に認められるという戦略が唯一の方法として残るわけです。勉強であれば、たとえ聞こえなくても家に帰って自分で教科書を読んで頑張れば何とかなります。それで力をつけて、テストでいい成績をとる。そこだけが自分のアイデンティティの支えになっていきます。

この場合、先に述べた虚栄的な子どもと違うのは、たとえ表面的な暗記型の勉強ではあっても、その暗記力がずば抜けているため、成績的には大学受験まで、その状態を維持できる点です。また、中には、実際、深い理解に達しながら学力や思考力を形成していく、真の意味で能力のある子どももいます。いずれにせよ、結局、このようなタイプの聞こえない子どもたちが好成績を取り、例えば有名な四年制大学などに合格して、いわゆる聴覚障害児教育界の「エリート」「成功例」と呼ばれるケースになっていったわけです。

図では、最後の段階で、どのパターンも「自己崩壊」に向かって矢印が伸びています。しかし、エリートのところからも矢印が出ていることに「なぜ？」と思う人がいるかもしれません。エリートになれたということはうまくいったわけだから、自己崩壊というのはおかしいのではないか、と。しかし、それは違います。ここにも大事な問題があるので、この点についても少し説明しておきます。エリートになると、いろいろな団体、例えば親の会などに招かれて体験談などを交えて講演をしたりします。皆はその聞こえない青年を見て、「優秀だ」「うらやましい」「すごい」と拍手喝采するでしょう。

しかし、実際はどうなのか。講演が終わって、彼あるいは彼女は翌日、いつものように大学に講義を受けに行きます。しかし、講義を聞いても実際はほとんどわかりません。大学では高校のように教科書に沿って、それを丁寧に解説していくような授業はほとんどありません。基本的には先生が声で一方的に喋るだけです。後はキーワードを一つ二つ黒板に書くくらいです。あるいはゼミという形の授業もあります。ゼミでは学生が数人集まって、それを担当の先生が一人で指導します。具体的にはお互いの議論を通し、勉強が進んでいきます。聞こえないそのエリート青年は、その議論の輪に参加していても話の内容を聞いて理解することは困難です。瞬時に飛び交う細かな専門用語を正確に聞き取り、理解することは至難の技です。ですから、ゼミについていくことが徐々に出来なくなっていきます。高校までと同じような勉強の仕方で家に帰ってから独学で何とかしようとしても、大学ではまったく歯がたちません。たとえ他人にノートテイクしてもらったとしても、そこには自ずと限界があり、それが十分な助けにはなりません。◆3 高校までは聴者と同じ環境の中で立派にやってきた、そのことが唯一の自信であり誇りですから、いまさら自分から「実はよく聞こえない」ということはプライドがあって、なかなか言い出しづらい状況もあります。そうして逡巡しているうちに、能力はあるのに、それを正当に発揮できない状況に陥り、苦しみが始まります。

彼らは勉強を頑張りさえすれば、大学に入学できて、その後もうまくいくと聞かされてきました。それを信じて、ずっとひた走りに走り続けて努力してきました。しかし、実際、大学に入ってみたら、現実は想像していた話とまったく違いました。少しも思うようにならない。当然どうして、なぜ…と、納得のいかなさの中で行きづまり、苦しみます。急に今までの自信がガラガラと壊れていくわけです。自分は聴者と対等になるために勉強を頑張ってきたけれど、実際は決して対等になることなどできないという現実にぶつかります。勉強だけは誰にも負けないようにずっと頑張ってきて、高校まではうまくいったけれど、大学に入った途端、まわりの同級生ともだんだん開きが出て来ます。悔しい、このままでは嫌だ、だから何とか頑張ろうとします。しかし、やはり状況は好転

◆3……筆者はある有名大学の理系学部に入学したインテグレーション教育出身者の以下のような体験談を聞いたことがある。「講義が始まりノートテイカーがついてくれたことはありがたかったのだが、その人が筆記してくれたノートを見て愕然とした。ひとコマ九〇分の講義が終了して渡されたのはレポート用紙たった一枚の、それもまばらな文字が書きとめられた「メモ」だった。それがノートテイクの最初の体験だったので、鮮明に記憶に残っている。これではとても勉強について行けないと思い、別の方法を独自に見つけなければと自覚せざるを得なかった。」現在では各大学でノートテイクをはじめとした情報保障のサポートシステムがかなり整備され始めているが、一方、まだまったく配慮のない大学も多い。仮にノートテイクシステムがあったとしても、実際、ノートテイクするテイカーの学力が低いため、その講義を十分に筆記できないという現実的問題があったりする。ボランティアには申し訳ないが、情報保障を要望する聴覚障害学生の方がはるかに学力が高く、そのため、支援提供してもらう情報に納得、満足できないという状況があったりする。そして、相手が無償のボランティアである場合、このような支援の「質」に関するクレームは出せないのが現実である。従って、聴覚障害学生はどのような質の情報保障であれ、それを黙って甘受しなければならず、その結果、聴者学生と同等の学業成績をおさめるためだけでも、結果的に独自の余分の自助努力をせざるを得なくなる。本来、自分が持っている能力に応じた結果を出すためにはさらに大きな困難を余分に乗り越えなければならない。

しません。もがきと失望の中で、次のような根源的疑問がわきおこってきます。今までの自分の頑張りは一体何だったのだろうか。何のために頑張ってきたのだろうか。こうして、今まで信じてきた価値観がすべて根底から崩れる、つまり、アイデンティティクライシス（自己崩壊）が起こるわけです。

さらに次のような問題にも気づき始めます。聾者を見ると手話を使って楽しそうに話しているし、仲間もいる。何より、自分自身に誇りと自信を持っている。しかし、自分はその聾者と話すための手話もできない。エリートはほとんどの場合、聴覚口話法で頑張ってきたわけですから。そういう意味でもやはり自己懐疑、自己崩壊に至るわけです。「エリート」と呼ばれ羨ましがられる人たちでさえ、あるいはだからこそ、このような入り組んだ複雑で困難な問題を抱え込むことになります。

本当は、これら四つのパターンに関し、一々具体的な事例を出して説明できれば[4]、皆さんにも問題の意味がよりリアルに伝わるのだろうと思いますが、今日は時間がありませんから類型の説明だけにします。しかし、このような現状が実際にあるということはしっかりわかっておいてください。つまり、どの道を行っても、最後は結局苦しい状況に立ち至ってしまうということです。聞こえない子どもたちにとっては極めて過酷なこのような教育環境を、私たちは今まで延々と作り続けてきたのではないでしょうか。

6　無意識の中にある価値観

現実の状況の中にどのような本質的問題が潜在しているのかということについて、もう少し別の面から見てみたいと思います。親が誰にも負けないほど自分の子どものことを気にかけている気持ち、つまり「親心」というものがあります。その親心から言えば、自分の子どもに「勉強が出来るようになってほしい」と望むのは至極当たり前のことでしょう。しかし、一方で、子どもに学力を望む、この何でもない自然な願望の中に、実はどのような価値観が埋め込まれているかということは、やはり一度きちんと考えてみる必要があります。特に、聞こえない子どもの問題を考えるとき、これは非常に大事な事柄です。

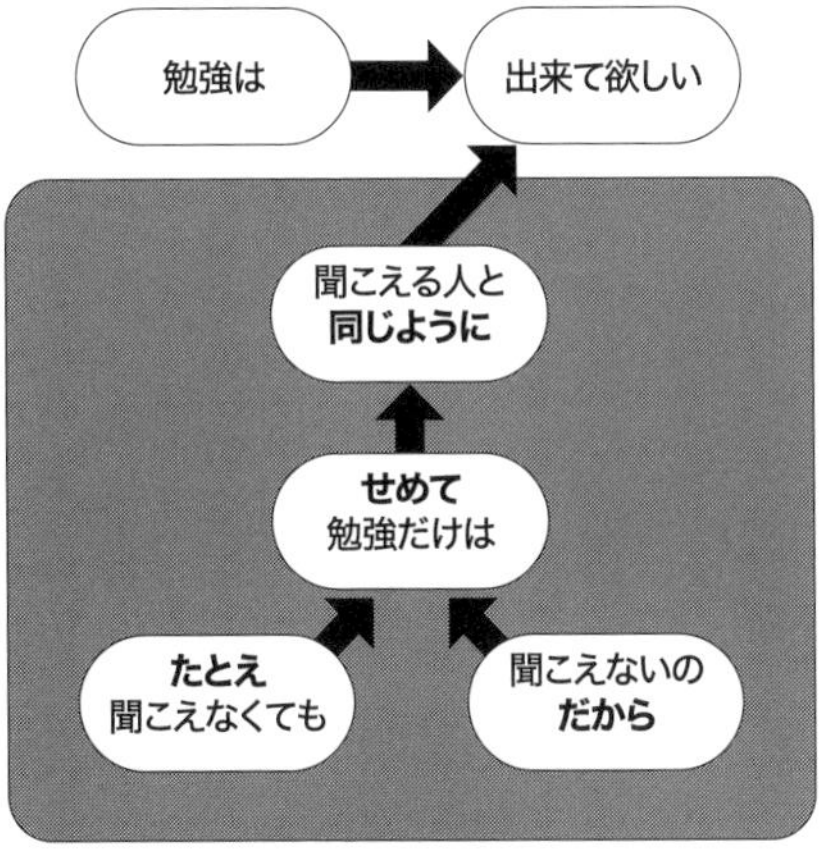

図6●学力に関する親の願いの建前と本音
（心理の表層と深層／根底にある価値観）
［2000年／上農］

図6の黒い部分は目には見えない地面の下だと考えてください。つまり、土中に埋まっている無意識の部分ということです。その上の地上の部分が、普段、私たちが意識している表層の「気持ち」を表しています。私たちは当たり前のこととして、子どもに対して「勉強は出来て欲しい」と思っています。しかし、地下に埋もれたその無意識の層を掘ると、そこには別の心理、本音が埋まってい

◆4……本書第1章2「難聴児の自己形成方略——インテグレーションの「成功例」とは何だったのか」中、事例の項（123頁～132頁）参照。

ます。それはどのような考え、価値観なのでしょうか。黒い部分に書かれた言葉を見てください。そこにはこんなふうに書いてあります。「自分の子どもは聞こえないのだから」「聞こえなくてもせめて」「勉強だけは聞こえる人と同じようにできて欲しい」。格好をつけずに、正直に言えば、おそらく、これが多くの親の無意識の本音ではないでしょうか。これが隠されている本当の思いです。このフローチャートには「学力に関する親の願いの建前と本音」というタイトルがつけてあります。副題として、「心理の表層と深層」「根底にある価値観」と書きました。

この図で一番大事な部分は、「聞こえる人と同じように」というところです。本質的な問題はここから始まります。「同じ」と言った時の「同じ」というのは一体どういう意味なのかということです。この「同じ」という考えは、聴者の親が考えていることです。ここで考えられている「聞こえる人と同じようになってもらいたい」という思い、その「同じ」とは一体どういう意味なのでしょうか。つまり別の言い方をすれば、聴者（親や専門家）は聞こえない子どものことを考えるとき、子どもの「どこ」を、「何」を見ているのか、どの部分を気にしているのかということです。これは聞こえない子どもにとって最も「大切なもの」は何かという根本問題を考えるときの判断基準の問題です。

次に図7を見てください。聞こえない子どもと聞こえる子どもを比較するとき、ある場合は「同じ」になっているからOKと評価し、ある場合は、「同じになっていない」からNOと評価する。その時の私たちが持っている物差し、判断基準（価値基準）は具体的に一体何なのでしょうか。

まず学業成績、結果としての点数ということがあります。聞こえる子どもと点数が同じになれば

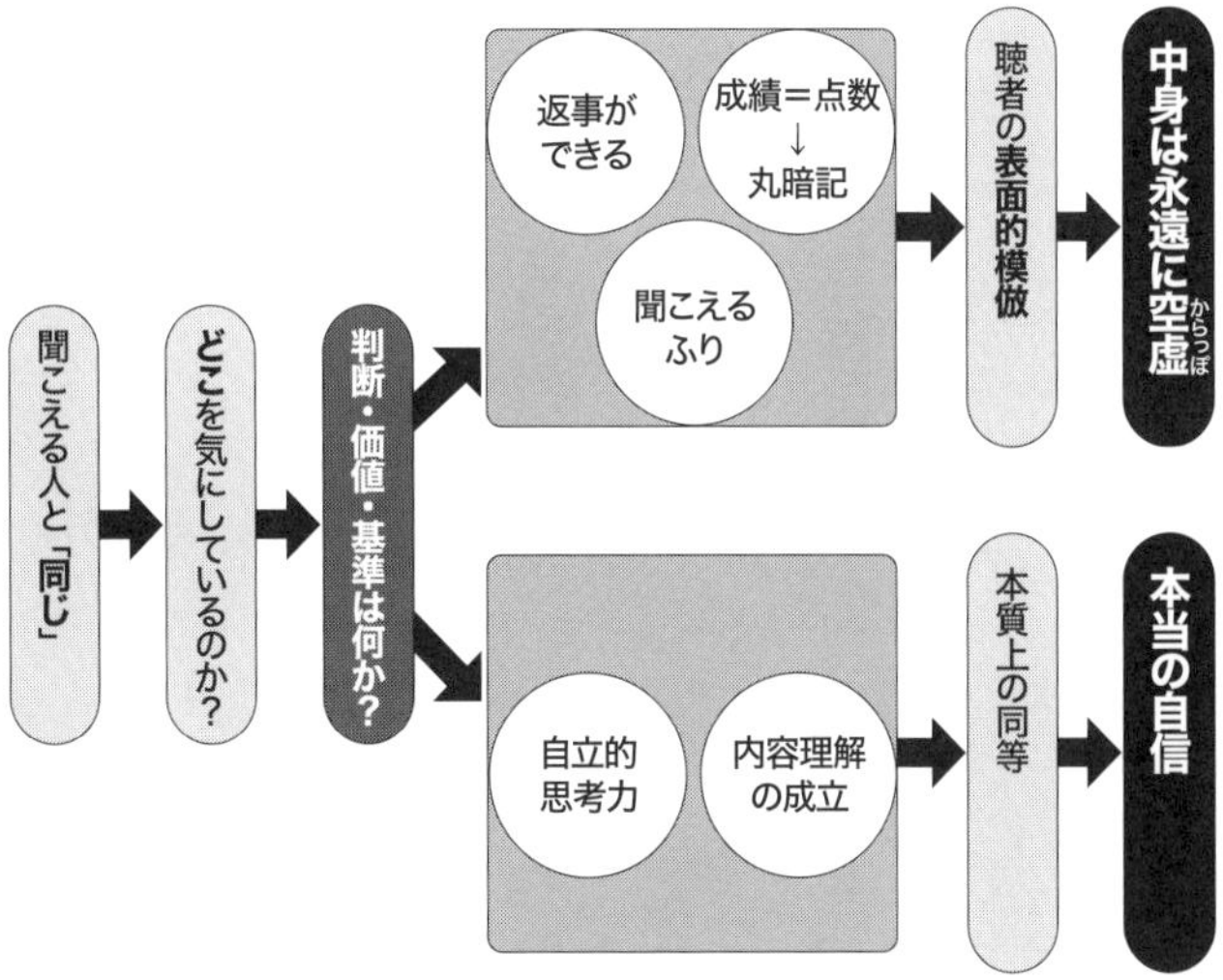

図7●聞こえる人と「同じ」ということの意味［2000年／上農］

いいわけです。聞こえる子どもが九〇点を取ったとき、自分の「聞こえない子ども」にも九〇点を取ってもらいたいと願います。大事なことは結果としての点数、つまり数字です。だから方法は丸暗記でも何でもいいわけです。同じ点数を取れたらホッとする。それから、「同じ」であることを確認する時の基準には音声言語（特に、その表出、つまり声が出せる）ということもあるでしょう。こちらから声をかけた場合、「はーい」と声で返事が返せる。あるいは呼びかけた場合、ウンウンとうなずくことが出来る。そのような反応面において、聞こえる子どもと同じでありさえすればいい。できるだけ同じであって欲しいということです。本当は上げれば他にもたくさんの「同じ」を求める「願望」があります。

つまり、聴者の表面的な模倣です。目に見えやすい表面的な形とか、単純なレベルの音声能力、そこだけを気にしているわけです。しかし、ここでは「中身」に関することについては何らいっさい問題にされていません。「(情報の）中身をきちんと理解したのか」ということについては誰も問おうとしません。中身は永遠にからっぽのままです。気にしているのは、どこまでいっても、外面上の「同じ」であることばかりです。しかし、本当に大事なことは、このような外面の帳尻合わせなのでしょうか。出来るだけ聴者と「同じ」になることを目指す模倣や同化の技術（スキル）なのでしょうか。

私はそうではないと思います。聞こえない子どもたちが、本当の意味で、聞こえる子どもたちと「同じ」状態になる、「対等」になるために必要なことは何でしょうか。それは、何より、聞こえない子どもたちが、中身の理解というレベルにおいて、聞こえる子どもと同じ理解状態になることです。図にも書いてありますが、聞こえない子どもが内容をきちんと理解し、そのプロセスを通して自立的思考力を身につけた時、初めて聞こえる子どもたちと「対等」になれるのではないでしょうか。そして、同時に、その時初めて本当のアイデンティティ、ゆるぎない自信をその聞こえない子どもは獲得するのだろうと思います。

逆に、聴者の表面的な模倣に躍起になっている間は、聞こえない子どもが真の意味の「同じ」を手にすることは永遠に出来ません。表面的な見せかけの同化である以上、「聞こえない」人間である自分の価値に納得することは決して出来ないのです。そこにあるのは、常に聴者をお手本にしてあがき続けている永遠の「もどき」人間でしかありません。聴者の「聞こえ」を理想型にしている以上、どんなに頑張っても、決して対等になることなどできません。常に二番手、不完全、中途半端である宿命から逃れることは出来ないのです。これは学力についても言えることです。なぜそうなのかと言うと、自分が身につけた思考方法や情報、知識が全部ただ暗記したものでしかなく、実は中身は空っぽだからです。そのような浅薄な道具立てでは「聞こえない人間」である自分自身のアイデンティティを掘り出すという困難な掘削工事はとても実現できません。

「私の子どもは聞こえない、でも、聞こえる人たちと同じようになってもらいたい」と言う時、私たちが今までずっと気にしていた、その「同じ」は全部、図7で言うと上のほうの流れになります。だから、現実的な結果として、自分の中身が空っぽで、いつも不安や悩みを持っている、そういう聞こえない子どもたちが今たくさん生まれてしまったのではないでしょうか。

7 否定的自己像の形成

聴者の表面的模倣、表面的同化がもたらす問題は、今までも「正常化論」というかたちで議論されてきました。図8を見てください。

この図は非常にわかりやすいと思います。正常化論の階段というものが私たちの心の中にあって、それは音声言語を基準にしたというか、聞こえることを絶対化した世界の階段です。その階段の一番上には、「正常」な人として聞こえる人がいます。中途失聴者のように聞くことは難しいけれど、声だけは出るという方たちが聴者のすぐ下あたりにいます。難聴の子どもたちが中ほどにいて、一

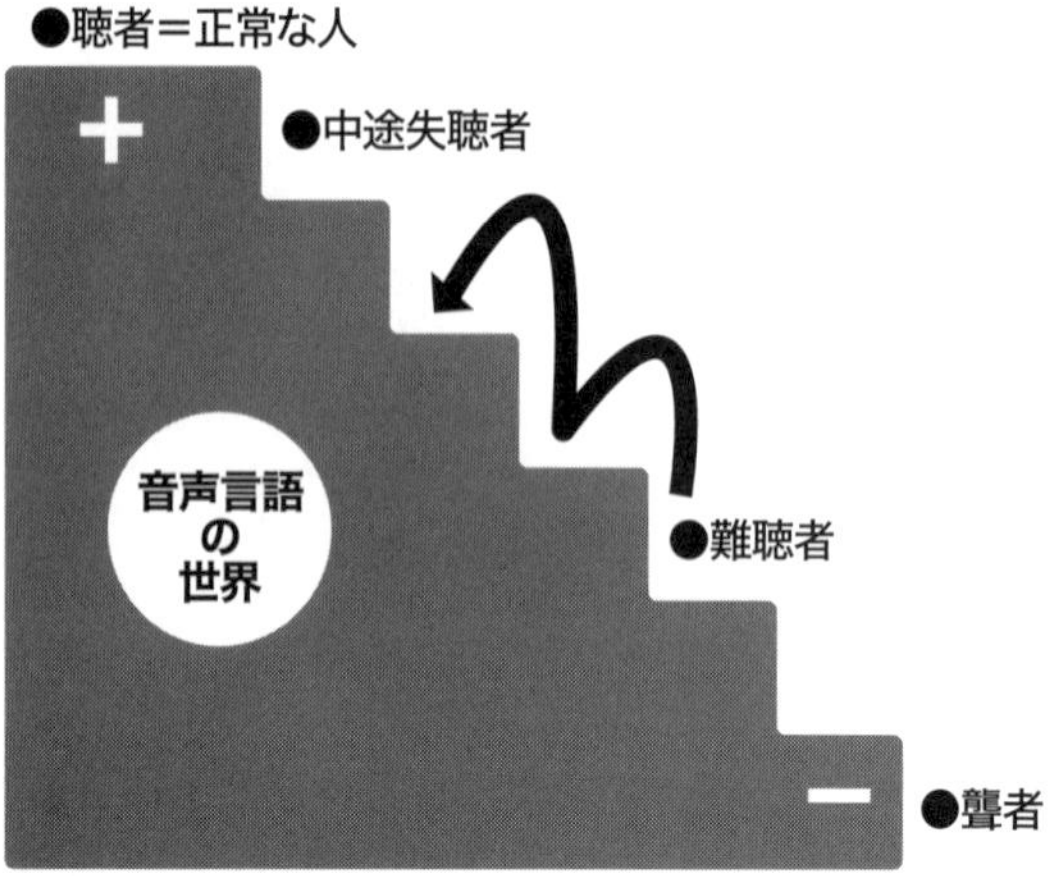

図8●正常化論の階段［2000年／上農］

生懸命この階段を一段でも上にあがろうと努力しているわけです。この階段を一段でも上にあがり、少しでも聴者に近づいたら、その近づいた分だけ幸せになれるという考え方です。階段の一番上が「正常」の基準ですから、そこから下にいる者は「異常」ということになります。今でも聴覚口話法の世界では「異常音」という言い方が実際にあるくらいです。聞こえない子どもたちが話す音声を聞いて、異常だと価値づけるわけです。「普通」じゃない、「自然」じゃない、「変だよ」ということです。そして、音声言語をほとんど使わない、手話だけで生きている聾者は、この正常化論の階段では一番下にいるという位置づけになります。音声言語が使えない、駄目な状態、マイナスな状況、気の毒な人たちという見方です。こういう正常化論の階段を心の中に持っている人たちが、おそらく今でもたくさんいらっしゃるのではないでしょうか。

この正常化論の階段が頭の中にある人たちは、やはりどうしても、聞こえない子どもに、この階段を出来るだけ上に向かって登って欲しいと思うわけでしょう。このような階段が、その人の中にある限り、ある意味で、音声を発することができないこと、音声を聞き取ることができないことを「劣等」と見なすのは至極もっともなこと、論理の必然だろうと思います。問題は、このような価値づけの「階段」が一体、いつ、どうやって、私たちの頭の中に作り上げられたのかということです。そのことを考えるために、話をさらに進めたいと思います。

図9を見てください。聞こえない子どもがいます。この子どもは「聞こえなさ」という身体状況を携えています。「聞こえなさ」を持って生まれてきたわけです。しかし、その「聞こえなさ」が最初から障害としてあったわけではありません。ある日、親が子どもの言葉に対する反応を見て、「おや？」と不審に思う段階があります。そして、当然、親は子どもを専門家のところに連れて行きます。問題はここから始まります。そして、それは長い長い物語の幕開けの瞬間です。

聞こえない子どもと対峙した専門家は、その子どもをある価値観を通して検査します。図の①がそうした専門家の視線です。ほとんどの場合、専門家は「言語」イコール「音声」だと思っていますし、そのような価値観（基準）で検査するよう教育を受けていますから、当然そこに「聞こえない」という身体的状況があれば、それを「障害」と認定し、専門家としての医療的、あるいは教育的良心から、その身体状況を「治」してあげよう、「改善」してあげようと思います。重要なことはそれが「善意」から発せられた判断だということです。もちろん、それはかぎ括弧つきの善意なのですが。専門家は常に「良かれ」と思ってやっているわけです。「治してあげよう」、「今のままの君では駄目だから」、「今のままの状態では駄目なんだ。だから私が改善してあげるよ」という視線でこの子どもの身体状況を価値づけていきます。「障害」というマイナス評価の固定化です。そ

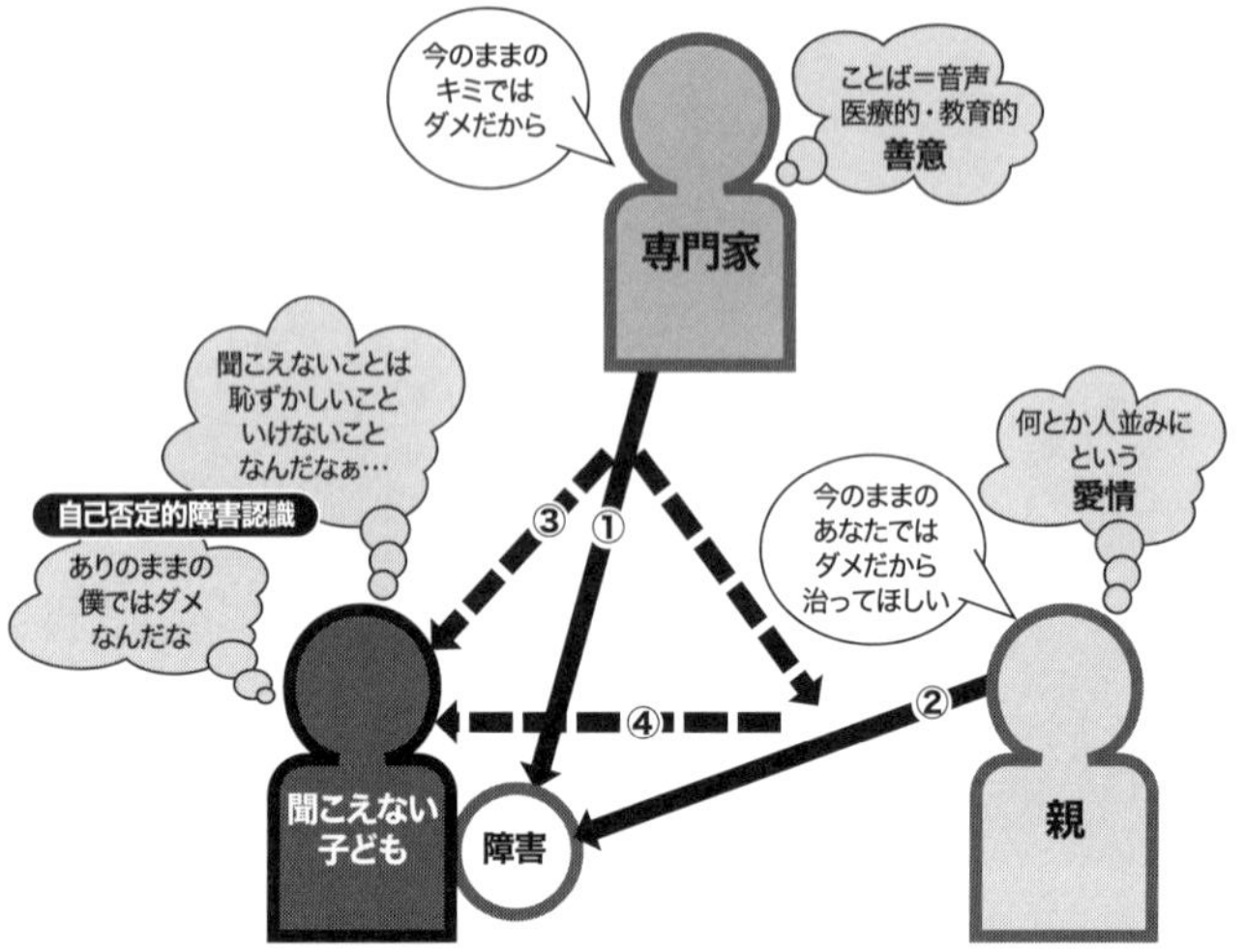
今のままの
キミでは
ダメだから
ことば=音声
医療的・教育的
善意
専門家
聞こえないことは
恥ずかしいこと
いけないこと
なんだなぁ…
自己否定的障害認識
ありのままの
僕ではダメ
なんだな
③
①
何とか人並みに
という
愛情
今のままの
あなたでは
ダメだから
治ってほしい
②
④
聞こえない
子ども
障害
親

図9●自己像はどのように形成されるのか
人はどのように価値づけられていくのか［2000年／上農］

して、当然、親はこの専門家の視線に影響を受けます。「ああ、そうか、私の子どもは〈治されなくてはならない〉ような存在なんだなあ。聞こえる子どもと比べ劣った駄目な存在なんだなあ」という視線で自分の子どもを見るようになります。図で言うと①の線から親に向かって伸びている破線が、その「影響」を表わしている部分です。そして、親自身がいつしか、「何とか人並みに、つまり、聞こえる子どもと同じようになって欲しい」と考えるようになり、「何とか少しでも〈治って〉欲しい、今のままのあなたでは駄目だから」という視線（価値観）で子どもを見るようになっていきます。図で言えば②の視線がそれです。

つまり専門家の最初の価値づけが、

親が聞こえない自分の子どもをどのように見るか（どのように対応するか）ということに決定的な影響を与えるということです。

そして、①は専門家の「善意」と呼ばれ、同じように②は「親の愛情」と呼ばれて正当化されていきます。「善意」であり、「愛情」であると言われれば、子どももこれに対してなかなか抵抗できません。にこにこ顔の「善意」や「愛情」の仮面[5]に向かってはっきり「嫌だ」と拒絶の姿勢を示すことは事実上、きわめて困難です。まして、聞こえない子どもは、聞こえないということと、子どもであるという二つの条件を帯びていますから、二重の意味で圧倒的少数者、弱者です。この初期段階におこなわれる決定的価値づけ、マイナス評価の「刷り込み」（インプリンティングimprinting[6]）に対し抵抗のしようもありません。ただ黙って従うしかないのです。

しかし、さらに大きな問題はこの先にあります。この図のタイトルは「自己像はどのように形成されるのか」というものです。副題は「人はどのように価値づけられていくのか」と書きました。この問題こそが、おそらく最も重要な問題だろうと思います。

子どもはまず専門家が自分を見ている視線を見るわけです。そして、次のように理解（学習）します。「そうか。僕は駄目なんだなあ。僕は治してもらわないといけないような身体状況なんだな

◆5……言語心理学者で聾教育史、聾文化の研究者でもあるハーラン・レイン（Harlan Lane）には文字通り『善意の仮面』（The Mask of Benevolence: Disabling the Deaf Community 一九九二）という聴者と聾者の関係を社会学的に考察した著作がある。

◆6……動物行動学者コンラート・ローレンツ（Konrad Zacharias Lorenz 一九〇三〜一九八九）が一九三五年に記載した概念。刻印づけともいう。生後まもない動物が目の前を動く物体について歩き、後にそれに似たものに強い愛着を示すようになる現象。その物体を親として認識した場合、刷り込まれたイメージが将来の性行動の対象として固定される。刷り込みがなされなかったり、誤った対象に刷り込まれたりすると、その後の社会行動に重大な支障をきたす。

あ。」そういうことをこの専門家の視線から学びます。まさにこの理解が最初の自己理解像（アイデンティティ）になるわけです。別な言い方をすれば、このマイナスでネガティブ（否定的）な自己理解が、その子どもが最初に身につける障害認識になるということです。図では、③の太い破線です。

それから自分が最も愛している、そして、いつも自分を守ってくれる、世界に一人しかいない庇護者であるお母さんも、やはり自分を「治って欲しい、あなたは今のままでは駄目なんだ」という視線で見ていることに気づきます。そこからも、またネガティブでマイナスな自己像が形成されます。この地球上で最も頼りにしている人がそのように自分を見ているわけですから、それに従わざるを得ません。図で言うと④の太い破線です。「ああ、そうか。専門家の先生だけでなく、お母さんも僕をそう見ているんだなあ。やはり、僕はこのままでは駄目なんだ。頑張って変わらなくっちゃ」と、あるがままの自分を自ら否定して、一生懸命、変わろうと努力します。専門家の先生の期待や母親の愛情に何とか応えようとして、それは健気に必死の努力を積極的に積み重ねる子どもさえいます。

このような関係性の中で、その聞こえない子どもの自己認識は最終的に「自己否定的」（ネガティブ・セルフ）な障害認識として徐々に固まっていきます。このような身体観が支配している空間の中で育つ限り、必然的に、そのような自己理解、自己形成をするしかないわけです。

つまり、「ありのままの僕ではだめなんだ。変わらなければいけないんだ」と自分自身を自分で否定する、そのような考えが、二、三歳のうちから無意識に体に染み込んでしまうということです。

まさに動物行動学でいう「刷り込み」（インプリンティング）以外のなにものでもありません。実は、この問題こそが、今日のテーマである障害認識とアイデンティティの問題で言いたいことの核心です。一度、幼少期に刷り込まれた根源的価値観（自己意識）は、その後に修正することは非常に難しいということの持つ問題です。本質的な視点から考えた場合、このような大きな問題のある構図を私たちは今まで無意識のうちに、そしてきわめて強固に作ってきてしまったのではないでしょうか。

しかし、残念なことに、このような状況について何回説明しても、一部の専門家や親たちは決して耳を貸そうとしません。なぜならば、そこに自己を正当化する「善意」や「愛情」、あるいは専門的言説でさももっともらしく飾り立てられた「説明」という言い分があるからです。親は必ずと言っていいほど、「他人のあなたに何がわかるというのですか。私には親としての愛情があるからこそ、子どもに治って欲しいんです。そう望むことのどこがいけないんですか」と強く反発します。しかし、それが本当に正しい愛情ならば、なぜ聞こえない子どもたちは将来の時間の中で、苦しむのでしょうか。正しい愛情であったならば、そのような状況が生じることなどなかったはずです。

また、あくまで音声言語のみを絶対視する専門家には、「ならば聞こえない子どもたちは、実際聞こえるようになったのか」と問わなければなりません。さらに言えば、「自分の関与の結果をあなたは専門家として本当に確認したのか」と。もし「確認している」と言う専門家がいるなら、「具体的に、それはどのような方法で確認したのか」と尋ねなければなりません。

この会場にいらっしゃる聾学校の先生方も、そういう意味では、まさに専門家というお立場で大きな責任を担っている方々だろうと思いますので、この問題はしっかり心に留めていただければと思います。

いずれにせよ、この相互関係の構図を見ていただければ、専門家という人間が子どもに及ぼす影響力がいかに甚大で決定的か、その責任がいかに重いかがわかっていただけるのではないでしょうか。一つ間違えば取り返しのつかない状況を作るという意味で、いかに罪深いかということでもあります。

聞こえない子どもは、「君って、駄目な人間なんだよ」と、まっさらな心の中に書き込まれていくわけです。幼少期に刻印された自己像は大人になってもなかなか消しようがありません。やわらかい粘土板に書かれた文字は、乾くとしっかり固まり、決して消すことが出来ません。それと同じことです。根底の部分で自分の価値を自分自身が認めきれない。常に「自分は駄目な人間なのだ」という否定的自己評価が浮上してきて、それを払拭できない。自分の存在価値に対し、いつも確信が持てない。そんなネガティブな感情からなかなか抜け出すことができません。

8 「理解」に到達する方法は一つではない

話を少し前に戻します。聞こえない子どもが自分の身体状況の価値を正しく理解しようとした場合、大事なことは一体何なのでしょうか。それは、いろいろな情報やこの世界の構造をきちんと「理解」する、あるいは、自分とは別な存在として、そこに他者がいることの意味を「理解」し、その価値を尊重できるようになることではないでしょうか。他者が存在していることの意味（価値）を了解し、同時に、自分の存在している意味（価値）を考え抜いて、他者に向かってそれをきちんと伝えていくということです。根底にある最も重要な問題は「理解」と「説明」ということです。

私たちが聞こえない子どもの教育にかかわる時、そこに求めたものは一体何だったのでしょうか。何にこだわってきたのでしょうか。私たちは「理解」ということに本当にこだわってきたと言えるでしょうか。何より子ども自身が「わかる」という状況作りを大事にしよう、本当にそう考えてきたでしょうか。

図10は山の絵です。つまり、「理解」という頂上に達する道は一つではないということを示したものです。「理解」という頂上に達するための方法は、何も聴覚口話法だけではありません。登り方、登山路はいく通りも設定できます。なのに、私たちは口話法という登り方だけしか認めませんでした。他の方法は決して認めようとしませんでした。「一つの方法だけでやりなさい」ということでやってきたわけです。そして、聞こえない子どもたちはそれに従わされてきました。確かに、口話法で何とか頂上に達した子どもたちも少数ながらいました。しかし、その方法では到底無理な子どもたちも事実大勢いました。もし、その口話法には不適合であった子どもたちに別の登山路を示していれば、うまく頂上まで登れたかもしれなかったわけです。頑として、一つの登山路しか認めないものだから、結局、「理解」という頂上まで達することができない子どもたちが後を絶たなかったのではないでしょうか。

図10の右半分は文章で書いてありますからわかると思いますが、山に登る、つまり理解する際に

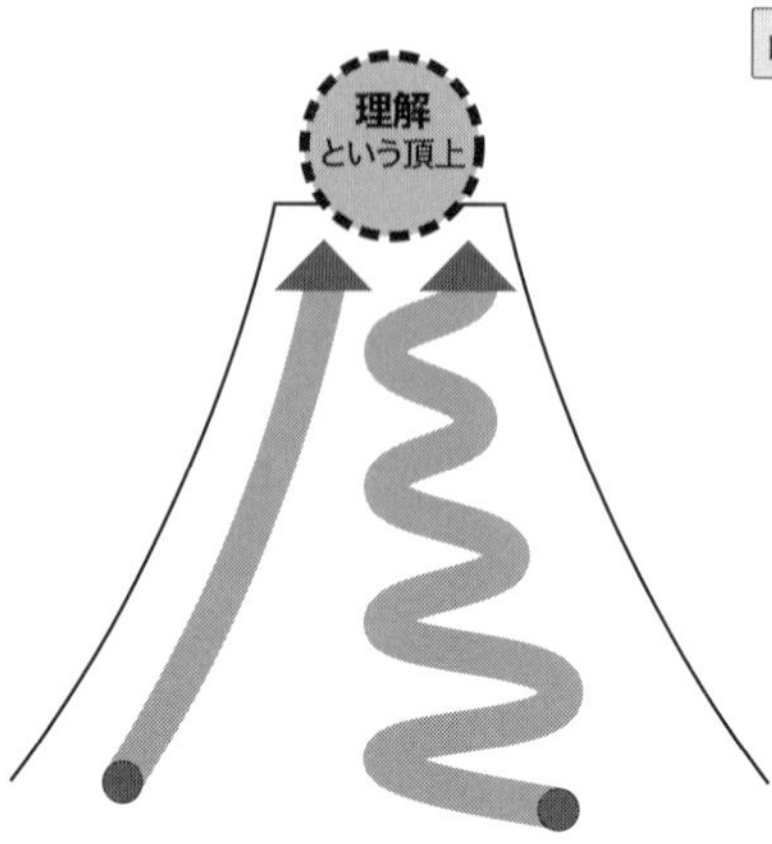

山に登る（理解する）際、大切なことは何なのか

○目的は頂上に立つこと（自分の頭でごまかしなく理解すること）
○頂上に達する（理解する）ことができるか否か、それはすべて最優先にして、唯一の重要事項
○頂上に達する（理解する）ことができきのであれば、方法は何でも構わない
○特定の方法へのこだわりは無意味（不適切・危険）
○最も負担が少なく、効率的に頂上に達することができる方法がベスト（その方法が適切かどうかは、この点からの厳しい検討が必要）
○登山方法の選択を誤れば、頂上に立つこと（理解すること）はできない（聾育は多くの遭難者を出してきたのではないか）

図10●理解に達する方法はいく通りもある［2000年／上農］

大事なことは何か。目的は頂上に立つこと、すなわち自分の頭でごまかしなく物事をきちんと理解するということです。頂上に達すること、理解することができるか否か、これがすべてです。他には何もありません。その子どもが「わかる」ということが最優先にして最重要の目的です。頂上に達すること、理解することができるのであれば方法は何でも構わないはずです。口話法だけにこだわる必要はどこにもないわけです。特定の方法へのこだわりはまったく無意味です。それは無意味であるだけでなく、不適切であり、危険でさえあります。一つの方法への固執は場合によっては命取りになります。

聞こえない子どもにとって最も負担が少なく、効率的に確実に頂上に達する方法（理解できる方法）がベストです。その方法が適切かどうかに関しては、この点からの厳しい検討が常に必要です。この点で、聴覚口話法はどうだったのでしょうか。口話法ではどれくらいの負担が要求されるのか。その負担は軽いのか、重いのか。口話法という登山路を登った結果、子どもたちは本当に「理解」という頂上にきちんと達することが出来たのか。

登山路の選択を誤れば、頂上に立つことはおろか、無事に下山することさえ危うくなります。つまり物事をきちんと理解することはできなくなります。私が言いたいことは、今までの聴覚口話法を絶対視した聴覚障害児教育は多くの遭難者を出してきたのではないかということです。繰り返しますが、確かに口話法やインテグレーション教育で頂上に達した子どもたちもいます。それについては、エリートの問題として既に触れた通りです。問題は、聞こえない一人一人の子どもたちが、自分なりのペースで、一歩一歩しっかり足元を踏みしめながら、「理解」という頂上に確実に達すること。そのためにも、登山路は、その子どもに合った適切なものでなければならないということです。

9 障害認識論という思考方法

残り時間がだんだん少なくなってきました。そろそろ話をまとめなければなりません。いろいろ話してきましたが、それでは、「障害認識」とは一体何なのか。最後にそのことに答えたいと思います（図11参照）。

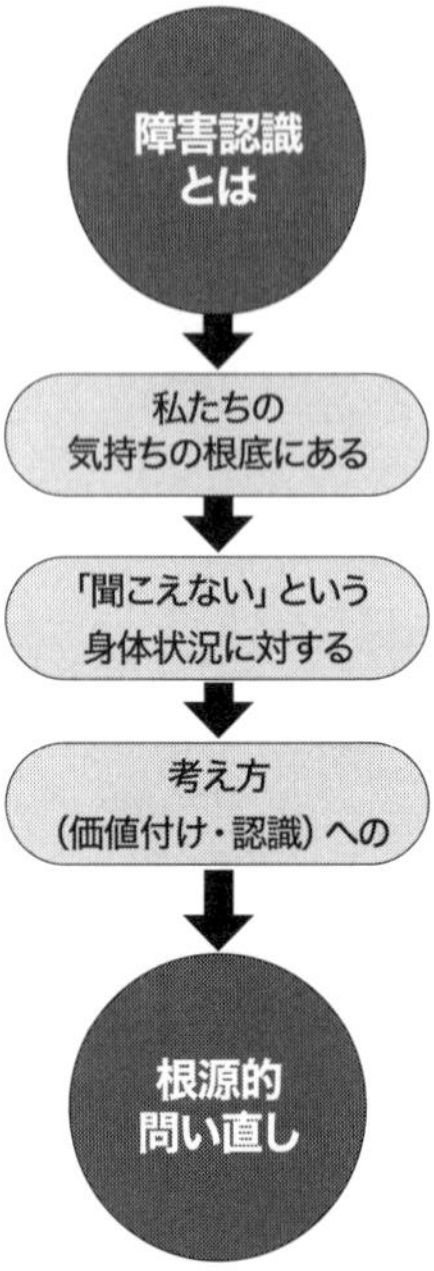

図11●障害認識とは何か——最も簡単な定義
［2000年／上農］

一言で言えば、私たちの気持ちの根底にある「聞こえない」という（聴者から見た場合の〈異質〉な）身体状況に対する考え方、価値づけに対する根源的問い直し、再考作業、これが障害認識ということです。「異質な身体状況」とさりげなく書きましたが、これは私が個人的に使う場合の言い方です。「障害」という表現は、私は自分の障害認識論を厳密に展開する時はあまり使いません。使うのは、批判的な意味で使う場合や、一般的な使用状況を踏まえなければならない場合だけです。そのときはかぎ括弧をつけて、それとわかるように使用します。

ですから、今日の講演の最初に言いましたけれども、「障害の受容」という言葉も肯定的な意味で使うことはほとんどありません。受容論や克服論は、障害に対する概念としては、おそらく誤った考え方だろうと私は思っています。なぜかというと、受容論も克服論も聴者が考えた論理を「こういうように考えなさい」という形で聞こえない子どもたちに押しつけている概念だからです。そのような対応自体がおそらく根本的な誤謬を含んでいるのではないでしょうか。だから、はっきり言うならば、障害の受容論は必要ないと思います。あるいは、もう明確に否定し去るべきなのかもしれません。

　最後に少し難しい言葉を出しますが、ちょっとだけ我慢してください。障害認識とは何かということを、学問の言葉といいますか、少し専門的な言葉で説明してみます。図12を見てください。

　本当は「障害に対する認識論的な根本的見直し」というのが、障害認識という言葉を省略しないで言った場合のもとの正式な形です。正式とは言っても、これはあくまで私個人が考えている障害認識論に関する話ですが。ですから、正式には「障害認識」ではなくて、「障害認識論」なのです。

皆さんは「認識論」と聞くと、何かひどく難しい印象を持たれるかもしれませんね。哲学用語では認識論のことを「エピステモロジー」(epistemology) と言います。と、こう言っただけで、もう耳を塞いで逃げ出す人がいるかもしれません。心配しないでください。大丈夫です、わかりやすく、きちんと説明しますから。「エピステモロジー」とは何なのか。これは哲学的な考え方の一種で、ある特徴を持った思考の手続きのことです。これを皆さんにも簡単にわかるように説明します。

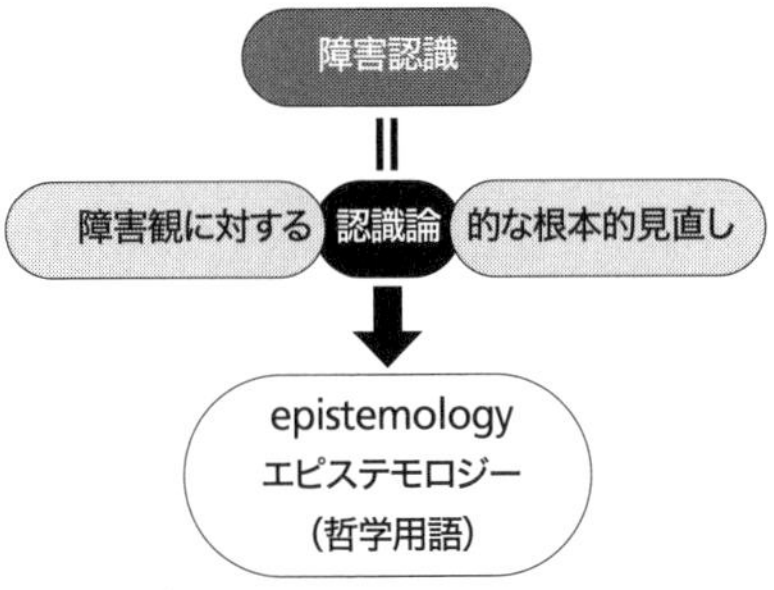

図12●障害認識とは何か――本来の定義
［2000年／上農］

　ものを考える時、私たちは、考えの結果や結論の正しさを議論の対象にしていることがほとんどです。つまり、他の意見や考えと比較検討しながら、結論の妥当性を検証するわけです。しかし、他との比較をする前に、実は、当のその考え自体がどうやって作りあげられたのかという根本の問題があるわけです。「その考えはなぜそのように考えられたのか」という考え方自体についての検証です。つまり、その判断や価値観や知識自体の仕組み（構造）と形成過程（プロセス）をまずきちんと検証しようというチェックの仕方、それが認識論的思考です。

ですから、私はこの認識論的思考の検証手続きを聴覚障害児教育の世界の問題にも適用したいと思っているわけです。私たちは通常、「聞こえない」という身体状況に「障害」というマイナスのレッテルを貼って価値づけています。その手続きで重要なのは、障害が「ある」のか「ない」のかという問題です。その識別が究極には最重要課題であり、すべての対応はそこから付随的に生じます。しかし、認識論的な考え方は、まったく異なる態度をとります。認識論はそのような識別の判断基準そのものを検証の対象にします。そのように考える考え方自体が、思考として果たしてどこまで適切さや正当性を持っているのか、それはなぜそのように考えられようとしているのか、それはなぜなのか。そういうふうに根源的に問い直していくのが認識論の営みです。

「聞こえない」ことは劣ったこと、駄目なこと、恥ずかしいこと、治すべきことだという考えは、なぜそのように考えられるようになったのか。そのような考えは本当にきちんとした仕組みを持っているのか。「きちんとした」というのは、論理的構造という意味です。ごまかしのないという意味です。ある特定の人間だけに都合がいいように作られているのではないという意味です。そして、その考え方は公正な手続きを踏んで組み立てられているのか。その考え方が成立した歴史、事情、形成過程をもう一度きちんと調べ直してみるということです。もっと言うならば、「その考えは、誰もが（どのような立場に立っている人でも）納得できる作られ方をしているか」ということです。

私たちが今まで当り前と思ってきた「聞こえないことは駄目なこと、治さなければならないこと、劣ったこと」という考え方（価値観）は、一体誰がそれに納得していたのか。納得しようとしたのはなぜだったのか。そう納得することで、そこにはどのような利得や利便性があったのか。そして、その利得や利便性の恩恵を受けるのは誰だったのか。このように、その考え方の中身を徹底的に分析し、根源的に検討し直す思考の手続きが哲学の「認識論」という思考方法なのです。

例えば、ここに一皿のおいしいスープがあるとします。その場合、「おいしさ」とは何か、そもそも「おいしさ」とは実在し得るのかどうか。あるのか、ないのか。このようなことを検証する議論を哲学の世界では存在論といいます。しかし、認識論的な考え方では、そもそも「おいしさ」というものが「ある」とか「ない」とか言っている、その考え方、認識の仕方自体をまず問題にするわけです。なぜ私はそこにおいしいスープがあると思っているのか。なぜ、そのように思いたがっているのか（私の味覚という知覚はそれをなぜ美味（快楽）として感じようとするのか）。私をそのように思いたがらせている条件、要素は一体何なのかという方向で、認識そのものの成り立ちを徹底的に分析していくのが認識論的思考です。認識論的思考は、たとえそれが権威や常識だからと言って、それにひれ伏すことは決してありません。権威、常識であるなら、それが一体どのような要素（構造）や経緯（歴史）で出来あがっているか、ただちに分析を開始するでしょう。そして、それを「理解」することに努めるでしょう。ですから、認識論的思考はある意味で非常に厳しいチェックを実施する手続きでもあります。しかし、残念ながら、聞こえない子どもたちの教育の世界においては、その一番根本にある障害観、価値観、身体観自体をこのような認識論的手続きできちんと検証する作業が非常に希薄だったのではないでしょうか。根本の価値観に対するきちんとした検証手続きが施されなかった結果、長い間、極めて不適切な対応が平然と続けられていたように思います。

私は大学では哲学の勉強をしました。ですから、いまだに不十分だとは思いますが、ものを考えるときは、無意識に哲学的な手続きで考えているのかもしれません。そこを出発点として、聞こえない子どもたちの問題を二十年近く、ずっと考えてきました。特に聞こえない子どもを持った親たちの価値観と常に対峙しなければならなかった経験から、いくつかの現実問題に関しずっと疑問を抱いてきました。そして、その問題を繰り返し、繰り返し考え続けているうちに、障害認識論という視点にたどり着きました。

ちょうど同じ時期に、大阪で前田浩先生たちのグループもいろいろなことを考えられていて、実践も大事だけれど、根底にある考え方をもう一回改めて調べ直してみようということで、「障害認識」という言葉にたどり着かれていたということを後で知りました。前田先生たちは発達心理学のピアジェ[7]の考えを手がかりにされていたそうです。私の場合はレヴィ＝ストロース[8]という文化人類学者の仕事と、フーコー[9]という哲学者の思考を手がかりにしながら、自分なりにこつこつ考え続けていたわけです。互いに知らずに西と東で同じ問題を考えていたわけで、奇遇です[10]。

「障害認識」という言葉は徐々に広がり、使われるようになったのですが、講演の最初に言ったように、正しく理解していない人が増えているような気がして、私としては少し気がかりです。ですからもう一度、皆さんにお願いしておきたいのは、障害認識という言葉の表面的な難しさに戸惑うのではなく、その考え方の具体的方法、その手続きを使えばどのようなことが見えて来るのか、その点をしっかり理解していただきたいということです。しつこいようですが、もう一回言うと、聞こえないという身体の状況があります。それを私たち聴者が見て、そこに無意識のうちに「駄目なもの」「劣っているもの」「治すべきもの」等の価値的ラベルを貼るわけですが、そのようなラベルを自分が貼るのは一体なぜなのか、その問題自体を互いに深く深く考え直してみる必要があるのではないかということです。無意識のうちに、「当たり前」「自明」と思い込んでいることを、「再検証」しようという思考の取り組みです。

「私」の中の最も深い所にあって、物事の考え方や行動判断を制御、統括、決定している価値観という根源的なものがあります。その部分への考え直しをきちんとおこなわないまま、いくら実践

◆7……Jean Piaget（一八九六〜一九八〇）スイスの心理学者。初め動物学を志すが、後に認知発達の分野に関心を向け、一九二一年以来、ジュネーブのルソー研究所で独創的研究を続けた。ピアジェの立場はその研究態度（方法）によって、「発生的心理学」あるいは「構造主義心理学」と呼ばれる。特に児童の認知発達に関して示した「発達」概念は今日でも関連諸領域に示唆を与え続けている。ちなみにフーコーの日本における最初の翻訳紹介者でもあった精神科医・神谷美恵子はこのルソー研究所附属小学校で少女時代を過ごしている。

◆8……Claude Lévi-Strauss（一九〇八〜）フランスの文化人類学者。初め哲学を学び、後に人類学に転じた。ソシュールに発し、ヤコブソンの音韻論により確立した構造言語学の方法論を人類学に導入援用した構造人類学を確立し、親族構造（婚姻体系）分析、未開人の思考論理、神話学等の領域で画期的な業績をあげる。言語論を中核とする後続の現代思想（フーコー、デリダ、ブルデュー等）にも極めて大きな影響を与えた。主著に『悲しき熱帯』中央公論社（一九七七）『親族の基本構造』新訳・青弓社（二〇〇〇）『野生の思考』みすず書房（一九八〇）『生のものと火にかけたもの』（未邦訳）等。

◆9……本書第1章1「インテグレーションの現状と課題」注3（27頁）参照。

◆10……障害を「受容」するという従来の考え方を再検討した研究の動きは他にもあった。本書第3章8「障害「受容」から障害「認識」へ」注9（305頁）参照。

という「家」を地面の上に建ててみても、前述した通り「家」は容易に倒れてしまうでしょう。そのことは今までの現実的結果が如実に物語っています。価値観という土台がしっかりしていないところには、どのような家も建設できません。私たちが聞こえないという身体状況に対し、根本の価値観の部分で、それを「劣ったもの」「駄目なもの」「治すべきもの」と見なしている限り、どのような実践を試みたとしても、その結果として、本当に意味のある成果は生み出すことはできないだろうと思います。すべては私たちの価値観の根底にある障害観、障害認識の問題だということです。

出来る限りわかりやすくお話ししたつもりだったのですが、やはり難しいと感じられた方や、困惑された方もいらっしゃるかもしれません。その「難しさ」や「困惑」の中から、ねばり強く考えるための糸口を発見していただければありがたい次第です。

不十分な点もあったかと思いますが、それではこれで私の講演を終わります。

皆さん、ご静聴ありがとうございました。

会場との質疑・応答

保護者●口話法一辺倒でやってきましたが、中学校の時、このままではいけない、と手話を習いに行かせましたが、子ども自身が嫌がりました。そして大学生になりましたが、四年間を無駄にしてしまって、新たに別の大学に入りました。今、一八〇度違う生活の中に身を置いています。この子は今から立ち直っていけるでしょうか。

上農●ご質問ありがとうございました。その子どもさんが立ち直るかどうか、私に答えることはできません。もし、私が勝手に「立ち直るでしょう」とか「立ち直れないでしょう」とか申し上げるとすれば、それは子どもさんに対して大変失礼な話だろうと思います。そういうことは言えません。ただ、十二月末に東京で私たちがやっています研究会（障害認識研究会）でシンポジウムをします。聴覚口話法で育てられ、手話で自分を取り戻した成人聴覚障害者三人に来てもらって、話をしていただくことになっています。今、御質問くださったお母さんの子どもさんは、こうした先輩たちの経験談をこれからしっかり聞かれることが大事ではないでしょうか。先輩たちの声に耳を傾ける体験を積み重ねていく中で、自分を取り戻していくという作業がどれくらい難しいことなのかということ、それと同時に、そのような道程を歩んで、立派に生きている先輩たちがいることを知ることが何より大切だろうと思います。ここにいらっしゃる前田先生も、そのような立派な先輩のお一人です。

「立ち直った」などと私たち周囲の者が過去形で軽々しく言っていいのかどうか、そのこと自体が問題です。自分を取り戻す作業はその人の中でまだ続いているのかもしれません。現実の中では、まだいろいろ悩んだり、苦しんだり、理不尽な体験をして辛い思いを味わっていらっしゃるかもしれません。考える人ほど、そうなのではないでしょうか。何をもって「立ち直る」と言うかが問題ですが、そばで見ていても、「立ち直る」ということが、そう簡単なことだとは私には思えません。

講演でも申し上げましたが、子どもの頃、心の粘土板がまだ軟らかいときに、そこに「あなたは聞こえないあなたのままでは駄目なんだ」という字が刻み込まれます。その後、保護者はいろいろな話を聞き、簡単に軌道修正というか方向転換をしようとしますが、子どもは今まで信じてやってきたこと（正確に言うなら、「信じこまされてきたこと」と言うべきでしょうが）を簡単に変えることはできません。せっかく手話を覚えさせようとしたのに「子どもが手話を覚えません」とお母さんは文句をおっしゃる。子どもさんを批判していらっしゃるわけですが、手話に対してそのような見方をする人間に育てたのは一体誰だったのでしょうか。親は自分の都合で考え方を変えたのかもしれませんが、子どもは急には変われません。親が敷いた聴覚口話法というレールの上を一生懸命走ってきたわけです。手話に対して抵抗を示すのはある意味でしごく当たり前の「結果」ではないでしょうか。その子どもを、当のそのレールを敷いて、そこに乗せた親が責める、そんな権利があるのでしょうか。

もし、本当に手話の必要性に気づき、子どもさんにも手話を覚えて欲しいと思うのなら、まず、自分が敷いたレールに誤りのあったことをしっかり認めることの方が先ではないでしょうか。本来なら、その過ちを子どもに対して、きちんと説明し、謝罪しなければならないところです。しかし、その謝罪ということ自体、現実的には非常に難しい問題を抱えてしまいます。なぜなら、親が子どもに向かって正直に謝罪したら、どうなるでしょう。自分の受けてきた教育が誤ったものであったということを聞かされた子どもは、「じゃあ、自分の今までの人生は一体何だったのか」と余計に苦しみます。子どもたちは間違いなく深く傷つきます。そして、子どもを苦しめたことで親も二重に苦しむことになります。これは本当に深刻な問題です。

しかし、そのような大変困難な道を、自分をごまかさず、頑張って歩き続けている人たちもいます。それは簡単に口で言うことの出来ないくらい苦しい道でしょうけれど。もし、そのような先輩の親子から何ごとかを教えてもらいたい、何かを学びたいと思うなら、まず、私たちの態度を根本から改める必要があるのではないでしょうか。一つは、まず、手話を覚えること。その努力を始めることです。自分も手話を覚えつつ、その上で先輩たちの話をじっくり聞いてください。しかし、そんなに簡単に聞けるとは思わないでください。本当のことを聞かせてもらうためには、こちら側の膨大な努力と価値観の修正が要ります。それから、「間違っていたかもしれないけれど、親としては、やむにやまれぬ致し方のない気持ちだったのだ」というような言い訳や自己弁護はするべきではないでしょう。もし、そのような言葉を平気で口にし続けるようなら、聞こえない人たちは決して何も答えてはくれません。そのことはしっかりわかっておく必要があります。これは私自身への自戒の意味も含めてアドバイスしておきます。

10

ありのままの感情から深い理解へ

お母さんへのメッセージ

●初出／『名古屋難聴児を持つ親の会　実践の記録』第五号
原題「正直な感情から本質的な認識へ」（一九九六年四月）
●加筆修正／二〇〇三年六月

名古屋の皆様へ

御無沙汰しています。皆さん、お元気でしょうか。

昨年七月から十一月までの五カ月間、月一回のテンポでお話をさせていただいた私の連続講演◆1が終わって、はや四カ月がたちました。講演の折は毎回長時間であったにもかかわらず、いつも多くの方に熱心に御聴講いただき、本当にありがとうございました。

今回の名古屋での連続講演は私にとっても、自分の日頃の考えをまとめ、それを聞こえない子どもたちと暮らしていらっしゃるお母さん方に検討、吟味していただく機会になりました。また、何人かのお母さんからは親しくお話を聞かせていただき、そこから新たな問いかけや検討課題を御教示いただきました。私にとっても非常に勉強になった有意義な時間でした。講演の依頼をしてくださった会員の方々、そして、それを形にしてくださった親の会の会長[2]はじめ役員の方々に改めてお礼申しあげます。また、関連機関の諸先生方にもお忙しい中わざわざ御来聴いただき、重ねてお礼申し上げます。

さて、この度、親の会の会報に講演内容を再録してくださるということで、原稿の御依頼をいただきましたが、原稿執筆については以下のような事情がありましたので、その点を御了承、御理解くださるようお願い致します。

昨年五月におこなった最初の単発講演の際は、与えられた時間とお話ししようと思った内容との兼ね合いから、完全原稿を作り、それを読ませていただく形をとりました。しかし、今回、この原稿をそのまま全文掲載していただくことは量的に不可能ですし、内容的にも圧縮して要約するということも困難です。また、五回の連続講演の方は、技術論と本質論の二つのテーマに渡り、合計三〇時間の話でしたから、これを再度、文脈に沿ってまとめるのも不可能です（ただ、連続講演の際は毎回レジュメをお配りしましたので、御聴講くださった方は活用していただければ幸いです）。

以上のような事情から、今回は連続講演全体の内容要約ということではなく、それを踏まえた上で、今一度、私が最も重要であると考えている問題についてのみ、改めて別稿として以下に小論を

◆1……一九九五年七月から十一月までの五カ月間、「名古屋難聴児を持つ親の会」の依頼で筆者は月一回の連続講演をおこなった。午前三時間は技術論（学習方法論）、午後三時間は本質論（障害認識論）について語った。一応、絵本やファンタジーを含んだ読書論にも言及でき、一続きのまとまった話としてはかなりの情報を集中的に提示できた機会であった。
◆2……「名古屋難聴児を持つ親の会」会長春日ひろ美（当時）。

書かせていただきました。

1　すべてに先行し、すべてを決定する親の障害「認識」

連続講演で私がお話しさせていただいた事柄は、難聴児に関する基本的問題についてでした。もちろん、まだ十分な分析になっているわけではありませんでしたが、一応、考えておかねばならないと思われる根本問題について、必要最低限のレベルで整理し、分析したつもりです。しかし、聴講くださった方からすれば、それでもやはり、実際はいくつかの問題が複雑に重なり合った難しい内容に感じられたかもしれません。お話しした事柄の要点を敢えて一言で表現すれば、次のようになります。

親が本音の部分で聴覚障害児の「障害」をどのようなものとして考えているかということが、その聞こえない子どもに対する具体的対応の「質」とその現実的「結果」、つまり根幹のすべてを決定する。その意味で、親の障害「認識」という問題はすべての問題に先行している。

したがって、障害認識についてのごまかしのない深い自己検証がなされていない所に、たとえどのような取り組みを上乗せしても、本質的な成果を生み出すことは出来ないし、それを深めていくことも困難である。

現在、聴覚障害児に対する支援態勢や理解状況は、確かにまだ多くの課題を残してはいますが、全体として見た場合、ある意味では、以前に比べると、かなり改善されてきていると言えるかもしれません。少なくとも、療育に関する情報だけは、かなりの量で親の元に届くようになりました。特に言語に対する対応面については、多くの親が、専門家の助言・指導を受けながら、それを享受できる状況にあるとも言えます。

ただし、ここに一つの根本的な問題があります。聴覚障害児に関する療育面の情報が聴覚障害児にもたらされる状況には、専門家から親へ、親から聴覚障害児へという段階的順路があります。つまり、親という仲介段階があるということです。すべての情報はいったんこの親の価値判断、意識という「濾過器」を通過して、その後、聴覚障害児にもたらされます。

しかし、専門家から与えられた情報が適切なものであったとしても、もし、親の意識という「濾過器」の段階で、その本質が正しく理解されず、むしろ誤解、曲解され、その結果、本来の意図目的とは別なものに変質した上で、聴覚障害児に適用されているとしたら、どうなるでしょうか。残念ながら、聴覚障害児教育の世界では本質的な部分で、このような現象がかなり起きているように思います。聴覚障害児のことばの力が、学年が進むにつれ、徐々に行きづまっていき、場合によっては非常に困難な状況に立ち至ってしまうのも、この「濾過器」、つまり親の意識（価値判断）の問題と深く関係している面があります。

2　障害に対する無意識の否定的感情

聴覚障害児を持った親は、往々にしてその聴覚障害児に出来るだけ多くの「能力」を身につけさせたいと考えがちです。「うちの子は聞こえないけれど、○○は他の子どもと同じようにちゃんと出来るんですよ」という、よく考えてみるとそれが世間へ向けられたものなのか、あるいは自分自身へ向けたものなのかは判然としませんが、しかし至って強固な特有の意識、「頑張ろう」とする気持ち、一途なこだわりがそこにはあります。○○の部分には、「勉強が出来る」、「ピアノが弾ける」、「スポーツは得意だ」等々、さまざまなバリエーションが代入できます。そして、ここで、常に意識されている比較の対象（基準）である「他の子ども」とは、もちろん聞こえる子どものことです。私たちはなぜ、このような「頑張る」スタイルを通してでなければ、聴覚障害児を受け入れ、その存在を認めることが出来ないのでしょうか。

もし、私たちが、その「頑張ろう」とする自分の気持ち（意識、価値判断）の根源に一体何があるのかということを少し落ち着いて見つめることが出来るならば、そこに聞こえない子どもの存在を、根底においてそのままのものとしては認めていない自分がいることに気づくはずです。そこには、聞こえないという「障害」を他の「能力」で何とか埋め合わせたい、打ち消したい、押し返したい、否定したい、隠蔽したいという無意識の願望があるのではないでしょうか。ある種の「熱心な親」の姿は時として、このような願望を必死で満たそうとする熱意の結果であることがあります。しかし、その熱意は親自身の障害に対する否定願望を満たすための熱意ではあっても、残念ながら、聴覚障害児本人を支援するための本質的な熱意であるとは言い難いのではないでしょうか。

親の気持ちの根底にこのような障害否定の意識、価値判断がある以上、いくら有意義な情報がもたらされても、それは濾過器である親の意識を通過する時点で、その障害否定願望の文脈に沿ってまったく別なものに変形され、すりかえられてしまいます。本質的意味や本来の目的は無視され、むしろ、障害否定の手段として、親の都合に合わせ「活用」されてしまいます。

例えば、言語力育成という点から考えた際の聴覚障害児にとっての読書の意味について話をするとき、私は子どもに読書をすすめる前に、まずその子どもの親自身が必ず本を読む人であって欲しいということを力説します。なぜなら、自分では一冊の本さえきちんと読み通すことがないのに、子どもに対しては他人から薦められた本を右から左に平気で押しつけて読ませようとするお母さんがいらっしゃるからです。そこでおこなわれているのは、手間暇のかかる事前準備としての本質理解（まずは自分自身が本を読み、その直接体験から読書の楽しさや意味を深く感じ取ること）は省略して、成果（子どもの読書力、言語力）だけを手にしたいという都合の良い手抜きの対応です。そして、その結果、「読書すること」を闇雲に強制された聴覚障害児は見事に本嫌いとなり、ますますことばから離れていきます。

あるいは次のような状況もいまだに日常茶飯事です。専門家は言語獲得の重要性を説きますが、だからこそ聞こえない子どもには「ゆっくり、丁寧に」対応して欲しいと趣旨を伝えたつもりでも、親はそれを「出来るだけ沢山のことばを教え込まなければ」と理解して、子どもを急き立てるようにせわしない訓練的環境に漬け込み、結果、子どもを言語的にも精神的にも潰してしまいます。◆[3]

何よりこのような親の情報の「活用」法が最も顕著に現れるのが、言語力育成と教科学習に対する実践的な対応場面ではないでしょうか。「聞こえなさ」から生じる困難を何とか表面だけでも取り繕いたいと願う場合、対応は勢い目先の成果（語彙数、成績、学歴）だけを目指す表面的な暗記型の取り組みになりがちです。その結果、ごまかしのない、しっかりした理解が前提になってくる本当の言語力、基礎学力は決して身につかないことになります。こうした親の「熱心」な取り組みが、結果として、聴覚障害児の低学力、学力不振という状況を生むという皮肉な現実が起きるわけです。◆4

やはり、今一度、「何のために聞こえない子どもに勉強をさせるのか」という根本の基本問題を、親は自分の頭でしっかり考え直してみる必要があるのではないでしょうか。

さらに、親のこうした意識は言語力や学力面だけに影響を与えるわけではありません。親の取り組みの根底に実は「障害」に対する否定、嫌悪、隠蔽という根強い感情（無意識）がある場合、それはその聴覚障害児の自己理解（アイデンティティ）にも深く影響を与えます。つまり、聴覚障害児が自らの「聞こえない」という障害ときちんと向き合うことを非常に困難にする要因になります。聴覚障害児の中には一生懸命、聞こえる人間であるかのようにふるまおうと努力する子どもがいます。しかし、将来、その無理のある努力が行きづまり、破綻した時、今度は揺り戻しとして大きな落胆と失望、決定的な自信喪失と自己嫌悪が訪れ、その聴覚障害児は深く傷つきます。このような状況があることを考えるならば、やはり、親の意識（価値観）の根底にある障害に対する否定、嫌悪の感情については、それを簡単に圧し殺したり、ごまかしたりせず、一度、正面からきちんと考え直してみる必要があるのではないでしょうか。

3　正直な感情を認めることからの再出発

自分の意識（価値観）の底に実は障害に対する否定、嫌悪の感情があり、それを何とか埋め合わせようとするため、様々な「努力」をする。結果、その対応は必然的に表面的、非本質的な目先の帳尻合わせになってしまいます。私たちはなぜ出発点にある障害に対する自らの否定嫌悪という感情に気がつかないのでしょうか。しかし、おそらく真実は「気がつかない」のではなく、気がつかないふりをしている、言い換えれば、事実を直視できないでいるというのが実際の所ではないでしょうか。それなら、なぜ、私たちは気がつかないふりをするのか、事実を直視できないのか。この点をはっきりさせない限り、問題の根本を本当に理解することはいつまでたっても出来ないし、その結果、それを本質的に改善することも一向に出来ません。

私たちが自分の意識の奥底にある障害に対する否定嫌悪の感情にしっかり気づけないのは、おそらく、「障害にたいする否定的感情など持ってはならない」とする強い社会通念（表向きの申し合

◆3……精神科医キューブラー＝ロスは末期癌患者のさまざまな死の受容過程を観察して、死に対する拒絶反応として「取り引き」行動という現象が見られることを報告している。聴覚障害児の親の「努力」や「頑張り」の動機がこの「取り引き」行動と質的に類似している面があるので、連続講演ではキューブラー＝ロスの研究を援用しながら、この問題の意味を分析し、説明した。本書第2章6「難聴児の学習とことば」注9（247頁）参照。

◆4……問題点を指摘するだけでは無責任なので、連続講演では学習に関する技術論の一試案として、筆者が実践してきた具体的学習（指導）法の一端（小学校低学年の国語と算数）を紹介した。

わせ、人道主義、平等主義、人権論）があるからではないでしょうか。この通念の前では誰もがそのようにふるまわざるを得ません。特にその人が障害児の親である場合、この通念はさらに暗黙の重い「当然」「自明」の「要求」や「責任」論となり、突きつけられます。つまり、聴覚障害児の親は最初から、そして常に、障害に「挑戦」し、それを「乗り越え」、「克服」し、それを「受容」する「立派」な親であり続けなければならないわけです。このような空気の中では、障害に対して、実は否定的感情、嫌悪感を持っているという正直な気持ちを表明することは決して出来ません。ですから、そのことはいつも胸の奥に隠蔽され、圧し殺され、ごまかされるしかありません。

このような状況の中で、私たちは結果的に自分の根底にある正直な感情に蓋をしたまま、そして、同時にそれを本質的に再検討することもなく、無理のある、常に他人の目を気にした、虚勢を張った表面的シナリオを通して、聴覚障害児に対応していかざるを得なくなっているのではないでしょうか。つまり、社会通念にとらわれることにより、私たちは問題の本質をきちんと検討することが出来ない状況に陥ってしまっているわけです。このことは逆に言えば、社会通念に寄り添うことで、それを受け入れることで、私たちは問題を直視する責務を免れて楽な対応を見出しているということでもあります。

私は聴覚障害児に関する様々な問題の中で、この障害認識に対する根本的な検討という作業が最も重要で最優先の事柄だろうと考えています。聴覚障害児への理解と具体的対応が、結果として目先の帳尻合わせ的なもの、本質的配慮を欠いた表面的なものにしかなり得ない最大の原因は、自分自身の障害観に対する厳密な再検討を回避、棚上げしている私たちの姿勢にあるのではないでしょうか。
私たちの聴覚障害児に対する取り組みと支援が長期的に見て現実の中で真に有効で意味のあるものになるためには、親の意識の根底にある不自然さ（嘘、ごまかし、隠蔽、回避）の意味をもう一度きちんと見つめ、しっかり検討する必要があります。そして、再度、そこから各個人が自分の実践スタイルを組み立て直していくべきなのではないでしょうか。[5]

そのためには、まず、「聴覚障害児の親はこうあるべき」とか「障害についてはこのように考えるべき」というような私たちがとらわれている紋切り型の常識的「べき」論を自分の中から一度すべて洗い落としてみてはどうでしょうか。そして、自分の心の底にある正直なありのままの感情は、目の前の聴覚障害児を本当はどう見ているのか、自問してみる。もし、そこに否定的感情があるなら、それを「常識」で簡単に圧し殺してしまうのではなく、次のような自分自身に向けた根本的な問いかけとして、徹底的に深く考え直してみる。「なぜ、私は聴覚障害児をそのようにしか見ることが出来ないのか？」、「私にそのような見方をさせているものは何なのか？」、「それはどのような価値観、価値基準なのか？」

その自己検討が粘り強く、深くしっかりしたものであれば、おそらく、そこから私たちの価値観の底にある障害観の仕組みや差別意識の構造、それが自分の中で形作られたプロセス（形成過程）等が少しずつ見え始めてくるはずです（同時に、そこに表れてくるものは自分自身の「他者」観で

◆5……連続講演ではドイツ中世史の研究家・阿部謹也の次の言葉を引用して、聴講者と一緒に問題を考える手がかりにした。「差別する心を自分のなかに発見しえない者には差別の状況の説明はどこまで説明しても不十分なものでしかありえない。賤視という問題を本当に理解するためには自分自身が差別し、賤視する存在であることに気付かなければならないからである。」「賤視の根源にあるもの」『読書の軌跡』一七〇頁、筑摩書房（一九九三）。

あり、「自己」観であるという意味で、私たち一人一人の人間観にほかなりません)。覆いを取られて初めて「見えてくるもの」、それが私たちが所有している嘘偽りのない価値観です。もしかすると、それは悲しいくらい優しさのない、がっかりするような情けない姿をしているかもしれませんが、それが正真正銘の「私」です。そして、それが再出発の大事な地点なのです。それは嘘や無理や虚勢ではなく、自分の頭ではっきり確認、把握した明確な「事実」であり、その事実に基づいた自分自身の考え(認識)です。その認識を自分なりに確認することが出来たら、そこから出発し、その上に、ごまかしのない自分なりの具体的な対応策をゆっくり、静かに、こつこつ練り上げ、実践していけばいいのです。同時に、その実践の積み重ねを通し、その現実の中で、自身の障害観(価値観)の偏りを粘り強く再検討し、一歩ずつ修正し続けていく。私たちは、このようなスタイルを通してしか、自分の障害観を少しでも深いものへと掘り下げていくことは出来ないし、そして何より、このような基礎工事を抜きにして聴覚障害児に本当の支援をもたらすことは出来ないのではないでしょうか。

聴覚障害児に対する対応が本質に根ざした、そして継続的なものであるためには、まず何よりそれが嘘やごまかしのない、その意味で「無理のないもの」でなければなりません。そうでなければ、親も聴覚障害児本人も地道な努力を日々持続させていくことは出来ません。

聴覚障害児をめぐる問題は様々な人により、様々に対応され、また様々に語られますが、そのすべての対応や意見の根底に最も本質的な事柄として、親の障害観という問題があります。このことはしっかり理解、意識される必要があります。この根本問題を回避したまま、いくら多くの教育実践や研究を積み重ねてみたところで、結局、それは実際には聴覚障害児の現実に対し、本質的な利益は何ももたらし得ないままに終わるだけなのではないでしょうか。

ですから、私たちにとって、この障害認識という根本問題に立ち返り、自己検証を続けていくということが、日々の具体的実践の中でも基礎作業として常に大事な意味を持っているわけです。自分が障害を本音の部分でどのように見ているかという正直な気持ち（感情）をごまかさないこと。たとえ、それがいかに「偏見」や「差別」に染まった考えであるかもしれないとしても、慌ててそのことに言い訳をしたり、自己弁護の帳尻合わせをするのではなく、その地点から正直に、落ち着いて、ゆっくり思考を始めること。そして、そこから出発した上で、自分の障害観（価値観）を事実認識に基づいた明解なものに改善、修正しながら、粘り強く、一歩ずつ深めていくこと。そして、その作業の中から、借り物や他人の物真似ではない独自の有効な具体的対応策を導き出し、それを粘り強く、丁寧に実践していくこと。聴覚障害児を真に支えて行くためには、一人一人がこのような姿勢をしっかり自分のものにしていくことが何より肝要だろうと思います。

4　親自身の持続的学習の必要性

最後に具体的提言を一つさせてください。自分の意識の根底にある障害観を見つめてみることの大事さについては触れましたが、しかし、これはある意味で精神的苦痛を伴う、かなりつらい作業であることも事実です。なぜなら、この作業は「障害」という現実に対する自分自身の無意識の領域を掘り起こし、それを一つ一つ意識化（言語化）していく作業だからです。日頃は気づかないふりで済まされている「見たくない自分自身の本当の気持ち」とも対面しなければならなりません。また、本質的な問題を考え続けなければならない分、借り物でない自分のことばの力（思考力）も要りますから、それを養成維持するための地道な勉強も持続させなければなりません。この親自身の自己学習は、子どもへの日々の対応を実行しつつ、その中で同時に実践していかなければならない勉強ですから、非常に根気のいる作業です。例えば、その努力を支えていくためにはそれなりの体力も必要になってきます。逆に言えば、将来訪れるつらい「結果」に目をつぶることさえ出来るのであれば、このような困難な努力をするより、世間に流通している紋切り型の「常識」や「通念」に合わせて身を処した方がずっと楽であることも確かです。

それだけに、たとえ手間暇がかかっても、障害観の検討という困難な作業を続けながら歩き続けようとする場合、それなりの支援態勢や学習環境があることが望ましいし、事実、そのような具体的条件が少しでも整備されていれば大いに助かります。

例えば、腹を割って正直に話し合える仲間がいて、共に勉強していく場があれば、困難で億劫な障害観の検証作業も挫折せず続けていくことが出来るでしょう。しかし、同じ立場の人間だけが集まるのでは思考に澱みが起きやすくもなります。また、障害観の検討分析という作業は非常に奥行きのあるテーマですから、親の実体験、あるいは教育、福祉、医療等の視点からだけでは十分に分析しきれない面が必ず出てきます。その意味からも、他の関連分野（社会学、言語学、文化人類学、哲学、認知科学、等）からの情報、助言も取り入れながら学んでいければ、自分たちの障害観をより深く耕すことが出来るでしょう。

現在、各地の親の会はそれぞれに新しい変化の時期をむかえ、様々な課題を抱えながら、質的にも曲がり角にさしかかってきているという話をよく耳にします。[6] 制度面の改善を推進させる運動型の組織にするのか、親同士の親睦団体としてリクリエーション等の行事企画に力を入れていくのか、方向性も様々なようです。しかし、これからの時代、最も重要で必要とされる親の会の役割の一つは、実は、聞こえない子どもの親自身が、自らの障害認識を深めることが出来るような良質の情報と学習の場の提供なのではないかというのが私の考えです。子どもが小さい時も、そして成人してからも、変わらず、いつでも通い続けることの出来るような自己学習の場、つまり継続的な親自身の学習環境の整備保障こそが、最も必要な事柄なのではないでしょうか。

僭越ながら、「名古屋難聴児を持つ親の会」の皆様がこれからもそのような意味で本質的な勉強会を開いて学んでいかれることを心から願い、期待しています。

奇麗ごとならどれだけでも言えますが、一人一人にとって、聴覚障害児と共に生きていく日常という赤裸々な現実は、実際は小さな喜びと、そして繰り返し訪れる落胆、不安、自信喪失、失望の綴れ織りなのではないでしょうか。その現実の中で、焦らず、そして決して諦めず、一人一人、自

◆6……本書第1章1「インテグレーションの現状と課題」ならびに4「混迷と転換の季節の中で——変わることと変わらないこと」参照。行政との関係という現実面を見ると、親の会の役割は依然としてやはり大きいと言わざるを得ない反面、新しい世代の親たちはそのような従来のシステムに依存することから離脱し始めているとも言える。いずれにせよ、親の会という「組織」がどのように機能するかは、良かれ悪しかれ、その上層部役員の「意識」ひとつで決まることが多いのは事実であろう。

分の綴れ織りを大切にしながら、丁寧に、ひと織り、ひと織り、織っていきましょう。
日々の小さな努力を、焦らず、静かに、ゆっくりと続けられんことを。

＊

最後に、私の拙い連続講演に耳を傾けてくださった名古屋の皆様に御礼の気持ちと、ささやかな支援の思いを込めて、北米の作家メイ・サートン◆7の言葉を添えさせてもらいます。

夢見つつ深く植えよ　Plant dreaming deep.

◆7……May Sarton（一九一二〜一九九五）ベルギー生まれ。アメリカで執筆活動をおこなった女流詩人、小説家。四十代後半に田舎で独居生活を始め、老いと孤独を正面から深く静かに見つめ続け、そこから多くの優れた著作を残した。代表作『ひとり居の日記』（一九九一）、『ミセス・スティーブンスは人魚の歌を聞く』（一九九三）、『夢見つつ深く植えよ』（一九九六）、『私は不死鳥を見た』（一九九八）、『総決算のとき』（一九九八）、『海辺の家』（一九九九）、『一日一日が旅だから』（二〇〇一）ほか（以上みすず書房）。

11

彼らのいる場所

難聴児と読書

●講演日時／一九九三年六月十六日
主催／東京都難聴児を持つ親の会・福祉講座
●初出／『東京都難聴児を持つ親の会会報』七〇号
原題「難聴児と読書」（一九九三年九月）。『東京都難聴児福祉講座講演集』（一九九四年三月）に再録。
●加筆修正／二〇〇三年六月

1　私たちは本を読まなくなった◆1

難聴児の育児、教育の現場では昔から「読書の重要性」が強調されてきた。しかし、現実には、読書の習慣を身につける子どもは少ない。何故だろうか。原因の一つは、難聴児にとっての読書の必要性、特にその本質的意味を、私たち大人がまだよく理解していないからではないだろうか。

まず、何より、われわれ大人自身が、実際「本を読んでいない」という現実がある。私たちの中には「本など読まなくても、普通にちゃんと生活していけるし、それで何も困らない」という冷めた現実感覚があるようだ。

同時に、私たちの中には「読書＝知性」という「教養」主義がまだ根強く残っているという矛盾もある。自分自身はほとんど「本を読まない大人」でありながら、自分の子どもには「本を読むこと」を期待、強要するお母さんたちがいる。そして、そこからは、意に反し、多くの「読書ぎらいの子ども」たちが生まれている。

お母さんたちはなぜ子どもに本を読ませたがるのだろうか。それはおそらく、「本を読む子＝頭の良い子＝成績の良い子」という幻想がまだどこかで信じられているからだろう。

読書に対するこのような錯綜した状況の中で、それでもやはり「本を読む」ことに意味があるとすれば、それは、どのようなことなのだろうか。そして、私たちはこの一般的な問題を、さらに「難聴児が本を読むことに一体どんな意味があるのか」という問いの形に凝縮して、少し深く考えてみたい。

2　読書についての基本的問い

そもそも、私たちは子ども時代、なぜ本を読んだのだろうか。無論、「楽しかった」からだ。では、何が「楽しかった」のだろうか。おそらく、それは本の中に〈不思議なものたち〉との出会いがあっ

◆1……本論を発表した七年後（二〇〇〇年）、『別冊・本とコンピュータ④人はなぜ、本を読まなくなったのか？』（室謙二・仲俣暁生編集、トランスアート）が刊行された。読書という行為が果たしてきた社会的機能とそれにより共有されてきた精神的公共圏が消滅し始めてきた状況がさまざまな角度から報告されている。

たからだろう。

〈不思議なもの〉とは、「極端」に大きかったり、小さかったり、醜かったり、美しかったり、悲しかったり、怖かったりする〈もの〉だった。つまり、私たちは極端なもの・普通でないもの・非日常的なものに魅了されたのではなかったか。そして、それらの魅力的なものたちは、どこかしら私たちとは違った部分、つまり「差異の徴」を持った別世界の住人たちだった。

彼らは差異の徴（逸脱・過剰・欠落）を持つゆえに、「私たち」の世界＝「正常な世界」から排除・否定される運命にあり、その結果、様々な災難に遭うのが常だった。しかし、子どもだった私たちはその災難の中で彼らと共に呼吸し、悩み、悲しみ、憤ることを喜びとしていたし、想像もしなかった結末の意外さにはいつも驚いたものだった。

そして、このような「読書」という〈体験〉を通し、私たちは次のようなことを感じとってはいなかっただろうか。つまり、「物事の本質はむしろそれとは一見無関係なものや正反対なものを通して私たちの前に現れる場合がある」ということ[◆2]。無関係なもの・正反対なものにこそ、実は〈本質的なもの〉が隠されて宿っており、何かの契機で、それが本来の姿に変化（変容）して、私たちが探し求めていた希望や理想を体現する（例、グリム童話「カエルの王子」[◆3]）。

つまり、世界は決して「目に見えるもの」だけで出来ているわけではない。そこには、もう一つ別の次元＝層があることに気付かされるという体験。実体（表層）を「見る」可視的世界観から、関係（深層）を「考える」不可視的世界観への認識（ものの見方）の変化。読書は「物語」という空間（精神的体験）を通して、「世界は、目で見てただちにわかるような単純なものではなく、すぐには解けない謎に満ちた、複雑で不思議な〈関係〉の連鎖で出来ている。この意味で、世界は〈深くて豊かなもの〉だ」という「認識」を一つの「感覚」として、小さな私たちにもたらしてくれたのではなかっただろうか。これが読書の魅力、「物語」の意味だったような気がする。

　このような子ども時代のさりげない「感覚」が、いつしか徐々に一つの「認識」となり、やがて、その人の「世界観」をかたち作っていく。そして、「世界観」という物差しはその人の物事の見方、感じ方を根底で規定するから、その人の世界観がこの〈世界〉の豊かさ、深さとどれだけ対応（呼応）しているものであるかということが大きな問題になってくる。私たちは困難な問題にぶつかった時、自らの〈世界観〉を通してしか、その問題の意味を理解できないし、対応もその〈世界観〉に縛られる。自由で伸びやかな世界観からは深い豊かな理解、対応が生まれるだろうし、反対に柔軟さを欠いた単純な世界観からは底の浅い貧しい解釈、処理しか生まれないだろう。

　そして、この〈世界観〉の問題は難聴児にとってさらに深い意味を持ってくる。なぜなら、難聴児は特別な〈場所〉で生きているからだ。

◆2……宗教史学者のミルチャ・エリアーデ（Mircea Eliade 一九〇七～一九八六）は「聖なるもの」の顕現をヒエロファニー（Hierophanie 聖体示現）という概念で説明した。「聖なるもの」とは〈まったくの他者〉であって、それが様々な形を通して、われわれの前に姿を現わす。このような宗教学的概念と童話や民話、ファンタジー、児童文学とは根底の部分で類縁性を持っている。子どもという存在はそれ自体、霊的な媒体（依代《よりしろ》）であり、「聖なるもの」の化身であるとする感覚が日本の文化にもあったことは民俗学者・柳田國男が指摘したところである。童話や民話の登場人物たちが帯びている「過剰」や「逸脱」という要素は正に「聖なるもの」の徴（スティグマ）であろう。

◆3……大事な金のまりを池に落としてしまったお姫様。カエルが言うには、「俺と仲良しになって、御飯も一緒に食べる。ベッドも一緒に眠る。それさえ約束してくれたら、すぐにもまりをとって来てやるよ」。さて、そのカエルの本当の正体は……というお話。

3 難聴児のいる場所——「境界」

聾者が難聴者を指して言う言葉がある。「難聴者はいくら聴者のようにふるまっても、決して聴者と同じように聞こえるわけではない。かと言って、聞こえない人間としての自覚をしっかりもっているかと言うと、そうでもない。その意識はむしろ希薄である（例えば手話ができない）という意味で聾者でもない。聴者とも言えず、聾者でもない中途半端で、どっちつかずの人間だ。」

痛烈な意見だが、確かにこの指摘はある意味で難聴者という存在の本質を適確に表現している。

難聴児とは（多くの場合）親の選択により、聴児と同じ条件下、環境下で共に生きていくこと（インテグレーション）を選ばされた子どもたちのことだが、その親の選択動機には出来るだけ聴児と同じ生き方、行動、活動を願望する無意識が潜在している（聴児と違ってしまうこと、つまり「聾児になってしまう」ことへの恐れと嫌悪がここにはある）。この無意識の価値観は、聴児と同じ環境で学習や対人関係への評価を得れば得ただけ、聴者の世界に近づける（勉強すれば聴者のようになれる）という幻想を形成し、聞こえない子どもにその方向への刻苦勉励、上昇指向的努力を促す。

このような環境の中で、難聴児は常に聴児の世界を意識して暮らすようになる。しかし、それを意識して、努力すればするほど、聞こえないという自分の障害（差異）を自覚させられるという矛盾に突き当たる。〈聞こえる世界〉と〈聞こえない世界〉、自分は一体どちらの世界に足を下ろしているのだろうか。自分が所属している集団（仲間）はどこなのか。自分が帰るべき場所は一体どこなのか。難聴児は常にこの根本的な苦しい問い、迷い、困惑の中で生きている。

私たちは〈聞こえる人間〉と〈聞こえない人間〉とを二分する時、その間に一本の「境界線」を引く。難聴児はまさに、その「境界線」の上で生きている。そこが彼らのいる場所なのだ。

「境界」とは常に逆方向の二つの力が働いている場所であり、へたをすれば二つに引き裂かれる、そういう緊迫した空間である。難聴児はそこに踏み止どまって、崩壊することなく、自分であり続けなければならない。その本質的な苦しさを私たち〈聞こえる人間〉は本当に理解できているだろうか。もし、理解が不十分だとすれば、それは私たちが難聴児を自分と同じ〈聞こえる世界〉の方へ引きつけ、そこに位置づけることで勝手に安心しようとしているからではないだろうか。身勝手な安心だけを願う立場には、「境界線」という難聴児のいる場所の困難さはなかなか理解できないだろう。

4 〈自己イメージ〉という問題

「境界線」上にいる難聴児の苦しさは、言い換えれば、自己規定＝〈アイデンティティ〉の困難さという問題である。それは、自分が一体どういう存在なのかということを自分自身に向かってはっきり定義（イメージ）できないという辛さである。

ここで考えてみたいのは、しかし、定義の中身そのものではなく、定義のスタイル、つまり、〈アイデンティティ〉という概念（考え方）自体の問題性である。なぜなら、「境界線」上にいる難聴児の苦しさという問題は、〈アイデンティティ〉についてのある考え方を前提にしているからだ。

この問題は少し込み入っている。だからか、多くの人の意識の底に沈んだまま、あまり顧みられない。しかし、私は難聴児にとって非常に重要な事柄だと考えているので、この問題の意味を少し明確にしてみたい。

〈聞こえる人間〉と〈聞こえない人間〉の「境界線」上にいる〈難聴児〉が悩むのはなぜだろうか。それは、「人間は、本来、どちらか一つの世界にはっきり所属していなければならない」という考え方（認識）が私たちの通念の中に前提としてあるからだろう。当然、この発想（世界観）からすれば、「境界線」上という場所は位置づけが困難という意味で、曖昧で不明瞭な不安定な場所であり、当然、それは否定的にしか受け取られない場所ということにならざるを得ない。

自己（イメージ）を安定させるためには常に一つの集団に帰属していなければならないとするこの考え方は、必然的に自己の存在の仕方が「変わらないこと」「単一であること」を重視する。そして、その結果、次のような状況を生み出す。

「こうあるべき」という適切な自己イメージは「一つ」しかないのだから、もし、現在の自分がそのイメージに合致していなかった場合、〈現在の自分〉の方を否定せざるを得なくなる。つまり、〈現在の自分〉は〈本当の自分〉ではない、どこかに、もっと納得の出来る〈別な自分〉、〈別な場所〉があるはずだ。こうして、私たちは〈現在の自分〉を否定し続けながら、「自己実現」という名の〈幻想の自分〉を探し求める果てのない彷徨に時間を費やす。

難聴児（やその親）が、勉強さえ出来れば、学歴さえつければ、聴者社会で「対等」になれると単純に考え、それのみを重視する状況も、やはり「自己実現」の一例だろう。しかし、自らの「障害」の本質的理解という最も重要な問題を回避した、そのような「自己実現」には後々必ず大きな問題が生じる。

やはり、この固定的、単一的〈自己イメージ〉の考え方には何か根本的な思い違い、欠陥があるのではないだろうか。自己のイメージが「変わる」ということ、あるいは、二つの世界に同時に属していること、つまり「境界線」上で生きるということは、〈自己イメージ〉にとって本当に排除されるべき否定的要素なのだろうか。

しかし、よく考えてみれば、難聴児にとってだけではなく、本来、私たち人間の存在の仕方は、私たちがそう思いたがっているような固定的、単一的なものであるより、実際はむしろ、常に〈「境界線」上〉的なものではないだろうか。私たちはこの事実を忘れがちだ（例えば、イタリアの小説家イタロ・カルヴィーノ[4]の『まっぷたつの子爵』[5]という物語はこの本質的な意味をしみじみと思い出させてくれる）。

◆4……Italo Calvino（一九二三〜一九八五）イタリアの小説家。キューバ生れ。父は農学者、母は植物学者。二歳の時、両親とともにイタリアへ戻る。トリノ大学農学部に入学。一九四三年、パルチザンに参加。戦後、『くもの巣の小道』福武書店（一九九〇）でデビュー。ネオ・レアリズモの担い手として注目される。その後、『まっぷたつの子爵』、『木のぼり男爵』白水社（一九九〇）、『不在の騎士』松籟社（一九八九）（われらの祖先三部作）で寓話的な幻想小説へ向かう。同時期に『イタリア民話集』を収集編纂。他に『レ・コスミコミケ』早川書房（一九七八）、『マルコ・ポーロの見えない都市』河出書房新社（新装版・二〇〇〇）、『冬の夜ひとりの旅人が』松籟社（一九八一）等、実験的な作品を数多く発表する。読書論『なぜ古典を読むのか』みすず書房（一九九七　翻訳・須賀敦子）はカルヴィーノの文学観や創作上の方法論を考える上でも重要な作品。

◆5……『まっぷたつの子爵』河島英昭訳　晶文社（一九七一）。

5 〈変容〉ということの意味

固定的、単一的〈自己イメージ〉の問題性はまた別の角度からも指摘できる。この発想（世界観）は、〈理想的な自己のイメージ〉を獲得し、それを維持することを目指すため、当然、〈自己イメージ〉が変わることに不安を感じ、それを嫌う。しかし、私たちは忘れているが、かつて、私たちの社会の中には、自己が深化、成長するためには、その過程に〈自己（イメージ）の変容〉という段階が必要、不可欠であると考える文化（世界観）、つまり「通過儀礼」（イニシエーション）という制度（システム）があった。

この制度の目的は、ある個人が子どもから成人になったこと（変容）を、その集団（共同体）に公認してもらい、成人としての資格権利を得ることにあった。しかし、さらに重要なことは、この儀礼が姿形や社会的評価といった〈表層〉は変わっても、その人間は〈深層〉においては、その個人であり続けるという「存在の二重性」を認識させてくれる点である。

このような世界観にとっては、自己の〈表層〉は、その変容のために、むしろ、柔軟で自由であることが必要であり、同時に一方で、自己の〈深層〉は、常に変わらぬ方向に向かって、一貫してゆっくり深化、成長し続けることが重要なことなのである。だから、〈自己イメージ〉は変わって良いし、変わってはいけないということになる。〈表層〉においては変わることを恐れる必要はないし、〈深層〉においては変わること（一貫性を保てないこと）は恐れなければならないのである。

しかし、「通過儀礼」という文化を失ってしまった現在の私たちは、もう一度〈自己のイメージ〉を深く豊かなものに育てることの出来るような場所と時間を探さなければならなくなっている。

このように考えた時、私たちのものの見方、考え方（感覚と認識）に変容をもたらし、世界観を豊かなものに変えてくれるものとして「読書」（物語を読む）という体験が一つの「通過儀礼」の役割を果たしてくれていることに気付くだろう。

例えば『ゲド戦記』[6]（アーシュラ・K・ル＝グウィン[7]）という物語は、文字通り一人の少年の成長とその魂の深化を描いた話であり、その精神の変容過程を通し、「自分が自分であり続けるとはどういうことなのか」、「自分が本当の自分になるとはどういうことなのか」、「そのためには、自分は何と戦わなければならないのか」を読む者に教えてくれるだろう。

また、「境界線」上ということを考えると、『ぼくと〈ジョージ〉』[8]（カニグズバーグ[9]）は正にこの問題をテーマにした作品である。この物語の主人公は「境界線」上に踏み留まろうとして、自分を分裂させ、〈もう一人の自分〉を作ってしまう。〈自己イメージ〉の「分裂」「変容」という意味で、

◆6……アーシュラ・K・ル＝グウィン著／清水真砂子訳「ゲド戦記」五部作『影との戦い』（一九七六）、『こわれた指輪』（一九七六）、『さいはての島へ』（一九七七）、『帰還』（一九九三）、『アースシーの風』（二〇〇三）岩波書店。

◆7……Ursula K. Le Guin（一九二九〜）アメリカのSF小説作家。両性具有のテーマを扱った『闇の左手』早川書房（一九七七）ならびに『所有せざる人々』早川書房（一九八〇）でSF界の二大賞、ヒューゴ賞とネビュラ賞のダブル受賞を二度果たした。ファンタジーの傑作「ゲド戦記」五部作でも高い評価を得る。また『世界の果てでダンス』白水社（一九九七　篠目清美訳）のような独自の観点に立ったフェミニズム評論でも注目されている。父親は著名な文化人類学者A・L・クローバー。母は名著『イシ』（最後の北米インディアンの生活誌）の著者シオドーラ・クローバーTheodora Kroeber。『イシ』を含めた母親の著作のいくつかにル＝グウィンは名文の序文を寄せている。

◆8……カニグズバーグ著／松永ふみ子訳『ぼくと〈ジョージ〉』岩波書店（新装版・一九八九）。

この作品は特に難聴児には切実な問いかけとなるのではないだろうか。[10]と同時に、自分なりの対策を発見するための手がかりを秘めた作品かもしれない。

さらに、私たちは『大地の子エイラ』[11]（ジーン・アウル）[12]を読むことで、原始時代に生きる一少女の波瀾の人生を、考古学、人類学的に精密に書き込まれた記述を通し、極めて具体的に追体験できる。主人公の少女エイラはその出生の状況、その生来の能力からして、本来的にどの集団にも帰属することの出来ない単独者（異人）[13]であり、その宿命を果敢に引き受けながら、さまざまな苦難を「通過儀礼」として潜り抜けながら生きていく。ここには、例えば、クロマニョンとネアンデルタール[14]という二つの人種間に生じる軋轢が点景として描かれているが、実はそこには身体的差異から惹起される「差別」という私たちにとって普遍的、根源的な問題がさり気なく提示されていたりする。原始時代という何もかもがゼロから始まる状況設定ゆえ、この物語には言葉、信頼、技術、暴力、抗争、妬み、愛、性、出産という、人間にとって（つまり、現代人である私たちにとっても）本質的な諸問題が取り上げられ、エイラの目を通して徹底的に考え抜かれている。難聴児が自分の人生の問題に自力で取り組む時、きっといい思考訓練の書になるだろう。

6 難聴児にとっての読書の本質的意味

〈聞こえない〉人間でありながら、〈聞こえる〉人間の世界での共生を目指すという意味で、難聴児という生き方には、その存在の仕方そのものに、本質的に、そして本来的に、「二重性」、「境界性」

がある。このことが難聴児に様々な存在論的な悩み、苦しみをもたらすことになる。そのような困難な状況の中で、それでもその難聴児が「自分であり続けながら」生きていくためには、人間存在

◆9……Elaine Lobl Konigsburg（一九三〇〜）アメリカの児童文学作家。ニューヨーク生まれ。ペンシルバニアの小さな町で育つ。ピッツバーグ大学院で化学を専攻。この理科系出身という経歴はカニグズバーグの作風（児童文学にありがちな道徳教育臭のなさ、的確な心理描写、意表を突く論理展開）と無関係ではないだろう。また自身で描く挿画イラストの独特の画風も正確な「事実」観察の訓練を受けた者のタッチである。常に「現代」の子どもたちの「揺れ動く」心理を正確に、かつみずみずしく描写する筆力は他の追従を許さない。名作『クローディアの秘密』岩波書店（一九七五）を世に問うた一九六七年、彼女は三人の子どもを持つ母親であった。

◆10……本書第1章2「難聴児の自己形成方略——インテグレーションの「成功例」とは何だったのか」参照。

◆11……ジーン・M・アウル著／中村妙子訳『大地の子エイラ』第一部　上中下　評論社（一九八三）。

◆12……Jean M.Auel（一九三六〜）アメリカの小説家。シカゴ生まれ。フィンランド系アメリカ人。十八歳で結婚し、五人の子の母親となった後、二十八歳でエレクトロニクス会社に就職し、現場から叩き上げ、管理職まで昇格する。四十歳で退職し、一念発起し、小説を書き始める。アウルが『大地の子エイラ』を書こうと思い立ったのは、イラクのシャニダール洞窟から発掘されたネアンデルタール人の人骨化石に関する文献を読んだためだった。その人骨化石は一方の肩が萎縮し、片腕が肘のところで切断されている老人のそれであった。つまり、その古代人には「障害」があったのである。この記述を読んだ時、アウルの中で何かがスパークし、そこから壮大な物語が生まれた。筆者がこの本の存在を知ったのは作家のC・W・ニコルが経済ビジネス誌の片隅の小さな書評コラムで紹介していたからであった。その頃はまだ翻訳は出ておらず、データも英語で示してあったが、「著者は研究者ではないが、文化人類学、考古学的に見ても非常に正確にディテールが書き込まれている」という評価のことばを信じて、翻訳が出てすぐに読んでみたが、期待は裏切られなかった。この本は特に女性に読んでもらいたいと思い、多くのお母さん方にお薦めした。

◆13……stranger　文化人類学の重要な概念。単なる「見知らぬ人」ではなく、共同体の外からやって来て、特殊な能力でその共同体を惑乱したり、救済したり、壊滅させたりする異能者。歓迎される場合もあるが、いつしか排除の対象になることも多い。詳しくは岡正雄『異人その他』岩波文庫（一九九四）、小松和彦『異人論』ちくま学芸文庫（一九九五）参照。

◆14……ネアンデルタール人（Neanderthal man）＝一八五六年、ドイツで発見された更新世の化石人類。第四氷期（ウルム氷期）の初期に由来する。原人より新しく、「旧人」とも言われる。クロマニョン人（Cro-Magnon man）＝一八六八年、フランスで発見された化石現世人類。「新人」とも呼ばれ、現在のコーカソイドの原型と考えられる。

の二重性や境界性ということの意味を深く理解し、肯定できるような〈世界観〉が必要である。難聴児は、自分の中にそれを自分の手で粘り強く育てていかなければならないのではないだろうか。

　難聴児にとって読書は幼児期や少年期だけの問題ではない。なぜなら、難聴児にとっては成人してから後にこそ本当の試練（恋愛、結婚、就職、育児）はやって来るからである。これらの具体的現実問題にどう対処していくのか。それを決めるのは、その難聴児が身につけている〈自己イメージ＝アイデンティティ〉と〈世界観〉の深さである。「私」が生きている限り、問題も「私」の中で生き続ける。難聴児は「聞こえない」という自分の障害に抗うという意味で〈自己〉と戦いながら、そして、その〈自己〉を他の誰でもない自分自身が再び深く肯定していくという意味で、自分を救い、認め、支え続けながら生きていかねばならないだろう。

　もし、幼児期に身につけた読書という習慣がその難聴児の中で本質的なものとして育ち続けたならば、その難聴児は三十歳になっても、四十歳になっても、本を読み続けるだろう。そして、自己と世界の関係について深く考えながら生きていくだろう。もしかしたら、そのささやかな思索の努力が難聴者として生きる苦しみや不安、不全感を幾ばくかは癒し、軽減してくれるかもしれない。そして、その持続の中から、彼は自分の「障害」の意味を自分なりに理解し、把握するかもしれない。さらには、そこから何がしかの「納得」や「自信」「誇り」を見出すかもしれない。

　難聴児が本を読むことにもし意味があるとするなら、このような点においてではないだろうか、と私は考える。いずれにせよ、読書という行為は、自分の人生という長い時間を前提にした時に初めて意味を持ち得るものなのではないだろうか。◆[15]

◆15……いつか絵本を本格的に論じてみたい。現在、聴覚障害児教育の世界では幼児に対する絵本の「読み聞かせ」が大変盛んである。しかし、手話による「読み聞かせ」であれ、(聴覚口話法的）音声による「読み聞かせ」であれ、いずれにせよ、「語り」に重点が置かれているようである。やはり、それは「内容」を言語的にわからせようとする大人側の「教育」的意図がそこに潜在しているからではないだろうか。それはそれでいいとしよう。しかし、私は絵本の「使命」は本来はもっと別の所にあるように思う。絵本の命はあくまでまず何より「絵」そのものではないだろうか。例えば、有名なモーリス・センダックの『かいじゅうたちのいるところ』を子どもと一緒に読んだ（見た）ことのある人なら、子どもたちがどのような反応を示すかはよく御存知だろう。非常にグロテスクで気持ちの悪い怪獣たちの踊る「絵」を見て、子どもたちは一緒になって踊りだす。あるいは、映画にもなった『ジュマンジ』を描いた作家（イラストレーター）オールズバーグの絵本を見せると、ほとんどの子どもたちが不思議な画面に吸い込まれたように見入っている。林明子の絵本を見る子どもたちは、文字ではなく、すぐに「絵」の流れを読み始める。小さな瞳がくるくる頁のあちこちを走りまわっている。「絵」の情報（ことば）を拾っているわけだ。子どもたちは手話や音声の「言語」で語られた内容に魅入られているのではなく、目で見た「絵」に何か重要な反応を示しているのである。そのことの意味をもっとよく考えてみたい。また、絵本は映画と違って決して動かない。その点にも深い意味がありそうだ。

第4章

リテラシー論

12

リテラシー問題を議論する際の前提条件

●講演日時／二〇〇〇年一月二五日
主催／トータルコミュニケーション研究会
●初出／『トータルコミュニケーション研究大会報告書――日本型二言語教育を求めて（その2）日本語の読み書きの力』（二〇〇〇年七月）
●加筆修正／二〇〇三年六月

1 なぜ前提条件を問題にするのか

今まで聴覚障害児教育の世界では様々な問題が論じられてきました。特に最近、議論が集中しているのが手話導入の具体的な方法、ならびに、それに関連したバイリンガル教育[◆1]の問題です。この議論の流れの中から、派生的にいくつかの重要なテーマも浮かび上がってきています。例えば、バイリンガルという考え方はそのオーソドックスな概念に従えば、まず第一言語（母語）として手話を身につけさせ、その後で、あるいは同時に（この「後で」か「同時」かという点に既に根本的な問題がありますが)、第二言語として読み書き能力(リテラシー)を習得させることを目指しています。音声言語の聞き取りや発音については各児童の個別能力に従い柔軟に対応するという立場です。つまり、バイリンガルの考え方の根底には、母語としての手話の重視と共に、読み書き能力を習得するという視点がしっかり入っている点に重要な意味があります。手話と共に読み書き能力の獲得が教育目標としてはっきり意識されているということがバイリンガルの根幹だろうと思います。

これは一見何でもないことのように見えますが、実は聞こえない子どもたちの教育にあたる人間に対し根本的な態度変更を迫る、きわめて本質的な価値観の提示です。なぜ、この考え方が「態度変更を迫る」のかというと、従来、聞こえない子どもの教育においては、読み書きに関する教育実践は現実的には至って手薄だったからです。読み書き能力を重視するなら、それに添った責任ある具体的対応が必要になります。この価値観に関する態度変更は同時に実践上の態度変更でもあるので、対応にあたる教師には少なからぬ現実的負担となります。そのような根本的な「変化」への要求がバイリンガルの思想には込められています。

読み書き能力の具体的実情についてはすぐ後で触れますが、いずれにせよ、このバイリンガル教育という理念の中に読み書き能力の重視という視点があったため、その具体的な方法が改めて検討されるようになったという事情があります。今回、TC研[2]で「リテラシー」の問題がテーマに選ばれたのも、そのような流れの中の一つの現象でしょう。私は自分の教育実践の重心の一つを「読み書き能力」(私自身は「書記日本語」という言い方をしてきました)の獲得に置いてきましたので、

◆1……本書第2章5「聞こえない子どもたちは何のために勉強するのか」注12(193頁)参照。
◆2……「トータルコミュニケーション研究会」

そのことが今回のような形で意識され、問題として取り上げられることを大変うれしく思います（取り上げられるのが遅すぎたくらいだというのが実感ですが）。

私の目から見ると、聞こえない子どもにとっての「読み書き能力」の問題は本当に冷遇されてきました。聴覚口話法が前提にされた時は、勢い発音の明瞭度や聴き取りの力のみが問題にされ、それを基準に聞こえない子どもの能力が評価されました。逆に、昨今の手話重視の雰囲気の中では、手話が使われているか否か、それはどのような手話なのかという点に議論が集中しがちです。さらに、場合によっては、手話さえ導入すれば、基本的問題は容易に解決すると言わんばかりの明らかに行き過ぎた状況も最近は出てきているような危惧も感じます。しかし、聴覚口話法、手話重視、いずれの状況においても、その子どもの読み書きの力を厳密に考える視点、その能力を適切な方法でしっかり育成する対応に関する配慮はきわめて希薄でした。つまり、「声（音声言語）か手話か」という議論の谷間で、読み書き能力の問題は常に軽視されていたわけです。

読み書き教育の問題が厳密に検討されてこなかったのはなぜか。専門家たちはなぜ、読み書きの問題を等閑視してきたのか。この問題には専門家（研究者と現場の教師）の中に潜在しているある種の意識（「言語」というものに対するある傾向を持った考え方）が深く関わっています。そこで、従来から次のような状況が同時に平行してあったことを想起してください。聞こえない子どもの読み書き能力について専門家が徹底した対応をしてきたとは言い難い状況の中、それにもかかわらず、現実の中でこの問題についてずっと思い煩ってきた人たちがいます。聞こえない子どもを持った親たちと成人した聾者たちです。前者が読み書きの問題に悩んできた（悩まざるを得なかった）のは、それが聞こえない子どもの「学力」の問題に直結するきわめて切実な問題だったからです。また、後者にとって読み書き能力の問題は、特に社会に出てから現実的で具体的な不利益を惹起する原因となるという意味で、これもまた非常に切実な問題となってきました。

つまり、「読み書き」能力の問題は常に「学力」と直結しており、その相互関連性ゆえなのか、この二つの問題は聞こえない当事者には明らかな不利益を生んでいる問題であるにもかかわらず、専門家の間では厳密に検討することが常に回避されてきました。まず何より、このことを最初に指摘しておきたいと思います。

私たちの中には、聞こえない子どもにとっての「読み書き能力」の問題をきちんと考えることを避けてきた潜在的理由、あるいは無意識の価値観があります。その根本の問題に蓋をしたまま、「バイリンガル」や「リテラシー」ということを時流に乗る形でいくら取り上げてみても、真に意味のある実質的な議論はできないのではないでしょうか。ですから、たとえバイリンガル教育が多くの人に意識されるようになり、その検討の過程で必然的に読み書き能力の問題が取り上げられるという流れがあるからといって、ただ表面的に無自覚にその流れに乗ることに私は賛成できません。私たちは一体どこまで本気で聞こえない子どもたちに読み書き能力を獲得させたいと思っているのか。それに具体的に取り組むための実践努力をするつもりが本当にあるのか。もし、そう思っているとしたら、その「読み書き」教育を正当化できる根拠は一体どのようなものなのか。

この根本にある問題をきちんと検討するためにも、まず基本的な事前作業として、聞こえない子どもたちが「読み書き能力」を獲得するためには、どのような前提「条件」が要るのかを考えてみる必要があると思います。私が今回、当初ふり当てられた演題である「私のリテラシー獲得論◆3」を修正させていただき、改めて「リテラシー問題を議論する際の前提条件」という内容の問題提起をするのは、以上のような理由からです。

2 聾教育でのリテラシー獲得状況――教育実践とその現実的結果

条件の分析に入る前に、今までの読み書き能力の教育状況、特にその現実的結果について概観しておきたいと思います。先ほど少し言いましたが、聞こえない子どもの読み書き能力の獲得状況は今もって芳しくありません。これはインテグレーション教育においても、聾学校の教育状況においても、根本的には変わりありません。いずれにせよ、聞こえない子どもたちが読み書き能力について十分な能力を身につけていないことはいくつもの現実的現象となって表れています。聾学校においては学年対応の授業をおこなうことが困難な実情があり、このこと自体、副次的な問題（親の聾学校離れの一因）を生んでいるわけですが、この問題の根底にも、読み書き能力の未定着という問題があります。

どの教科であれ、その教科の教科書は日本語で書いてあります。つまり、様々なことば、概念、定義、関係、操作等の説明は日本語で書いてあるということです。その教科書の日本語の意味が言語的に十全に理解できない子どもたちがいます。現場で指導にあたる教師はいつもまずその一つ一つのことばの意味を基礎の基礎から説明しなければなりません。当然、教科の内容を理解させるレベルにまでいかないうちに限られた授業時間が終わってしまいます。そして、その作業を口話法でおこなっている場合、その説明自体が聞こえない生徒には十分に伝わっていない（聴き取れていない）という、更なる問題が積み重なります。教師が発信する「説明」の内容自体が十分に理解できない。従って、「わからなさ」の中身自体が、どこが、どのように「わからない」のかが「わからない」という状況に陥っています。

仮に教師と生徒間で質疑応答が交わされても、正確にその内容を聴き取れないような曖昧な発音で発信された生徒側の質問の意味が、教師側には「わからない」という事態となります。さらに、生徒からの質問が手話で発信された場合、その内容を教師側が正確に読み取れないという二重の問題状況も生じます。双方向的に「わからない」コミュニケーション状況の中で何かを「教え」、「学ぼう」としているのではないでしょうか。このような状況に置いておかれたまま、何かを「教えられ」ても、聞こえない子どもたちにとって、それが本当の能力として身につくはずもありません。と同時に、日本語の読み書き能力の基礎を組織的、継続的にきちんと学習させるための具体的カリキュラムのないところに、論理的な日本語作文力を深めていくことなど望むべくもありません。

このような事情が改善されない限り、子どもたちの読み書きの力は結局いつもあるレベル以上には育成されず、停滞したままです。そして、この低レベルの読み書き能力で学習に対応しなければならないわけですから、子どもたちの「学力」が低くなるのもある意味で当然の結果なのです。

◆3……筆者自身の具体的リテラシー論（指導技術論）については、その一端を二〇〇二年「ろう教育実践交流会」広島大会において「日記指導における「添削」の考え方」として発表した（未公刊）。リテラシーの指導技術論に関しては、その体系性、具体性という性質上、今後、時間をかけ徐々に発表していきたいと考えている。また、聾学校の教育現場との連携的研究も必要であり、二〇〇三年現在、広島県立広島ろう学校小学部と共同研究を進めている。

その「当然の結果」が引き起こす現象として次のような現実的状況が生まれます。成人した聾者の中には、例えば新聞の記事を読んでも内容をきちんと理解できない人たちがかなりいます。一見、読めているようにふるまっている人でさえ、実はかなりあやふやに読んでいることが多いというのが現実です。具体的に言うと、助詞の正確な理解運用ができない。漢字が正確に読めない。たとえうろ覚えに読めても、意味の微妙なニュアンスが正確に読み取れていない等々。十二年間も聾学校に通い、教育を受けたのに、なぜこのような状況が起きるのでしょうか。これは聞こえない当人たちの責任、あるいは能力の問題なのでしょうか。とてもそうは思えません。これは明らかに教育システムの不備が招いた問題です。

ＮＨＫの手話ニュースの字幕にはすべての漢字に読み仮名（ルビ）が付いています。私の知り合いで、聾教育の実情を知らない一般の聴者が、あれを見て訝しがっていました。「聞こえない人たちは、あんな簡単な漢字も読めないのか？」と尋ねられたのですが、どう答えればよいのでしょうか。

それから、こんな問題もあります。パソコンや携帯電話でインターネットや電子メールを利用する人は今どんどん増えています。実際、聴覚障害者の多くも盛んに活用しています。しかし、親しい者同士の簡単なやり取りならいいのですが、何かきちんとした意見の交換や連絡をしようとすると意外な問題が出てきます。インターネットや電子メールを使う場合、情報は日本語の文章で書かなければなりません。文字を入力する場合、カナ入力であれ、ローマ字入力であれ、一つ一つの文字を打ち込む必要があります。つまり、一つ一つのことば（単語）について、その正確な音韻を覚えておかなければ、例えば当該の正しい漢字に変換することは出来ないわけです。例えば、「学校」

を手話で表せても、その音韻を正確に知らなければ、画面上にその漢字を打ち出すことはできません。「かっこう」なのか、「がっごう」なのか、「かっごう」なのか、「がっこう」なのか、「がごう」なのか。こんな簡単な漢字でさえ、小学校の段階できちんとした読み方の知識が入っていないと、非常に難しい単語ということになってしまいます。もちろん、他にも助詞の運用がきちんと理解されていなければ、複雑な論理関係を伝える際も支障が生じます。インターネットや電子メールは、情報にアクセスする上で様々な壁に阻まれがちな障害者にとってこそ、そのバリアを乗り越えるための有効なツールと言われていますが、実は、聴覚障害児・者にとっては、ここに「読み書き能力」の問題、別言すれば、「書記言語」という困難なバリアが含まれています。[4]

4……筆者もいろいろな年代の聴覚障害者とメールやFAXでやり取りをする。その場合、そこに見られる書記日本語の運用状況には二つのレベルが厳然としてあるようだ。聴者の書いた文章とまったく変わらないか、あるいはそれ以上のレベルの難しい漢字や高度な言いまわしが多用されているような文章を書くことの出来るグループがある。一方で、敬語や使役、受身、助詞という聴覚障害者にとって最も習得が困難な部分に誤用が現れている文章を書くグループがある。前者のグループを構成するのはインテグレーション教育出身者がほとんどである（ただし、インテグレーション出身者がすべてそうなるという意味ではない。その一部の「エリート」たちがそうだということである）。この点を考察して、そこから一つの問題を立てることも出来るが、それとは別に考えざるを得ない現実問題がある。確かに第二グループの書く文章は正統な日本語から見れば明らかに誤りを含んだ「変な日本語」である。聾教育の世界では「聾文」と言われ低評価されたものである。しかし、もし、その文を読む側がそのような観点に立たず、その文法上の誤りをも容認し、実用に徹して、情報（論理）の骨組みだけを活用したら、どうであろうか（実際、筆者はそれで十分に用を足している）。と同時に、聾者自身が、そのことに過剰に怯んだり、気にしたりしなければ、最低限の実用には耐え得るレベルは確かにある。そして、今ここで言う「最低限の実用には耐え得るレベル」という問題こそが、書記日本語獲得を目指すリテラシー教育にとって、非常に重要な観点になるような気がする。つまり、リテラシー教育において、「どこまでのレベルの達成を目指すのか」という目標設定である。さらには、この問題は、反転して、聴者にとっての手話言語の獲得問題にも同じ形で及ぶだろう。「聾文」については、本書第4章13「聴覚障害児教育における言語観と学力問題」注17（465頁）参照。

私は成人した聾者に日本語の読み書きを教えたことがありますが、一部のごく稀な例外を除き、何人もの聾者が小学校国語科の教科書（三、四年レベル）が正確に読解出来ませんでしたし、日本語の作文能力についても、助詞の運用レベルに問題をまだ多く残したままの聾者がいました。しかし、これらの聾者は手話を使えばきちんとした内容のある言語的コミュニケーションが出来る人たちなのです。つまり、聾者は手話という母語を使う場合は十分に言語能力を発揮できるわけです。現に聾者同士のつきあい（コミュニティ）の中では何事もなく、意思伝達がおこなわれ、「普通」に日常生活が営まれています（聾者の手話の論理性にも当然個人差はあります。しかし、それは聴者の音声日本語、書記日本語の論理性に個人差があるのと同様の言語現象です）。

問題は、このようなちゃんとした言語能力を持っている聾者たちが、こと日本語の読み書き能力となると途端に問題を抱え込んでしまうのはなぜかということです。

もし、本気で聞こえない子どもにとってのリテラシー問題を考えるのであれば、この現状にある非常に大きな問題性を何よりまずしっかり認識することが、その検討作業の出発点になるべきだろうと思います。端的に言えば、リテラシー教育に関する限り（インテグレーションであれ、聾学校であれ）、聞こえない子どもたちに対する学校の教育は決して十分に機能してはいないということです。その明確な現実認識から議論を出発させる必要があるのではないでしょうか。◆5

3　リテラシー能力獲得児は何を物語っているか

本質的な言語能力は十分に所有していながら、聞こえない子どもたちが日本語の読み書きに関しては、現実の中で大きな問題を抱えてしまうという実情について説明しました。しかし、その一方で、日本語の読み書きをかなりのレベルまで習得できる聞こえない子どもたちもいます。なぜ、この子どもたちは聞こえないにもかかわらず、読み書きの力が身についたのでしょうか。この問いの中にはリテラシー問題の本質について考える際の一つの重要な示唆があります。ただし、その「示唆」するもの自体が複雑な様相を帯びているので、まずそのことからきちんと理解しておかなければなりません。つまり、「示唆」がただちに「読み書き能力を習得するにはどうすればいいのか」というノウハウの答えになっているというわけではありません。

まず何より、リテラシー能力獲得児は非常に少ないということ。つまり、少数例であり、決して一般的事例ではないということです。そして、このことは、「少数例であるのはなぜなのか」という形で、聞こえない子どもにとってのリテラシー獲得の条件と、それに付随して不可避に生じる本人への負担を逆説的に示しています。

それから、「複雑な様相」の二点目として次のような問題があります。聞こえない子どもが読み書きの能力を身につけられた場合、それは現実の中では「学力」や「読書力」という実質的利得につながっていきます。さらに、そのことは「学歴」や社会的地位（肩書き、職業選択）、経済力、教養、公的な発言力、等の社会的「資本」[6]となります。しかし、多くの場合、そのような「資本」

◆5……聾学校や難聴学級が自らの口話法教育の「成果」を示そうとする時、それなりに「うまく行った」（ように見える）成功例児を押し立ててきたが、むしろ、それは家庭での母親の血の滲むような膨大な努力というものに「おんぶに抱っこ」した上での恰好つけでしかなかったのではないだろうか。

◆6……本書第1章2「難聴児の自己形成方略——インテグレーションの「成功例」とは何だったのか」注21、注22(145頁）参照。

を手にし得ていない聞こえない人たちの世界においては、その「資本」を手にしていること、そのような能力を身に帯びていることが、一体どのような意味を持つのか。つまり、聞こえない者同士の世界（コミュニティ）のつきあいの中で生じる「評価」の話です。より高い「学力」や「学歴」を獲得できれば、それに越したことはない、それですべてがうまく行くだろうとただ単純に信じ込んでいる聴者（特に親）には、この聞こえない人間の世界の中で「学力」や「学歴」が持つ複雑な、しかし現実的な「意味」についての理解・認識がすっぽり欠落しているのではないかと思います。[7]

読み書きの能力を獲得した、一見「成功」例のように見える聞こえない子どもたちには、このような複雑で深刻な問題が同時に内包されているということ。つまり、リテラシーの能力が生み出す問題についての議論は実はそう簡単でも単純でもないということです。そのことをしっかり確認した上で、敢えて、それでも、そこからどのような示唆が汲み取れるかということを考えてみたいと思います。

聞こえない子どもの中で、読み書きの力を獲得できた少数の子どもたちはどのような条件を満たした子どもたちだったのでしょうか。どのような環境や教育を与えられた子どもたちだったのでしょうか。まず、この問いには次のような複数の答え方ができます。それは、それ自体は少数例ではあるけれど、しかし、その少数例の多くはインテグレーション教育を受けた子どもたちであるということ。しかし、インテグレーション教育出身者ということの意味は、インテグレーションの教育環境がその教育的成果として子どもたちにリテラシーの能力を与えたということではなく、インテグレーション教育を選択した親の子どもたちであったという意味であること。そして、リテラシー能力の獲得は、この（ある意味で極めて教育熱心な、そして多くは「口話法に熱心であった」）親の家庭教育の結果として獲得されたものであること。つまり、読み書きの力とは幼児期から絶ゆまず続けられてきた家庭における意識された具体的な言語指導、トレーニング、努力の積み重ねの結果として獲得された技能であったということです（そのような対応を実践し、実際、聞こえない自分の子どもに読み書きの力をつけさせた親たちの本音を聞いたことがある人ならば、その親たちの多くが「学校など最初から頼りにしなかった」、「学校の対応に任せていたら、決して読み書きの力はつかなかった」と異口同音に言うことを御存知でしょう）。

リテラシーの力を獲得した聞こえない子どもたちには、このような「特殊」な教育的背景、家庭環境があります。読み書きの力とは多くの場合、母親が（高学歴、あるいは教職歴を持つ父親が対応する場合もあります）手取り足取り、微に入り細にわたり、丁寧に、繰り返し繰り返し、気の遠くなるような努力を通し、子どもに身につけさせた技能なのです。その「熱心さ」の中にどのような動機（価値観、障害観）が混入していたのか、それが後に子どもの中にどのような影を落とす結果になるのか、その努力の過程で家族の他のメンバーはどのように扱われ、それが後にどのような問題となるかについては今は置くとして、少なくとも、親の熱心な取り組みという特殊な（つまり決して一般化することの出来ない）膨大な人的エネルギーの投入（人為的対応）抜きには、リテラシー能力の獲得はあり得なかったという事実があることを、私たちはまずしっかり確認しておく必

◆7……本書第1章2「難聴児の自己形成方略——インテグレーションの「成功例」とは何だったのか」参照。

◆8……本書第1章2「難聴児の自己形成方略——インテグレーションの「成功例」とは何だったのか」でこの問題を素描したが、他の家族（父、兄弟、姉妹）に及ぼす根深い深刻な波及「影響」については、家族論の問題として別途考察したいと考えている。

要があります。[◆9]

さらに、この状況を分析、検討すると、次のような具体的条件がそこに形成されていたことがわかります。このような特殊な家庭環境のもと、読み書きの学習をした聞こえない子どもたちにはある共通性があります。それは例外なく膨大な量の文章を「書いた」経験を持っているということと、同じく膨大な量の読書体験を持っているということです。まず、多量の文章を書いているということについては、特に幼稚部や小学校低学年の時から、絵日記や日記、作文、読書感想文、新聞作り等の形で、具体的にこつこつ日本語の文章を書き続けていたということです。それも、ただ好きなように書いたとか、思いついたときに書いていた、あるいは書きっぱなしにしたということではなく、その都度、さりげない、しかし綿密な修正や指導、粘り強く実践された丁寧な助言、添削等の関与により、「書く」という技能を着実に積み上げていったということです（多くの場合、子ども本人は自分のリテラシーの基礎力形成の背景にこのような教育的配慮があったことについてはあまり記憶を持っていません。いくら尋ねられても、「知らないうちに文章が書けるようになっていた」という無自覚な返答にならざるを得ません）。

「読む」ことについても、読み書きの力を身につけた聞こえない子どもたちはほとんど例外がないくらい皆、小さいころより大の読書家です。しかし、ここにも親のさりげない環境作りという意図的な関与がある場合がほとんどです。謙遜あるいは自己の熱心な（つまり過度の）対応を隠蔽しようとして、そうした子どもの親はよく「小さい頃から、放っておいても、自分で勝手に本を読むような子どもでした」というような証言をしがちですが、厳密に聞き取り調査をすれば、その証言とは裏腹に、やはりそこには教育的配慮に基づいた「読書」への意識的誘いがあったことがはっきりします。多量の本（日本語の文章）を「読む」ということについても、リテラシー獲得児はこのような環境にいたわけで、ある意味で極めて意図的、人為的対応を受けた結果、その能力を身につけていったということです。少なくとも、読み書きの能力については、「知らないうちに能力が身についた」わけではないし、「自然に読み、書けるようになっていた」わけでもありません。リテラシーの問題を考えるとき、このきわめて「意図的」「人為的」であったという事実について、各自がはっきり認識しておく必要があるのではないでしょうか。少なくとも、リテラシーの基礎を踏み固める時期に関しては、それは子どもの「自主性」「自己決定」「自由」「やる気」を闇雲に重視したり、過度に尊重したりするような自然主義的対応とはまったく別のものだったということです。

　以上のことを一言で要約すると、日本語の読み書きの力を身につけ得た聞こえない子どもたちの背景には、膨大な時間と綿密に取り組まれた細やかな家庭における教育的指導があったということです。そして、「膨大な時間」と「綿密な指導」という二要素とも、それは学校の対応とはまったく異なるレベルのものだったということです。つまり、学校にはそれだけの対応は出来なかったということです。リテラシー能力獲得児は学校が育てたわけではなく、特殊な条件を必死で支えた家庭（多くはたった一人の母親）が育てた子どもだったわけです◆10。

◆9……と同時に、そのような家庭における対応の最中、学校は本質的な支援対応はあまり出来ていなかったという事実も明確に認識する必要があるだろう。

4 リテラシー教育の目的は何なのか

今、聞こえない子どもにとっての日本語の読み書き能力に対する教育の実情の二面、能力が十分に習得できていない状況と、獲得が何とかうまくいった少数例の背景について説明しました。後者の場合、日本語のリテラシーの獲得面だけを見るならば、確かにある意味で「成功」例であるわけですが、そこには重要な問題が残されています。少数例であること、つまり、特殊な条件（人的、時間的、経済的家庭環境）が揃わない限り決して実践できない対応を前提にしているという点が決定的な問題であることはもちろんなのですが、より本質的な問題が他にあります。多くの場合、リテラシーの基礎力を身につけた聞こえない子ども（先にも言ったように、その多くはインテグレーションした難聴児であるわけですが）は、その能力を資本にして、さらに日本語の読み書きの力を伸ばしていきます。その発展を支える原動力は二つあります。一つは聴者と対等であることの自己証明とアピール、それによる「自信」の獲得です。二つ目は勉学や読書に没頭することで不全感のある音声言語コミュニケーションから逃避するという苦肉の戦略です。[11] いずれにせよ、その日本語リテラシー能力は高まり、聞こえない子どもとしては稀な「高学歴」という特権的資格の獲得にまで上昇します。

しかし、そのリテラシー能力で獲得した知識は実体験や他者との多様なコミュニケーション体験を通して習得したものではありません。多くは自分一人だけで没頭した読書や暗記型の勉強で身につけたものでしかありません。そこには残念ながら自己中心的な偏りのある「理解」や、実質に伴わない「自信」、あるいは他者に対するいびつな（場合によっては傲慢、頑なな）対応態度を形成してしまうという問題が付着しています。つまり、基本的な社会行動様式（ハビトゥス）◆12という点でアンバランスな面が形成されているという問題です。そして、この問題はその聞こえない人が聴者の世界に入ろうとする場合、また聞こえない仲間（特に固有の「文化」を持っている聾者）の世界に入ろうとする場合のいずれにおいても、大きな現実的マイナス要因となります。読み書き能力を基盤とする「学力」や「学歴」を手にした成功者（エリート）が結果として見出すのは、聴者の世界の中でもうまく行かず、かと言って聞こえない仲間集団にも受け入れられない不安定な自分の姿です。

この読み書き能力の獲得に成功したエリートたちの行きつく皮肉な状況と、そして先に説明したリテラシー能力を十分に習得できない聞こえない子どもたちの状況という、相反する二つの実情が共に指し示す問題は一体何なのでしょうか。それは、聞こえない子どもたちに対するリテラシー教育の目的の不明確さ。より端的に言えば、目的の不在という問題なのではないかと私は思います。聞こえない子どもたちが日本語の読み書きの力を持たなければならないのはなぜなのか。この問いに真の意味できちんと答える用意のないまま、多くの教育現場では「国語の教科があり、目の前に

◆10……こう言うと、聾学校や難聴学級からは不満、不服の声があがるかもしれない。その場合は、実際に聞こえない子どもを育てた母親たちと対峙して、率直に話してみたらどうだろうか。子どもを守らねばならない、そして常に弱い立場にいる母親たちが正直に胸の内をさらしてくれるかどうかは、耳を傾ける人次第だろうが、家庭における「本当のこと」を知っているのは唯一母親だけである。

◆11……本書第1章2「難聴児の自己形成方略――インテグレーションの「成功例」とは何だったのか」中「四類型」の項（118～123頁）参照。

教科書がある以上、それを使って何か教えなければならない」というような対症療法的対応が繰り返されているのではないでしょうか。私たちは果たしてどこまで本気で聞こえない子どもたちに日本語の読み書きの力（発音や聴能ではなく）を身につけさせたいと考えているのでしょうか。本気でそう考えているのなら、なぜ聞こえない子どもに日本語のリテラシー能力が絶対必要なのでしょうか。

もし、聞こえない子どもにとってのリテラシー教育について議論するなら、まず何より第一に、その教育の必然性が検討されなければならないはずです。「何をおいても、是が非でも日本語の読み書き能力は必要なのだ」という共通認識がない所で、いくら表面的な議論をしてもまったく意味がありません。しかし、リテラシー教育の重要性、必然性に対する共通理解は私たちの間で本当に成立しているのでしょうか。この根本の部分について、正直に言うと私は懐疑的です。敢えてはっきり言うなら、次のような考えが実は多くの人の本音としてあるのではないでしょうか。「確かに、読み書きも大事だが、それよりも手話の導入の方がより優先されるべき問題だ」、「手話の適切な導入状況があれば、子どもたちは母語を獲得でき、それにより意思疎通も思考力の形成も十分できる。そのことが何にもまして重要だ。もし、読み書きが必要なら、それは手話の環境を整えた後の話だ」、「読み書きの教育はどこまで成功するか、本当に成果が出るか未知数だ。今までも決して十分に成功してはこなかった。手話の環境作りは必ず子どもたちの役に立つ。手話だけでもしっかり獲得させた方が得策だ」等々。つまり、実は本音は手話優先ということではないかということです。リテラシーへの配慮はあくまで「付けたし」的なもの、「あればあったに越したことはないが」という程度のものでしかないのではないでしょうか。そのような考え方については、私はそれはそれで構わないと思います。一つの立場だろうと理解しています。

しかし、問題は、もしそうであるのならば、やはりそれは、少なくとも「バイリンガル」教育とは本質的に異なる、また別の立場だろうということです。もし、そうであるのならば、バイリンガルの文脈の中で議論するのではなく、まったく別の「手話言語単独重視」教育という枠組みの中ではっきり議論すべきでしょう。冒頭で触れたように、リテラシーの問題に改めて光があたったのは、それが「バイリンガル教育」という理念（価値観）の中だったからのはずです。このことは繰り返し強調しておきたいと思います。しかし、ある人たちの本音は「バイリンガル」と言っておきながら、根底の部分ではどうも何かあやふやなダブルスタンダード的なものではないでしょうか。

もし、結局、リテラシー教育に関する態度（価値観）が、「優先順位的にはあくまで手話導入の後の何か」に過ぎないのであれば、おそらく、読み書きの力がきちんと身につくような教育実践は

◆12……habitus ブルデュー社会理論の鍵概念の一つ。「ハビトゥス」という概念は思想史的にはギリシャや中世にもあった古い概念であり、近代になってからもヘーゲル、フッサール、ウェーバー、デュルケム、モースという人々からも使用された。ブルデュー自身、イコノロジー（図像学）の研究者であったパノフスキー（Erwin Panovsky 一八五七〜一九二九）の論文から示唆を受け、「借用」したことを明言している。ブルデューは著作のいたる所で「ハビトゥス」概念の定義（説明）を試みているが、その趣旨を理解するのは意外に難しい。ブルデュー自身による最も端的な定義は「ハビトゥスとは身体化された歴史である」「それは主観的構造となった客観的構造、構造化の原理として作用することができる客観的構造」というものである。（共に『ピエール・ブルデュー—超領域の人間学』掲載のインタビュー「ハビトゥス・戦略・権力」中の発言）。むしろ、次のような「横道」から近づいた方がイメージをつかみやすいかもしれない。「【身体技法】techniques de corps M・モースの用語。日常生活において、あたかも機械的な所与としてあるかのように感じとられ、遂行される身体的行動の「型 habitus」歩き方や坐り方から食事や排泄の仕方に至るまで、あらゆる日常の所作は、その担い手が内属する文化のなかでコード化され、技法として習得されていく。」『社会学事典』（弘文堂）。

現実的に本気では取り扱われないだろうというのが私の想定です。私自身の拙い経験から考えても、聞こえない子どもたちにしっかりした（つまり現実の中で真に役に立つ）日本語の読み書きの力を手渡す作業は、とてもそのような中途半端な構えで出来るようなものではありません。あくまでバイリンガルという考え方（価値観）を大事にするのであれば、手話の導入とリテラシー教育は「共に」でなければ意味がありません。

一言で言うなら、聞こえない子どもにも「読み書きの力」を必ず持たせたいとどこまで本気で考えているのかということです。そして、それは音声言語を獲得させるための副産物としてではなく、また同時に、手話を習得した後で身につけられれば「より良い」という消極的なものとしてではなくという意味においてです。手話と同じ価値を持った獲得すべきもう一つの言語として、聞こえない子どもたちに絶対身につけてもらいたいものとして、本当に考えられているか、それが根本の問題です。少なくとも、それだけの確信的な価値観がそこになければ、実際に読み書きがきちんと出来るところまで聞こえない子どもたちを導くことは到底出来ないだろうと思います。ここまで言っても、やはり、私のリテラシー重視は「手話を否定して、日本語の方を重視する抑圧的教育だ」と誤解されるかも知れませんので、重ねて言っておきますが、手話を重視するのと同じ価値で、読み書きの力（発音や聴能ではありません）を聞こえない子どもたちに持たせたいと考えているか否かを問題にしているのです。

私は「リテラシー問題を議論する際の前提条件」というテーマを掲げたわけですが、前提条件の核心はこのリテラシー教育の必然性、目的の明確化、その教育価値に対する認識ということです。

その根本部分についての確認が本当は十分にできていないのではないかということが、私の問題提起の要点の一つ目です。技術的な問題を具体的に云々する前に、まずこの根本問題についてきちんと議論する必要があるのではないでしょうか。

この根本問題に対する検討が実は十分にできていないのではないかということを表す具体的状況を次に提示してみます。それは、同時に、聞こえない子どもにとってのリテラシー問題を考えるときの具体的な条件の本質的意味についても示唆を与えてくれるはずです。

5 考え方の根底にある言語観の問題——自然主義的言語観

従来、聴覚障害児教育の世界で聞こえない子どもの言語獲得やことばの指導という問題を考えるとき、多くの人たちに暗黙のうちに、あるいは無意識のうちに、漠然と、しかし、ある意味で極めて自明のこととして強固に支持されてきた言語についての二つの考え方（言語観）があります。

（一）「ことばは教え込むものではない。子どもが自主的に自然に身につけるものだ。」（自然獲得論）

（二）「言語だけがすべてなのではない。ことばに表せない気持ちや感情や考えを子どもたちは持っている。それらを大事にしてやり、それらをより豊かに表現できるコミュニケーションの力を伸ばすことこそ重要なのではないか。」（コミュニケーション重視論）

多くの人たちの心の底にあるこの二つの言語に関する「思い」が、聞こえない子どもへの読み書きの教育を曖昧で無責任なものにしてきたように思います。この二つの言語観からはどのような現実的対応が生まれてくるでしょうか。「ことばは子どもが自主的に自然に身につけるものだ」という考え方の単純な受け取りからは、しっかり計画された指導プログラムやそれに基づいた積極的な指示、注意、ダメ出し、訓練、添削、我慢の要請（促し）等は「自主性」をそぐものとして否定、排除されます。遊び中心の「楽しい」環境の中で、子どもは「自由」に行動し、それを通し言語を「自然」に身につけていくというわけです。この対応方針を（二）のコミュニケーション重視という考え方が補完します。つまり、言語の能力面より、喜怒哀楽を表せる「素直さ」や「心の優しさ」、あるいは自分の主張をはっきり出せる「積極性」「自主性」等の方がより大事だとする評価基準（価値観）が導入されるわけです。「楽しそうな笑顔」「いきいきと輝いた瞳」「溌剌と元気なしぐさ」等への限りない手放しの賞賛、評価です。

このような基本的な教育観に基づいた環境の中で果たして本当に聞こえない子どもたちは「自然」に、読み書き能力を身につけていけるのでしょうか？　この疑問については既に「現実」が答（結果）を出していると私は思います。ただし、一部の人たちはこの現実の答（結果）をなかなかそれと認めようとしません。現実的結果からは目をそらしたまま、延々と同じ対応が繰り返されています。

ある意味で誰の目にも自明のものと思われる「言語自然獲得」論の一体何が問題なのか。コミュニケーション重視論のどこが現実的問題を引き起こすのか。このことをもう一度きちんと検討しておきたいと思います。

「言語自然獲得」論の何よりの問題は、その考え方のあまりの単純さです。この考え方に傾く人たちは言語といった時に一体何を指して言語と考えているのでしょうか。「自然」に獲得するというとき、一体どのような状況を「自然」と言っているのでしょうか。「獲得」というとき、一体どのような状態、どのようなレベルを指して「獲得」と言っているのでしょうか。

例えば、私は聾学校で長い間教えていらしたあるベテランの先生と以前から聞こえない子どもの言語獲得の「自然さ」という問題について議論してきました。つい先だっても、ある研究会の席でその先生から「言語になる前に既に『意味』というものはある。後はそれに子どもが気づけばいいだけなのだ。何もわざわざ『教える』必要はない」という御意見を拝聴しました。「意味」という問題については言語学や言語哲学、認知科学の分野で現在様々な考え方が提示されていますから、別段、このようなお考えがあっても構わないのですが、ただ、それが聞こえない子どもへの言語教育を踏まえた話である以上、私にはやはり非常に気になる意見です。◆13 敢えてわざわざ難しいことを言うつもりはありませんが、この意見はウィトゲンシュタインの言語論やソシュール◆14の言語思想を基本的な枠組みとした上で「言語」の問題を考えている人間にはとてもすんなり飲み込めるものではありません。

人が人に何ごとかを「教える」という言語行為の意味（関係）について、「ルール」「言語ゲーム」

◆13……本書第2章6「聴覚障害児の学習とことば」注6（243頁）参照。
◆14……本書第4章13「聴覚障害児教育における言語観と学力問題」注6（455頁）参照。

「コミュニケーション」という枠組みを通し、ウィトゲンシュタインは徹底的に考えたわけですが、先の聾学校の先生が簡単に否定的なものとして使われる「教え込む」という表現と比べると、そこに込められた意味の深さはかなり違います。以前から申し上げていることですが、『教え込み』や『指示』型の管理的・抑圧的教育はいけない。そうではなく、子どもの自主性、自発性を尊重した自由な教育こそが大事なのだ」式の単純な「子ども中心」主義、「こども天使」論は現実的、客観的教育を模索するためには百害あって一利なしなのではないでしょうか。このような表層的ヒューマニズム、単純な権威（権力）否定主義は時代的にも既にその有効性をとっくに失っていると思いますが、いかがでしょうか。

「言語は自然に獲得される」という考えを聞くと、言語学をかじった人なら、すぐにチョムスキーのことを思い浮かべるのではないでしょうか。知っている方も多いと思いますが、言語学の分野で今世紀、最も影響力のある理論を提示したのがノーム・チョムスキー（Noam Chomsky）です。その言語理論は生成文法と呼ばれ、様々な隣接関連分野にも影響力を及ぼしています。大きな影響力を持っているとはいえ、一部からは継続的な批判も受けていますし、同時に、その批判を積極的に吸収しつつ、生成文法の理論自体、段階的に改善・修正を加えられバージョンアップしているという複雑な事情もあります。しかし、まず、今日は、現代言語学を代表するチョムスキーの考え方では、基本的に「言語」の「獲得」についてどのように考えられているかを再度、確認してみたいと思います。これからお話しするのは極めて基礎的で簡単なレベルの事柄ですが、その簡単な事柄の確認においてさえ、「言語は自然に獲得される」ということの意味が、本当はどのようなことなの

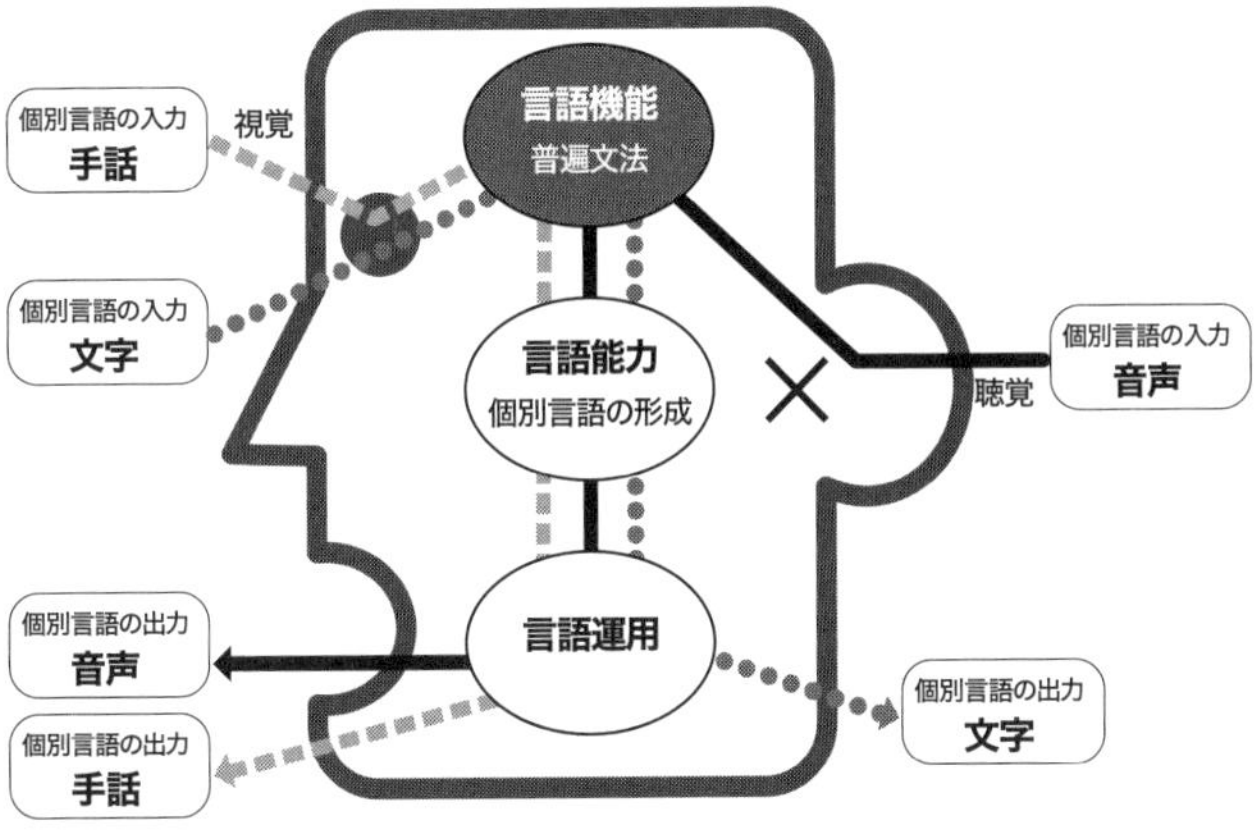

図1●チョムスキーの言語獲得システム
［ただし聴覚障害と手話に関する表現部分は上農による／2001／上農（2000年を改稿）］

かがおわかりいただけるのではないかと思います。

図1を見てください。

まず、チョムスキーの考えでは、人間の脳内に「言語機能」（language faculty）という働きがあります。これはどのような個別言語（英語、フランス語、日本語、等）にも対応できる「ことばの青写真」のようなものです。これはまた「普遍文法」（universal grammar）とも呼ばれ、これを元手にし、そこに様々な操作（変形）を加えて私たちは言語を生み出していくわけです。青写真である「言語機能」を元にして、それをいずれかの現実の個別言語に作り上げていく能力を「言語能力」（competence）といいます。そして、その「言語能力」により構築された個別言語を現実の中で音声として出力する過程を「言語運用」（performance）と呼びます。この基本的なモデルに従ってことばが生成される過程を考えてみると、次のような流れになります。まず、幼児の脳内に個別言語の音声情報（資料）が聴覚を通し入ってきます（入力されます）。それが言語機能を刺激し、その機構の発動過程を経て、個別言語の文法構造を形成していきます。そして、それが今度は音声として外界に出力されるわけです。

さて、このように説明すると、取り立てて議論する必要もないほど至極もっともな仕組みのように見えますが、この単純な流れの中に、既に非常に重要で本質的な問題が含まれています。まず、（チョムスキーの考えを一つの仮説として認めるならば）「言語機能」あるいは「普遍文法」というものは人間の脳内に生まれながらに（つまり生得的に）組み込まれているわけですから、これは「自然」に人間が持っているということになります。しかし、問題はその仕組み（言語獲得機構 language acquisition device ,LAD）を発動させるために必要な外部からの刺激（情報）入力は、決して「自然」に生じるものではないということです。チョムスキーは当初、たとえどのように少量の、そして多くの場合、誤りを含んだ（親がもたらす）言語資料であれ、子どもはそれを使って完璧な該当個別言語の文法を獲得し、文を無限に生成していくと主張したわけですが、この「少量」ということと、「誤りを含んだ」という入力情報の見方については、厳密に観察すれば、現実の状況は必ずしもそうではないのではないかという反論が出てもいます。つまり、実際はかなりの量の言語情報が親の語りかけからもたらされているし、同時に訂正情報も子どもは頻繁に受け取っているのではないかという指摘です。少なくとも、言語機能を発動させ、それを個別言語の言語能力として形成させるための外部からの情報入力については、「自然」というより、人為的条件、環境的バイアス（条件の変動性）があるということです（チョムスキーは、自分の理論モデルを純粋に構築するため、議論の対象にする「話者」の条件を意図的に「完全に等質的な言語共同体における理想上の話者・聴者」と規定しています。つまり、現実のある面を意識的に捨象しています。このことも確認しておく必要があるでしょう）。

さらに重要なことは、外部からの情報の入力があれば、確かにある意味で「言語機能」は「自然」に発動するわけですが、ここには言語資料の「入力があれば」という前提条件がある点です。今、入力の「量的」問題（少ないか多いか）を話題にしましたが、それ以上に決定的なのは、入力の「質的」問題です。つまり、情報の入り方が、実際に脳内に達する形できちんと入力されているかどうかということです。聴覚という経路を通して入力される言語情報が聞こえない子どもにとって、「言語機能」を十全に発動させるだけの「入力」に本当になっているのかという問題です。

「言語機能」あるいは「普遍文法」的な仕組みが人間に「自然」に、「生得的」に備わっているのかもしれないにせよ、だからといって、それだけで、「自然」にことばの獲得が進むわけではありません。「自然」であると同時に「人為的」な要素がそこに絡み、その二つの要素の融合で言語が獲得されると考える方がより現実的な理解、そして厳密な理解としては、より妥当なのではないでしょうか。

少なくとも、「子どもはことばを自然に身につけるのだから、教え込む必要はない」という自然獲得論を字義どおりのレベルから一歩も出ずに、そのまま単純に理解し、ただひたすら信奉するのは、その人が言語の教育に関わる専門家であった場合、あまりに素朴すぎるのではないでしょうか。

残念ながら、聞こえない子どもたちの教育に関わる専門家の世界では想像以上にこの素朴言語自然獲得論を単純に支持している人が大勢いらっしゃるようで、私はいつも困惑します。いい加減にもう少し厳密な、そして現実的な議論に移行すべきではないでしょうか。何より、ことばは「自然に身につく」と言い続けて来た結果、現実には（特に聴覚口話法の世界では）、十分にことばの力が身につかなかった子どもたちを大勢生んでしまった結果について、自然獲得論派の人々は何と答えるのでしょうか◆[15]。

「ことばは自然に身につくものだから、教え込む必要はない」という考え方（単純な思い込み）については、厳正に検討され直す必要があります。この再検討なしにはリテラシー教育の実践はおそらく不可能です。

言語獲得の生得説という考え方からは、さらに本質的な問題を汲み取ることができます。それは聞こえない子どもにとっての読み書き能力の教育という私たちの根本問題にも直結している事柄なので、話を続けます。

先ほど提示したチョムスキーの図をもう一度見てください。チョムスキーの考えによれば、言語が生得的に獲得されるのは次のような経路を通してということでした。まず、①言語機能は確かに生物学的な意味で天与のものとして誰の脳内にも所有されています。②その脳に、ある日、個別言語の物理的「音」が聞こえてきます（入力）。③その個別言語の「音」は言語機能を刺激し、その機能を発動させます。その発動は、聞こえてきた「音」を普遍的（本質的）な言語（文法）構造を通し認知した上で、④さらに、言語能力を駆動させ、そのプロセスの中に取り込みながら、個別言けです。

語の文法構造を構築していきます。⑤そして、それを言語運用として「発話」（出力）していくわけです。

さて、問題はこの流れの中の②の部分です。チョムスキーは「限られた情報入力から無限の文が生み出される」と指摘したわけですが、仮に百歩譲ってチョムスキーの言うこのような「生得」説を基本的に認めたとしても、この②の過程には慎重に考えなければならない問題が含まれています。それは「限られた情報」ということの意味です。ここで言われている「限られた」ということの意味は、情報の量が少ない、あるいは、情報が文法的に誤りを含んだ不完全なものであるということです。しかし、いずれにせよ、その情報は物理的言語音（音韻）としては完全な形で提示されているということがあります。情報の量が少ないことやそれが文法的に誤りを含んでいるということと、言語音自体としての問題を残している（音韻的な弁別性に問題がある）ということとでは、まったく意味が違います。音声からの言語獲得を考える以上、当該の個別言語を子どもが「自然」に獲得するためには、その言語音が完全な形で提示されている（完全に認知、弁別できる）ということが絶対的な条件としてあるということです。その条件が満たされた上で初めて言語機能も言語能力も言語運用も機能するということです。個別言語の言語音が外部から入力されもしないのに、ある日、子どもの脳内の言語機能のスイッチがひとりでに入り、そこから「自然」に言語が獲得され始めるというようなSF的な話はどこにもないのではないでしょうか。しかし、言語獲得の「自然」さ、

◆15……言語獲得時の「自然さ」という問題を考える際、音声言語、書記言語、手話言語のそれぞれにおける状況があり、さらにはそれぞれの言語における「一次的ことば」と「二次的ことば」、あるいは「生活コミュニケーション」と「学習学術言語」というレベルの違いもある。後日、さらに整理して分析したい。

「生得」さを主張したがる人の中には、このようなSF的意味での無関与的、自然発生的「獲得」を夢想している人が結構いるように見えます。

常に問題は、言語獲得上の「自然さ」（「自主的」「無関与」）という概念をどのようなものとして考えるかという所に帰ってきます。この「自然」ということについては、議論しなければならない問題が別にもう一つありますから、次にそこへ話を進めます。それは音声言語と書記言語と手話言語との各関係（つながり）をどのように考えるかという問題です。そして、この問題はリテラシー教育という今回の研究会のメインテーマとまっすぐに繋がっています。

6 言語獲得の中での書記日本語の位置づけ

今挙げた三つの言語（音声言語、書記言語、手話言語）の関係をどのように考え（位置づけ）た上で、リテラシー（日本語の読み書き能力）教育を構想するか。その場合、考え方のパターンを整理すると大きく三つの型に分かれるかと思います。わかりやすいように図で示します。

6・1 聴覚口話法のリテラシー方略

まず、聴覚口話法の考え方です（図2参照）。この方法は補聴器の助けにより残存聴力を活用し、音声を聴き取らせ、同時にそれを発音させることを通して日本語の文法構造を習得させようとします。その習得した日本語の文法構造を基盤にし、自らの思考や感情を音声日本語として発音（出

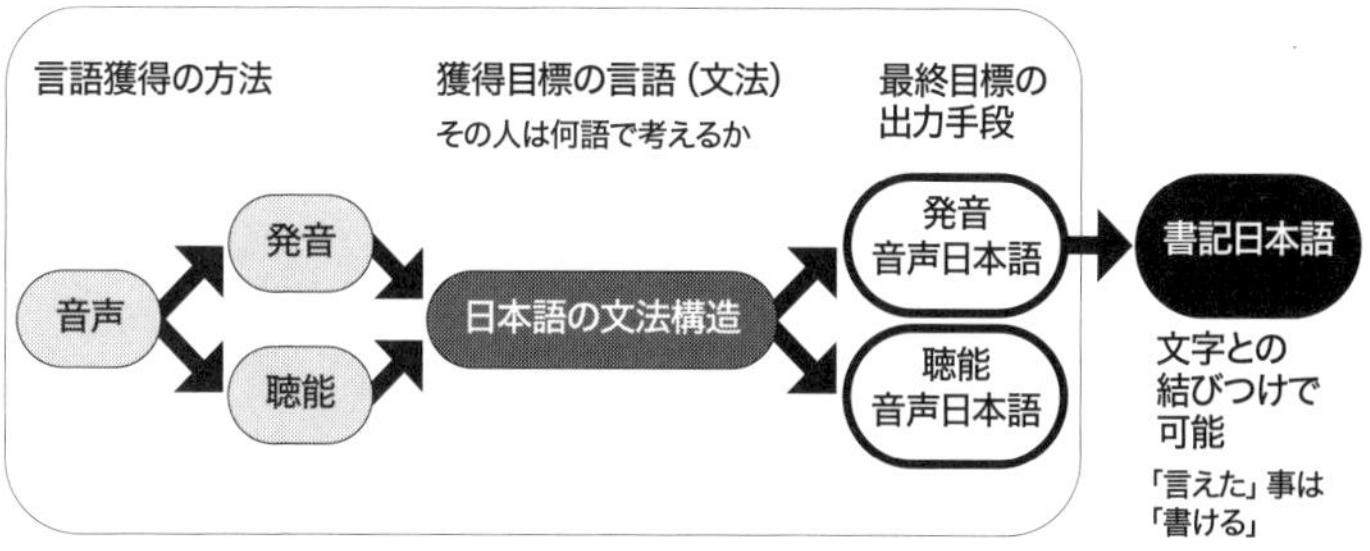

図2●聴覚口話法のリテラシー方略［2000年／上農］

力）し、同時に他者の音声で提示された言語情報を聴き取る能力を持つことを目指します。音声で「話せること」と、音声を「聴き取ること」を第一の目標にしています。

　この考え方の中では「書記日本語」はどのように扱われるでしょうか。まず何より「話せること」「聞き取ること」を目指すので、無意識のうちにそれが優先されます。そして、きちんと日本語が「話せる」ようになれば、それに文字（記号）を結びつけさえすれば、後はおのずと読み書きは出来るようになるという方略になります。一見すると非常に理にかなった考えに見えますが、しかし、この聴覚口話法を重視した教育を受けた聞こえない子どもたちの中に、日本語の読み書きがきわめて不十分な子どもたちが結構います。なぜなのでしょうか。「話せる」なら「書ける」はずなのですから、不思議な結果です。実はここにはおそらく次のような予想に反した事情があるのではないかと私は考えています。文字という記号体系との結びつけという最終段階がきちんと成立するためには、その前提である日本語の文法構造がしっかり構築されていなければなりません。しかし、もしこの基盤要素の構築が不十分であれば、そこにいくら文字記号を連結しても、結果として現れるのは基盤の不十分さを反映した不十分な書記能力でしかありません。音声言語を介して習得されたことになっているその肝心の基盤である日本語の文法構造自体が実はきちんと構築されていないことが多いのです。「聞こえている」ように見える子どもが実際は「書けない」という現象はそのことを如実に物語っています。

そうであるならば、当然、その基盤を構築しようとしたプロセスの是非が問われなければならなくなります。あくまで「声」を聞き取らせ、「声」を発音させるという音声言語を介した方法で日本語の言語構造を獲得させようとしたことに現実的問題性、困難性、限界性があるという根本的問題です。基盤になる文法構造がしっかり構築されていない所に、いくら文字記号を結びつけても、決して書記日本語の能力は育成できないだろうということです。

6・2 トータルコミュニケーションのリテラシー方略

次にTC（トータルコミュニケーション）の考え方を見てみます（図3参照）。ここで言いたいことの要点は、TCの理念は結局、最終的にはやはり音声言語の獲得を目指したものではなかったかということです。TCの場合、手話や指文字、キュード・スピーチ等の音声以外の手指モードも積極的に導入するので、一見、聴覚口話法とは本質的に異なるように見えます。しかし、よく観察してみると、それは結局、聴覚口話法でおこなう「音声」を「聞き取らせる」、「音声」を「発音させる」手続きをより効率よくおこなわせることを目的とした補助手段、補完行為なのではない

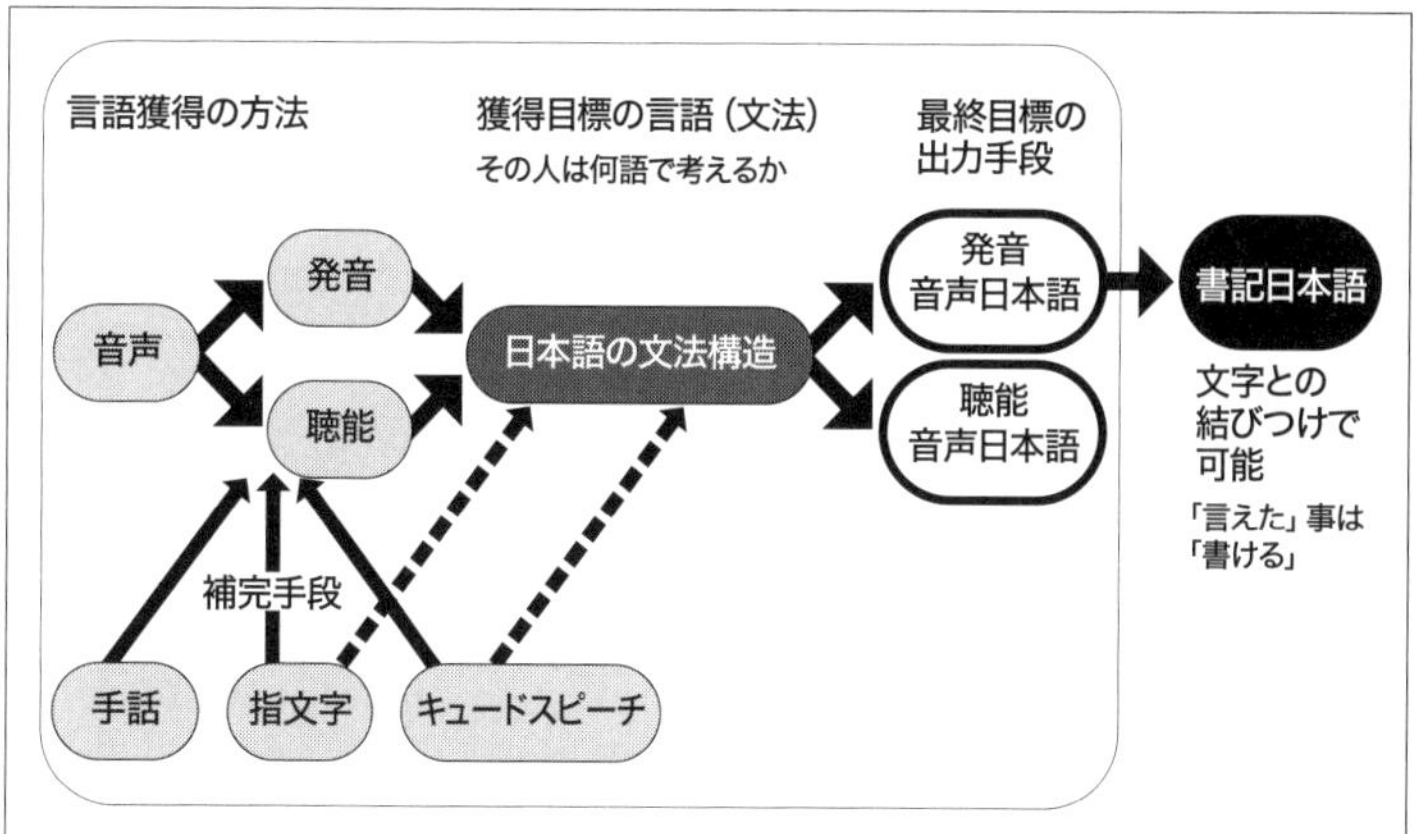

図3●TCのリテラシー方略［2000年／上農］

でしょうか。つまり、本質の構造は聴覚口話法と同じだということです。結局、目指すのは共に音声を介した日本語の文法構造の獲得ですし、最終目標にするのも共に音声日本語の発音と聞き取りでしょう。

ですから、TCにおいても「書記日本語」の扱いは根本的には聴覚口話法と同じものになります。以前、TCの立場に立っていらっしゃるある先生とリテラシーについてお話しした時、「話せないと書けないと思うよ。順番から言っても、最初から急に書かせるというのは無理なんじゃないの」という御意見をお聞きしたことがあります。やはり、「話す」ことが出来た後で、それを「文字化」するという流れを前提に考えていらっしゃるのではないかと改めて思いました。と同時に、やはりTCでは最終目的というか本音の部分では「話させること」、つまり音声言語の獲得を目指しているのだなと感じた次第です。

もし、このTCの方法を実践した場合、その最終段階で文字との結びつけをおこなう「書記日本語」が成功するとすれば、それは前提として基盤になる日本語の文法構造が既に的確に構築されていなければならないことになります。TC教育を受けた子どもたちの実情はどうなのでしょうか。やはり結果はあまり芳しくないのではないかというのが私の印象ですが、これはあくまで「印象」ですので、この点については現場からの厳密な報告を聞かせていただきたいと思います。

私の経験から言うと、キュード・スピーチや指文字を導入した教育を受けた聞こえない子どもたちで、確かにある程度のレベルの書記日本語力を獲得しているケースを何例か見てきました。そのうち、聴力障害の重い子どもの場合については次のようなことが言えるのではないかと思います。その子どもたちはキュード・スピーチなり指文字を使用することで音声の聞き取りや発音を明瞭化させ、その音声の出入力を介して日本語の文法構造を構築したのではなく、音韻を手指記号で一つ一つ視覚化させるキュード・スピーチや指文字というシステムを介して、つまり、手指的音韻を直接入力して、それを脳内で日本語の文法構造として構築したのではないかということです（図では破線で示した部分です）。

そのような子どもは手指モードの導入によっても発音の明瞭度が特に高まっているわけではありません。高まっている子どもの場合であっても、その明瞭度は数年後には著しく落ちていることがあります。つまり、一時的に獲得した発音の明瞭度は能力として固定できないということです[◆16]。それに比べ、日本語の書記能力はその後もずっと定着し続け、低下することはありません。また聞き取りの力についても、手指モードの導入が「音声」を「聞き取る」ことにどれほど本質的な関係を持っているか再考の余地があります。つまり、手指モードをいくら導入しても、音声の聞き取りは相変わらず困難な子どもがいます。確かに手指モードを使っていますが、その真の機能は手指、つまり視覚記号（音韻）として機能している面の方がはるかに強く（私は当然だと思いますが）、音声との結びつきはなかなか成立していないのではないでしょうか。簡単な話、このような子どもと会話する時、敢えて音声を消して（つまり声を出さないで）、手指モード（例えば指文字）だけで話してみるとどういうことが起きるか。何の問題もなく会話が成立してしまうことがあります。そして、そこで交わされているコード（文法）は間違いなく日本語の文法構造です。だから、このような子どもたちはその手指モードで表す音韻だけで正確に構築した日本語の文法構造を基盤として、それを文字化し、書記日本語をも使用することができるわけです。

しかし、このようなケースには言語獲得の状況としてみた場合、特有の「奇妙さ」があることも否定できません。例えば、私がかつて実見した例ですが、全文をキュードスピーチだけで表わしつつ、延々と会話している聞こえない子どもと母親がいました。それは、その親子間だけに成立す

◆16……聞こえない子どもにとっての「発音」という能力獲得には意外な問題がある。それはメンテナンス（補修）が必要であるという点である。つまり、発音能力は訓練である程度身につくにせよ、その状態を維持するためには、常時それをメンテナンスしておく必要がある。四六時中、発音し、周囲の者にチェックしてもらわねば、膨大な訓練時間を使って身につけた能力は瞬時にして失われてしまう。自信のない発音を「繰り返し発話し」、（当然、容易にその状態は崩れるので）、周囲から「繰り返し修正される」。聞こえない人間はこの状態をずっと受け入れて行かねばならない。あなたの発音は「間違っている」「おかしい」「変だ」と言い続けられ、自分が否定し続けられる行為を、ひとはそれでも延々と続けることが出来るだろうか。結局、聴覚障害児が徐々に声を出さなくなるのも道理ではないだろうか。しかし、音声言語の指導をした専門家は次のように言うだろう。「だから、駄目なんだ。声を使い続けなければ、発音は身につかない」と。

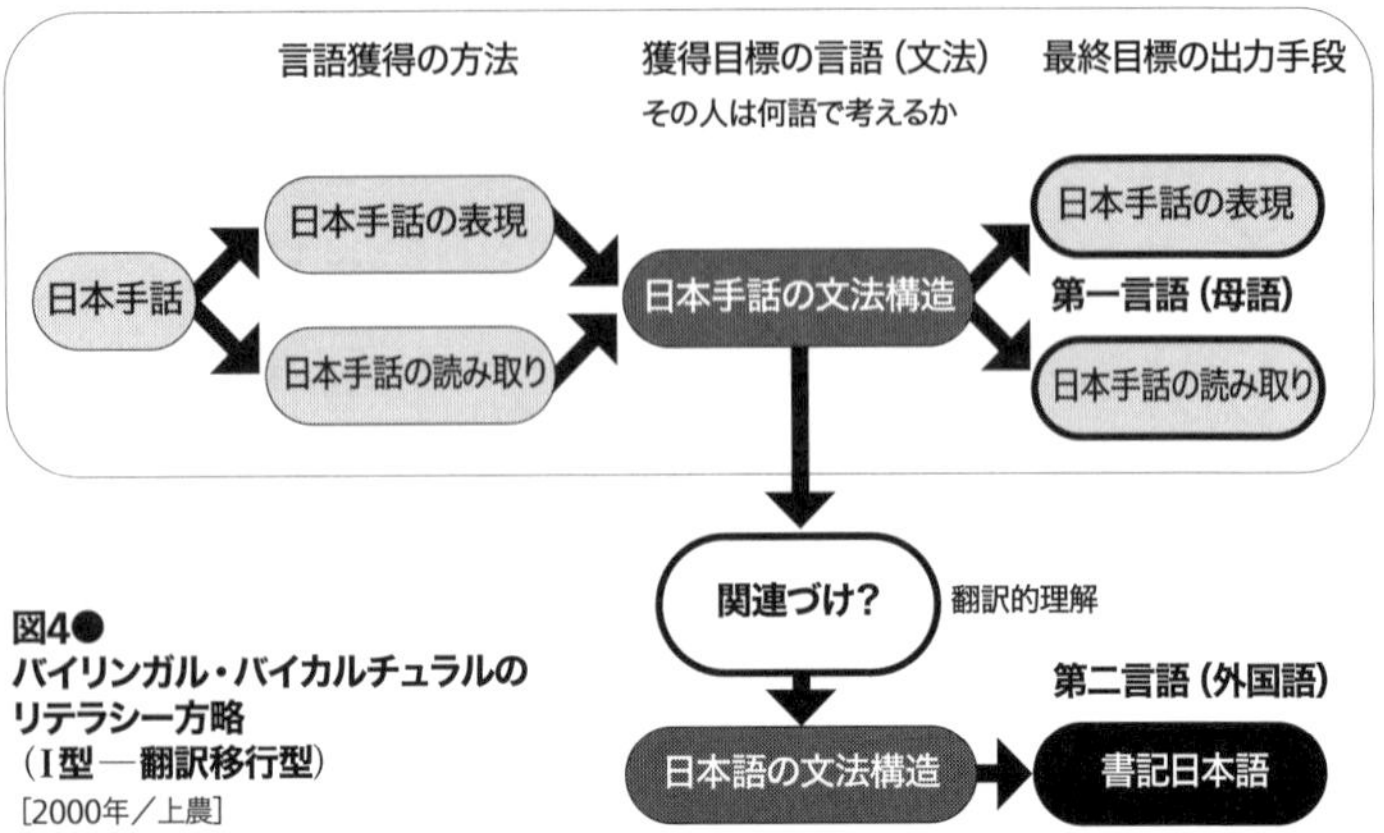

図4●
バイリンガル・バイカルチュラルのリテラシー方略
（I型―翻訳移行型）
［2000年／上農］

るコミュニケーション形式でしかないという意味で、やはりきわめて「不自然」なものだと言わざるを得ません。[17]ですから、TC的環境の中で、仮に書記言語を獲得したとしても、このような偏った状況であれば、いずれにせよ、やはり問題があるということです。[18]

6・3　バイリンガル・バイカルチュラルのリテラシー方略

三番目はバイリンガル・バイカルチュラルの考え方です。この方法については、私個人として特に言っておきたいことがあるので、さらに二つのタイプに分けたいと思います。便宜上、I型とII型と仮に言っておきます。

まず、そのI型からです（図4参照）。書記日本語の取り扱い方から、「翻訳移行型」とも言えるかと思います。これはどのような方略かというと、まず、言語獲得の最初の段階から日本手話を導入し、日本手話による自然な会話場面の中に子どもを置くことで、日本手話の表現と読み取りの力を自然に獲得させていきます。当然、その結果、子どもの脳内に構築されるのは日本手話の文法構造ということになります。そして、それを基盤にして、手話による表現（出力）と読み取り（入力）をコミュニケーション手段として活用し、そのことで手話言語をさらにしっかり身につけていくわけです。つまり、日本手話を第一言語（母語）とすることを目指すということです。

さて、問題はこの流れの中で「書記日本語」は具体的にどのように扱われるのかということです。現在、聞こえない子どもに対するリテラシー問題を考えている人たちの間で、おそらく最も期待されている新しい考え方として鳥越隆士先生（兵庫教育大）が数年前から提唱されている「一次的ことばから二次的ことばへの暫定的ステップアップ」という理論があります。昨夏、TC研大会ではこの理論の原型を提示された岡本夏木先生が講演もされたので、ますます巷間に流布したかと思います。この考え方を要約すると、次のようになります。まず幼児の時期に手話による一次的ことばをしっかり育む。それを基盤（元手）にして、手話は手話自体として、より高度（抽象的、論理的）な内容を表せる二次的ことばに発展させる。同時に、その基盤である手話の一次的ことばを活用し

◆17……この事例の聴覚障害児は、自分と母親が使っているキュードスピーチが、どこでも通じることば（言語）だと思っていた。しかし、その後、遠隔地で開かれたある会合に参加した折、他の聴覚障害児がキュードスピーチを使っていたのでその輪に入ったが、そのキュードスピーチが自分のものと異なっており、通じなかったことにショックを受けた。その経験を通し、結果として、徐々に手話によるコミュニケーションに転換して行った。本書序章で「たったひとりのクレオール」という聴覚障害児教育の世界に出現するねじれた現象に触れたが、ここにもキュードスピーチというものが生んだ、またもう一つ別の「たったひとりのクレオール」の世界がある。

◆18……この場合も、たとえ書記日本語の能力は習得したとしても、結局、音声で話すことは徐々にしなくなる。「口話法が日本語の獲得に繋がった」とはとても言えないだろう。

て、一次的話しことば、あるいは一次的書きことばにスライドさせ、話しことば、あるいは書きことばは、それ自体として、そこから徐々に二次的ことばにレベルアップさせていき、日本語の力も同時に獲得していく。これが「基盤言語の手話から書き言葉へ」という移行段階理論です。

従来、聴覚口話法ではまずは話し言葉を身につけさせることに重点をおき、次にそこから直接、書きことばに移行させようとしていたわけですが、そのやり方に対する反省、批判がこの新しい考え方には含まれています。まずは、手話によって体験内容や思考過程を十分言語化する。その知的蓄積を元手にして、書きことばに徐々に（一次的レベルから二次的レベルへ）発展させていくという丁寧なプロセスを踏むわけです。確かにこの考え方には説得力があります。認知科学的にも、より現実に合致した無理のないデリケートなシステムのように見えます。しかし、聞こえない子どもたちに、実際、書記日本語の指導をしてきた経験を持つ者の目からは、果たしてそのようにうまく事が運ぶかなという疑問がどこかに残ります。

この考え方の問題点は何か。手話の一次的ことばの体験知識を元手にして、それを手話の二次的ことばに押し上げていくことについては、何ら問題はないと思います。手話が自然言語である以上、子どもにとって、そこにより高次の手話を提示する手話話者（先輩や大人）がいれば、そのような言語としての質的発展はある意味で「自然」に生じるし、当然、成立可能だと考えられます。しかし、問題は手話の一次的ことばの知識から、話しことば、あるいは書きことばの一次的ことばへの「移行」「スライド」という、その部分です。先に言った、手話の一次的ことばから二次的ことばへの「移行」は、同じ文法構造内の「移行」です。質的変化ではあっても、文法的（論理構造的）には同じルールを踏まえた変化でしかありません。

しかし、手話の一次的ことばから話しことば、あるいは書きことばへの「移行」は、「一次的」という同言語レベルの水平「移動」ではありますが、文法（論理構造）を異にする二つのルール間の「移行」です。同じ言語が質的に深まるという「変化」と、一つの言語を元手にして、別な言語を理解するという状態の「変化」のもつ意味はまったく違います。簡単に言えば、聞こえない子どもにとって、手話の文法構造を身につければ身につけるほど（つまり、日本手話の文法構造が固定強化されればされるほど）、日本語の書きことばはまったく別の文法をもった言語、つまり「外国語」となります。二つの言語の間には決定的な言語的「断絶」があります。外国語として日本語の書きことばを習得しなければならない聞こえない子どもは、この言語的断絶を飛び越えなければなりません。そこにはどのような方法をとろうとも、それなりに外国語学習に伴う意識的な努力が必要になります。私が多少の疑問を感じるのは、「一次的ことばから二次的ことば」という段階論が何かまるできちんと段階を踏みさえすれば、スムースにこの「移行」が達成できるかのような楽観的印象を与えている気がすることです。

段階理論で言われている「移行」の実際の場面は、それがどのようなレベルの段階であれ、原則的には「翻訳的理解」になるのではないでしょうか。つまり、「手話ではこう表すものを、日本語ではこう書く」という具合に。AをBに翻訳するということです。ただし、この翻訳作業は一対一対応が成立するような非常に単純な名詞の単語レベルや、単純な文構造の文の場合はそれなりに「移行」「翻訳」できるかもしれませんが、対象の日本語の文法構造が複雑なレベルになった場合、果たしてどこまで対応できるか疑問があります。

ここで「複雑なレベル」と言っているのは、高度ということではなく、日本手話からの「移行」が容易ではないであろう日本語特有の文法要素が出てくるレベルということです。特に使役、受身、自動詞、他動詞、助詞（は／が、に／へ）等の文法要素です。そして、これらの要素は既に小学二、三年の教科書レベルで登場してきます。それらの言語（文法）的「断絶」を、一次的手話を元手にすることで、こちらからあちらに「自然」にすんなり橋渡し（移行）できるかどうか。そこにはかなりの人為的工夫が必要となるのではないでしょうか。◆19

手話の勉強をする場合も、ダイレクトメソッドという方法があります。聴者の場合、多くは最初に言いたいことを日本語で考え、それを頭の中でいちいち手話に翻訳した後で表わす、あるいは、相手の手話を見て、日本語的な文脈の中において理解しようとします。しかし、ダイレクトメソッドでは、そうではなく、日本語を介さないで手話を直接、手話として理解し、表現することを目指します。この方法の是非はさておくとしても、確かに、日本語の文法に縛られていては、どうしても理解しづらい表現や論理が日本手話にはあるようです。日本手話の指導については、ダイレクトメソッドの重要性を主張する人は結構いるわけですが、もし、その主張が正しいとするなら、逆に、聞こえない子どもが日本語というまったく別の文法構造を持った言語を習得する場合も、手話を介するのではなく、日本語を直接、日本語として学ぶという視点が検討されていいのではないかと思います。

また、母語になっている一次的ことばを元手にして、そこから別の言語の一次的ことばに「移行」

して、その別言語もすんなり獲得できるのであれば、聴者にとっての英語学習ももっと成果のあがったものになっていたのではないでしょうか。日本語は聴者にとって十分に使いまわしの出来る唯一の一次的ことば（あるいは二次的ことば）だったはずですから。しかし、それでも、ある段階から外国語としての英語ははっきりした言語的断絶を私たちに示したのではなかったでしょうか。少なくとも、「自然」なプロセスで次から次にステップを昇って行くことができなくなった段階が人それぞれにあったはずです。英語をある程度のレベルでものにした人たちはこの断絶（段差）を「自然」にではなく、何らかの力技、つまり意識的対応で乗り越えていった人たちです。単語ひとつとっても、「自然」には決して覚えられません。多くの人たちが単語のスペルと意味を視覚的に結びつけて覚えていった、つまり頭のどこかでカタカナ式の音韻と日本語の意味とを結びつけて記憶していったというのが正直な実情ではなかったでしょうか。いずれにせよ、外国語である言語を、母語を介するという経路で、かつ「自然」な「移行」として習得するという方法には、それなりの困難が伴うということは認識しておく必要があるように思います。

最後にバイリンガル・バイカルチュラルのII型について考えてみます（図5参照）。これは単独学習型とも言える方法です。考え方の基本は至って簡単で、先に述べたように、聞こえない子どもであっても、書記日本語は書記日本語を介して、直接、学習していくという方法です。しかし、おそらく多くの人が、書記言語を書記言語として直接学ぶと言われても、具体的なイメージがわかないと思います。あるいは、そんなことが出来るのかという疑問を持たれる方も多いかもしれません。けれども、多くの方たちの疑問視とは裏腹に、この方法は現実の中で結構実践されているのではな

—◆19……本書第4章13「聴覚障害児教育における言語観と学力問題」参照。

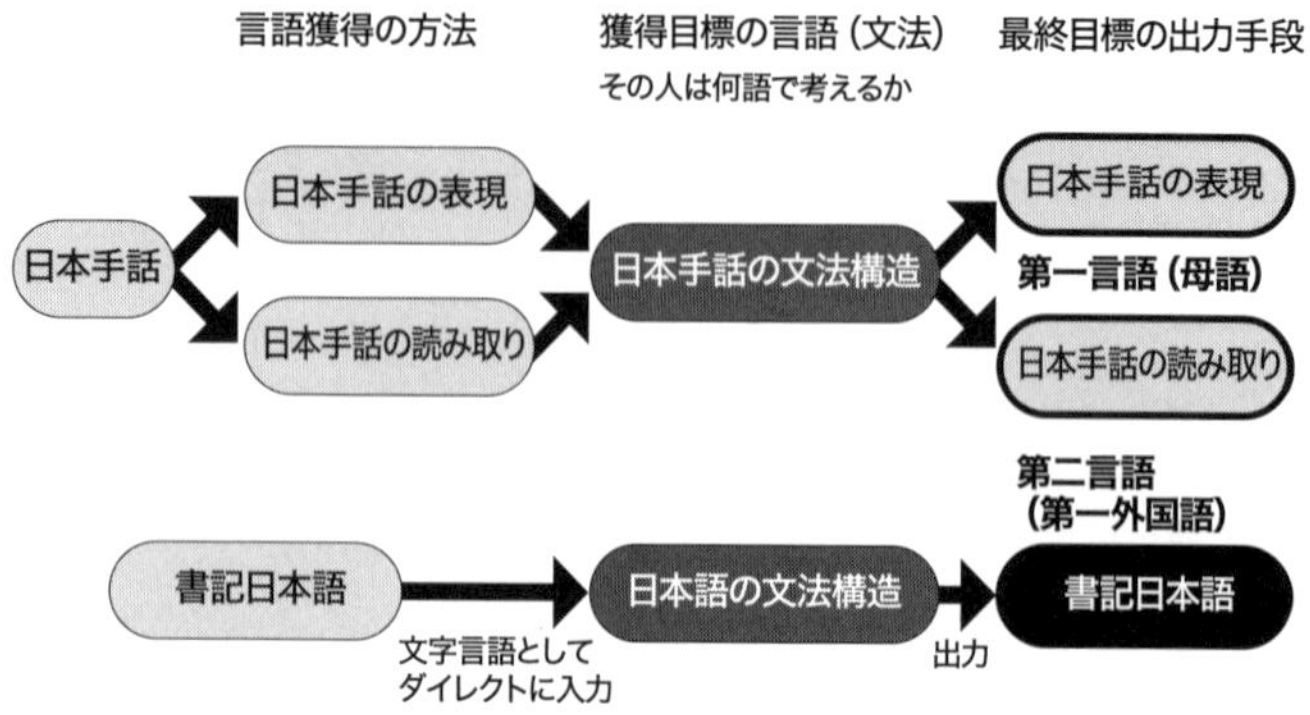

図5●バイリンガル・バイカルチュラルのリテラシー方略（II型—単独学習型）

いでしょうか。今回の話の初めに、聞こえない子どもで日本語の書記能力を獲得し、それに伴い学力的にも成果をあげているいわゆる「エリート」の話をしました。これらの聞こえない子どもたちの共通の特長として、もう一点、ほとんどの例外なく、英語も聴児と同等（あるいはそれ以上）のレベルでよく出来るということがあげられます（だからこそ四年制大学にも進学できるわけです）。しかし、英語がじょうずに喋れるということでは勿論ありません。英語の読み書きがきちんと出来るということです。

それではこの子どもたちは英語をどのようにして理解し、習得してきたのでしょうか。それは英語を文字言語として視覚的に獲得していったというのが実情なのです。私自身、そのような方法で長年聞こえない子どもたちに英語を教えてきた経験上、この方法が机上の空論ではなく、実施可能なものであることを確信しています。

外国語の基礎の段階をしっかり構築するためには、

単語や文のストック（蓄積）について、書記言語は書記言語で直接学習しておく必要があります。どうしても何らかの翻訳的理解というプロセスが避けられなくなる段階がくるかもしれませんが、それは基礎段階が終わった後、言語の内容があるレベルに達した段階の話ではないでしょうか。

以上見てきたように、言語獲得の中でリテラシー（日本語の読み書き能力）をどのような場所に位置づけるか、第一言語との関係をどのように考えるかということが非常に本質的で重要な問題です。そして、現実的にも、どのような位置づけのもとでリテラシーの教育を実践するかによって、その成果もかなり違ったものになるのではないでしょうか。

7　最後に

聞こえない子どもに対するリテラシー教育を考える際、その前提としてしっかり確認しておかなければならない根本問題がいくつかあります。今回は時間がなかったので直接触れることは出来ませんでしたが、さらに、付け加えなければならない具体的検討事項もあります。それは、リテラシー教育ということを問題にする場合、一体、「誰が」「誰に対して」「いつ（指導期間の問題を含む）」「どこで（家庭における学習指導＝宿題カリキュラム問題を含む）」「何を（指導する情報内容のレベルを含む、つまりどのレベルまでを目指して指導するのか）」「どのように（習熟別指導の問題を含む）」指導するのかという具体的前提条件の問題です。これらの前提に関する議論もしていかなければならない事柄です。

いずれにせよ、リテラシーの問題については直接、技術論を云々する前に（あるいは少なくとも、その議論と同時に）、まずはこれらの根本にある前提条件についての議論、検討、確認をきちんとする必要があるのではないでしょうか。これらの基礎的な手続きをないがしろにしたまま、いくら性急に技術論を求めても、おそらく実りのある成果は期待できないと思います。もし、焦ってリテラシーの技術論に軽々に飛びつくとすれば、かつて、その本質的な意味をきちんと問うことをせず、口話法の技術面のみに執心した時と同じ轍を踏むことになるでしょうし、その結果も同じく苦いものになるのではないでしょうか。

リテラシー問題については、焦らずに、根本からきちんと考えることが何より必要だろうと思います。

13

聴覚障害児教育における言語観と学力問題

●初出／『聴覚障害』第五六巻三月号（聾教育研究会二〇〇一年三月）
●加筆修正／二〇〇三年六月

1 「言語」という見落とされてきた根本的視点

今日まで、聴覚障害児教育の世界では様々な実践と議論が積み重ねられてきたが、その流れは現在どのような地点にたどり着いているのだろうか。まず、はっきり言えることの一つに、従来、聞こえない子どもに対する教育法の主流であり続けてきた聴覚口話法[1]が根本から再検討され始めているということがある。周知のように、これは手話に対する再評価という動きに連動して起きている現象である。

昨今、改めて手話への再評価の声が高まってきた背景には、まず、それを導いたいくつかの具体的状況があった。一つは、一九九五年、『現代思想』誌上に発表された木村晴美、市田泰弘の「ろう文化宣言」がもたらした聾文化と日本手話をめぐる議論である。「宣言」の内容に対する評価は様々であっても、少なくとも、関係者の多くはここから生じた議論により、自らの手話観と障害観を根本から問い直されたのではないだろうか。

そして、教育現場においても聴覚口話法を離脱した実践が試みられ始めている。奈良、三重、足立（東京都）、広島等の聾学校では、手話を積極的に取り入れた環境づくりが試みられており、その状況がいろいろな研究会で逐次報告されている。また、バイリンガル教育を実施する民間の聾児専門フリースクールの活動も各地で活発化している。[2]

このような「時代の変化」を目の前にして、今、私たちが真に考えなければならないことは何だろうか。それは、手話に対する再評価を踏まえたこのような具体的現象がなぜ起きたのかという問題である。その根底にある本質的事情、その現象を召喚せざるを得なかった必然的原因は何か。今、ごまかしなく確認されなければならないのはこの点である。

この本質的な問いに答えることは、思いのほか簡単なのかもしれない。それは、聴覚口話法という理念が標榜した（もっと明確に言えば「約束した」）はずの成果が現実の中で、きちんと保障されなかったという、この一点に尽きる。保障されなかっただけではなく、結果として、それはいくつかの本質的な問題をも派生的に生み出す結果を招いた。音声言語であれ、書記言語であれ、年齢相応の日本語運用力が一定レベルに達していない子どもたちが少なくないという事実（当然、この

◆1……本書第1章1「インテグレーションの現状と課題」注15（41頁）参照。
◆2……本書第1章4「混迷と転換の季節の中で――変わることと変わらないこと」中「デフ・フリースクールからの異議申し立て」の項（166頁）参照。

ことは「低学力」という現実問題を引き起こす直接的原因であり続けてきた）。音声言語の聞き取りと発音を強要される日々の中で、「聞こえない」ことに根本的な劣等感を持ち続けるようになる子どももたちもいる。聴覚口話法に固執した教育環境から、結果として、このような子どもたちが多く排出されてしまった。

そして、このような現実の結果がもたらすマイナス（低学力、低言語力、劣等感）を身をもって引き受けなければならなかったのは誰だったたか。それは、取りも直さず、聞こえない子ども本人とその親たちであった。この人たちだけが現実の結果をしっかり見届けたわけである。[3] 彼らが聴覚口話法に根本的疑問を抱いたのはある意味で至極当然のことだったと言える。手話に対する見直し（さらには重視）という価値観の転換、そして、それに伴なう教育環境の抜本的改変要求という状況が生じてきた事情には、根底にこのような聴覚口話法に対する根源的な異議申し立てがあることを私たちはしっかり確認しておく必要があるだろう。

この聴覚口話法に対する根源的異議申し立てと手話の重視という新しい動きは、同時に、期せずして非常に本質的な問題を別な角度から提起する結果をもたらした。それは、皆の意識を「言語」という根本的な視点へ引き戻したことである。従来、聴覚口話法の教育環境下では、聞こえない子どものコミュニケーションやアイデンティティの問題はまず何より、「やさしさ」「思いやり」「伝えたいという気持ち」「楽しさ」「自主性」「自発的行動」等の自然主義的視点を重視した流れの中で取り扱われるのが常であった。しかし、手話という「言語」の機能と価値を理解したものの目から見れば、コミュニケーションやアイデンティティの問題はそのような自然主義的精神論の問題などではまったくなく、むしろ、「言語」としてのコミュニケーション環境がきちんと保障されていないところから生じる、極めて基本的な意思伝達の手段に関する問題なのである。また、読み書きに関する指導も、それをどのような言語（指導言語）で教えているのかという、これまた純然たる言語レベルの基本的問題なのだということになる。また、同時に、聞こえない子どもにとって、日本語という言語を音声を介して「自然」に獲得することが果たして本当に可能なのかどうか。音声言語は聞こえない子どもにとって、むしろ、本来は「意図的」、「意識的」に学ぶしかない言語なのではないかという見方も浮上してくる。これらの認識は事態を「言語」という厳密なレベルの問題として捉えたとき、初めてはっきり立ち現れてくる性質のものである。

つまり、「思いやり」や「自主性」等の理念などではなく、「言語」という現実的で、かつ本質的なレベルで起きているディスコミュニケーション状況こそが、何より問題なのではないかという根源的な問いかけを手話への視点転換は同時に示したのである。

言語はその人の感情と思考の成り立ちに深く関わっている。このことの意味を正確に理解している者ならば、「言語」の問題がその人のアイデンティティ（自分の存在価値に対する自己確認）にも抜き差し難くかかわっていることは即座に了解するだろう。その意味で、聞こえない子どもの教育の根底にあるのは、結局、どこまでいっても「言語」の問題なのである。この実に当たり前のことが、長い間、聴覚障害児教育の世界では見落とされてきたのではなかっただろうか。

言語に関する基本的視点に関し、もしそれが共通理解（コンセンサス）としてきちんと踏まえら

◆3……当然、同じ問いが専門家にも向けられてしかるべきであろう。すなわち、「あなたたちは現実の結果をしっかり見届けたのか」と尋ねられて、専門家は何と答えるのだろうか。

れていたなら、おそらく、もっと早期に、聴覚口話法への根本的反省と改善がなされていたであろうと思われる事柄が少なくとも二点ある。本小論ではそれを再考することで、今後の取り組みへの提言としたい。

2 言語獲得システム

現在、言語学では子どもの言語獲得についてどのように考えられているだろうか。言語学自体、重複領域の認知科学諸分野との議論を通し、日進月歩で発展しているが、ここでは最も生産的な仮説として大きな影響力を持った言語学者チョムスキー[◆4]の基本的考え方を再確認してみよう。問題はそれが従来私たちが持っていた言語観（そして、それは、聴覚口話法への傾斜を招いた根本原因でもあったわけだが）に対し、どのような本質的修正を迫るのかということである。

チョムスキーの考えを概略すると以下のようになる（図1参照）。

まず、子どもの脳内には「言語機能」(language faculty) という働きがあり、これはどのような個別言語（英語、フランス語、日本語、等々）にも対応できる一種の「ことばの青写真」である。これはまた「普遍文法」(universal grammar) とも呼ばれ、これを元手にし、そこに様々な操作（変形）を加えつつ、子どもは言語を生み出していく。大本の青写真である「言語機能」を元にして、それをいずれかの現実の個別言語に作り上げていくこの能力を「言語能力」(competence) という。そして、その「言語能力」により構築された個別言語を現実の中で音声として出力する過程を「言

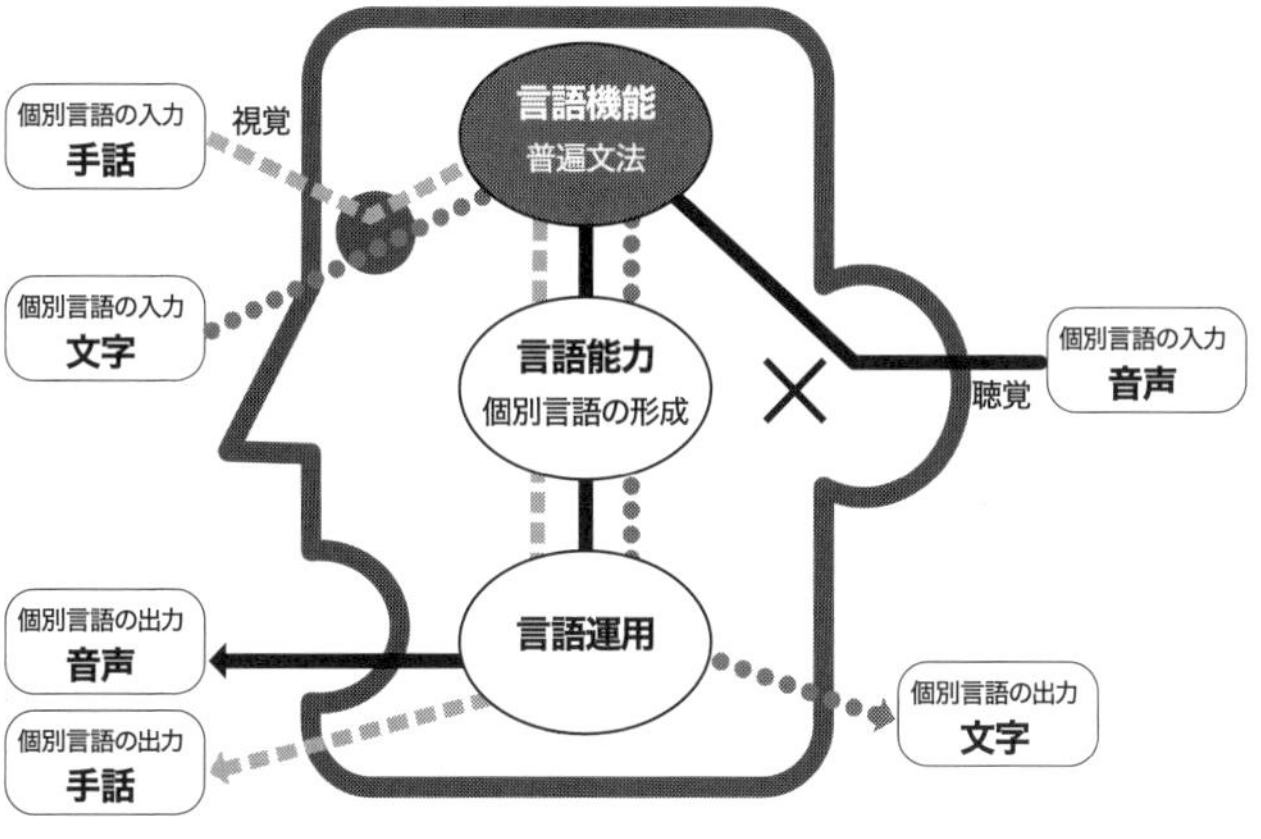

図1●チョムスキーの言語獲得システム
[ただし聴覚障害と手話に関する表現部分は上農による／2001／上農]

語運用」（performance）と呼ぶ。

　この基本的なモデル（説明原理）に従って言語が生成される過程を考えてみると、次のような流れになる。まず、幼児の脳内に個別言語の情報（資料）が聴覚を通し入って来る（入力される）。それが言語機能を刺激し、そのシステムの発動過程を経て、個別言語の文法構造を形成していく。そして、それが言語運用として音声という形で出力されるわけである。つまり、子どもは大本の「言語機能」が支障なく機能する限り、情報（資料）として与えられた個別言語がどのような言語であ

◆4……Noam Chomsky（一九二八〜）アメリカの言語学者。（変形）生成文法理論により、言語学ならびに認知科学の領域に革命的影響力を与えた。生成文法理論自体、様々な批判と議論を取り入れつつ、修正と改善を繰り返しながら発展してきた。また、チョムスキーは若い時から現在に至るまで、政治状況についても極めて鋭い同時代的批評活動を続けている。著作『文法の構造』研究社出版（一九七七）、『統率・束縛理論』研究社出版（一九八四）、『デカルト派言語学』みすず書房（二〇〇二）、『言語と精神』河出書房新社（改訂版新装・一九九六）他。

れ、「言語能力」の助けを借り、それを自分の中で変形手続きを通し、構造化した上で、完全な自然言語として「言語運用」するようになるということである。日本手話には自然言語としての固有の言語（文法）構造があることが知られているが、聾家族（デフファミリー）に生まれた聾児が（聴者から見ると非常に複雑に見える）その手話言語をまさに難なく「自然」獲得する現象も、このチョムスキーの考え方を踏まえれば、まったく当然のことと言える。

私たちの脳は何も音声言語にだけ対応しているわけではない。音声言語に対応し得るのは、「音声」であるからというより、それが「言語」たり得るシステム性を持っているからなのである。同様に、手話にも自然言語としての言語（文法）構造がある限り、それを言語として獲得し、かつ、それを使用して音声言語と同様の言語生活、精神活動が出来るということについては論を待たないはずである。このことは逆に、それがたとえ「音声言語」であっても、その聞こえない子どもにとって、もし「言語」たり得ないなら、それは思考を支える精神の道具としてはまったく役に立たないということをも物語っている。

この言語のメカニズムについて、私たちは本当にきちんと理解していたであろうか。「手話は所詮、身ぶりの延長に過ぎない」、「手話では抽象的なことは表現できない」等々、従来、根強く信じられてきたこのような先入観は、少なくとも言語学や認知科学等の世界では、もはや「自明のこと」として通用はしないだろう。◆[5]

問題は、聴覚口話法が聞こえない子どもの言語として採用した「音声言語」が当の聞こえない子どもにとって「言語」たり得ていたかどうかなのである。決定的な問題はこの点にある。ならば、その言語性を本質的に決定し、保障するものは何か。それが「音韻」という言語現象である。

3 音韻論という考え方

近代言語学の流れの中で、音韻という言語現象に焦点をあてたのは構造言語学の祖ソシュール[6]であった。さらに、ヤコブソン[7]がそれを引き継ぎ、理論的に深化させたことはよく知られている。音韻論という考え方がもたらした本質的な視点は一体何だろうか。それは、次のような言語の本質的性質への指摘であった。つまり、言語がその成立時に必要とする究極的条件は、言語記号の最小単位の独立性(弁別性)を保障する記号相互間の「違い」(差異)であるということ。この差異がはっ

◆5……市田泰弘「誤解される言語・手話」『ろう文化』青土社(二〇〇〇)、酒井邦嘉『言語の脳科学』中公新書(二〇〇二)、正高信男『子どもはことばをからだで覚える』中公新書(二〇〇一)参照。

◆6……Ferdinand de Saussure(一八五七〜一九一三)ジュネーブ生まれの言語学者。フランスのユグノー貴族の末裔である学者一家の長男。十代後半で画期的研究を発表し、パリ言語学会で注目を集める。三十代で故郷に帰り、ジュネーブ大学の教員として過ごす。晩年に一般言語学に関する連続講義をおこない、それが没後、聴講者たちのノートを元にまとめられ、弟子たちにより刊行される。この書こそが二十世紀の言語学に大きな影響を与えることになった『一般言語学講義』である。

◆7……Roman Jakobson(一八九六〜一九八二)モスクワ生まれの言語学者。青年期にチェコスロバキアに移る。このときトゥルベツコイ等と交流し、プラハ言語サークルの創設に関与する。ナチ侵入のため、デンマーク、スウェーデンを経由してアメリカに渡る。人生のすべての時期において常に脱領域的活動スタイルを堅持したダイナミックな学者で、その画期的研究は言語学、詩学、記号論、コミュニケーション理論と多岐に渡っている。渡米当初、ヨーロッパからの亡命ユダヤ知識人救済のために設立された「社会研究新学院」(New School for Social Research)で教鞭をとっていたが、そこで出会った文化人類学者レヴィ＝ストロースに構造言語学(音韻論)という決定的示唆を与えた話は有名。著作『一般言語学』『音と意味についての六章』(序文・レヴィ＝ストロース)他。

きり知覚されない所には、言語記号の複雑な音韻システムは成り立ちようがないのである。その「差異」という現象（関係）を具体的にもたらすのは、現実の中にある何らかの物理的（知覚可能な）記号なのだが、重要な点は、「この材質でなければならない」という特定の絶対的記号があるわけではないという点である。大事なことはその素材が知覚的に明確な「差異」を生み出せるかどうかにある。つまり、最も必要なことは、ある記号素材を使った場合、記号間に生じる細やかな「差異」をその人が知覚的に識別できるかどうかなのである。

　ソシュールはこの事情を「チェスの比喩」を使って巧みに説明している。チェスをする場合、その駒の材質がボール紙で作った粗末なものであろうと、象牙で出来た立派な駒であろうと、そのことはゲームの成立には何の影響も与えない。ゲームが成立するための不可欠な要素は、駒同士が作る、互いに対する「差異」の対立関係だけである。その「差異の関係」がゲームのルールという「言語」を担う。同様のことを言語学者の川本茂雄は次のように明言している。

　――能記[8]はいくつかの一定数の要素が互いに区別されればそれだけで十分なのであって、それらの要素が音で示されようが、点と線の組合わせで示されようが、手旗の動きで示されようが、一向に関わりのないことである。換言すれば、それらの一定数の要素は互いに差異することだけが肝要であって、すなわち純粋に形式として存在することが須要であって、聴覚とか視覚とかの特定の質料（実質）に拠ることは本質的には必要事ではないのである。[9]

聞こえない子どもたちにとって、音声という素材を通し、その音素記号間の微細な「差異」を知覚することは極めて困難なことである。これは誰の目にも明白なことであろう。ましてや、その明確に知覚できない「差異」を使って、音声言語の文法構造を理解し、そのことを通して「言語」を獲得していくのは、絶望的な困難事である。聴能訓練や発音練習が子どもの多大な努力を条件にして試みられてきたが、それは現実の生活場面において決して十分な対応力とはなり得ず、結局、子ども本人は多くの場合、「類推」や「ごまかし」という苦肉の方略に頼るしかなかった。そして、それは根深い劣等感やいびつな人格形成、そして不安定なアイデンティティという別面の深刻な問題を生んできた。[10]

聴覚口話法には、少なくとも、言語学や認知科学の観点から見れば、道理に抗った、本質的に困難な試みであったと言わざるを得ない面がある。専門家や親の中には、それでもなお、聴覚口話法の有効性、正当性を主張する人たちがいるかもしれないが、その場合はまず何より先に、子どもたちが結果として不可避に立ち至ってしまう困難な言語状況と苦しい精神状態という「現実」を直視してもらわなければならない。是々非々の議論はその後の話である。そして、議論をするのであれば、「現実」に基づいた厳密な議論を徹底的に交わすべきであろう。

◆8……「所記」(signifé)、つまり「記号内容」に対する「能記」(signifant)、つまり「記号表現」のこと。
◆9……川本茂雄「構造主義・記号学—訳者あとがき」J・カラー『ソシュール』二〇七頁、岩波書店(一九七八)。
◆10……本書第3章9「聴覚障害児教育における障害認識とアイデンティティ」参照。

4　日本手話の研究と導入がもたらす新たな課題

聴覚口話法から離脱し始めた教師や親たちは、現在、手話を取り入れた環境づくりを模索している。そこで問題になっているのは日本手話の取り扱いと日本語の読み書き（リテラシー）教育という二つの現実問題である。特に昨今、注目を集めているのが次のようなバイリンガル教育論である。まず、日本手話で基盤言語（手話の一次的ことば）をしっかり作り、次に、それを質的にレベルアップさせる（手話の二次的ことば）。そして、その手話を元手に書きことばという別レベルの言語に移行させるという考え方である。バイリンガル教育を標榜している人たちには、大変心強い理論であるようだ。[◆11] 私もバイリンガル・バイカルチュラル教育を支持する立場なので、この理論には注目しているが、個人的には別な面からの危惧も多少感じているので、そのことを言い添えておきたい。危惧というより、私個人が最近ますます強く感じ始めている新たな課題ということなのだが、それは日本手話の文法構造と書記日本語との兼ね合いの問題である。

日本手話に関しては至る所で議論の対象になりながら、肝心のその言語学的研究、特に文法構造の全体的究明と語用論研究は残念ながらまだ甚だ不十分なものでしかない。しかし、徐々にではあるが研究は進展しているようだ。[◆12] その知見を踏まえると、日本手話という自然言語が持っている言語（文法）的特性が私たちの目にも少しずつ確認可能になってきた。その結果、そこから私が感じ取っていることは何かというと、日本語という言語が持っている性質との大きな「乖離」、言語的

「隔たり」の深さという問題である。

現在、日本手話の文法研究により指摘されているその言語（文法）的特性はいくつかあるが、特に書記日本語（リテラシー）教育との関連を考える場合、重要と思われる事項に、例えば「ロールシフト」や「イントネーション」と呼ばれる手話特有の言語現象がある。

「ロールシフト」（役割交替）とは、発話中、話者自身が発話の中に出てきた別の人物としてふるまう表現のことである。直接話法、間接話法ということは日本語にもあるが、手話には主語の明示という強い特徴があるため、その影響ともあいまって、「ロールシフト」現象は極めて複雑に文法化し、かつ、それが手話や指さし、視線を駆使して厳密に表現される。

また、「イントネーション」という機能は、節と節の切れ目や話者の態度（モダリティ）を表わすわけだが、手話においてはそれは頭の動き（頷き、顎上げ、首振り）とその強弱（トーン）の調整により、非常に細密に表出されると言われている。例えば、節を接続する場面にこの頷きのイントネーションがある場合は、それは条件節であることを示す標識となる。逆に言うと、この（聴者から見た場合）さり気なく提示されたほんの一瞬の「頷き」を見落とした場合、あるいは、その文

◆11……ここで言及したバイリンガル教育論は鳥越隆士（兵庫教育大、障害児教育）により提示された考えを指す。鳥越「聴覚障害児の手話と日本語獲得」（『トータルコミュニケーション研究大会報告書――日本型二言語教育を求めて』二〇〇〇）。また、鳥越が言語獲得理論として援用している岡本夏木（言語心理学）による関連講演に次のものがある。岡本「子どものことばの発達」（『TC研究会会報』No.83　二〇〇〇）。

◆12……トータルコミュニケーション研究会役員研修会（二〇〇一年一月六日）における市田泰弘（国立身体障害者リハビリテーションセンター学院手話通訳学科）の講義「どうしたら子どもの手話が読みとれるようになるか」の中で、手話研究に関する最近の進展状況の一端を筆者は知ることが出来た。本小論の日本手話に関する記述はその際の教示に拠っている。

法的意味が理解できない場合は、発信された文が条件節であるということは理解できなくなるということである。

①［死ぬ］＋（頷き）＋［終わり］　「死んだら、お終いです」（まだ、死んではいない）

②［死ぬ］＋［終わり］　「死んでしまいました」

①の文中にある文法的標識としての「頷き」を見落とせば、発信された内容を、まったく逆の②として理解してしまうという決定的誤解が生じる。

今、たまたま「ロールシフト」と「イントネーション」という二つの日本手話に特有の言語現象を取り上げたが、これだけ見ても、手話がどれほど精密な言語処理を実施しながら言語情報を伝達しているかが理解されるだろう。と同時に、その構造（システム）の性質が音声言語のそれといかに異なっているかも実感されるだろう。おそらく、それは、英語と日本語の「違い」のような音声言語同士の「違い」（音声言語という共通素材内での「違い」）とは、またレベルを異にした「違い」なのではないだろうか。ただし、誤解がないように断っておくが、このレベルの「違い」はむしろ手話言語が自然言語として存在していることの独自性と自然性を改めて客観的に物語っている証左なのであって、それを理由に手話言語の価値が音声言語と比較して劣ったものになるということなどではまったくない。

現実の問題はその先にある。バイリンガル教育ではまず第一言語（母語）として日本手話を身につけ、その後、第二言語（あるいは第一外国語）として書記日本語の習得を目指すことになっている。つまり、バイリンガル的教育環境に置かれた聞こえない子どもたちは、まず最初に日本手話という言語に接触し、言語の獲得を開始する。先に見たように、その日本手話という言語は音声言語と比べても何ら遜色のない独立した自然言語であるわけだから、当然、何の問題もなく、子どもは言語獲得を自然に、かつ確実に、そして堅固に推進するだろう。つまり、その聾児の脳の言語を司る部分は日本手話の論理構造（音韻システム）で形成され、それが固定される。その子どもは日本手話という言語の論理カテゴリーを通して、この世界を認知し、理解する。そして、その子どもの思考も常に日本手話を介して構築される。幼児期におけるその構築過程は音声言語のそれと同様、思いのほか早期に完成されることが教育実践の現場からも報告されている。[13]日本手話の言語性を理解し、その価値を認めれば認めるほど、この成り行きは当然のこととして了解せざるを得なくなる。

聴覚口話法が結果として生み出した多くのセミリンガル状況を考えれば、聞こえない子どもが一つだけでもしっかりした言語を獲得するのであれば、それは大変喜ばしいことである。[14]そして、そ

13……注12の研修会では二つの聾学校から資料ビデオが提示された（具体的学校名は発表者の希望により非公開）。A校のビデオは四歳児が聴者教員と手話を介して会話している場面。B校のビデオは四年生が数人で会話している場面であった。分析、解説した市田によれば、前者の場合、不十分ながら随所に日本手話的要素がすでに表出され始めており、後者の場合は日本手話の文法構造はもはや十分に完備保持されているとのことだった（年齢と学年に注目）。ビデオを見た聾者の保護者は子どもたちの会話の内容を難なく読み取ったが、筆者も含め、その場にいた聴者のほとんどにとっては正確な読み取りは極めて困難であった。

14……バイリンガル教育を標榜している人たちの一部には、「二言語習得」とは戦略上の建前、あるいは消極的な添え物的願望にすぎず、本音は「日本手話だけでもきちんと獲得してくれれば、それで構わない」というモノリンガル（単一言語）志向が根底にあるのではないだろうか。この問題については本書第4章12「リテラシー問題を議論する際の前提条件」で意見を述べた。

の言語が聞こえない子どもにとって最も獲得しやすい視覚的な自然言語である日本手話だということにも、言語学的にはむしろ当然の妥当性がある。

しかし、少なくともバイリンガル教育を標榜するのであれば、問題はそれだけで単純に解決はしない。なぜなら、もう一方で、書記日本語の獲得という現実問題への対応があるからである。日本手話で脳の言語システムを堅固に構築した聾児にとって、日本手話とは非常に異なる文法構造や音韻システムを持つ日本語という言語を理解することは間違いなく大きな困難を伴うだろう。日本手話をしっかり獲得していればいるほど、その言語的拘束を受けるという意味で、日本語習得上の困難度は増すのではないだろうか。

しかし、私はここで、「だから、日本手話では困るのだ」ということを言おうとしているのではない。基本的にはバイリンガル教育を支持しているし、日本手話の言語性についても疑問を持ったことはない。しかし、同時に、書記日本語の獲得も教育目標として絶対に手放すべきではないというのが私の聾教育に対する基本的立場である。だからこそ、日本手話の持つ独自性が生み出す日本語との言語レベルの乖離を困難な問題として、改めて強く感じているのである。

日本手話の発話中に生じるロールシフトという言語機能を通し、聾者（聾児）は「使役」や「受身」（と聴者が呼ぶ）関係概念を理解し、使用している。その理解や使用を支えているのは、すべて手指や身体の動きという視覚的音韻、つまり空間分節的記号なのである。一方、音声言語ではそれを音声という時間分節的記号で表わしている。つまり、「〜させる」とか「〜られる」という、それ自体なんの身体性も伴わない助動詞と呼ばれる音韻記号（書記言語の場合は文字記号）の使用によって表現している。手話という空間分節的な視覚言語によって世界を把握、理解している人と、時間分節的な音声言語で世界を把握、理解している人の思考状態（言語認知）は本質的に、そして具体的にかなり異なったものなのではないだろうか。

「日本手話により第一言語を自然獲得し、そのレベルを質的に向上させ、そこから書記言語へ移行して習得させる」と口で言うのはたやすいが、はたして現実にことはそう簡単に運ぶのだろうか。[15] おそらく、そこには自然な「移行」を阻む言語的「断層」が横たわっているのではないか。だからこそ、その「断層」を「自然」にではなく、意図的に、教育的技術として、どのように乗り越えていくのかにこそ、バイリンガル教育の最大の課題があるはずである[16]（聴覚口話法の中で大手を振るった自然主義的教育観の踏襲は絶対避けなければならない注意事項だろう）。

5 これからの学力問題——手話とリテラシー問題

以上見てきた諸点を踏まえると、これからの聴覚障害児教育の考え方はどのように構想されるべきだろうか。特に学校教育における「学力」問題について、具体的にどのような対応が実施されるべきだろうか。

◆15……この意味から、筆者は聴覚障害児に対する二言語教育を考える際、バイリンガル理論研究者のカミンズ（Cummins）が提示した二言語共有説（Common Underlying Proficiency）に基づく「移行（転移）」（transfer）論を援用理論として適用することには判断保留の立場を取っている。カミンズが対象にしたのは基本的に音声言語同士のバイリンガルではないだろうか。

◆16……本書第2章の各節で論じた聴覚口話法の中で大手を振ってまかり通った自然主義的教育観の不適切な側面は、バイリンガル教育を試みるときには決して踏襲してはならないだろう。

べきだろうか。そこには、（一）学力の定義（具体的内容）と（二）その実際上の指導方法という二つの問題がある。

現在、日本の公教育全体が抜本的見直しの時期を迎えているが、障害児教育については基本的に「統合教育推進」という方向に舵が切られ始めている。このような流れの中で、聾教育が自らの専門性、必然性、存在意義を主張するためには、学力に対しても改めて説得力のある理念と実践成果を明確に示していく必要があるだろう。その場合、教育目標の中核をなす要素、聾教育が絶対責任を担わなければならない事柄は、一つは書記日本語（リテラシー）教育である。書記日本語による学力や思考内容の理解力と提示力の育成である。もう一つは聾児が自分のアイデンティティを支える時に必要となる論理的思考力としての学力である。聾児は「聞こえない人間」として、自らの価値を理解し、誇りを持ち、それを守らなければならない。と同時に、聴者の異文化に対し、その価値を理解（異議申し立ての実践的能力も含め）、尊重できるだけの「他者」理解能力を持たなければならない。この困難な知的作業を支えるための論理的思考力こそが教育の中で培われなければならない。これからの時代、聾教育に求められるのはこのような意味での「深い」学力だろう。

そうした「学力」を聞こえない子どもたちにしっかり手渡していこうとする際、最も有効で必要不可欠な道具であり、意思伝達を確実に支える「言語」として「手話」は今、私たちの目の前にある。その手話という言語をどのように教育の中で活かしていくか。そこに、これからの聾教育の本質的課題がある。

今後、指導の現場に要請されるのは次のような発想と視点だろう。例えば、国語科の作文指導の中で、「聾文」[17]は従来、誤りを含んだ不適切な文として劣等視されてきた。しかし、視点を変えれば、それは既に子どもが獲得している（獲得しつつある）手話の言語（文法）構造を反映した（それ自体、ある意味で論理的な）言語サンプルなのである。ならば、そこに投影された手話の言語論理が生んだ、日本語としては「誤り」である要素を劣等視するのではなく、むしろ、その「誤用」を積極的に基盤教材として活用し、手話の言語論理（文法）と日本語の論理とがどのように構造的に異なっているかを、その「誤り」を通して理解させていくという方法が工夫できる。しかし、このような比較言語的指導を実施しようとするなら、やはり、不可欠の条件として、日本手話の文法構造に対する理解が必要となってくる。指導法としては高度な知識と技術が要求されるが、「手話を活用する」とは具体的にはこのような比較言語学的な方法論を踏まえた実践対応のことなのである。そして、今後、「深い」学力の育成はこのような対応抜きには期待できないだろう。[18]

最後に、言語学から聞こえてくる声をもう一度思い出してみよう。大事なことは、何か一つの材質にこだわることではない。言語の材質はその子どもが最も理解しやすいものであれば良いし、ま

◆17……聴覚障害児によく見られる特有の誤記作文。状況の概念的イメージは把握理解できているのだが（その証拠に手話言語を獲得している場合は、手話であれば状況を正確に表現できることが多い）、書記日本語の文法的制約が習得できていないために、必然的に作文上に誤記が生じる。実例「ろうか（廊下）がそうじ（掃除）でした。きれいなとしました」「運動会にしましたことははしりです」等。聾文の特徴として、次のことがあげられる。①誤記は助詞や動詞の活用、使役、受身、等の書記日本語の文法規則上、最も習得困難な箇所に集中的に生じる。②（聴児と異なり）誤記傾向が修正されないまま、高校生や成人となってからも間違い続けることが多い。「聾文」という現象は、音声言語を介しての日本語の音韻表象形成、ならびにそれを踏まえての文法構造の脳内構築が如何に困難かを如実に表わしているのではないだろうか。にもかかわらず、「変な日本語」を書いたことで、叱られたり、笑われたり、能力面への低評価を受けて、自信を失う聴覚障害児・者は今でも決して少なくない。

◆18……本書第2章5「聞こえない子どもたちは何のために勉強するのか」参照。

た、必ずそうでなければならない。そして、何より肝心なことは、その子どもが言語情報の中身を確実に理解し、それを通して自らの堅固な思考とアイデンティティを築くことにある。私たちの言語と学力に対する考え方も常にこの線に沿ったものでありたい。

参考文献

1 ソシュール『一般言語学講義』(一九四〇)岩波書店
2 カラー『ソシュール』(一九九二)岩波書店
3 ヤコブソン『一般言語学』(一九七三)みすず書房
4 ヤコブソン『音と意味についての六章』(一九七七)みすず書房
5 チョムスキー『言語と精神』(一九七七)河出書房新社
6 「トータルコミュニケーション研究大会報告書」(二〇〇〇)
7 岡本夏木『ことばと発達』(一九八五)岩波新書

終章

障害認識論とヒルバーグ的立場

どうして私たちはそんなことをしたのでしょう?[1]

●書き下ろし/二〇〇三年六月

この数年、仕事の合間に繰り返し読み直した一冊の本がある。ラウル・ヒルバーグ[2]というアメリカの歴史家が書いた『記憶』[3]という自伝がそれである。しかし、ヒルバーグという名前は聴覚障害児教育関係の方々にはおそらくほとんど馴染みがないだろう。

第二次世界大戦の際、ヨーロッパではヒトラーのナチス政権によって多くのユダヤ人が虐殺された。その歴史的事象については『アンネの日記』や近くは映画「シンドラーのリスト」等で少しは知られているかもしれない。ヒルバーグはその大量虐殺(ホロコースト)の研究分野で前人未踏の極めて貴重な仕事を残した研究者である。その著作は邦訳書で上下二巻、二段組全約千二百頁の大著『ヨーロッパ・ユダヤ人の絶滅』[4]として読むことが出来る。八センチほどの厚みのある辞書のように大きな本である。

この本の一体何が前人未到と呼ばれ、該当分野の研究をする際、絶対無視することの出来ない最も貴重な文献の一つと評価されたのだろうか。ヒルバーグは第二次世界大戦のヨーロッパ戦線から一兵卒として帰還後、大学院に入り、博士論文のテーマとして後に主著となる本の構想を得た。それから長い時間をかけ、独力でこの研究を仕上げていった。自伝を読むと、その間、経済的苦境と出版に漕ぎつけるまでの度重なるトラブルがあったことがわかる。しかし、彼はまったく怯まなかった。文字通り、不屈の姿勢で粘り強く研究を進めた。彼を支えたのはたった一つの想念であった。それは「なぜあんなこと（ホロコースト）が起こり得たのか」というきわめてシンプルな疑問であり、それを自分なりに納得したいという思いだった。◆5

ヒルバーグの仕事の特質は、その着眼にある。第二次世界大戦後、ホロコーストの渦中で生き残った生存者の証言やそれを対象とした研究はある程度、既に刊行されていた。しかし、ヒルバーグが光を当てようとしたのはそうした「被害者」の状況ではなく、「なぜ、そのような事態は起こり得たのか」、「どのような具体的条件が揃っていたからこそ、それは実施可能だったのか」という

◆1……『記憶』ラウル・ヒルバーグ著、徳留絹枝訳、柏書房（一九九八）二〇七頁。

◆2……Raul Hilberg（一九二六〜）アメリカ在住の歴史家。家系はユダヤ人。ホロコーストの生存者の証言を記録したクロード・ランズマン監督の長編ドキュメンタリー映画「ショアー」（一九八五）の中に歴史家として証言するヒルバーグの姿が写っている。詳細は本文参照。（ヒルバーグは二〇〇七年八月四日に肺癌のため八十一歳で死去した。二〇〇八年追記）

◆3……注1参照。

◆4……『ヨーロッパ・ユダヤ人の絶滅』上・下　ラウル・ヒルバーグ著、持田幸男・原田一美・井上茂子訳　柏書房（一九九七）

◆5……当初、修士論文の指導教官であった思想史家フランツ・ノイマン（名著『ビヒモス――ナチズムの構造と実際』の著者）は、後に大著『ヨーロッパ・ユダヤ人の絶滅』となる研究計画をヒルバーグから聞かされた時、そのあまりに困難なテーマ設定に、「これは君の葬式だね」と言ったと自伝に記されている。「彼にはわかっていたのだ。その瞬間に、私が学者の世界でも一般社会でもそれまでだれもが避けていた領域に踏み出すことによって、自らを学術研究の主流から遠ざけてしまったことを。」（『記憶』七四頁）

側面、つまり「加害者」の実態だった。ヒルバーグはホロコーストを実施し得たナチの官僚機構、組織構造の実体を徹底的に調べ、その真の姿を実証的に示してみせた。この大著を読めば、大量虐殺もその始まりはたった一枚の行政文書の処理から、あるいはほんの些細な鉄道の運行調整というような事務仕事から具体的に静々とスタートしたことがよくわかる。◆6

ヒルバーグの研究調査は膨大精緻であり、かつ資料を取り扱う態度がどこまでも冷静だったため、あまりに「冷酷」な姿勢と非難されたりもしたようだが、虐殺の「事実」だけが彼には意味のあることだった。その事態を引き起こした者の側が実際に「おこなった事柄」とそれを実施し得た「具体的手続き」とそれを支えた「組織」がどのようなものだったかを実証的に確認しないことにはホロコーストの真の意味を理解することは出来ない、これがヒルバーグの確信だった。

自伝の中のヒルバーグは、人生の季節の中で気の毒なほど常に一貫して孤独である。物理的な意味においても、精神的な意味においても。その孤独の中で、それでも黙々と研究を続行していく姿に、研究方法から受ける冷静さとは逆に、彼が「知ろうとしたこと」の〈意味〉の救いようのない深さと重さが静かに伝わってくる。「しかし」と言うべきだろうか、あるいは「だからこそ」と言う方が適切なのか、彼の残した研究はホロコーストの問題を考える後世の人間にとって、今も大きな意味を持ち続けている。

＊

さて、本書の最後にもう一度、障害認識論の話をしておきたい。聴覚障害児教育とホロコーストとはもちろん直接何の関係もない。そこには類似関係などまったく何もないように見える。ただ、私の中ではヒルバーグ的立場で物ごとを見るということの意味が、この数年、どういう訳か繰り返し繰り返し甦ってきた。

聴覚口話法が主流であった聴覚障害児教育の世界の片隅で、筆者は二十年近く、それとは別の自分なりの試行錯誤の稚拙な取り組みを続けてきた。そして、この数年は大学で言語聴覚士の教育に関わり、その実際の養成過程をつぶさに見てきた。約二十年間見続けてきた風景に対しても、今、目の当たりにしている状況に対しても、やはり「なぜそうでしかあり得ないのか」という思いが拭えない面がある。そこには共に「聞こえない」という身体状況に対するある方向の価値づけがあり、それは専門用語という権威ある言説で常に強固に正当化されている。一方は教育的言説で、一方は

◆6……二〇〇三年五月十八日、「新生児聴覚スクリーニング検査を考えるシンポジウム」が国立オリンピック記念青少年総合センター（東京・代々木）で開催された（準備委員代表／木島照夫・東京都立大塚ろう学校教員）。そのシンポジウムの事前学習会を前年十二月二十六日、二十七日に実施した。準備委員であった筆者はその席で優生思想という観点を踏まえ、以下のような発言をおこなった。「今回のスクリーニングのことを私たち教育関係者や親や聴覚障害者が知ったのはつい最近のことであった。しかし、改めて確認してみると、厚生労働省では数年前より医療関係者と行政担当者が実施に向けての計画を練り、事態は着々と水面下で進んでいた。つまり一部の人間だけで計画は立案決定され、実行に移されていたという事実。最も切実な影響をこうむる親や聴覚障害者および教育関係者はまったく何も知らされていなかった。気付いた時には検査は既にもう実施されており、それを阻止することは事実上、不可能な状態であり、やむなく容認、追認せざるを得ないという状況に立ち至っていた。出来ることはせめてものこれからの条件整備という消極的意見提示くらいである。しかし、歴史は常にこのように進んでいくのではないだろうか。ある日、ある部屋で、一人の人間の頭の中に一つの計画が思いつかれる。それは一枚の企画書となり、数人だけの会議を経て、認可され、予算がつき、実施へ向けて動き出す。しかし、そのことを一般の人間が知り得るのは遥かずっと後で、その時はもう既にその動きは止められない。優生思想に抵触したナチスのホロコーストもこのように密やかに着実に進められていった。」筆者にはヒルバーグの『ヨーロッパ・ユダヤ人の絶滅』を読んだ際の感慨とまったく同じものが感じられたからである。

医療的言説を通して。また、親という立場の人々が、聞こえない自分の子どもをどのように見るのか、そこに何を期待するのか、それはなぜそうなのか。この問題もずっとこの十数年、私の頭から一時も離れない問題であった。おそらく、これらの「なぜ、そうなのか」という問いの根底には共通した根源的な問題があるような気がする。つまり、私たちはなぜ、「聞こえない」という身体に対して、そのような対応しかできないのか、という問題である。

障害認識論という物ごとの考え方は少数の身体状況に対する私たちの価値づけが、なぜそのようなものでしかないのかを根本から問うものである。この根源的問いかけには、それなりの意味があると私は考えている。なぜなら、今もまだ私たちの中に「聞こえない」ことをマイナスに価値づけようとする視線があるからである。それは教育の日常の中で、医療の権威づけの中で、身体に関する人間の限りない欲望の中で、今もまだ着実に、そして強固に再生産され続けている。

＊

ヒルバーグ自伝の後半部にこんな話がある。原文をそのまま引用してみる。

「私は何度も何度もドイツを訪れ、講義をし、インタビューを受けた。ドイツ人の読者は、私の研究の内容ばかりでなく、その起源についても詳しく尋ねた。どのようにして研究を始めたのか。そしてなぜかと。とりわけ彼らは、自分たちを非常に悩ませている不可解な事に対する答えを知りたがった。その問題について、彼らはめったにはっきりと尋ねたり、率直に質問してくることはなかったが、たった一度だけ、ベルリンで、ある若者が「どうして私たちはそんなことをしたのでしょう？」と率直に尋ねてきたことがあった。」[7]

聴覚障害児に関わる医療と教育の世界では、長い間、「声を聞かせること」と「声を出させること」が何より絶対必要なことだと確信をもって考えられてきた。そして、同時に、その「結果」についてはきちんと検証されることはほとんどなかった。科学性、客観性、実証性という医療的スローガンは治療や訓練を正当化する時には持ち出されたが、その「結果」を検証することにはほとんど適用されてこなかった。聞こえない子どもたちはその治療や訓練の「結果」、一体どうなったのか。それをきちんと責任をもって見届けた専門家は極めて少ない。

ヒルバーグに問いかけざるを得なかったドイツの青年と同じように、私たちも困惑しながら問い返さざるを得ないのではないだろうか。聞こえない子どもに対して、私たちはどうしてそんなことをしたのだろうか。なぜ、そんなことが出来たのだろうか。私たちをそのような行動に駆り立てたのは一体何だったのか。そして、それは具体的にどのような方法で実施されたのだろうか、と。

この根源の問題を私たち自らがしっかり問い直す必要があるのではないだろうか。もし、そうでなければ、おそらく、聞こえない子どもたちの状況は本質的には今後も何ら変わらない。技術やことばという表面的な装いをいくら新しくしてみせた所で、根本が何も変わらないのであれば、私たちは結局、同じことを繰り返すだけだろう。

聴覚障害児教育を真の意味で改善するためには、不適切な教育を受けた聞こえない子どもたち自

—◆7……前掲書『記憶』二〇七頁

身の「証言」[◆8]に耳を傾けることも重要である。そのことによって、私たちは初めて当事者の苦痛や不全感を知るからである。しかし、そのことと同じくらい重要なことは、そのような対応をした側の「実態」をしっかり見つめることである。対応された側の声は常に小さい。そして、対応した側の声は常に大きい。その声がなぜ「大きなもの」であり得たのかという理由を解明しない限り、小さな声を尊重することは永遠に出来ない。

現在、聴覚障害児教育の世界にあるさまざまな具体的、現実的諸問題すべての根底に、この障害観の問い直しという最も重要な課題が沈潜している。「障害」という概念は常に関係概念として生み出される。そこには二人の他者がいる。「障害者」と名指しされる者と、そう名指しする者である。そして、「障害」という規定は常に名指しする者から発信される価値づけなのである。そうである以上、その名指しする側の価値観を変えない限り、「障害」という概念に付着した価値づけ行為から生じる現実的問題を解決することは決して出来ない。

本書の様々な箇所で提示した障害認識論という思考法が、名指しする側の障害観を根源的に問い直す作業に少しでも役に立つものであればと願っている。

◆8……当事者の「証言」をどのように取り扱うかという問題については実はそれなりに複雑な問題がある。それは、その当事者といえども、ある錯綜した政治的「関係」性の中にいるからであり、その制約から完全に自由になり得た立場で発言することは不可能だからである。正直な思いをことばにすれば、一生懸命育ててくれた母親は悲しむのではないだろうか。言語訓練をしてくれた先生は怒るのではないだろうか。聞こえる知り合いは失望するのではないだろうか。何より、これから仲間になろうとしている聞こえない友人たちには不興を買って拒絶されるのではないだろうか。マイノリティである聞こえない人間は、たった一言を発するだけでも、それがどこで、いつ、誰により、どのような文脈で受けとられるかわからない緊張の中に常にいる。政治的な関係性を考慮し、致し方なく戦略的なもの言いにならざるを得ない面がある（ちなみにヒルバーグの『記憶』の原文副題はThe Politics of Memoryという）。このことは、まず何より「言語」獲得自体に関し本来的に複雑な状況にある聴覚障害児の場合、一段と大きな意味を持つ。その事情の一端は本書第1章2「難聴児の自己形成方略——インテグレーションの「成功例」とは何だったのか」で触れた。インド出身の評論家スピヴァク（Gayatri Chakravorty Spivak）はこの複雑な政治的関係性の中にいる当事者の「証言」問題をインドの限定階層「サバルタン」を通して問題提起している。スピヴァクの本質的な考察も踏まえ、聴覚障害児における当事者の「証言」問題を今後さらに掘り下げて考えてみたいと思っている。

あとがき

本書はこの十年ほどの間に発表した論文と講演原稿をまとめたものである。刊行にあたって全面的に加筆と修正をおこない、かつ新たに注ならびに書き下ろし論文を加えた。

当初の計画では三年前には出来あがる予定だったが、他の仕事との調整がつかず、大幅に遅延してしまった。にもかかわらず、本書の出版を強く進言、支援し続けてくださったポット出版の沢辺均社長に心から感謝したい。

八年ほど前、橋爪大三郎先生（東京工業大学教授・社会学）主催の夏季コロキウム（合宿形式の研究会）に一緒に参加した折、「本を出すなら、是非うちから」と沢辺さんから申し出をいただいた。その後、地方での私の講演にもわざわざ足を運んでくださり、聞こえない中高生たちとの議論の輪に入っていただいたこともあった。沢辺さんの変わることのない誠意なしには、本書はおそらく存在しなかっただろう。深謝する所以である。

私は講演という意見発表の形式を意識して大事にしてきた。それは自分の考えをお母さんや現場の先生方に直接、しっかり伝えたかったからである。何より、聞こえない子どもに最も大きな影響を与えるのが家庭と教育現場である。しかし、ある意味で、大事なことが一番伝わっていないのもこの二つの場所であるように思われる。そこに届くようなことばでない限り、結局何を言っても意味はないと私は考えている。だから、講演に際しては、多少難しい内容になることは覚悟の上で、敢えて、常に現実に即した本質的な事柄のみを取り上げるようにしてきた。本書には、そのような講演原稿が含まれている。

この二十年ほどの間に、多くのお母さん方と出会ってきた。また、現場の先生方とも数えきれぬほど議論を重ねてきた。そして、聞こえない子ども、あるいは、かつて聞こえない子どもだった聾者や難聴者と様々なかたちでつきあってきた。その体験は、私にとって、繰り返し本質的な問いを差し出してやまない思考の水源であり続けている。まだ不十分な点が多く含まれているだろうが、本書で示した私の考えはすべてこの「体験」から教えられたもので組み立てられている。私の思考の拙さが、与えられた問いの豊かさと少しでも測りあえるよう、さらに考え続けたいと思う。

聞こえない子どもたちを取り巻く環境は、今後、ますます困難なものになるのではないだろうか。それでもなお、その状況の中、今日を、明日を、聞こえない子どもたちは生きていかなければならないし、事実生きていく。そうした現実の困難さを軽減することに本書がわずかばかりでも寄与できれば幸いである。

二〇〇三年八月二十二日

事項索引

【あ】

【い】

【か】

【く】

【け】

【こ】

【さ】

【し】

【す】

【せ】

【そ】

【た】

【ち】

【つ】

【て】

【と】

【な】

【に】

【ね】

【の】

【は】

【る】

【れ】

【ろ】

【わ】

人名索引

文献表

◉アーレント，ハンナ　1981『全体主義の起源』みすず書房
◉アウル，ジーン　1983『大地の子 エイラ』第一部　全3巻 評論社
◉阿部謹也　1993「賤視の根源にあるもの」『読書の軌跡』筑摩書房
◉石川准　1999『人はなぜ認められたいのか―アイデンティティ依存の社会学』旬報社
◉市田泰弘　2000「誤解される言語・手話」『ろう文化』青土社
◉ウィトゲンシュタイン，ルートヴィヒ　1976『哲学探究』大修館書店
◉ウィトゲンシュタイン，ルートヴィヒ　1977『論理哲学論考』大修館書店
◉上農正剛　1996『聴覚障害児の理解のために第23集―障害認識をめぐるお母さんとの対話』全国難聴児を持つ親の会
◉上農正剛　2000「ろう・中途失聴・難聴―その差異と基本的問題」『ろう文化』青土社
◉上農正剛　2002　「日記指導における「添削」の考え方と対応」第5回ろう教育実践交流会研究発表資料（未刊行）
◉エリアーデ，ミルチャ　1978『生と再生―イニシエーションの宗教的意義』東京大学出版会
◉エリアーデ，ミルチャ　1980『聖と俗―宗教的なるものの本質について』法政大学出版局
◉大杉豊　1999「統合教育が筆者の自己像形成に及ぼした影響―ろう者としてのポジティブ・セルフ獲得の機会剥奪」『SNEジャーナル』4 文理閣
◉岡　正雄　1994『異人その他』岩波文庫
◉岡本夏木　1985『ことばと発達』岩波新書
◉岡本夏木　2000「子どものことばの発達」『TC研究会会報』No.83
◉カニグズバーグ，エレイン　1989『ぼくと〈ジョージ〉』岩波書店
◉カラー，ジョナサン　1992『ソシュール』岩波書店
◉柄谷行人　1992『探求 I』講談社学術文庫
◉カルヴィーノ，イタロ　1971『まっぷたつの子爵』晶文社
◉木村晴美　2001「ろう学校のリアリティ」『聾教育の脱構築』明石書店
◉木村晴美・市田泰弘　1995「ろう文化宣言」『現代思想』3月号 青土社

◉木村晴美・長谷川洋・上農正剛　2000「ろう者とは誰か/手話は誰のものか」『ろう文化』青土社
◉キューブラ=ロス，エリザベス　1975『死ぬ瞬間』読売新聞社
◉金　満里　1996『生きることのはじまり』ちくまプリマーブックス
◉金田一京助他　2003『新明解国語辞典』三省堂
◉ゴッフマン，アーヴィング　1996『スティグマの社会学―烙印を押されたアイデンティティ』
◉小松和彦　1995『異人論』ちくま学芸文庫
◉サートン，メイ　1996『夢見つつ深く植えよ』みすず書房
◉酒井邦嘉　2002『言語の脳科学』中公新書
◉資料　1997「聴覚障害児統合教育1996年アンケート調査報告」ろう教育の明日を考える連絡協議会
◉資料　1997「日本のTC30年とTC研20年」『第20回TC研究大会記念誌』トータルコミュニケーション研究会
◉スピヴァク，ガヤトリ　1998『サバルタンは語ることができるか』みすず書房
◉セン，アマルティア　1999『不平等の再検討―潜在能力と自由』岩波書店
◉セン，アマルティア　2000『貧困と飢餓』岩波書店
◉センダック，モーリス　1975『かいじゅうたちのいるところ』冨山房
◉ソシュール，フェルディナン・ド　1972『一般言語学講義』岩波書店
◉高井小織　2003「難聴学級生徒を核とした新しい集団とネットワークづくりの試み」『聴覚障害』4月号
◉髙部雨市　1999『君は小人プロレスを見たか』幻冬舎アウトロー文庫
◉田上隆司　1966「ろう児のコミュニケーションについて(特に手話について)」『ろう教育』1月号
◉チョムスキー，ノーム　1996『言語と精神』(改訂新装版) 河出書房新社
◉都築繁幸　1992「青年期の心理的安定について―統合教育をうけた人々の心理的葛藤―」第1回全国聴覚障害者心理相談・精神医療関係者交流会記録
◉寺山修司　1983『寺山修司戯曲集三　幻想劇篇』劇書房

◉鳥越隆士　1998「聴覚障害児の心の成長とアイデンティティをめぐって」『手話コミュニケーション研究』No.27
◉鳥越隆士　2000「聴覚障害児の手話と日本語獲得」『トータルコミュニケーション研究大会報告―日本型二言語教育を求めて』
◉中野聡子　2001「インテグレーションのリアリティ」『聾教育の脱構築』明石書店
◉中野善達・斎藤佐和　1996『聴覚障害児の教育』福村出版
◉野村庄吾　1996『障害児教育入門』岩波書店
◉ハーバーマス，ユルゲン　1994『公共性の構造転換―市民社会の一カテゴリーについての探求』未来社（復刊）
◉ハーバーマス，ユルゲン　1985『コミュニケイション的行為の理論』未来社
◉林明子　1989『こんとあき』福音館書店
◉原田美藤　2002『松山市小中学校における学校生活支援員』東京都難聴児を持つ親の会会報第104号
◉ビッカートン，デレク　1985『言語のルーツ』大修館書店
◉ヒルバーグ，ラウル　1997『ヨーロッパ・ユダヤ人の絶滅』上下　柏書房
◉ヒルバーグ，ラウル　1998『記憶』柏書房
◉ピンカー，スティーブン　1995『言語を生みだす本能』上下 NHKブックス
◉フーコー，ミシェル　1986『臨床医学の誕生』みすず書房
◉藤田博史　1993『人間という症候―フロイト／ラカンの論理と倫理』青土社
◉フリッシュ，カール・フォン　1997『ミツバチの生活から』ちくま学芸文庫
◉ブルデュー，ピエール　1991『再生産』藤原書店
◉ブルデュー，ピエール　1991『社会学の社会学』藤原書店
◉ベイトソン，グレゴリー　1986「精神分裂病の理論化―ダブル・バインド仮説の試み」『精神の生態学』上　思索社
◉ベイトソン，グレゴリー　1987「ダブル・バインド」『精神の生態学』下　思索社
◉正高信男　2001『子どもはことばをからだで覚える』中公新書
◉村瀬嘉代子編　1999『聴覚障害者の心理臨床』日本評論社

◉森井結美　1992「聴覚障害児の障害理解を深めるための援助について」国立特殊教育総合研究所長期研修研究成果報告書
◉森壮也　1989「聴障者の視点から見たインテグレーション」『難聴児のインテグレーションのために—第10回全国大会記念事例集』インテグレーション研究会
◉ヤコブソン，ロマン　1978『音と意味についての六章』みすず書房
◉ヤコブソン，ロマン　1979『一般言語学』みすず書房
◉山口昌男　1978『知の遠近法』岩波書店
◉ル=グウィン，アーシュラ　『ゲド戦記』五部作—1976『影との戦い』1976『こわれた指輪』1977『さいはての島へ』1993『帰還』2003『アースシーの風』岩波書店
◉レヴィ=ストロース，クロード　1976『野生の思考』みすず書房
◉レネバーグ，エリック・H.　1974『言語の生物学的基礎』大修館書店
◉ロールズ，ジョン　1984『公正としての正義』木鐸社
◉ロールズ，ジョン　1979『正義論』紀伊國屋書店
◉脇中起余子　1992「聴覚障害児教育における一貫性を考える—聴覚障害者の立場から」『ろう教育科学』第33巻4号
◉脇中起余子　1994「聾教育のあり方を考える—私の過去と現在を手がかりに」『障害者問題研究』第21巻4号

◉Lane,Harlan　1992　The Mask of Benevolence:Disabling the Deaf Community,Random House Inc
◉Spivak,Gayatry Chakravorty　1993　Outside in the Teaching Machine,Routledge・New York and London
◉Van Allsburg,Chris　1979　The Garden of Abdul Gasazi,HOUGHTON MIFFLIN COMPANY BOSTON
◉Van Allsburg,Chris　1981　JUMANJI, HOUGHTON MIFFLIN COMPANY BOSTON

解説

橋爪大三郎●東京工業大学教授
瀧本昌久●京都産業大学文化学部教授
酒井邦嘉●東京大学大学院総合文化研究科助教授
立岩真也●立命館大学大学院先端総合学術研究科教授
福嶋　聡●ジュンク堂書店・池袋

この解説ページの内容は、二〇〇四年一月三一日に
「無料宣伝リーフレット・『たったひとりのクレオール』という一冊」として、
ポット出版より発行したものです。
本書第二版第一刷より、巻末に挿入しました。

聴覚障害の実態やそれをとりまく社会的文脈、聴覚口話法の意義と限界、障害者の自己形成などを、体系的に論じた書物

橋爪大三郎 ●東京工業大学教授

まったく違った分野の専門書であるのに、ぐいぐいひき込まれ、強い印象を残す書物がある。たとえば、秋元波留夫氏の『失行症』（一九三六年初版、一九七六年再刊、東京大学出版会）。上農正剛氏の新著を手に取って、ずっと以前に読んだこの本のことを思い出した。

秋元氏は一九〇六年生まれ。医師として北海道に赴任し、炭鉱の事故から救出された患者を多く診療した。一酸化炭素中毒の結果、奇妙で独特の症状を呈する患者が多くいる。ものの形が認識できなかったり（失認）、言葉の意味がわからなくなったり（失語）、特定の行為ができなくなったり（失行）。中毒により大脳が局部的に損傷を受け、それに対応する機能が障害されたためと考えられる。逆に考えるなら、健常者の大脳が、どれだけの局部にわかれていて、それぞれどういう機能を分担しているかを、そこから推測することができるわけだ。

秋元氏は、現場の診療を通じて失語、失認、失行といった病態にふれ、欧州の最新の研究を参照しながら、症状の分類や診断基準、その発生の機序や治療方法をひとつずつ考え進めていった。特に、構成失行（マッチを擦ったり、パジャマを着たりといった種類の動作だけができなくなる）という障害のメカニズムを再構成するところなどは、議論の進め方にわくわくした。ひらがなや漢字が別々に失われるといった日本語特有の失語症の症例を報告分析したことも、大きな貢献だと敬服した。

上農氏の書物も、未踏の領域に踏み入って、病態の根幹を見極め、それに即した合理的な体系を組み立てていこうとする明快な意志に貫かれているところが、秋元氏とよく似ている。

上農氏が扱うのは、聴覚障害児である。出来あがった機能が途中から失われる場合（失行症）と、最初から失われている場合（聴覚障害）では、だいぶ事情が異なる。聴覚障害にもかかわらず、どのようにして、それ以外の機能を十分に発達させるか。この方法をめぐる思索の格闘が、本書のなかみである。

一般に見過ごされがちなことだが、視覚障害にくらべて、聴覚障害のほうが問題はむしろ深刻である。

視覚障害児（目が見えない子ども）は、生活上の不便はあっても、親とのコミュニケーションに問題がない。親は音声言語で、コミュニケーションを行なっている。視覚障害児は、その言語共同体に参加し、音声言語を通じて精神を形成し、教育を受けることができる。困難が生ずるのは、文字言語を使おうとしても目に見えないので使えない段階、すなわち学齢に達してからである。それ以前に、音声言語を習得し、それを媒介にして情緒や人格を形成することができる。

聴覚障害児（耳が聞こえない子ども）の親は、ほとんどが聴者（健常者）である。親の用いる音声言語を、子どもは聴くことができない。聴覚障害児は、親と言語コミュニケーションを行なうことができず、言語共同体に加わることができない。言語が獲得できなければ、情緒や人格など精神形成に大きな影響が及ぶ。精神機能はもともと障害されていないのに、その発達に問題が起こるのを見過ごすことは、ゆゆしい問題、まさに人権問題である。

聴覚障害児には、とりあえず、二つの道しかなかった。第一は、音声言語をあきらめ、手話をコミュニケーション手段に選ぶこと。これは、聾者として生きることを意味する。第二は、困難をおして、音声言語を習得する道を選ぶこと。それには補聴器をつけ、唇のかたちを読み取り、発声練習を繰り返すという、ハードな訓練を重ねなければならない。

実際にはどちらも、大きなマイナスをともなう。手話を身につけても、手話ができるとは限らない親や一般の人びとと、自由にコミュニケーションができるわけではない。手話（日本手話）は、日本語と語彙や文法が異なる。日本語と対応のつかない、もうひとつの言語（外国語）なのだ。したがって、漢字やひらがななど日本の文字言語も、容易には身につかない。聾者同士が語りあう、孤立した手話の言語共同体に閉じ込められてしまう結果となる。かと言って、音声言語を選択しても、現実の状況で聴き取りや発話ができるレベルにまで、音声言語を身につけることはむずかしい。そして、この困難をどうにか乗り越えたとしても、聴者の世界に対等なメンバーとして受け入れられるわけではないのである。

それならば、なるべくマイナスを小さくするために、両方を身につけるしかないのではないか。

聾学校は、そうした環境と訓練を提供するものであるべきだろうと思う。

ところが、日本の聾学校は、手話の使用を禁止してきた。上農氏にお目にかかった八年前にこのことを確認して、私は改めて怒りをおぼえた。日本語の習得に邪魔になるからという。手話への偏見もあるかもしれない。聴覚に障害をもって生まれた子どもたちは、障害そのものに加えて、不十分で非科学的な教育環境をも耐え忍び、そのもとで苦しまなければならないのである。

その聾学校の生徒数が、急激に減少しつつあるという。補聴器をつけて音声言語を聴き取り、音声言語を発音する「聴覚口話法」にもとづいて、一般の学級で学ぶインテグレーション（インテ）教育が一般的になったからだ。子どもの「聴こえない」現実を認めたくない親たちや、聴覚口話法をよかれと推進する教師たちによって、インテ教育が推進されている。聴覚障害児の言語能力は、一般の学級の「自然な環境」で、無理なく習得されるはずだった。だが現実には、言葉を聞き取ることができず、クラスから疎外され、勉強にもついていけないという大部分の聴覚障害児たちの実態がある。そしてそれは、とりかえしがつかなくなるまで放置されているのだ。

上農氏は、聴覚障害児の教育指導に長年取り組み、数多くの障害児たちや親たちの苦しみ、聴覚口話法の矛盾、聾教育の実際を見てきた。本書は、そうした経験を踏まえて、聴覚障害児教育の根本的な見直しを提案する、画期的な書物である。言語学や哲学の知見が随所に織り込まれ、時間をかけて温められたアイデアがくっきり打ち出されている。聴覚障害児をもつ親たちや聴覚障害児を教える教師たちはもちろん、聴覚障害者本人、言語や障害や福祉に関心をもつ人びとすべてにとっての、必読書であると思う。聴覚障害の実態やそれをとりまく社会的文脈、聴覚口話法の意義と限界、障害者の自己形成などを、これほど体系的に論じた書物は、おそらく初めてなのではないか。

聴覚口話法の問題点とは何だろう。聴者が大部分のクラスで意思疎通ができず、孤立していく。授業がわからず、学力が停滞する。親とのコミュニケーションもうまくゆかず、家族としての交流が十分でない。「自然な環境」を重視する結果、躾けや社会的訓練がおろそかになる。どれもその通りである。だがとりわけ上農氏が強調するのは、人間精神の発達にとって、言語の運用能力の獲得が本質的に重要であること、そして、聴覚口話法のみによっては、その能力が決して十分に身につかないことだ。

そこで上農氏は、聴覚口話法とは別に、言語の運用能力を獲得することが大切であると説く。それが、書記言語（文字の読み書き）の重視であり、手話言語の重視である。聴覚障害者は、自覚的なバイリンガルの学習者として自己形成するのが正しい。少なくとも一種類の言語を、人生の早い時期に、十分に使いこなせるようになること。精神の発達にとって、このことは本質的である。そして、聴覚口話法では、これは不可能なのだ。

見知らぬ異国に移住した親たちが、不完全なカタコトの外国語（ピジン）をしゃべっていたとしても、それを聞いて育つ子どもたちは、それを流暢なもうひとつの母語（クレオール）に変えてしまうという。子どもたちには、障害を乗り越えて進む内発的なエネルギーがそなわっている。『たったひとりのクレオール』というタイトルには、聴覚障害児の孤独と、それを見つめる著者の希望に満ちた激励の視線とがこめられている。

（書き下ろし）

はしづめ・だいさぶろう
一九四八年神奈川県に生まれる
東京大学文学部社会学科卒業、同大大学院社会学研究科博士課程修了
一九八九年より東京工業大学に勤務
現在、同大大学院社会理工学研究科価値システム専攻教授

●著書
『言語ゲームと社会理論』（勁草書房、一九八五年）
『仏教の言説戦略』（勁草書房、一九八六年）
『はじめての構造主義』（講談社現代新書・講談社、一九八八年）
『冒険としての社会科学』（毎日新聞社、一九八九年）
『現代思想はいま何を考えればよいのか』（勁草書房、一九九一年）
『民主主義は最高の政治制度である』（現代書館、一九九二年）
『僕の憲法草案』（ポット出版、共著、一九九三年）
『橋爪大三郎コレクション（全3巻）』（勁草書房、一九九三年）
『性愛論』（岩波書店、一九九五年）
『橋爪大三郎の社会学講義』（夏目書房、一九九五年）
『橋爪大三郎の社会学講義2』（夏目書房、一九九七年）

『選択・責任・連帯の教育改革【完全版】』（勁草書房、共著、一九九九年）
『こんなに困った北朝鮮』（メタローグ、二〇〇〇年）
『言語派社会学の原理』（洋泉社、二〇〇〇年）
『天皇の戦争責任』（径書房、共著、二〇〇〇年）
『幸福のつくりかた』（ポット出版、二〇〇〇年）
『世界がわかる宗教社会学入門』（筑摩書房、二〇〇一年）
『政治の教室』（ＰＨＰ新書・ＰＨＰ研究所、二〇〇一年）
『「心」はあるのか――シリーズ・人間学１』（ちくま新書・筑摩書房、二〇〇三年）
『人間にとって法とは何か』（ＰＨＰ新書・ＰＨＰ研究所、二〇〇三年）
『永遠の吉本隆明』（洋泉社新書y・洋泉社、二〇〇三年）
『言語／性／権力――橋爪大三郎社会学論集』（春秋社、二〇〇四年）、などがある

およそ差別論に興味のある人に本書を強くお奨めする

灘本昌久●京都産業大学文化学部教授

久しぶりにうならされる力作である。差別論に限れば、五年に一冊出るかでないか。そう書いてみて、この五年間にこれと比肩しうる作品があったかと思い返しても、思い当たるものがないので、十年に一冊出るか出ないかの傑作といっても過言ではないと思う。

私は、差別問題で重要なことは、いかに差別をなくすかよりも、いかに被差別者が差別と向き合うかであると考えてきた。差別をなくすための行動は、そのあとに自然とついてくるものだと思っている。しかし、山のように出版される人権・差別問題系の出版物は、差別を糾弾し、その非倫理性を断罪することに急ではあるが、被差別者の生きていく土台を打ち固めるような内実、すなわち「差別といかに向き合うか」という課題がおろそかにされていることが多い。

また、差別と向き合うときに陥りがちな問題として、劣位にあるという現実や不安を埋め合わせるために、被差別者の美点を探り出して強調してみたり、被差別者の欠点をその被差別の歴史を理由に過小評価する「被差別割引」を発動してみたり、ともかく、差別・被差別の現実を直視しきれずに、なにごとかで埋め合わせようという傾向がある。水平社宣言にある「吾々がエタである事を誇り得る時が来た」という魅力的なフレーズでさえ、無自覚に使えば、傾いた天秤のバランスを取るための分銅に過ぎなくなる。上農氏の著作は、そうした傾向から驚くほど無縁である。

氏にとって、聴覚障害児(難聴児)が生きていくうえで根本的なことは、聴覚障害児のアイデンティティをいかに十全なものにしていくかということに尽きる。私流に言い換えるならば、聴覚障害であることといかに向き合うかというスタンスである。そのことは、言語習得技術論や難聴児に対する差別への批判(このふたつはある意味で反対方向の極論であろう)で達成されるわけではなく、難聴児自身が自分で思索していく手段としていかに言語を獲得していくべきかということが中軸となって組み立てられていく。

どのようにして言語を獲得していくべきか。難聴児は、いきなり岐路に立たされる。聴覚口話法(口の形と補聴器によるわずかの音をたよりに言葉を読み取る)を習得するか。日本手話を獲得するか(ここでいう日本手話は、いわゆる「手話」＝日本語に身振り手振りを貼り付けた「日本語対応手話」とは違い、文法的にまったく日本語とは違う外国語のようなものであるが、逆に言語としては完璧に細部まで表現できる。ふたつの「手話」については同書一四〇頁参照)。

聴覚口話法は、健聴者とのコミュニケーションを重視するが、実際には難聴者にとって徒労に終わるケースが多い。一方、日本手話は、それを使う聾者の間でしか通じず、それだけでは日本語を理解するようにはならない。上農氏は、日本手話と書記日本語(書かれた日本語)という二つの言語の獲得を必須とするのだが、難聴児が、もっとも適切なプロセスで言語を獲得するに至るには、さまざまな落とし穴がある。

そのひとつに、聴覚障害であることを否定する心理からくる聴覚口話法への傾斜がある。まれに聴覚口話法により、コミュニケーションの手段を獲得する難聴児がいるが、多くは徒労に終わるばかりでなく、下手をすると、日本手話も体得できないために、バイリンガルどころか一つの言葉も満足には習得できないセミリンガル状態になってしまう。そして、難聴児は親子の間でさえコミュニケーション不全に陥り、友人にも心を閉ざして孤立していく。また、インテグレーション（統合教育）という一見理想的に感じられる教育にも、落とし穴がある。言葉は「自然に」獲得されるという思い込みにより、しばしば難聴児が実際には放置されるのである。

この他、上農氏によって難聴児が置かれている環境の問題性が、次々に明るみにされていく。そしてその際、誰も悪玉にされず、また誰もかばわれることなく。時として、難聴者自身や家族さえも、その体内から病巣を無慈悲にえぐりだされていく。読んでいると、そうした問題の困難さにたじろいでしまうのだが、しかし、その困難さの先にしか難聴児の未来はないと確信させられる。障害者問題に関心のあるなしにかかわらず、およそ差別論に興味のある人には本書を強くお奨めする。

（初出●京都部落問題研究資料センター メールマガジン、二〇〇三年一一月四日号）

なだもと・まさひさ
一九五六年四月六日神戸市に生まれる

一九八一年三月・京都大学文学部史学科現代史専攻卒業
一九八六年三月・大阪教育大学大学院教育学研究科修了
現在、京都産業大学文化学部教授

●著書
『「ちびくろサンボ」絶版を考える』（径書房、一九九〇年）
『部落の過去・現在・そして…』（阿吽社、一九九一年）
『ちびくろサンボよ　すこやかによみがえれ』（径書房、一九九九年）
●翻訳
『ちびくろさんぼのおはなし』（径書房、一九九九年）
●監修
『The Story of Little Black Sambo』（径書房、一九九九年）

バイリンガル・バイカルチュラル（＝言語＝文化）教育に教育学のみならず、言語学や脳科学からの新しいアプローチが必要

酒井邦嘉
●東京大学大学院総合文化研究科 助教授

著者の上農氏とは、第三〇回言語・聴能教育実践夏期講座（二〇〇三年）で初めてお会いしたばかりであるが、真摯なそして優しい眼差しが印象的であった。本書は、まさに上農氏の真摯で優しい心からのメッセージである。該博な知識と教育の実践に裏打ちされた、著者渾身の教育論である。

「たったひとりのクレオール」というタイトルは、逆説的であると同時に、本書が対象とする聴覚障害児教育の困難な現状を象徴している。クレオールとは、不完全な言語環境で育った子供たちが自然に生み出す、完全な文法規則を備えた言語のことである。共通の言葉でなければ仲間同士で話が通じないのだから、たったひとりしか使わないクレオールは本来言葉として使えないはずである。ところが、聴者である母親とろう者である子供の間では、母の音声が完全には子に伝わらず、

母の手話も不完全であるために、音声または手話を通してクレオール化が生ずるかもしれないのである。もしもクレオール化が成功して意思の疎通ができるようになったとしても、それは社会で使われている言葉から孤立した言語にならざるを得ない。これは奥深い矛盾である。

わが国のろう学校の教員がほとんど聴者であるという現状からわかるように、これまでの聴覚障害児教育は、聞こえない子供たちをいかに聴者の社会に「統合（インテグレート）」するか、という視点が主流であった。その結果、不完全な音声言語に基づく「たったひとりのクレオール」を現実に生み出して来たのではないだろうか。本書では、この過酷な状況を経て大人になった人たちの心の葛藤が、実際の例を通して明らかにされる。聞こえない子供たちにとって本当に必要とされる教育とは何だろうか、いったい何が保障されなくてはならないのだろうか。本書の問題提起の重要性は、聴者からろう者への視点の転換にある。

二〇〇三年五月二七日、全国のろう児とその親たち一〇七人が、「日本手話をろう教育の選択肢のひとつとすること」を求め、日本弁護士連合会に対し人権救済の申し立てをした。これは、ろう者の視点に立った改革の確実な前進の兆しである。その一方で、新生児聴覚スクリーニング検査が各地で実施され、聴覚障害の「早期発見」が行われつつあるにもかかわらず、補聴器の装着や人工内耳の手術は、未だ聴覚の補助的役割を果たすのに止まっているという現実がある。著者は、あくまで冷静に、「私の目には状況はむしろ「混迷」の只中に突入し始めたという方がはるかに事実に即しているように見える」と分析している。聞こえない子供たちのための教育環境の整備は、決して他人事では済まされない、焦眉の急である。

本書の最後では、聴覚障害児教育における読み書き能力（書記日本語）の獲得の問題が掘り下げられている。日本手話を母語として獲得させ、第二言語として書記日本語の習得を目指そうとする「バイリンガル・バイカルチュラル（二言語二文化）教育」を、著者は基本的に支持しているが、理想論に陥ることなく現状の分析はやはり冷徹である。実際、手話の視覚的音韻（手指の動きや、うなずき、視線の方向など）を文字の音韻に転換する際の問題点について言及している。この問題の解決には、教育学のみならず言語学や脳科学からの新しいアプローチが必要であろう。

「聞こえないという身体状況でこの世界にやってきた子どもたちが、聞こえない人として大切にされ、きちんとした教育を受け、この世界の成り立ちをしっかり認識し、愛する者と出会い、立派な聞こえない人として、堂々と、そして、静かに生きていける――そのような状況が可能になるためには、一体何が必要なのでしょうか。」このように問いかける本書は、多くの人々の心を揺さぶり続けるに違いない。

（書き下ろし）

さかい・くによし
一九六四年（昭和三九年）、東京に生まれる

一九八七年、東京大学理学部物理学科卒業
一九九二年、同大大学院理学系研究科博士課程修了
理学博士。同年、同大医学部助手
一九九五年、ハーバード大学医学部リサーチフェロー
MIT言語・哲学科訪問研究員を経て
現在、東京大学大学院総合文化研究科助教授

●著書
『心にいどむ認知脳科学』（岩波書店、一九九七年）
『言語の脳科学　脳はどのようにことばを生みだすか』（中公新書・中央公論新社、二〇〇二年）

障害の子どもたちが「統合」を求めてきたことをもっとも大事だと思う立場を維持した上でも、著者の「統合」否定はわかる

立岩真也
●立命館大学大学院先端総合学術研究科教授

最近出た上農正剛の本を簡単に紹介する。珍しい名前の人だが「うえのうせいごう」と読む。一九五四年生、聞こえない子どもの個人指導に一七年間携わる。一九九九年より九州保健福祉大学保健科学部言語聴覚療法学科専任講師。クレオールとは聞き慣れない言葉だが長くなるので解説は略。

副題は「聴覚障害児教育における言語論と障害認識」というこの本のことに入る前に、ごくごく短くすると次のような指摘、主張がなされてきているのをご存知だろうか。

自分たちが使う手話は日本語に身振りを対応させたものではなく、独立した別の言語であり、その自分たちは独自の文化、「ろう文化」を有する集団であり、その意味での「聾者」である（聾者でない人になりたいのではなく、「聴覚障害者」とは呼ばれたくない）。このように事実認識の変更の要求と

自らのあり方についての主張がなされてきた。ここ数年、関連してかなりの数の本が出ている。私はほとんど追えていない。別の回で紹介できればと思う。

さて、手話は言語で、聾者には聾者の文化があるというのは、まずはもっとも、その通りと言う他ない。それを人が知らないなら周知させるために繰り返す必要はあるが、知るだけならひとまず知れば一段落つくことではある。そして上農のこの本は講演を集めたものだというから、やはりそんな本かもしれないと思い、正直なところを言えば、読む前にそれほどの期待はなかった。しかしこの本は、実際にはそれで終わらないところから始まっている。そして、この本はたしかに（論文も含むが多くは）講演を収録した本なのだが、知っている人は知っていることをわかりやすく薄めて繰り返したものを集めた本にはなっていない。聴衆との間に緊張を生じさせる大切なことを語ろうとし、実際に語った、緊張感を伴う言葉の記録になっている。

◇　◇　◇

たとえば一九九七年、文字放送のことや国際交流のことがたくさん語られた難聴児の親の会の会議での講演で筆者は次のように語る。「私の目には、足下を踏み固めた後でなければ言っても仕方のない事柄が次から次に熱心に語られているように見えて仕方がありませんでした。足下にある切実な現実の問題は一体どうなっているのだろうか。何か議論する順番が根本的に違うのではないだろうか。このような複雑な思いが最後まで消えませんでした。」（三〇ページ）

そんなことはこの（医療や教育や福祉や…の）業界ではよくある、と思った人がいるはずだ。たいていの講演は、あらかじめ受け入れられることがわかっている場で受け入れられることが話される。講演に限らない。時には何かを言わないために別の何かを――多分それ自体は間違いではない何かを――言うということもある。この講演はそうではない。そして言われるべきことが言われないこと自体を問題にし、批判しようとする相手がいる場で話している。しかし大切なことだから言おうと思うのだし、やはり聞きたい人がいるから彼も招かれ話しに行くのだ。

さて何が問題とされない問題なのか。「聴覚口話法」という方法がある。この方法は「補聴器の活用により残存能力を活用させ、それを前提として、聴覚障害児に音声言語の能力（聞き取りと発音）を獲得させることを目指す言語指導法」（四一ページ）である。さきに述べたように、手話への評価が少し変わってきたことにも伴いいささかの変化は見られるが、これが今まで主流の方法だ。しかし筆者はそれがうまくいかないことが多くあること、だがそのことがはっきりさせられないままになっていて、その結果さらにうまくいかないことが生じてしまうことを言う。

実際には聞こえないのに聞こえることにされている場、聞こえなければ努力が足りないとされる場にいる子どもたちの経験、そうした場を経て大人になっていく人たちの経験が描かれる。現実がこうして作られているなら、そうなってしまうだろうなと思う。それがさきに筆者が「足下にある切実な現実の問題」と述べた問題だ。引用の続きは以下。

「一言で言えば、インテグレーションの現状を直視している者には、現実から、かなり距離のある所の話であり、真に考えなければならない問題の優先順序からすると、取り組む問題の順番が何

か基本的にズレているのではないかと感じられる風景でした。」(三〇ページ)

その「インテグレーション」について注では「統合教育。障害児を通常学校に「統合」し、非障害児と一緒に教育を受けさせる教育方法。聴覚障害児の場合は、聾学校に行くのではなく、聴児たちの通う通常学級で学ばせることを意味する。」(二七ページ)と説明される。この世界に独特な略し方で「インテ」と言われることもあり、そしてとくに当人たちから否定的に捉えられることがある。それと完全に同じ立場からではないにしても、著者もまた問題点を指摘する。聴覚口話法でなんとかなることにされた上で、その子は聴覚に障害のない子といっしょの「統合された環境」に置かれるのだが、なんとかならない、そしてそれに気づかないことにされている、そしてそれで困るのはその子たちだと言う。

他方、多くは身体障害や知的障害の子どもたちやその親の中に、「統合」を求め、そして認められてこなかった人たちがいる。私はその人たちの主張がもっともだと思ってきたし、それは今でも変わらない。そして、その立場を維持した上でも、著者の言うことはわかる、二つは両立しうると思う。だがそう思いながらも、この違いをどのように説明すればよいのか、その前に、ここに提起されている問題をどう考えるか、この課題がある。おもしろいとばかりは言っていられないが、おもしろい。

そして聴覚障害の人が教育を受け言葉を使っていく上での困難は、一方で日本手話を第一の言語としながら、その次の言語として日本語を習得するという「バイリンガル」という——多くの聾者の支持を受けてきている——方向をとっても完全に解消されはしない。まず、二つの大きく異なる

（がそのこともよく知られているわけでない）言語を学ぶこと自体がなかなかたいへんそうだ。

教育の現場に「自然」においておけばそのうちなんとかなる（ことにする）といった態度があるが、実際にはなんともならず、それで不利益を被るのは聴覚障害の子たち、やがては大人なのだと著者は言う。それはまったくその通りだと思う。だがそうならば、つまり、たくさん勉強しなければならないということではないだろうか。実際、著者の答はそういう答だとも言える――正確に紹介しないと誤解されるだろうから、ここは読んでいただくとしよう。

ならば、いわゆる聴児に比した場合、聴覚障害の子は多く苦労しなければならないということで、そして苦労して同じだけになるのも容易でないようにも思う。となると、やはり聴覚障害の子ども・人が損をしている感じは残り、そのことに納得できない部分は残る。これは、聴覚障害の人に固有な部分もあるとともに、多数派の中にいる様々な（言語的・文化的）少数者たちがどのようにやっていったらよいのか、あるいは多数派はどのように対すればよいのかを考えることでもある。

◇　◇　◇

むろん著者もそのことを考えないわけがない。主には後半で展開される「障害受容」でなく「障害認識」をという提起がこの問いへの筆者の応じ方である。

聴覚障害者に限らず、障害受容という言葉にむっとくる障害者はとても多いのだが、そのことも知らない人もまた多い。あるいは、こうした否定こそ障害が受容できていないことだと言ってしまう。そう言われる相手は、そのように言いくるめられてしまう言葉としてのこの言葉が不快であるというのに、である。

著者はこの言葉が機能するメカニズム、言われる当人が納得できない理由を第八章「障害「受容」から障害「認識」へ」で解析する――この章は『紀要』の論文がもとになっている。さらに、一方で「障害受容」を言いながら、他方で聴覚口話法を教えることがダブル・バインドを引き起こすことを述べている。病者や障害者に関わる仕事をしているなら、そんなことを毎日しているかも、と思わない人は少ないはずだ。

そのことを確認した上で著者は、「障害認識」を対置させる。つまり先に私が述べた、「結局たくさん勉強しろってことかい」という疑問に「障害を受容しなさい（それに関わる不利についてはがまんしなさい）」というのでない障害の捉え方、認識をもつことが必要なのだと答える。その中味は本に書いてある。私は基本的にそれに異論がない。「認識すれば（認識を変えれば）それでよいのか」と言う人もいるかもしれないが、それに対しては「そんなことは誰も言っていない」とまず答えられる。その上で、見方を変えることの大切さはそれはそれとして確実にあると言えるはずだ。ただざらにその上でなお考えることがあると思う。こうしてこの本は現に存在する（があまり詰められることのない）課題を私たちに示していく。

◇　◇　◇

筆者は『現代思想』二〇〇三年一一月号（青土社、税込一三〇〇円、特集・争点としての生命）にも「医療の論理、言語の論理——聴覚障害児にとってのベネフィットとは何か」という論文を書いている。この論文もこの特集も紹介しようと思ったが紙数が尽きた。私も書いていて、その分は手前味噌だが、この特集号はお勧めです。

（初出●『看護教育』二〇〇三年一二月号、発行・医学書院）

たていわ・しんや
一九六〇年、佐渡島に生まれる
一九九〇年東京大学大学院社会学研究科博士課程修了
現在、立命館大学大学院先端総合学術研究科教授。専攻、社会学

●著書
『私的所有論』（勁草書房、一九九七年）
『弱くある自由へ——自己決定・介護・生死の技術——』（青土社、二〇〇〇年）
『自由の平等——簡単で別な姿の世界』（岩波書店、二〇〇四年）
『ALS 不動の身体と息する機械』（医学書院、二〇〇四年）

直接触れることのできる書物は、聴覚障害者にとって健聴者以上に重要

福嶋　聡　●ジュンク堂書店・池袋

一一月一一日（火）竹内敏晴氏、一二日（水）石井正之氏と、ぼくが担当するトークセッションが二夜連続であった。両日とも手話通訳の方に来ていただいた。もちろん、聴覚障害者のお客様の参加があったからだ。

経緯はこうである。一〇月二六日（日）の夜、トークセッションの受付を担当しているサービスコーナーから内線があり、「一一日と一二日のトーク、手話通訳を付けていただけるなら参加したいというお客様がお見えなのですが……」と告げられた。最初虚をつかれたぼくは程なくハッと思い当たり、すぐにサービスコーナーに向かった。予想通り、そのお客様は、その日のトークセッションに参加されていた、聴覚障害を持つTさんだった。

その日のトークは、講談社ノンフィクション賞を取った『こんな夜更けにバナナかよ』（渡辺一史著、北海道新聞社）をめぐってのものだった。開演前に会場である四階喫茶にいたぼくは、Tさんの

存在に気づき、担当者から講師の手配で手話通訳の方も来られていることを知った。その時のぼくは、「なるほど、テーマがテーマだけにそういうこともあるのだな。」という程度の認識だった。サービスコーナーからの内線にハッとしたのはそのためである。その日の状況が、約二週間後に自分が企画しているトークセッションにも生じうるということを想像もしていなかった不明を恥じたのである。

竹内氏はほぼ成人するまで難聴者として苦しみ、言葉を自由に操れるようになったのは四〇歳を過ぎてから、という演出家である。九七年に『顔面漂流記』で「顔にアザのあるジャーナリスト」としてデビューした石井氏の今回のテーマとなった本は『肉体不平等』だ。聴覚障害を持つTさんが何としても「聞き」たい、と思うのは、当然であった。手話の出来ないぼくは、Tさんと筆談で「会話」しながら、何とか努力してご参加いただけるようにしたい、と約束した。

さっそく、翌日からいくつかの方面に助力を依頼し、竹内さんの伝手で紹介された通訳者の方に両日ともお願いすることができた。Tさんへの連絡はEメールで行ない、もちろんTさんは両日とも参加下さった。終了後「参加できてとても有意義だった」という内容の感謝のメールを下さり、「これからも参加したい企画があれば、無理をお願いしたい」と書かれていた。ぼくは「できるかぎり努力するので、遠慮なく申し出て下さい」と返信した。

ちょうどその頃、ポット出版の、『たったひとりのクレオール』をたまたま読んでいたのも不思議な縁だった。この本は、長年聴覚障害児・難聴児の教育に携わり、また思索を深めてきた上農正剛氏が論文や講演をまとめたものであり、そうした世界に余り縁のないぼくにも、極めて刺激的で示唆的な本であった。

周囲の無理解や、皮肉にももっとも近しい人たちである親や医師、教師たちのいわば「善意」（実はエゴイズム）によって、聴覚障害児・者がいかに不利益を蒙ってきたかが、切々と語られる。教育実践者であると同時に哲学研究者である上農氏は、具体的な事例を掲げながらも声高な告発をするわけではなく、ことの本質を冷静に見極めようとする。もちろん、それは何よりも聴覚障害児・者への寄与を目指してのことである。

たくさんの人に掛け値なしに薦めたい、新鮮な刺激に満ちたこの本は、読者一人ひとりに多くの発見をもたらし、新たな思考を促すと思われるが、書店人であるぼくにとって、特に重要に思われたのは、聴覚障害者にとって、「聴覚口話法」「書記日本語」「手話」が、全く別個の言語であり、（ぼくらが想像するように、たとえ「翻訳」のような形であれある種のリンクが張られているのではなく）それぞれの間は完全に寸断されている、という事実である。

話題になった本の著者に来ていただいて話をしてもらう「トークセッション」という企画において、本とトークは地続きである。内容的にそうであることはもちろん、本を書くという行為と、語るという行為、即ち書かれた表現と語られた表現は、地続きである。ぼくは、確かにそう思っていた。でなければ、著書をめぐって語って下さいと著者に依頼する「トークセッション」の企画自体が生まれない。

しかし、明らかに聴覚障害者にとってはそうではない。「聴覚口話法」と「書記日本語」はふたつの別々の言語なのだ。聴覚障害者は「書記日本語」による書物には直接触れることが出来るが、その書物を巡る「トーク」に触れるためには、手話通訳者の介在が不可欠なのである。「トークセッション」における前述のエピソードが物語るのは、この単純な、しかし重要な事実なのだ。

ぼくら書店人にとって特に重要なのは、直接触れることのできる書物という形態が、聴覚障害者にとって健聴者以上に重要だ、ということである。上農氏によれば、読書を通じてハンディキャップを乗り越え、「エリート」への道をたどった聴覚障害児も多いという。ただし、「多くは自分一人だけで没頭した読書や暗記型の勉強で身につけたもの」（『たったひとりのクレオール』四一九頁）でしかない経験や知識は、聴覚障害者「エリート」にとって新たな問題をもたらす。また、「書記日本語」に習熟することが、逆に「日本手話」の習得に弊害をもたらすということもあるらしい。（ここでは十分に紹介できないので、是非『たったひとりのクレオール』をお読み下さい。重ねて、推薦します。）

しかし、「読書とは書かれた言葉を通して『他者』の思考と出会う体験であり、その意味で異文化理解への非常に重要な入り口」（同二二〇頁）であることに間違いはなく、『『他者』の思考と出会う体験」が人間にとって不可欠なものである以上、書物が聴覚障害者にとって健聴者以上に重要だと言っても誤りではないのではないか、と思う。

ならば、書店現場にもっと聴覚障害を持つお客様がいらしていても不思議ではない。そうではないのは、手話通訳を含めて、われわれ書店側に、そうしたお客様を迎える準備と構えがそもそも出来ていないからではないか。

「トークセッション」での手話通訳の依頼。ほんの小さな出来事が、こんな反省にまで、ぼくを連れて来てくれた。

（初出●人文書院ウェブサイト連載コラム『本屋とコンピュータ』二〇〇三年一一月二六日）

ふくしま・あきら
一九五六年に生まれる
京都大学文学部哲学科卒業
一九八二年・ジュンク堂書店に就職、サンパル店（神戸）勤務
一九八八年・京都店、人文書売り場を担当、のち副店長
仙台店店長を経て、現在、池袋本店副店長

●著書
『書店人のしごと―SA時代の販売戦略』（三一書房、一九九一年）
『書店人のこころ』（三一書房、一九九七年）
『劇場としての書店』（新評論、二〇〇二年）

上農正剛（うえのう・せいごう）

一九五四年熊本市生まれ。元九州保健福祉大学社会福祉学部教授。立命館大学大学院先端総合学術研究科にて博士号（学術）取得。早稲田大学卒業後、東京にて聴覚障害児の個人指導教室を一七年間運営。この間に、聴覚障害児を持つ母親を対象とした「難聴児学習問題研究会」を主宰。トータルコミュニケーション研究会（現「ろう難聴教育研究会」）運営委員、「ろう教育を考える全国討論集会」共同研究者を務めるほか、全国各地において障害認識論とリテラシー論についての講演多数。全日本ろう教育研究大会、日本手話学会等で基調講演。『言語』（大修館）で連載エッセイ執筆。大学定年退職後、江副学園言語教育研究所（ろう教育部門）勤務。ろう学校中学部、高等部で特別授業「哲学教室」を実施。研究所退職後、二〇二二年より上農聴覚障害児教育相談室を主宰。現在、オンライン講座「聞こえない子どもを持つ保護者のためのセミナー」を開催。

（2022年3月現在）

書名————たったひとりのクレオール
副書名———聴覚障害児教育における言語論と障害認識
著者————上農正剛
編集————上農明子／沢辺均（kin@pot.co.jp）
デザイン——沢辺均
写真————鈴木啓
発行————2003年10月20日［第一版第一刷］
2005年3月18日［第二版第一刷］
2022年3月31日［第二版第三刷］
発行所———ポット出版
150-0001 東京都渋谷区神宮前2-33-18#303
電話　03-3478-1774　ファックス　03-3402-5558
ウェブサイト　https://www.pot.co.jp/
電子メールアドレス　books@pot.co.jp
郵便振替口座　00110-7-21168　ポット出版
印刷・製本——株式会社シナノ
ISBN978-4-939015-55-7 C0036

Creole for only one
——The theory of language and
epistemology of impairment
in education for deaf children
by UENOU Seigou

Editor:
UENOU Akiko
SAWABE Kin(kin@pot.co.jp)
Designer:
SAWABE Kin
Photographer:
SUZUKI Hiraku

First published in
Tokyo Japan, October.20, 2003
by Pot Pub. Co. Ltd

#303 2-33-18 Jingumae Shibuya-ku
Tokyo, 150-0001 JAPAN
E-Mail: books@pot.co.jp
http://www.pot.co.jp/
Postal transfer: 00110-7-21168
ISBN978-4-939015-55-7 C0036

【書誌情報】
書籍DB●刊行情報
1 データ区分——1
2 ISBN——978-4-939015-55-7
3 分類コード——0036
4 書名——たったひとりのクレオール
5 書名ヨミ——タッタヒトリノクレオール
7 副書名——聴覚障害児教育における言語と障害認識
13 著者名1——上農　正剛
14 種類1——著
15 著者名1読み——ウエノウ　セイゴウ
22 出版年月——200310
23 書店発売日——20031020
24 判型——四六判
25 ページ数——544
33 出版者——ポット出版
39 取引コード——3795

本文●ラフクリーム琥珀　四六判・62kg(0.112)／スミ(マットインク)　見返し●里紙　竹・四六判・Y・100kg
表紙●里紙　つゆ・四六判・Y・100kg
カバー●OKミューズガリバー　ホワイトS・四六判・Y・110kg／スミ(マットインク)+TOYO 10382／マットPP
帯●ネプチューン46・Y・135kg／TOYO 10065
使用書体●游明朝体02 OTF R+Goudy　游築初号ゴチックかなW6,W7　游築見出し明朝　ゴシックMB101 B
見出しゴMB31　PFrutiger　PGaramond　PGoudy-T
2022-0203-0.5(5.5)

［2003.09 刊］

可能性としての家族
著●小浜逸郎

家族という共同体の本質とは？
性愛や結婚や夫婦関係、親子関係の、疑問や迷いを大元から考える、小浜逸郎の思想の原点。1988年刊・大和書房刊行版の復刊。新規に索引をプラス。さらに復刊にあたって著者の書き下ろしもあり。晩婚化や少子化が進む今の私たちに必要な「家族論」です。

▼目次

定価●2,500 円＋税　ISBN4-939015-52-1 C0036

［2001.09 刊］

激論！ ひきこもり
対談●工藤定次×斎藤環

構成●永冨奈津恵

工藤「てめぇの手を汚さねぇようなことやっといて、そういうこと言われたら、おれは我慢できない。(略)……すべてがきれいごとばかりじゃないだろ？　おれ、ちょっとむかついてきたぞ」
斎藤「批判しているわけじゃないですよ。疑問を持っていただきたいんです。(略)……どうするのがいいかということなんです」
全国の家庭に出向き、ひきこもりを外に出す実践を続けてきた民間支援団体・タメ塾の工藤定次。臨床医師として診療室でひきこもりの治療に当たってきた精神科医・斎藤環。これまで対立していると見られてきた二人が、この対談で初めて出会った。そして、それぞれの20年以上に及ぶ経験とそこから生み出された哲学を背景に、ひきこもりの本質、ひきこもりにどう向き合うか、解決するにはどうしたらよいのか、ひきこもりの終わりとは何かといった、ひきこもりをめぐるさまざまなテーマに対して、10時間以上にわたって激論を交わした徹底討論集。

定価●1,700円＋税　ISBN4-939015-37-8 C0037